ZHAOBIAO TOUBIAOFA SHISHI TIAOLI TIAOWEN JIEDU YU ANLI FENXI

招标投标法实施条例
条文解读与案例分析

主　编　何红锋

副主编　李德华　方　媛

中国电力出版社

CHINA ELECTRIC POWER PRESS

内 容 提 要

全书按照总则、招标、投标、开标、评标和中标、投诉与处理、法律责任、附则的顺序，对《招标投标法实施条例》的条款逐条进行解读。对于重点、难点条款，选取了实践中有代表性的案例进行深入分析。

本书对于从事招标投标监管工作或司法工作的人员有重要的参考价值，也可供建设单位、施工企业、勘察设计单位、监理单位、招标代理机构等单位中从事招标投标业务的人员以及从事招标投标教学的师生参考使用。

图书在版编目（CIP）数据

招标投标法实施条例：条文解读与案例分析 / 何红锋主编. —北京：中国电力出版社，2015.7
（2022.7 重印）

ISBN 978-7-5123-7853-7

Ⅰ. ①招… Ⅱ. ①何… Ⅲ. ①招标投标法–法律解释–中国②招标投标法–案例–中国
Ⅳ. ①D922.297.5

中国版本图书馆 CIP 数据核字（2015）第 123876 号

中国电力出版社出版发行

北京市东城区北京站西街 19 号　100005　http://www.cepp.sgcc.com.cn
责任编辑：王晓蕾　　联系电话：010-63412610
责任印制：杨晓东　　责任校对：于　维
北京天宇星印刷厂印刷·各地新华书店经售
2015 年 7 月第 1 版·2022 年 7 月第 4 次印刷
787mm×1092mm　1/16·18.5 印张·438 千字
定价：56.00 元

前　言

招标投标是建设工程领域中主要的合同订立方式。招标投标活动的顺利实施是建设市场良好运行的基本保障，不但对招标投标活动当事人有重要的意义，对社会公共利益、公众的生命健康都有重要的意义。《招标投标法实施条例》的颁行，是招标投标立法活动中的重要里程碑事件，对于衔接《招标投标法》与大量部门规章等规范性文件起到了关键作用。《招标投标法实施条例》施行三年来，取得了良好的实施效果，但也出现了不少问题。为便于读者更好地将《招标投标法实施条例》运用到招标投标实际工作中去，我们深入总结经验，撰写了本书。

本书有以下特点：

第一，全书的落脚点在于条款的把握与理解，通过正确分析条款的内容与立法原意，试图消除招标投标活动实践中对条款的不同理解；

第二，在分析中结合实际，在条款分析中尽量辅之以招标实践中的代表性案例；

第三，尽量吸收近年来招标投标理论与实践中的最新成果。

本书的大纲由主编、副主编与中国电力出版社的王晓蕾编辑共同商定，因此要对王晓蕾编辑的劳动致以深深的感谢。本书的作者都对招标投标理论与实践有深刻的理解，都是长期从事招标投标活动的教学、研究、监管、法律服务等工作的人员，大部分作者同时具备工程和法学的复合教育背景。

本书由南开大学何红锋任主编，天津城建大学李德华、广东工业大学方媛任副主编。编写分工如下：第1章：何红锋、李德华；第2章：上海百通项目管理咨询有限公司张志军和天津职业大学付大学；第3章：天津医科大学王伟；第4章、第5章：方媛；第6章：天津唯睿律师事务所陈涛；第7章：李德华。

最后，按照惯例似乎是套话，但同时也是我们的心里话：本书的缺点错误在所难免，欢迎批评指正，欢迎对解读与案例进一步深入讨论。我们的联系方式：he66666@163.com、plide@163.com 或 carolynfy@qq.com。

何红锋、李德华、方媛

2015 年 6 月

目　录

第1章

总　则

1.1　招　标　的　概　念

▶ 解读

1. 立法存在的问题

在我国各层级法律中，并无统一而明确的招标概念。《中华人民共和国招标投标法》（以下简称《招标投标法》）未对招标直接作出定义，而仅仅是对法律主体，如招标人、投标人等作出了界定。该法第八条规定："招标人是依照本法规定提出招标项目、进行招标的法人或者其他组织。"该法第二十五条规定："投标人是响应招标、参加投标竞争的法人或者其他组织。"此外，《招标投标法》按招标方式将招标分为公开招标和邀请招标，并分别作出了界定。该法第十条规定："公开招标，是指招标人以招标公告的方式邀请不特定的法人或者其他组织投标。邀请招标，是指招标人以投标邀请书的方式邀请特定的法人或者其他组织投标。"从以上相关子概念中能够看到有一些关于招标定义的因素在内，如"竞争"、"程序"等。据北大法宝所附"《建设工程质量管理条例》释义"给出的非正式法律定义，招标是在市场经济条件下进行大宗货物的采购、工程建设项目的发包与承包以及服务项目的采购与提供时最常采用的一种交易方式。

在其他相关部门的规章或规范性文件中，也从部门的角度给出了相关概念。《机电设备招标投标指南》（1993 年 3 月 26 日国家经贸委发布）采用描述性定义："招标是国际上通用的采购方式，是一种规范化的竞争手段。"该定义明确指出了招标的"采购"属性。《机电设备招标投标管理办法［失效］》（1996 年 11 月 8 日国家经贸委发布）第十八条，以及《机电设备招标机构资格管理暂行办法和机电设备招标投标管理办法［失效］》（国家经济贸易委员会令〔1996〕第 1 号）第十八条均有类似规定："国内招标是指符合招标文件规定的国内法人或其他组织，单独或联合其他国内外法人或其他组织参加投标，并用人民币结算的招标活动。"此类规章中，出现了联合体投标的可能性。《公路工程勘察设计招标投标管理办法》于 2001 年 8 月 21 日发布，后来被《公路工程勘察设计招标投标管理办法》（交通运输部令〔2013〕第 3 号）修正，该规章第七条规定："公路工程勘察设计招标是指招标人按照国家基本建设程序，依据批准的可行性研究报告，对公路工程初步设计、施工图设计通过招标活动选定勘察设计单位。"《水运工程勘察设计招标投标管理办法［失效］》（2003 年 5 月 13 日发布）第八条也有类似规定。至此，在勘察设计招标领域，出现了"选择承包人"的表述。铁道部《关于实施施工图招标有关问题的通知》（2010 年 6 月 9 日发布）规定，铁路大中型建设项目施工图招标是指在审核后施工图以及核备（或批准）后施工图预算基础上进行的施工招标（简称施工图招标）。该表述突出了在预算基础上竞争，意味着招标是"价格"竞争。财政部关于印发《2011 年地方政府自行发债试点办法》的通知（财库〔2011〕141 号）第九条规定："招标是指试点省（市）要求各承销商在规定时间报送债券投标额及投标利率，按利率从低到高原则确定债券发行利率及各承销商债券中标额的发债机制。"该文件则将招标的范围扩展到了金融领域。

2. 学界关于招标的定义存在不同认识

张莹（2002）认为，所谓招标投标是指采购人事先提出货物、工程或服务的条件和要求，邀请必要数量的投标者参加投标并按照法定或约定程序选择交易对象的一种市场交易行为。[1]姜燕玲（2007）认为，招标投标是指在市场经济条件下进行大宗货物的买卖、工程建设项目的发包与承包，以及服务项目的采购与提供，所采用的一种交易方式。[2]向强（2005）则进一步将招标的定义理解为，招标投标是指工程、货物或服务的购买人（即招标方）依照一定程序将其采购对象的数量、规格以及交货条件等信息公开，以吸引满足条件的承包商、供应商（即投标方）参与竞争性出价，购买人在此基础上选择合适的承包商、供应商完成购买任务的一种市场交易行为。[3]学界与实务界不区分招标与拍卖的情况也较为普遍。例如，马俊认为，招标投标是一种密封拍卖（auction），中国人习惯把销售商品的 auction 叫作拍卖；把发包，为完成一项工程或提供一项服务的 auction 叫作招标。[4]

3. 招标概念的分析

对招标投标的概念有不同的表述。首先，在国际上，一般是将招标投标作为一个行为整体来处理的，如世界银行发布的《国际复兴开发银行贷款和国际开发协会信贷采购指南》（"Guidelines for Procurement under IBRD Loans and IDA Credits"）就是如此处理的，该文件中招标和投标使用的都是"Bidding"，如遇必须将这两阶段分开的情况时，仍是将这两阶段视为"Bidding"下的两个阶段，如"招标与投标的时间间隔"称为"Time Interval between Invitation and Submission of Bids"[5]。亚洲开发银行也有类似的规定[6]。需要说明的是，在英文中"Bidding"与"Tendering"具有相同的含义。第二种表述方式则是将招标与投标分开进行界定，这是我国学术界主要的表述方式，如"所谓招标，是指招标人为购买物资，发包工程或进行其他活动，根据公布的标准和条件，公开或书面邀请投标人前来投标，以便从中择优选定中标人的单方行为"[7]，"所谓投标，是指符合招标文件规定资格的投标人按照招标文件的要求，提出自己的报价及相应条件的书面回答行为"[8]。第三种表述方式则是采用列举方式，界定具体的招标方式，但不对招标作直接的概念规定，

❶ 张莹. 我国招标投标的理论与实践研究［D］. 杭州：浙江大学，2002：1.

❷ 姜燕玲. 地铁项目建设招标评标管理研究［D］. 天津：天津大学，2007：4.

❸ 向强. 政府工程采购的招标投标制度研究［D］. 成都：西南财经大学，2005：1.

❹ 马俊. 拍卖模型及其应用研究［M］. 北京：中国财政经济出版社，2004.

❺ World Bank. Model Bidding Documents for Projects Financed by World Bank［M］.1995.

❻ Asian Development Bank. Sample Bidding Documents Procurement of Civil Work (Second Edition)［M］.1993.

❼ 张培田. 招标投标法律指南［M］. 北京：中国政法大学出版社，1992：1-3.

❽ 张培田. 招标投标法律指南［M］. 北京：中国政法大学出版社，1992：1-3.

如我国《招标投标法》的规定，该法第十条规定："招标分为公开招标和邀请招标。公开招标，是指招标人以招标公告的方式邀请不特定的法人或者其他组织投标。邀请招标，是指招标人以投标邀请书的方式邀请特定的法人或者其他组织投标。"考察对招标投标概念的不同表述方式，以及我们日常工作、生活中使用的招标投标概念，第一种表述方式与第二种表述方式的区别在于：第一种表述方式把招标投标看成一种完整的交易行为；而第二种表述方式则分别把招标和投标看成交易行为的"买"和"卖"两个方面。在英语中这一完整的交易行为由"Bidding"来表示，而汉语中目前并无一个表示这一交易行为的词。由于招标在招标投标中处于主动的地位，因此在实际工作中我们有时是使用"招标"一词来代表完整的招标投标过程，如各地方的建设工程招标管理办公室，实际上管理的是招标投标的全过程。但是，这种理解不为我国规范的汉语和立法所认可。权威的汉语词典对招标的解释是"兴建工程或进行大宗商品交易时，公布标准和条件，招人承包或承买叫做招标" ❶，投标则被解释为"承包建筑工程或承买大宗商品时，承包人或买主按照招标公告的标准和条件提出价格，填具标单，叫做投标。" ❷ 当然，从法律的角度看，这样的解释不够严谨，但无疑招标与投标被理解为交易行为的两个方面。我国的《招标投标法》也把招标与投标理解为交易行为的两个方面。事实上，招标投标首先是一种完整的交易行为，我们首先应当对招标投标作一个整体的定义（因为目前汉语中尚无一个词来代表完整的招标投标，因此，只能把招标投标理解为一个词），然后再分别对招标和投标进行界定，这样才能对招标投标有一个全面的理解。

笔者认为应当对招标投标做如下界定：招标投标是在市场经济条件下进行大宗货物的买卖、工程建设项目的发包与承包，以及服务项目的采购与提供时，愿意成为卖方（提供方）者提出自己的条件，采购方选择条件最优者成为卖方（提供方）的一种交易方式。招标与投标是一对相互对应的概念，是一个问题的两个方面。具体地说，招标，是指招标人对货物、工程和服务事先公布采购的条件和要求，以一定的方式邀请不特定或者一定数量的自然人、法人或者其他组织投标，而招标人按照公开规定的程序和条件确定中标人的行为；而投标，则是指投标人响应招标人的要求参加投标竞争的行为。在这种交易方式下，通常是由项目采购（包括货物的购买、工程的发包和服务的采购）的采购方作为招标人，通过发布招标公告或者向一定数量的特定供应商、承包商发出招标邀请等方式发出招标采购信息，提出所需采购项目的性质及其数量、质量、技术要求、交货期、竣工期或提供服务的时间，以及对供应商、承包商的资格要求等招标采购条件，表明将选择最能够满足采购要求的供应商、承包商并与之签订采购合同的意向，由各有意提供采购所需货物、工程或服务项目的供应商、承包商作为投标人，向招标人书面提出自己拟提供的货物、工程或服务的报价及其他响应招标要求的条件，参加投标竞争。经招标人对各投标人的报价及其他条件进行审查比较后，从中择优选定中标者，并与其签订采购合同。招标应当仅限于采购行为。从国际上的情况来看，大多数国家并无独立的《招标投标法》，而是将招标投标的规定放在《中华人民共和国政府采购法》（以下简称《政

---

❶ 中国社会科学院语言研究所词典编辑室. 现代汉语小词典（第5版）[S]. 北京：商务印书馆，2005：1719.
❷ 中国社会科学院语言研究所词典编辑室. 现代汉语小词典（第5版）[S]. 北京：商务印书馆，2005：1375.

府采购法》）中❶；世界银行和亚洲开发银行也是在其采购指南（Guidelines for Procurement）中规定的采购程序❷。特别是世界银行的采购指南对我国《招标投标法》的立法产生了很大的影响，因此，从国际上看，招标应当限于采购行为。我国的《招标投标法》没有对招标应当限于采购做出规定，但所有的权威解释都将招标限于采购的范围之内。例如：① "在这种交易方式（指招标投标——笔者注）下，通常是由项目采购的采购方作为招标方"❸；② "招标投标是最富有竞争的一种采购方式"❹；③ "招标这种择优竞争的采购方式完全符合市场经济的上述要求"❺ 等。需要说明的是，在《招标投标法》出台以前，人们理解（甚至是立法规定）的招标范围很广，不仅可用于采购，也可用于出卖，即所谓的 "标卖"，如采用招标方式出让土地使用权（《中华人民共和国城市房地产管理法》第十二条的规定）、以招标方式分配出口商品的配额指标、电视台招标出售广告时间段等。这样的理解给某些交易行为的法律适用带来了困难。并且，这样的立法给后来要明确界定招标应当限于采购的努力变得很困难。例如，2009 年 9 月 29 日，国务院法制办公室发布的《中华人民共和国招标投标法实施条例（征求意见稿）》第二条规定："[适用范围] 招标投标法第二条所称的招标投标活动，是指采用招标方式采购工程、货物和服务的活动。❻" 但在 2011 年 12 月 20 日正式发布的《中华人民共和国招标投标法实施条例》（以下简称《条例》）中，这一条被删除。

立法、理论及实务中往往将招标与拍卖混为一谈，其根本原因是两者均具备 "价格竞争" 的本质。因此，找到两者的内在固有区别，方能准确界定招标的本质。由于在《招标投标法》颁布以前，立法对招标含义界定模糊不清，因此，在实践中更是将对招标的理解扩大化，甚至有时将所有的竞争性交易方式都称为 "招标"。事实上，市场经济中的竞争性交易方式主要有招标和拍卖，两者有各自的适用范围和法律规范。全国人大常委会于 1996 年 7 月 5 日通过了《中华人民共和国拍卖法》（以下简称《拍卖法》），自 1997年 1 月 1 日起实施。因此，必须严格区分两者的含义，并为两者找到各种适用的法律规范。现实生活中已经出现了许多应当区分两者含义的案例。

▲ 案例 1–1

郝 洪 阳 等 通 投 标 罪 ❼

报载："2001 年 4 月，铁岭县检察院审查批捕科接到群众举报我省首例涉嫌串通投标罪的犯罪线索后，立即组织专门人员进行初查。经查，犯罪嫌疑人郝洪阳、张国富、

---

❶ 赵雷. 中华人民共和国招标投标法通论及适用指南 [M]. 北京：中国建材工业出版社，1999：33.

❷ 赵孝盛. 国际招标实务（英文版）[M]. 上海：上海交通大学出版社，1996：283–312.

❸ 卞耀武. 中华人民共和国招标投标法实用问答 [M]. 北京：中国建材工业出版社，1999：3.

❹ 李荣融. 中华人民共和国招标投标法释义 [M]. 北京：中国计划出版社，1999：1.

❺ 戴桂英，袁炳玉. 中华人民共和国招标投标法知识问答 [M]. 北京：企业管理出版社，1999：2.

❻《中华人民共和国招标投标法实施条例（征求意见稿）》[DB/OL]. [2012–03–05] 中国风景园林网. http://www.chla.com. cn/ show.php?contentid=72671.

❼ 孙超. 我省发生首例涉嫌串通投标案 5 名犯罪嫌疑人被逮捕 [N]. 辽宁日报，2001–05–28（1）.

李德江、韩永斌、张玉清于2000年12月27日在铁岭县蔡牛乡王千村石场招标过程中，作为投标一方代表的郝洪阳与另一方投标人张国富、李德江、韩永斌、张玉清互相串通，郝洪阳当场给4人16万元人民币，4人每人分得4万元人民币后退出投标，结果郝洪阳一方在无人竞争的情况下以仅比标底80万元多1000元的价格中标，并以此价格和王千村签订了承包王千村石场的合同，致使作为招标人的王千村集体利益遭受严重损失。4月25日，铁岭县人民检察院以涉嫌串通投标罪批准逮捕郝洪阳、张国富、李德江、韩永斌、张玉清。此串通投标案正在进一步审查中。"笔者认为，本案的判决仍然没有分清招标与拍卖的区别。招标与拍卖的区别并不在于交易人对交易方式的命名，在《招标投标法》与《拍卖法》同时生效的今天，两者有着巨大的区别。笔者认为上述案例中的交易方式都是拍卖而非招标。

招标与拍卖的具体区别有以下几点：

第一，招标与拍卖的性质不同。有的学者，如孔祥俊先生，认为两者在性质上大同小异。❶这一观点显然存在认识上的重大误区。招标与拍卖是性质不同的两种交易方式，这是两者最根本的区别。如前所述，招标是一种采购行为，产生于买方市场中。《拍卖法》第三条对拍卖的界定是："拍卖是指以公开竞价的形式，将特定物品或者财产权利转让给最高应价者的买卖方式。"显然，拍卖委托人是出卖人，即拍卖是一种出卖行为，产生于卖方市场中，即对于某一个将特定物品或者财产权利的拍卖，其前提是有多个潜在的买受人存在。从标的的流转看，拍卖是由委托人向竞买人流转，竞买人支付货币；而招标是由投标人向招标人流转，招标人支付货币。按照这样的性质定位，诸如中央电视台广告招标、土地使用权的招标等都是拍卖而非招标，但这些交易行为都没有对招标与拍卖进行区分，原因有以下两点：

（1）长期以来人们没有区分招标与拍卖，很多人实际是将两者等同起来的，认为只要是竞争性的交易行为就是招标（或者拍卖），两者的区别仅在于交易量的大小。

（2）在《招标投标法》和《拍卖法》以前的立法也确实没有注意两者的区别，在涉及对市场交易行为规范的《反不正当竞争法》和《刑法》都对不正当的招标投标行为作出了规定，但没有对不正当的拍卖行为作出规定，而不正当的拍卖行为对市场正常交易行为的破坏作用是同样的，因此，最终都按照不正当招标投标（串通投标）进行了处理。正是因为招标与拍卖的这一区别，招标一般应当价低者得（一般是是评标价衡量），而拍卖应当价高者得。2012年2月，武汉地铁广告招标引起轩然大波，"今年1月12日，武汉地铁运营有限公司公开招标地铁2号线一期站内平面广告媒体代理经营权，但出价最高的深圳报业集团未中标，招标遭到质疑。❷武汉地铁广告招标，是出让广告经营权，应该是拍卖，本应该是价高者得，也正因为这种交易方式被认为是招标，武汉地铁才敢于将这一经营权交给价低者。如果明确这是拍卖，本不会出现如此明目张胆的舞弊行为。

---

❶ 孔祥俊. 反不正当竞争法的适用与完善［M］. 北京：法律出版社，1998：610—611.
❷ 胡楠. 招标结果被认定无效［N］. 武汉晚报，2012-02-20（3）.

　　第二，招标与拍卖的标的不同。拍卖的标的是物品或者财产权利；而对于招标投标的标的（即合同的权利义务所指向的对象，不同于招标投标的"标底"），世界银行、亚洲开发银行等金融机构都明确规定为货物（Goods）、工程（Works）和服务（Services），我国的《招标投标法》虽然没有明确规定，但权威的解释还是应当包括这三个方面。❶应当说，招标的标的范围比拍卖的更大。

　　第三，招标与拍卖适用的程序不同。招标与拍卖适用的程序分别由《招标投标法》和《拍卖法》作出了详细的规定，但最主要的区别在于：拍卖是将特定物品或者财产权利转让给最高应价者的买卖方式；而招标虽有不同的评标方式，但主要的方法是以低报价者中标。这一区别与两者的目的不同有关：拍卖是为了将同样的物品或者财产权利卖得更高的价格；而招标则是为了以更低的价格买得同样的货物、工程或者服务。关于评标方法，《招标投标法》第四十一条规定："中标人的投标应当符合下列条件之一：（一）能够最大限度地满足招标文件中规定的各项综合评价标准；（二）能够满足招标文件的实质性要求，并且经评审的投标价格最低；但是投标价格低于成本的除外。"我们似乎无法从中得出主要的方法是以最低报价者中标的结论。但是，世界银行、亚洲开发银行等金融机构的评标在一般情况下都要求采用最低评标价中标❷。国家发展计划委员会、国家经济贸易委员会、建设部等七部委于 2001 年 7 月 5 日发布的《评标委员会和评标方法暂行规定》第三十条规定："经评审的最低投标价法一般适用于具有通用技术、性能标准或者招标人对其技术、性能没有特殊要求的招标项目。"第三十四条规定："不宜采用经评审的最低投标价法的招标项目，一般应当采取综合评估法进行评审。"综合我们不难得出结论：招标虽有不同的评标方式，但主要的方法是以最低报价者中标。对于串通拍卖行为，《拍卖法》第六十五条规定："违反本法第三十七条的规定，竞买人之间、竞买人与拍卖人之间恶意串通，给他人造成损害的，拍卖无效，应当依法承担赔偿责任。由工商行政管理部门对参与恶意串通的竞买人处最高应价百分之十以上百分之三十以下的罚款；对参与恶意串通的拍卖人处百分之十以上百分之五十以下的罚款。"

　　综上所述，笔者认为：拍卖与招标最主要的区别在于前者是出卖而后者是采购。对于拍卖出卖的标的，有可能是物品，也可能是财产权利。因此，目前承包权的招标、广告时间的招标等都是拍卖而非招标，它们都是出卖行为，只不过出卖的是财产权利。从竞争性的交易方式看，它们也符合拍卖的规定：以公开竞价的形式，将特定物品或者财产权利转让给最高应价者。对于当事人已经称为拍卖的行为，适用招标的有关法律规定，其法律适用不当是显而易见的，并且已经受到了一些学者的批评❸。但是，更重要的是在本质上分清两者的区别。即使是要求分清招标与拍卖的学者，仍然将以竞争性交易方式出卖承包权、市场摊位招租等列为招标❹，笔者认为这同样属于没有在本质上分清两者的区别。

---

❶ 全国人大法工委研究室. 中华人民共和国招标投标法释义 [M]. 北京：人民法院出版社，1999：179.

❷ 何伯森. 国际工程招标与投标 [M]. 北京：水利水电出版社，1994：130–138.

❸ 孔祥俊. 反不正当竞争法的适用与完善 [M]. 北京：法律出版社，1998：610–612.

❹ 孔祥俊. 反不正当竞争法的适用与完善 [M]. 北京：法律出版社，1998：620.

1.2　招标的立法目的

条文

第一条　为了规范招标投标活动，根据《中华人民共和国招标投标法》（以下简称招标投标法），制定本条例。

解读

1. 立法目的的含义

立法目的是指立法机关根据实际需要，采用立法技术及其工具，预先设定的规范目标和结果。立法目的既是设定一部法律的起点，也是实施该法律的终点。《条例》的立法目的可以从两方面进行理解：一是《条例》作为下位法，按法律层级关系看，其存在的必要性是直接贯彻落实上位法《招标投标法》的某项立法目的；二是《条例》作为行政法规，具有自身的立法目的的独立性，从行政监督管理的角度主要用于规范招标投标活动。

2. 上位法的立法目的

《招标投标法》第一条规定："为了规范招标投标活动，保护国家利益、社会公共利益和招标投标活动当事人的合法权益，提高经济效益，保证项目质量，制定本法。"根据该条规定，《招标投标法》的立法目的包括规范招标、投标活动等四个方面。

我国招标投标的立法工作先自零散的部门规章与地方立法开始，至 2000 年施行的《招标投标法》、2002 施行的《政府采购法》，基本确立了招标投标法律体系。2000 年以来，随着我国经济不断发展，招标投标领域暴露出大量新的问题。例如：工程、货物与服务的界定不明，各有关部门职责划分存在问题，电子招标方式兴起亟须规范，国家对审批制投资体制的改革要求，对招标监督工作进行调整，公开招标、邀请招标与不招标的范围界定，招标代理机构资质与招标职业资格规范，资格预审的规范，投标保证金的规范，暂估价的设定，两阶段招标的适用与规范，实践中出现大量的以不合理条件限制潜在投标人的情形，投标人主体资格的必要限制，串标行为普遍而严重，评标委员会组建、运行与管理问题，异议与投诉处理问题等。《条例》颁布以前，这些问题主要依靠零散的部门规章或规范性文件解决。难以有效规范招标投标活动，不利于维护市场竞争秩序，有损招标投标市场的健康发展。

3.《条例》的规范作用

《条例》对招标投标活动的规范作用分为五个方面：

（1）对招标投标活动的指引作用。主要体现为《条例》对招标投标活动当事人行为的指引作用，包括权利的指引与义务的指引。权利的指引，也称有选择的指引，是指规定权利的规范所具有的作用。权利的指引一般通过授权性规范实现，即法律规定行为人可以这样行为或可以不这样行为，或要求他人这样行为或不这样行为的可能性。义务的指引，也称确定的指引，是指规定义务的规范所具有的作用。义务的指引一般通过义务性规范实现，即法律规定行为人应当这样行为或不应当这样行为，或根据他人要求这样行为或不这样行为的必要性。

（2）对招标投标活动的评价作用。是指《条例》作为尺度和标准，衡量招标投标活动当事人（尤其是对他人的）行为的作用。与国家颁布的招标投标有关政策，社会普遍遵守的招标投标中的道德义务，或是招标投标有关国际惯例相比，《条例》侧重于合法性，即通过提供重要的、普遍的、具有国家强制力的评价准则，来判断、衡量他人的招标投标行为是否合法。

（3）对招标投标活动的教育作用。《条例》设定了大量的违法责任，如第六十七条对串通投标行为，设定了中标无效、罚款、取消其 1 年至 2 年内参加依法必须进行招标的项目的投标资格、吊销营业执照乃至追究刑事责任等法律责任。这种对违法行为的震慑，对招标投标活动当事人具有较强的教育作用。根据《条例》第五条，国家鼓励利用信息网络进行电子招标投标，其第八十二条规定了加强行业自律和服务，通过鼓励措施、表彰奖励工作等，也能从正面对招标投标活动当事人产生较强的示范与激励作用。

（4）对招标投标活动的预测作用。招标投标是合同订立的一种方式，在订立过程中，招标投标活动当事人存在大量的博弈行为。《条例》为双方设定的权利义务，以及实现该权利义务的程序，对当事人具有可确定、可预测的特征。当事人实施某种法律行为前，可以预先估计到对方的权利义务。例如，投标人可根据《条例》第三十五条预测到，若其投标截止后撤销投标文件，招标人可以不退还投标保证金。当然，预测不是目的，决策才是目的。如果投标人预测到撤销投标文件等行为的法律后果，则会对其下阶段行为进行审慎考虑并理性决策。

（5）对招标投标活动的强制作用。强制作用可以分为狭义的强制作用与广义的强制作用。《条例》第六十七条规定的串通投标行为，第六十八条规定的以他人名义投标或者以其他方式弄虚作假骗取中标的行为，第六十九条规定的出让或者出租资格、资质证书供他人投标的行为，第七十二条规定的评标委员会成员收受投标人的财物或者其他好处的行为，第七十九条规定的项目审批、核准部门和有关行政监督部门的工作人员徇私舞弊、滥用职权、玩忽职守的行为，第八十条规定的国家工作人员利用职务便利，以直接或者间接、明示或者暗示等任何方式非法干涉招标投标活动的行为，均可能涉及刑事犯罪，表现为狭义地对违法犯罪行为的强制作用。广义的强制作用除对违法犯罪行为的体现外，也包括对民事责任和行政责任的承担。

▶ 案例 1-2

招标投标活动当事人的规范

唱标过程中，投标人 A 没有递交投标保证金，招标人当场否决 A 的投标，不进入唱标程序。投标人 B 的投标函上有两个投标报价，招标人要求其确认了其中一个报价后进行唱标。投标人 C 在投标函上填写的报价，大写与小写不一致，招标人查对了其投标文件中工程报价汇总表，发现投标函上报价的小写数值与投标报价汇总表一致，于是按照其投标函上的小写数值进行了唱标。评标委员会采用了以下评标程序对投标文件进行了评审和比较：① 评标委员会成员签到；② 选举评标委员会的主任委员；③ 对投标文件的封装进行检查，确认封装合格后进行拆封。

分析

（1）案例中，唱标过程中，投标人 A 没有递交投标保证金，招标人当场否决 A 的投标，不进入唱标程序。招标人的行为存在诸多不规范之处。首先，按照现行招标投标法律体系，招标人一般不介入对投标效力的判定工作中，该项工作的权利通常设定给评标委员会行使。其次，投标人 A 没有递交投标保证金，不能草率地否决该投标文件。依据《合同法》的效力补正原则、《中华人民共和国民法通则》（以下简称《民法通则》）的主从法律行为关系理论，并参考国际工程招标的经验做法来看，在一定情形下，应当允许未按招标文件规定递交投标担保的投标有效。最后，不进入唱标程序不够规范。在某些情形下，是否对 A 唱标，可能关系到中标候选人的排序乃至范围。因此，应当严格按照法律规定，凡在招标文件要求提交投标文件的截止时间前收到的所有投标文件，开标时都应当当众予以拆封、宣读。

（2）投标人 B 的投标函上有两个投标报价，招标人要求其确认了其中一个报价后进行唱标的行为不规范。投标人 B 的投标函上有两个投标报价，即投标人具有意思表示不唯一性，要约不明确。按照现行招标投标法律体系，招标人唱标中享有的权利以及履行的义务基本限于如实反映投标人的投标文件主要内容。因此，招标人如实唱标，将投标人的两个投标报价唱出并交由评标委员会处理即可，而无权要求投标人确认其中一个报价。

（3）投标人 C 在投标函上填写的报价，大写与小写不一致，招标人查对了其投标文件中工程报价汇总表的行为不规范。查对工程报价汇总表（或计算）属评标范畴，由评标委员会完成较为妥当。招标人发现投标函上报价的小写数值与投标报价汇总表一致，于是按照其投标函上的小写数值进行了唱标的行为不规范。按照严格规范的角度看，招标人可以从以下方面进行规范：① 如实将大写、小写均予以唱标；② 记录投标人报价时，以大写为准；③ 将投标报价大写与小写不一致的情形如实记录在附录或备注中；④ 交由评标委员会处理该情形。

（4）评标委员会对投标文件的封装进行检查，确认封装合格后进行拆封的行为不规范。按照现行招标投标法律体系，封装检查通常由投标人或者其推选的代表检查，也可以由招标人委托的公证机构检查。

4. 保护国家利益、社会公共利益和招标投标活动当事人的合法权益

按照主体的不同，可以将涉及招标投标活动的全部主体划分为国家、社会与当事人三方。相应地，三方有其各自的利益。国家利益就是满足或能够满足国家以生存发展为基础的各方面需要并且对国家在整体上具有好处的事物。国家利益一般用于与其他国家或组织相比较的场合。社会公共利益是指为国内（含地方）所能享受的符合法律规定的权利和利益。招标投标活动当事人的合法权益是指招标投标活动当事人所能享受的符合法律规定的权利和利益，主要是指法律所规定的民事权利。

无论是规范招标投标活动，还是提高经济效益、保证项目质量等立法目的，落脚点都应归结到人类最终福祉上来。是否实现保护国家利益、社会公共利益和招标投标活动当事人的合法权益，也是其他立法目的是否妥当的衡量标准。《条例》仅围绕这一目的，设置专章——第 5 章"投诉与处理"，赋予当事人提出异议或投诉的权利，与行政复议、行政诉讼、民事诉讼等制度一起，为有效保障国家利益、社会公共利益和当事人的合法权益提供了重要的法律救济途径。

5. 提高经济效益

招标投标是工程建设交易市场的主要交易方式，决定了能否发挥市场在资源配置中的决定性作用。通过充分的价格竞争机制，使投标人在平等条件下公平竞争，优胜劣汰，从而实现资源的优化配置。应当注意的是，《招标投标法》强调的"提高经济效益"并非是指直接提高投标人的经济效益（否则最高价中标法将成为评标标准与方法），而是指通过招标直接提高招标人的经济效益，进而提高全社会的经济效益。我国的最低价中标法、综合评估法，乃至近些年作为热点的资格预审，均直接追求招标人的利益最大化。

6. 保证项目质量

《招标投标法》的本意是通过公平竞争，遴选出最佳中标人；该中标人能力应当最强，因此能够保证项目质量。但应当辩证地看待这一立法目的。实际上，一部法律只能有一个本质，只能有一个价值取向，只能解决一个主要问题。招标的本质是价格竞争，招标投标法仅能解决规范价格竞争的问题，并不能解决项目质量的问题。因此，招标投标法律体系从本质上看无法保证项目质量。解决工程项目质量问题，在目前我国的法律体系中，是由以《中华人民共和国建筑法》（以下简称《建筑法》）及其《建设工程质量管理条例》、《建设工程安全生产管理条例》为代表的建设法体系解决的。若招标投标法律体系能发挥保证项目质量的主要作用，则以上有关法律的存在价值就大打折扣了。

从项目质量、进度、造价三大控制目标之间的关系可以看出，招标投标法律体系无法保证项目质量。项目质量是国家现行的有关法律、法规、技术标准、设计文件及工程合同中对工程的安全、使用、经济、美观等特性的综合要求。项目进度是指完成工程项目各建设阶段的工作内容所需要的时间。项目造价一般是指进行某项工程建设所花费的全部费用。项目质量、进度、造价三大控制目标相互间存在着密切的辩证关系，彼此之间既统一又独立。项目质量、进度、投资三大控制目标相互统一、相互联系、相互依存，并在一定条件下，相互转化。例如，增加安全文明施工措施费用，增加赶工费用，采取加快进度措施，可以减少安全事故隐患，加快项目建设速度，提前项目投入使用，尽早收回投资，实现项目经济效益。但项目质量、进度、投资三大控制目标之间的关系更多地表现为对立关系，表现为相互作用、相互制约和相互影响。例如，如果建设单位对工程质量有较高的要求，如提高各分部分项工程的优良率，获得地区乃至国家级别的奖项，则需要大幅提高工程造价，或大幅延长工期。若建设单位要赶工期，大幅压缩工期，则需要大幅提高工程造价，甚至违背技术条件或客观规律，危及工程质量。质量低到一定程度，可能会产生不合格现象。招标的本质是价格竞争，天然地具有损害工程质量的动力。因此，招标能做到严守质量底线，不损害工程质量即可。至于达到保证项目质量的目的，招标投标法律体系力不能及，应主要依靠建设法律体系去解决。

1.3　招标的调整范围

▶ 条文

第二条　招标投标法第三条所称工程建设项目，是指工程以及与工程建设有关的货物、服务。

前款所称工程，是指建设工程，包括建筑物和构筑物的新建、改建、扩建及其相关的装修、拆除、修缮等；所称与工程建设有关的货物，是指构成工程不可分割的组成部分，且为实现工程基本功能所必需的设备、材料等；所称与工程建设有关的服务，是指为完成工程所需的勘察、设计、监理等服务。

▶ 解读

1. 调整对象范围

由于我国建设领域存在部门职责分工条块分割的情形，因此对于"建设工程"的定义与范围存在争议。1998年施行的《建筑法》并未对建设工程进行定义，而仅定义了范围较窄的"建筑活动"概念。该法第二条规定："在中华人民共和国境内从事建筑活动，实施对建筑活动的监督管理，应当遵守本法。本法所称建筑活动，是指各类房屋建筑及其附属设施的建造和与其配套的线路、管道、设备的安装活动。"2000年施行的《建设工程质量管理条例》明确界定了建设工程的概念。该法第二条规定："凡在中华人民共和国境内从事建设工程的新建、扩建、改建等有关活动及实施对建设工程质量监督管理的，必须遵守本条例。本条例所称建设工程，是指土木工程、建筑工程、线路管道和设备安装工程及装修工程。"2004年施行的《建设工程安全生产管理条例》也有相同的表述。我国行政立法工作基本采用行政部门推动的方式，前述法律基本由建设部主导起草，因此在"大建设工程"，即包含交通、水利等建设工程的调整范围上，总是存在这样那样的问题。

2002年施行的《政府采购法》第二条规定："在中华人民共和国境内进行的政府采购适用本法。本法所称政府采购，是指各级国家机关、事业单位和团体组织，使用财政性资金采购依法制定的集中采购目录以内的或者采购限额标准以上的货物、工程和服务的行为。政府集中采购目录和采购限额标准依照本法规定的权限制定。本法所称采购，是指以合同方式有偿取得货物、工程和服务的行为，包括购买、租赁、委托、雇用等。本法所称货物，是指各种形态和种类的物品，包括原材料、燃料、设备、产品等。本法所称工程，是指建设工程，包括建筑物和构筑物的新建、改建、扩建、装修、拆除、修缮等。本法所称服务，是指除货物和工程以外的其他政府采购对象。"《政府采购法》由财政主管部门主导起草，在监管上直接与建设行政主管部门存在一定矛盾与冲突问题，在与工程有关的货物招标问题上尤为明显。财政部于2012年5月出台了《政府采购品目分类目录》（试用），并于2013年10月29日进行修改。《政府采购品目分类目录》主要依据我国GB/T 14885—2010《固定资产分类与代码》、GB/T 7635—2002《全国主要产品分类与代码》、GB/T 4754—2011《国民经济行业分类》、《统计用产品分类目录》（2010年），参考了联合国《主要产品分类》（CPC）、世界贸易组织GNS/W/120《服务部门分类清单》以及其他行业标准。《政府采购品目分类目录》按货物、工程、服务三大类划分为54个二级分类，各二级分类下的明细品目级次则主要根据目前政府采购管理的实际情况确定，品目的定义和说明尽量采用相关国内、国际标准的定义和说明，但部分内容作了简化处理。《政府采购品目分类目录》与建设工程有关的内容主要有：① A01 土地、建筑物及构筑物；② A10 建筑建材；③ B01 建筑物施工；④ B02 构筑物施工；⑤ B03 工程准备；⑥ B04 预制构件组装和装配；⑦ B05 专业施工；⑧ B06 建筑安装工程；⑨ B07 装修工程；⑩ B08 修缮工程；⑪ B09 工程设备租赁（带操作员）；⑫ B99 其他建筑工程；⑬ C10 工程咨询管理服务。

《条例》将其调整的范围界定为工程以及与工程建设有关的货物、服务，即：① 建筑物和构筑物的新建、改建、扩建及其相关的装修、拆除、修缮等；② 构成工程不可分割的组成部分，且为实现工程基本功能所必需的设备、材料等；③ 为完成工程所需的勘察、设计、监理等服务。从法律的位阶上看，财政主管部门发布的部门规章或规范性文件与之抵触的，应当以该条例为准。

2. 适用空间效力范围

《招标投标法》第二条规定："在中华人民共和国境内进行招标投标活动,适用本法。"按照该条规定，《招标投标法》的地域调整范围适用于在我国境内。"境内"与"国内"不同。中华人民共和国所有拥有和声称拥有主权的地区统称为"国内"，包括我国陆地、河流、湖泊、内海、领海以及它们的底床、底土和上空（领空），还包括我国驻外使领馆、位于国外的船舶、航空器等拟制领土。境内，在我国是指除中华人民共和国拥有主权的香港特别行政区、澳门特别行政区以及声称拥有主权的台湾地区之外的中华人民共和国领土。按照《香港特别行政区基本法》和《澳门特别行政区基本法》的规定，香港与澳门实行"一国两制"方针，不适用《招标投标法》调整。

3. 资金性质范围

总的来说，《招标投标法》不区分资金性质，主要是按法律行为适用法律。但对于国有资金、国家融资以及使用国际组织或者外国政府资金的项目，招标投标法律体系作出了一系列明显有别于其他资金性质的项目。《必须招标的工程项目规定》也明确了不同资金性质的范围。

全部或者部分使用国有资金投资或者国家融资的项目包括：

（1）使用预算资金 200 万元人民币以上，并且该资金占投资额 10% 以上的项目；

（2）使用国有企业事业单位资金，并且该资金占控股或者主导地位的项目。

使用国际组织或者外国政府贷款、援助资金的项目包括：

（1）使用世界银行、亚洲开发银行等国际组织贷款、援助资金的项目；

（2）使用外国政府及其机构贷款、援助资金的项目。

1.4 强 制 招 标

条文

第三条　依法必须进行招标的工程建设项目的具体范围和规模标准，由国务院发展改革部门会同国务院有关部门制订，报国务院批准后公布施行。

解读

1. 立法依据

《招标投标法》第三条明确规定："在中华人民共和国境内进行下列工程建设项目包括项目的勘察、设计、施工、监理以及与工程建设有关的重要设备、材料等的采购，必须进行招标：（一）大型基础设施、公用事业等关系社会公共利益、公众安全的项目；（二）全部或者部分使用国有资金投资或者国家融资的项目；（三）使用国际组织或者外国政府贷款、援助资金的项目。

前款所列项目的具体范围和规模标准，由国务院发展计划部门会同国务院有关部门制订，报国务院批准。法律或者国务院对必须进行招标的其他项目的范围有规定的，依照其规定。"《招标投标法》颁布以来，必须进行招标的工程建设项目范围过大一直是各方意见较大的问题。在《招标投标法》修订过程中，如何缩小必须招标的范围是一个重要的问题。其中一个方案是删除"大型基础设施、公用事业等关系社会公共利益、公众安全的项目"，不再将其作为必须招标的范围，只是从资金属性角度确定必须招标的项目范围。这一方案被 2019 年 12 月 3 日公布的《中华人民共和国招标投标法（修订草案公开征求意见稿）》采纳了这一建议。由于《招标投标法》的法律位阶高，条款凝练，因此将具体范围和规模标准的制定权赋予国务院发展计划部门及有关部门。2000 年 5 月 1 日，《工程建设项目招标范围和规模标准规定》（国家计委令〔2000〕第 3 号）发布施行，明确了必须进行招标的工程建设项目的具体范围和规模标准。

该规章后为《必须招标的工程项目规定》（国家发改委令〔2018〕第 16 号）以及《必须招标的基础设施和公用事业项目范围规定》（发改法规规〔2018〕843 号）所替代。

2. 必须招标的大型基础设施和公用事业项目范围

《必须招标的基础设施和公用事业项目范围规定》（发改法规规〔2018〕843 号）对《招标投标法》中的必须招标的大型基础设施和公用事业项目范围进行了细化：

（1）煤炭、石油、天然气、电力、新能源等能源基础设施项目；

（2）铁路、公路、管道、水运，以及公共航空和 A1 级通用机场等交通运输基础设施项目；

（3）电信枢纽、通信信息网络等通信基础设施项目；

（4）防洪、灌溉、排涝、引（供）水等水利基础设施项目；

（5）城市轨道交通等城建项目。

案例 1-3

以免于招标作为招商引资条件

某地拟招商引资，兴建该地污水处理厂，预计总投资 2 亿元人民币，允许运营商依法收取 30 年的污水处理费。某合资企业对此项目非常感兴趣。由于财政较为困难，该地政府急于签署该项目的投资协议，同意该合资企业采用议标方式确定施工单位。

分析

招商引资进行工程建设项目的性质属于 BOT 融资建设项目，其建设过程需要遵守国家关于工程建设的相关法律法规。按照《必须招标的基础设施和公用事业项目范围规定》（发改法规〔2018〕843 号）的规定，城市污水处理厂虽然未列入城镇项目中，但由于该合资企业在性质上为中方国有控股，无论从项目性质，还是项目投资额来判定，均属于《招标投标法》第三条规定的依法必须招标的项目。因此，不能采用招标以外的方式确定项目施工单位。

案例 1-4

民营房地产开发项目是否招标

某民营房地产开发企业，经董事长介绍，与某施工企业签订了合同。施工过程中，由于钢材持续大幅涨价，施工企业要求变更合同价款。该民营企业拒绝了施工企业的要求。在双方协商未果的情况下，施工企业书面通知该民营企业解除合同并立即撤出施工现场。该民营企业向人民法院起诉，要求确认施工合同无效，并要求施工单位返还已支付的工程价款。

分析

本案例考核的要点是必须招标的规模和范围，以及《招标投标法》的适用范围等。《招标投标法》第三条中，关系社会公共利益、公众安全的公用事业项目较为抽象。但国家发展计划委员会发布的《工程建设项目招标范围和规模标准规定》（国家计委令〔2000〕第 3 号）规定的具体项目范围过于宽泛，将商品住宅（包括经济适用住房）也纳入必须进行招标的范围，只是对非国有资金（或者国有资金投资不占控股或者主导地位）的项目，允许其邀请招标。该规章第九条规定："依法必须进行招标的项目，全部使用国有资金投资或者国有资金投资占控股或者主导地位的，应当公开招标。"在该部门规章尚未废止前，仍应按该条规定执行。本项目的资金性质虽为民营投资，但由于是商品住宅，属于依法必须进行招标的范围。最高人民法院《关于审理建设工程施工合同纠纷案件适用法律问题的解释》第一条明确规定，建设工程必须进行招标，而未招标或者中标无效的施工合同无效。因此，该民营企业向人民法院起诉，要求确认施工合同无效的主张，可以获得支持。但在该部门规章废止后，本项目已经不再是依法必须进行招标的范围，不再因未招标而导致施工合同无效。关于施工单位返还已支付工程价款，则与施工合同是否有效的关系不大。根据《合同法》，建设工程施工合同无效，属自始无效，因该合同取得的财产，应当予以返还；不能返还或者没有必要返还的，应当折价补偿。有过错的一方应当赔偿对方因此所受到的损失，双方都有过错的，应当各自承担相应的责任。但根据前述司法解释，建设工程经竣工验收合格，施工企业请求参照合同约定支付工程价款的，应予支持。因此，无论施工合同有效与否，其约定的合同价款均具有较强的约束作用。

3. 依法必须进行招标的规模标准

《必须招标的工程项目规定》(国家发改委令〔2018〕第 16 号)规定全部或者部分使用国有资金投资或者国家融资的项目、使用国际组织或者外国政府贷款、援助资金的项目,以及不属于前述情形的大型基础设施、公用事业等关系社会公共利益、公众安全的范围内的项目,包括项目的勘察、设计、施工、监理以及与工程建设有关的重要设备、材料等的采购,达到下列标准之一的,必须招标:

(1) 施工单项合同估算价在 400 万元人民币以上的。

(2) 重要设备、材料等货物的采购,单项合同估算价在 200 万元人民币以上的。

(3) 勘察、设计、监理等服务的采购,单项合同估算价在 100 万元人民币以上的。

同一项目中可以合并进行的勘察、设计、施工、监理以及与工程建设有关的重要设备、材料等的采购,合同估算价合计达到前款规定标准的,必须招标。

▶ **案例 1-5**

某市机场是经批准建设的国家重点工程,工程总投资 12 亿元人民币,建设工期 36 个月。建设内容包括航站楼、栈桥、跑道、照明、电子信息、供油工程等。项目审批核准单位对该机场建设中的航站楼、跑道和机场空管等工程及设备安装工程,核准的招标方式为公开招标。现对以上三个项目进行施工及设备组织采购。其中,航站楼客梯 8 部,其中人字梯 6 部,选择进口产品,合同估算额 1200 万元人民币;货梯两部,合同估算额 80 万元,拟直接签订采购合同。

分析

依据商务部《机电产品国际招标投标实施办法(试行)》(商务部令〔2014〕第 1 号),电梯采购属于其附件所列的机电产品范围,故 6 部人字梯不能直接签订采购合同,须在机电产品进出口管理部门的监督下组织对该 6 部电梯进行机电产品国际招标采购。

另外,虽然两部货梯的合同估算额为 80 万元,但由于本机场项目是国家重点工程,工程总投资 12 亿元人民币,因此也不可以直接签订采购合同,而需要组织国内公开招标。

4. 地方政府调整必须进行招标的具体范围和规模标准

在国务院法制办发布的《中华人民共和国招标投标法实施条例(征求意见稿)》中,第四条第二款内容规定:"省、自治区、直辖市人民政府根据实际情况,可以规定本行政区域内必须进行招标的具体范围和规模标准,但不得缩小国务院确定的必须进行招标的范围,不得提高国务院确定的规模标准,也不得授权下级人民政府自行确定必须进行招标的范围和规模标准。"这与《工程建设项目招标范围和规模标准规定》(国家计委令〔2000〕第 3 号)第十条的规定是一致的,该条规定为:"省、自治区、直辖市人民政府根据实际情况,可以规定本地区必须进行招标的具体范围和规模标准,但不得缩小本规定确定的必须进行招标的范围。"

由于有了这一规定,各地普遍扩大了必须招标的范围,或者降低了规模标准,如施工项目,国家发展改革委要求的必须招标的规模标准是 200 万元,但各地普遍都规定 50

万元是必须招标的规模标准。但最终发布的《条例》取消了各省、自治区、直辖市人民政府规定必须进行招标的具体范围和规模标准的权力。《条例》第三条规定："依法必须进行招标的工程建设项目的具体范围和规模标准，由国务院发展改革部门会同国务院有关部门制订，报国务院批准后公布施行。"根据法律，应由国家统一规定必须进行招标的工程建设项目的具体范围和规模标准。

第一，《招标投标法》第三条规定："前款所列项目的具体范围和规模标准，由国务院发展计划部门会同国务院有关部门制订，报国务院批准。"这一规定表明：法律把必须招标的具体范围和规模标准的制订，授权给了国家发展改革委员会同国务院有关部门，报国务院批准。获得授权的机构，不宜再把这一权力转授给其他部门。《立法法》第十条规定："被授权机关应当严格按照授权目的和范围行使该项权力。被授权机关不得将该项权力转授给其他机关。"从立法角度看，在必须招标项目的具体范围和规模标准这一问题上，国务院属于被授权的单位。因此，即使是国务院颁布的行政法规，也无权再进行授权。

第二，在实践中，各地普遍扩大了必须招标的范围，或者降低了规模标准。但是，法律规定、学界和司法实践都认为合同只有违反法律、行政法规的约定才是无效的。对于违反"国务院发展计划部门会同国务院有关部门制订，报国务院批准"的规定，如必须招标而不招标，则订立的合同应当是无效的。因为，这样的行为应当是视为违反《招标投标法》的规定的。

例如，一个属于必须招标项目范围，合同额为 500 万元的施工合同，没有招标，看似违反的是《工程建设项目招标范围和规模标准规定》，而这一规定不属于行政法规；实际上，这一行为违反的是《招标投标法》。因此，订立的合同无效。但是，如果仅仅违反的是地方政府的规定，如一个 100 万元的施工项目，如果当地规定必须招标，但国家的规定不属于必须招标，双方约定不招标，这种约定是否无效呢？按照法律规定和学理，订立的合同都不应当无效，因为这只违反了地方的规定。但如果不认定为无效，那么这样的地方规定就没有意义了。《必须招标的工程项目规定》（国家发改委令〔2018〕第 16 号）最终体现了由国家统一对必须招标项目的具体范围和规模标准的立法原意。

5. 必须进行招标的项目情形的例外

《招标投标法》第六十六条规定："涉及国家安全、国家秘密、抢险救灾或者属于利用扶贫资金实行以工代赈、需要使用农民工等特殊情况，不适宜进行招标的项目，按照国家有关规定可以不进行招标。"《条例》第九条也明确规定："除招标投标法第六十六条规定的可以不进行招标的特殊情况外，有下列情形之一的，可以不进行招标：（一）需要采用不可替代的专利或者专有技术；（二）采购人依法能够自行建设、生产或者提供；（三）已通过招标方式选定的特许经营项目投资人依法能够自行建设、生产或者提供；（四）需要向原中标人采购工程、货物或者服务，否则将影响施工或者功能配套要求；（五）国家规定的其他特殊情形。"

1.5 招标监督体制

▶ 条文

　　第四条　国务院发展改革部门指导和协调全国招标投标工作,对国家重大建设项目的工程招标投标活动实施监督检查。国务院工业和信息化、住房城乡建设、交通运输、铁道、水利、商务等部门,按照规定的职责分工对有关招标投标活动实施监督。

　　县级以上地方人民政府发展改革部门指导和协调本行政区域的招标投标工作。县级以上地方人民政府有关部门按照规定的职责分工,对招标投标活动实施监督,依法查处招标投标活动中的违法行为。县级以上地方人民政府对其所属部门有关招标投标活动的监督职责分工另有规定的,从其规定。

　　财政部门依法对实行招标投标的政府采购工程建设项目的预算执行情况和政府采购政策执行情况实施监督。

　　监察机关依法对与招标投标活动有关的监察对象实施监察。

▶ 解读

　　1. 部门职责分工

　　根据《招标投标法》和《国务院办公厅印发国务院有关部门实施招标投标活动行政监督的职责分工意见的通知》(国办发〔2000〕34 号)规定,各招标监督部门的职责分工如下:

　　(1)国家发改委指导和协调全国招标投标工作,会同有关行政主管部门拟定《招标投标法》配套法规、综合性政策和必须进行招标的项目的具体范围、规模标准以及不适宜进行招标的项目,报国务院批准;指定发布招标公告的报刊、信息网络或其他媒介。有关行政主管部门根据《招标投标法》和国务院有关法规、政策,可以联合或分别制定具体实施办法。

　　(2)项目审批部门在审批必须进行招标的项目可行性研究报告时,核准项目的招标方式(委托招标或自行招标)以及国家出资项目的招标范围(发包初步方案)。项目审批后,及时向有关行政主管部门通报所确定的招标方式和范围等情况。

　　(3)对于招标投标过程(包括招标、投标、开标、评标、中标)中泄露保密资料、泄露标底、串通招标、串通投标、歧视排斥投标等违法活动的监督执法,按现行的职责分工,分别由有关行政主管部门负责并受理投标人和其他利害关系人的投诉。按照这一原则,工业(含内贸)、水利、交通、铁道、民航、信息产业等行业和产业项目的招标投标活动的监督执法,分别由经贸、水利、交通、铁道、民航、信息产业等行政主管部门负责;各类房屋建筑及其附属设施的建造和与其配套的线路、管道、设备的安装项目和市政工程项目的招标投标活动的监督执法,由建设行政主管部门负责;进口机电设备采购项目的招标投标活动的监督执法,由商务行政主管部门负责。有关行政主管部门须将监督过程中发现的问题,及时通知项目审批部门,项目审批部门根据情况依法暂停项目执行或者暂停资金拨付。

（4）从事各类工程招标代理业务的招标代理机构的资格，由建设行政主管部门认定；从事与工程建设有关的进口机电设备采购招标代理业务的招标代理机构的资格，由商务行政主管部门认定；从事其他招标代理业务的招标代理机构的资格，按现行职责分工，分别由有关行政主管部门认定。

（5）国家发展计划委员会负责组织国家重大建设项目稽察特派员，对国家重大建设项目建设过程中的工程招标投标进行监督检查。

招标投标监督管理的具体实施，是通过行政主管部门委托招标投标监督管理机构，依法对招标投标活动实施监督。

2. 各部门的具体职能

根据第十二届全国人民代表大会第一次会议审议批准的《国务院机构改革和职能转变方案》和国务院第一次常务会议审议通过的国务院直属特设机构、直属机构、办事机构、直属事业单位设置方案和《国务院关于机构设置的通知》（国发〔2013〕14号），各部门招标投标监督的相关具体职能如下：

（1）国家发改委的招标投标监督相关具体职能。

1）负责汇总分析财政、金融等方面的情况，参与制定财政政策、货币政策和土地政策，拟订并组织实施价格政策。综合分析财政、金融、土地政策的执行效果，监督检查价格政策的执行。负责组织制定和调整少数由国家管理的重要商品、服务价格和重要收费标准，依法查处价格违法行为和价格垄断行为等。主要表现为对招标投标领域有关收费标准的制定与监督。

2）承担规划重大建设项目和生产力布局的责任，拟订全社会固定资产投资总规模和投资结构的调控目标、政策及措施，衔接平衡需要安排中央政府投资和涉及重大建设项目的专项规划。安排中央财政性建设资金，按国务院规定权限审批、核准、审核重大建设项目、重大外资项目、境外资源开发类重大投资项目和大额用汇投资项目。指导和监督国外贷款建设资金的使用，引导民间投资的方向，研究提出利用外资和境外投资的战略、规划、总量平衡和结构优化的目标和政策。组织开展重大建设项目稽察工作。指导工程咨询业发展。

3）起草国民经济和社会发展、经济体制改革和对外开放的有关法律法规草案，制定部门规章。按规定指导和协调全国招标投标工作。

（2）工业和信息化部的招标投标监督相关具体职能。

1）制定并组织实施工业、通信业的行业规划、计划和产业政策，提出优化产业布局、结构的政策建议，起草相关法律法规草案，制定规章，拟订行业技术规范和标准并组织实施，指导行业质量管理工作。

2）负责提出工业、通信业和信息化固定资产的投资规模和方向（含利用外资和境外投资）、中央财政性建设资金安排的意见，按国务院规定权限审批、核准国家规划内和年度计划规模内的固定资产投资项目。

3）承担振兴装备制造业组织协调的责任，组织拟订重大技术装备发展和自主创新规划、政策，依托国家重点工程建设协调有关重大专项的实施，推进重大技术装备国产化，指导引进重大技术装备的消化创新。

4）统筹推进国家信息化工作，组织制定相关政策并协调信息化建设中的重大问题，促进电信、广播电视和计算机网络融合，指导协调电子政务发展，推动跨行业、跨部门的互联互通和重要信息资源的开发利用、共享。

5）协调电信网、互联网、专用通信网的建设，依法监督管理电信与信息服务市场，会同有关部门制定电信业务资费政策和标准并监督实施，负责通信资源的分配管理及国际协调，推进电信普遍服务，保障重要通信。

6）承担通信网络安全及相关信息安全管理的责任，负责协调维护国家信息安全和国家信息安全保障体系建设，指导监督政府部门、重点行业的重要信息系统与基础信息网络的安全保障工作，协调处理网络与信息安全的重大事件。

（3）住房和城乡建设部的招标投标监督相关具体职能。

1）承担保障城镇低收入家庭住房的责任。拟订住房保障相关政策并指导实施。拟订廉租住房规划及政策，会同有关部门做好中央有关廉租住房资金安排，监督地方组织实施。编制住房保障发展规划和年度计划并监督实施。

2）承担推进住房制度改革的责任。拟订适合国情的住房政策，指导住房建设和住房制度改革，拟订全国住房建设规划并指导实施，研究提出住房和城乡建设重大问题的政策建议。

3）承担规范住房和城乡建设管理秩序的责任。起草住房和城乡建设的法律法规草案，制定部门规章。

4）承担建立科学规范的工程建设标准体系的责任。组织制定工程建设实施阶段的国家标准，制定和发布工程建设的全国统一定额和行业标准，拟订建设项目可行性研究评价方法、经济参数、建设标准和工程造价的管理制度，拟订公共服务设施（不含通信设施）建设标准并监督执行，指导监督各类工程建设标准定额的实施和工程造价计价，组织发布工程造价信息。

5）监督管理建筑市场、规范市场各方的主体行为。指导全国建筑活动，组织实施房屋和市政工程项目招标投标活动的监督执法，拟订勘察设计、施工、建设监理的法规和规章并监督和指导实施，拟订工程建设、建筑业、勘察设计的行业发展战略、中长期规划、改革方案、产业政策、规章制度并监督执行，拟订规范建筑市场各方主体行为的规章制度并监督执行，组织协调建筑企业参与国际工程承包、建筑劳务合作。

6）研究拟订城市建设的政策、规划并指导实施，指导城市市政公用设施的建设、安全和应急管理，拟订全国风景名胜区的发展规划、政策并指导实施，负责国家级风景名胜区的审查报批和监督管理，组织审核世界自然遗产的申报，会同文物等有关主管部门审核世界自然与文化双重遗产的申报，会同文物主管部门负责历史文化名城（镇、村）的保护和监督管理工作。

（4）交通运输部的招标投标监督相关具体职能。

1）组织拟订并监督实施公路、水路、民航等行业规划、政策和标准。组织起草法律法规草案，制定部门规章。参与拟订物流业发展战略和规划，拟订有关政策和标准并监督实施。指导公路、水路行业有关体制改革工作。

2）负责提出公路、水路固定资产投资规模和方向、国家财政性资金安排意见，按国务院规定权限审批、核准国家规划内和年度计划规模内的固定资产投资项目。拟订公路、水路有关规费政策并监督实施，提出有关财政、土地、价格等政策建议。

3）承担公路、水路建设市场监管责任。拟订公路、水路工程建设相关政策、制度和技术标准并监督实施。组织协调公路、水路有关重点工程建设和工程质量、安全生产监督管理工作，指导交通运输基础设施的管理和维护工作，承担有关重要设施的管理和维护责任。按规定负责港口规划和岸线使用管理工作。

（5）国家铁路局的招标投标监督相关具体职能。

1）起草铁路监督管理的法律法规、规章草案，参与研究铁路发展规划、政策和体制改革工作，组织拟订铁路技术标准并监督实施。

2）负责铁路安全生产监督管理，制定铁路运输安全、工程质量安全和设备质量安全监督管理办法并组织实施，组织实施依法设定的行政许可。组织或参与铁路生产安全事故调查处理工作。

3）负责拟订规范铁路运输和工程建设市场秩序政策措施并组织实施，监督铁路运输服务质量和铁路企业承担国家规定的公益性运输任务情况。

（6）水利部的招标投标监督相关具体职能。

1）负责保障水资源的合理开发利用，拟定水利战略规划和政策，起草有关法律法规草案，制定部门规章。组织编制国家确定的重要江河湖泊的流域综合规划、防洪规划等重大水利规划。按规定制定水利工程建设有关制度并组织实施，负责提出水利固定资产投资规模和方向、国家财政性资金安排的意见，按国务院规定权限，审批、核准国家规划内和年度计划规模内的固定资产投资项目；提出中央水利建设投资安排建议并组织实施。

2）指导水利设施、水域及其岸线的管理与保护，指导大江、大河、大湖及河口、海岸滩涂的治理和开发，指导水利工程建设与运行管理，组织实施具有控制性的或跨省、自治区、直辖市及跨流域的重要水利工程建设与运行管理，承担水利工程移民管理工作。

3）负责防治水土流失。拟订水土保持规划并监督实施，组织实施水土流失的综合防治、监测预报并定期公告，负责有关重大建设项目水土保持方案的审批、监督实施及水土保持设施的验收工作，指导国家重点水土保持建设项目的实施。

4）指导农村水利工作。组织协调农田水利基本建设，指导农村饮水安全、节水灌溉等工程建设与管理工作，协调牧区水利工作，指导农村水利社会化服务体系建设。按规定指导农村水能资源开发工作，指导水电农村电气化和小水电代燃料工作。

5）负责重大涉水违法事件的查处，协调、仲裁跨省、自治区、直辖市水事纠纷，指导水政监察和水行政执法。依法负责水利行业安全生产工作，组织、指导水库、水电站大坝的安全监管工作，指导水利建设市场的监督管理工作，组织实施水利工程建设的监督工作。

（7）商务部主要职责的招标投标监督相关具体职能。

1）拟订国内外贸易和国际经济合作的发展战略、政策，起草国内外贸易、外商投资、对外援助、对外投资和对外经济合作的法律法规草案及制定部门规章，提出我国经济贸易法规之间及其与国际经贸条约、协定之间的衔接意见，研究经济全球化、区域经济合作、现代流通方式的发展趋势和流通体制改革并提出建议。

2）拟订国内贸易发展规划，促进城乡市场发展，研究提出引导国内外资金投向市场体系建设的政策，指导大宗产品批发市场规划和城市商业网点规划、商业体系建设工作，推进农村市场体系建设，组织实施农村现代流通网络工程。

3）承担牵头协调整顿和规范市场经济秩序工作的责任，拟订规范市场运行、流通秩序的政策，推动商务领域信用建设，指导商业信用销售，建立市场诚信公共服务平台，按有关规定对特殊流通行业进行监督管理。

4）负责制定进出口商品、加工贸易管理办法和进出口管理商品、技术目录，拟订促进外贸增长方式转变的政策措施，组织实施重要工业品、原材料和重要农产品的进出口总量计划，会同有关部门协调大宗进出口商品，指导贸易促进活动和外贸促进体系建设。

5）拟订并执行对外技术贸易、出口管制以及鼓励技术和成套设备进出口的贸易政策，推进进出口贸易标准化工作，依法监督技术引进、设备进口、国家限制出口技术的工作，依法颁发防扩散等与国家安全相关的进出口许可证件。

6）拟订我国多双边（含区域、自由贸易区）经贸合作战略和政策，牵头负责多双边经贸对外谈判，协调谈判意见并签署和监督执行有关文件，建立多双边政府间的经济和贸易联系机制并组织相关工作，处理国别（地区）经贸关系中的重要事务，管理同未建交国家的经贸活动，根据授权代表我国政府处理与世界贸易组织的关系，牵头承担我国在世界贸易组织框架下的谈判和贸易政策审议、争端解决、通报咨询等工作，负责对外经济贸易协调工作。

7）宏观指导全国外商投资工作，拟订外商投资政策和改革方案并组织实施，依法核准外商投资企业的设立及变更事项，依法核准重大外商投资项目的合同章程及法律特别规定的重大变更事项，依法监督检查外商投资企业执行有关法律法规规章、合同章程的情况并协调解决有关问题，指导投资促进及外商投资企业审批工作，规范对外招商引资活动，指导国家级经济技术开发区、苏州工业园区、边境经济合作区的有关工作。

（8）财政部的招标投标监督相关具体职能。

1）起草财政、财务、会计管理的法律、行政法规草案，制定部门规章，组织涉外财政、债务等的国际谈判并草签有关协议、协定。

2）组织制定国库管理制度、国库集中收付制度，指导和监督中央国库业务，按规定开展国库现金管理工作。负责制定政府采购制度并监督管理。

3）负责办理和监督中央财政的经济发展支出、中央政府性投资项目的财政拨款，参与拟订中央建设投资的有关政策，制定基建财务管理制度，负责有关政策性补贴和专项储备资金财政管理工作。负责农业综合开发管理工作。

4）监督检查财税法规、政策的执行情况，反映财政收支管理中的重大问题，负责管理财政监察专员办事处。

（9）监察部的招标投标监督相关具体职能。

1）检查国家行政机关在遵守和执行法律、法规和人民政府的决定、命令中的问题。

2）受理对国家行政机关及其公务员和国家行政机关任命的其他人员违反行政纪律行为的控告、检举。

3）调查处理国家行政机关及其公务员和国家行政机关任命的其他人员违反行政纪律的行为。

4）受理国家行政机关公务员和国家行政机关任命的其他人员不服主管行政机关给予处分决定的申诉，以及法律、行政法规规定的其他由监察机关受理的申诉。

5）法律、行政法规规定由监察机关履行的其他职责。

3. 审批、核准与备案监督管理

国务院《关于投资体制改革的决定》（国发〔2004〕20号）打破了不分投资主体、不分资金来源、不分项目性质，一律按投资规模大小分别由各级政府及有关部门审批的做法，建立了审批、核准与备案的系统监督管理方式。《条例》施行后，国务院办公厅转发发展改革委、法制办、监察部《关于做好招标投标法实施条例贯彻实施工作意见的通知》（国办发〔2012〕21号）。该通知对审批、核准与备案的监督管理做了进一步规定，主要内容有：① 全面清理与招投标有关的规定，对限制或者排斥潜在投标人、擅自设置审批事项、增加审批环节、干预当事人自主权、增加企业负担等违反《条例》的内容，以及不同规定之间相互冲突矛盾的内容，要进行全面清理，有关规定中个别条款存在前述情形的，应当予以修改，有关规定的主要内容违反《条例》或者不适应经济社会发展需要的，应当予以废止；② 加强监督管理，项目审批、核准部门应当严格履行招标内容核准职责，在审批、核准项目时审批、核准招标范围、招标方式和招标组织形式；③ 有关部门及其工作人员应当依法履行监督管理职责，不得违法设置审批事项、增加管理环节。

（1）关于审批与核准制度。根据《招标投标法》第九条，"招标项目按照国家有关规定需要履行项目审批手续的，应当先履行审批手续，取得批准。"国务院发展计划部门确定的国家重点项目和省、自治区、直辖市人民政府确定的地方重点项目不适宜公开招标的，经国务院发展计划部门或者省、自治区、直辖市人民政府批准，可以进行邀请招标。《条例》第七条规定："按照国家有关规定需要履行项目审批、核准手续的依法必须进行招标的项目，其招标范围、招标方式、招标组织形式应当报项目审批、核准部门审批、核准。项目审批、核准部门应当及时将审批、核准确定的招标范围、招标方式、招标组织形式通报有关行政监督部门。"该《条例》第八条对国有资金占控股或者主导地位的依法必须进行招标的项目适用邀请招标时，规定由项目审批、核准部门或有关行政监督部门在审批、核准项目时作出是否符合适用情形的认定。《工程建设项目施工招标投标办法》（国家计委等七部委令〔2003〕第30号）第八条规定，依法必须招标的工程建设项目，初步设计及概算应当履行审批手续的，已经批准；第十条规定，依法必须进行施工招标的工程建设项目，按工程建设项目审批管理规定，凡应报送项目审批部门审批的，招标人必须在报送的可行性研究报告中将招标范围、招标方式、招标组织形式等有关招标内容报项目审批部门核准；第十一条规定，全部使用国有资金投资或者国有资金投资占控股或者主导地位的并需要审批的工程建设项目的邀请招标，应当经项目审批部门批准，但项目审批部门只审批立项的，由有关行政监督部门批准；第十二条规定，需要审批的工程建设项目，有该法适用情形之一的，由该办法第十一条规定的审批部门批准，可以不进行施工招标；第三十八条规定，依法必须进行施工招标的项目提交投标文件的投标人少于三个的，招标人在分析招标失败的原因并采取相应措施后，应当依法重新招标。重新招标后投标人仍少于三个的，属于必须审批、核准的工程建设项目，报经原审批、核准部门审批、核准后可以不再进行招标；其他工程建设项目，招标人可自行决定不再进行招标；第六十四条规定，合同中确定的建设规模、建设标准、建设内容、合同价格应当控制在批准的初步设计及概算文件范围内；确需超出规定范围的，应当在中标合同签订前，报原项目审批部门审查同意，凡应报经审查而未报的，在初步设计及概算调整时，原项目审批部门一律不予承认。

（2）关于备案制度。《招标投标法》第十二条规定："依法必须进行招标的项目，招标人自行办理招标事宜的，应当向有关行政监督部门备案。"《条例》中未做出新的备案规定。各相关部门规章有备案的规定。《工程建设项目货物招标投标办法》（国家发改委等七部委令〔2005〕第 27 号）第八条规定，依法必须招标的工程建设项目，按照国家有关规定应当履行项目审批、核准或者备案手续的，已经审批、核准或者备案的，才能进行货物招标。《机电产品国际招标投标实施办法（试行）》（商务部令〔2014〕第 1 号）第五条规定，商务部委托专门网站为机电产品国际招标投标活动提供公共服务和行政监督的平台（以下简称招标网）。机电产品国际招标投标应当在招标网上完成招标项目建档、招标过程文件存档和备案、资格预审公告发布、招标公告发布、评审专家抽取、评标结果公示、异议投诉、中标结果公告等招标投标活动的相关程序，但涉及国家秘密的招标项目除外。

1.6 招标有形市场

▶ 条文

第五条 设区的市级以上地方人民政府可以根据实际需要，建立统一规范的招标投标交易场所，为招标投标活动提供服务。招标投标交易场所不得与行政监督部门存在隶属关系，不得以营利为目的。

国家鼓励利用信息网络进行电子招标投标。

▶ 解读

1. 招标投标交易场所的定义和发展

（1）招标投标交易场所依托于有形建筑市场等服务场所的建立。为了提高建设工程交易的透明度，防止规避招标、招投标弄虚作假，以及转包、违法分包等行为，整顿和规范建筑市场秩序，建设部、国家计委、监察部于 2002 年 1 月 30 日联合发布了《关于健全和规范有形建筑市场的若干意见》。根据该文件，有形建筑市场（即建设工程交易中心）是经政府主管部门批准，为建设工程交易活动提供服务的场所。有形建筑市场应当符合的条件有：① 有固定的建设工程交易场所和满足有形建筑市场基本功能要求的服务设施；② 成立不与任何政府部门及其所属机构有隶属关系的独立管理机构；③ 有健全的有形建筑市场工作规则、办事程序和内部管理制度；④ 工作人员应熟悉相关法律法规、工程建设和招标投标管理等方面的知识；⑤ 经当地政府有关部门及其管理机构同意，在有形建筑市场设立服务"窗口"，并依法实施监督。对投资数量较多、建设规模较大的县级城市，确需设立有形建筑市场的，应参照上述条件，报省级人民政府建设行政主管部门审批。

（2）有形建筑市场的主要功能与要求有：

1）对于全部使用国有资金投资，以及国有资金投资占控股或者主导地位的房屋建筑工程项目和市政工程项目，必须通过有形建筑市场，依法公开招标。特大型和大型市政工程项目采用国际招标的，按照《招标投标法》关于公开招标的规定办理。其他应公开招标的工程建设项目也可以进入有形建筑市场招标、发包。

2）有形建筑市场必须与政府部门及其所属机构脱钩，做到人员、职能分离，政企分开，政事分开，不能与政府部门及其所属机构搞"一套班子、两块牌子"；不得与任何招标代理机构有隶属关系或者经济利益关系；不得从事工程项目招标代理活动；不得以任何方式限制和排斥本地区、本系统以外的企业参加投标，或以任何方式非法干涉招标投标活动。

3）有形建筑市场要为建设工程招标投标活动，包括开标、评标、定标等，提供设施齐全、服务规范的场所；收集、存储和发布招标投标信息、政策法规信息、企业信息、材料设备价格信息、科技和人才信息、分包信息等，为建设工程交易各方提供信息咨询服务；为政府主管部门实施监督和管理提供条件。有形建筑市场要积极完善并拓展服务功能，为总包、分包双方依法开展经营活动提供优良的服务。

4）有形建筑市场发现建设工程招投标活动中的违法违规行为，负有及时向有关部门报告的责任，并应当协助政府有关部门进行调查。在征得招标人和投标人同意后，有形建筑市场应当妥善保存建设工程招标投标活动中产生的有关资料、原始记录等，制定相应的查询制度和保密措施，以便于有关部门加强对建设工程交易活动的监督和管理。

（3）其他有关部委也相继建立了各有关行业招标投标的交易场所，为公共资源交易统一平台的建立提供了基础条件。在2012年3月26日国务院第五次廉政工作会议上，监察部部长马馼在所做发言《认真履行行政监察职能深入推进政府机关廉政勤政建设》中提出，廉政风险防控工作全面开展，公共资源交易市场建设、社会信用体系建设、规范商业预付卡管理等工作取得积极进展；深入推进工程建设领域突出问题专项治理，重点抓好国土资源、交通运输、铁路、水利、电力等领域以及招标投标、资质资格审批等环节的治理工作，推动建设统一规范的公共资源交易市场。随后，交通运输部《关于交通运输工程建设项目进入公共资源交易市场集中交易的通知》（2012年）根据交通运输工程建设项目建设资金来源和建设主体的不同，将项目分为两个层次进入地方公共资源交易市场：一是使用财政性资金，由部属单位实施的项目，根据属地或授权原则，全部纳入地方公共资源交易市场招标投标；二是由地方交通运输部门负责实施的项目，原则上进入公共资源交易市场招标投标，具体进场时间和方式，以地方人民政府的要求为准。交通运输部《关于部属单位工程建设项目进入公共资源交易市场交易的指导意见》（交水发〔2012〕466号）要求使用财政性资金且依法必须进行招标的部属单位工程建设项目（长江干线航道整治工程建设项目除外），应于2012年12月底前全部进入统一规范的公共资源交易市场进行集中交易。2013年6月底前所有长江干线航道整治工程建设项目进场交易。进口机电设备国际招标项目及政府采购项目暂仍按国务院有关部门的规定执行。

水利部《关于推进水利工程建设项目招标投标进入公共资源交易市场的指导意见》（水建管〔2012〕182号）要求水利工程建设项目招标投标按照属地管理和权限管理原则进入公共交易市场进行交易。中央水利工程建设项目招标投标应进入工程所在地设区的市级以上地方人民政府组建的公共交易市场。地方水利工程建设项目招标投标由省级水行政主管部门根据当地实际情况确定进场要求。中央治理工程建设领域突出问题工作领导小组办公室、铁道部《关于铁路工程项目进入地方公共资源交易市场招投标工作的指导意见》(中治工办发〔2012〕3 号)明确了铁道部管理的大中型建设项目全部进入北京市建设工程发包承包交易中心招标,18 个铁路局(公司)管理的项目要按照属地或授权原则,进入地方公共资源交易市场招标投标。2012 年 4 月 14 日《国务院办公厅转发发展改革委、法制办、监察部关于做好招标投标法实施条例贯彻实施工作意见的通知》(国办发〔2012〕21 号)明确要求,具备条件的市级以上地方人民政府,可以结合当地实际,建立不隶属于任何行政监督部门、不以营利为目的、统一规范的招投标交易场所,为行政监督和市场交易提供服务。

2. 有形建筑市场的职能

有形建筑市场的主要工作部门有有形建筑市场招标投标服务部门、市场信息管理部门、市场咨询服务部门、市场行风监督部门以及市场财务部门。有形建筑市场的工作职责主要有:

(1) 宣传、贯彻、执行国家及本地区有关工程建设的法律、法规和方针、政策等。

(2) 为工程发包承包交易的各方主体提供招标公告发布、投标报名、开标及评标的场地服务以及评标专家抽取服务,为交易各方主体办理有关手续提供便利的配套服务。

(3) 为政府有关部门和相关机构派驻有形建筑市场的窗口提供办公场地和必要的办公条件服务,实现有形建筑市场"一站式"管理和服务功能。

(4) 依法办事,遵守建设程序,按规定办理建设工程有关手续,严守秘密,创造公开、透明的市场竞争环境。

(5) 建立和完善计算机管理系统和信息网络,实现信息收集、发布功能,为交易各方主体及驻场部门提供高效的网络化办公系统。

(6) 提供法律、法规、政策、基本建设程序等咨询服务,提供有关企业资质、专业人员和工程建设相关信息的查询服务。

(7) 建立和完善评标专家抽取系统,对评标专家的出勤情况和评标活动进行记录和考核。

(8) 负责进场交易的建设工程招标投标备案文件等档案材料的收集、整理、立卷和统一管理,并建立档案管理制度,按规定为有关部门及单位提供档案查阅服务。

(9) 对进场交易的建设工程招标投标及发包承包交易活动中发现的违法违规行为,及时向有关部门报告,并协助开展调查。

(10) 建立有形建筑市场发包承包交易活动中企业和执业资格人员的市场不良行为记录,并形成档案,按规定提交给有关部门或向社会公布。

(11) 加强对交易场所的管理和维护,对驻场部门的服务质量和工作效能进行考核评比,组织实施社会公示制度,抓好督办整改工作。

(12) 按规定交纳有关税费,不乱收费,不随意减免费用。

(13) 承担上级主管部门交办的其他有关事项。

有形建筑市场的驻场各部门主要有:招标投标监督管理部门、设计审查部门、国土资源管理部门、工商行政管理部门、工程质量监督部门、安全监督部门、市政建设管理部门、工程建设管理部门、工程造价管理部门、公证部门、城建监察部门、纪检监察部门。有形建筑市场驻场各部门的职责由各驻场部门自行制定。进驻有形建筑市场的各部门负责自己业务范围内的监督工作，按计算机设定的交易流程办理业务，每道程序均由办事人员确认后方可进入下道程序。每道程序在手续符合条件时，一般情况下当日完成，特殊情况不超过两个工作日。有形建筑市场负责交易活动的日常监督管理。若交易双方发生纠纷，可向有形建筑市场反映，有形建筑市场组织相关部门进行调解或向建设行政主管部门报告。有形建筑市场及进驻有形建筑市场的各部门，接受驻场纪检监察部门的监督。

3. 有形建筑市场工程交易流程（见图 1–1 和图 1–2）

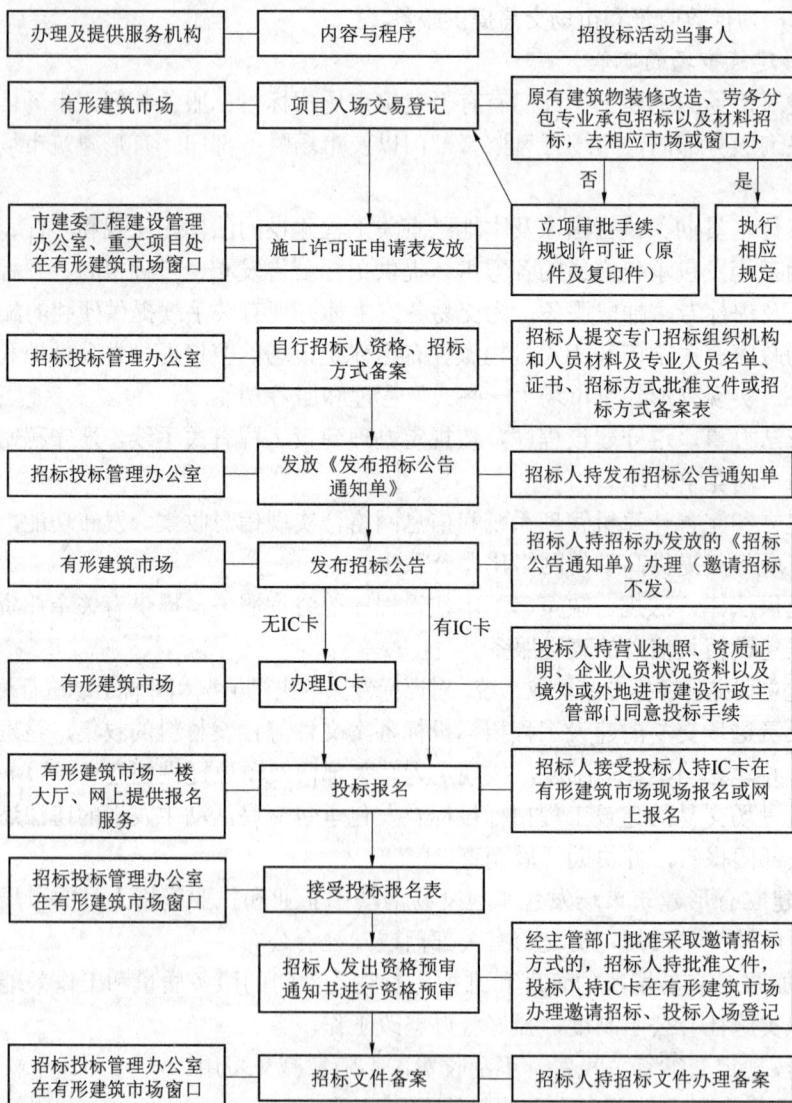

办理及提供服务机构	内容与程序	招投标活动当事人
有形建筑市场	项目入场交易登记	原有建筑物装修改造、劳务分包专业承包招标以及材料招标，去相应市场或窗口办（否）立项审批手续、规划许可证（原件及复印件）　（是）执行相应规定
市建委工程建设管理办公室、重大项目处在有形建筑市场窗口	施工许可证申请表发放	
招标投标管理办公室	自行招标人资格、招标方式备案	招标人提交专门招标组织机构和人员材料及专业人员名单、证书、招标方式批准文件或招标方式备案表
招标投标管理办公室	发放《发布招标公告通知单》	招标人持发布招标公告通知单
有形建筑市场	发布招标公告	招标人持招标办发放的《招标公告通知单》办理（邀请招标不发）
有形建筑市场	办理 IC 卡（无 IC 卡 / 有 IC 卡）	投标人持营业执照、资质证明、企业人员状况资料以及境外或外地进市建设行政主管部门同意投标手续
有形建筑市场一楼大厅、网上提供报名服务	投标报名	招标人接受投标人持 IC 卡在有形建筑市场现场报名或网上报名
招标投标管理办公室在有形建筑市场窗口	接受投标报名表	
	招标人发出资格预审通知书进行资格预审	经主管部门批准采取邀请招标方式的，招标人持批准文件，投标人持 IC 卡在有形建筑市场办理邀请招标、投标入场登记
招标投标管理办公室在有形建筑市场窗口	招标文件备案	招标人持招标文件办理备案

图 1–1　有形建筑市场工程交易流程图 A

有形建筑市场	招标文件录入及开标、评标场地确定	提交备案的招标文件，招标部门确定的开、评标时间
在确定的有形建筑市场开标室内进行	开标	招标人持投标书、授权委托书、身份证、标底等开标
有形建筑市场	评标专家抽取	招标人提交法定代表人委托书及抽取人身份证明
在确定的有形建筑市场评标室内进行	评标	
中标结果公示、有投诉的到监察部门窗口	评标报告、招标书面报告备案报告、中标通知书备案	招标人提交投标报名表、评标报名、中标人的投标文件、中标通知书等
有形建筑市场	交易服务费收取	招标人及中标人持中标通知书交费
招标投标监督管理部门在有形建筑市场窗口	发出中标通知书	招标人持交纳交易服务费发票
招标投标监督管理部门在有形建筑市场窗口	合同备案	具备全部投标文件的正副本、中标通知书、招标文件委托人的授权书
质量监督部门在有形建筑市场窗口	质量监督注册	招标人提交中标通知书、工程监理合同（委托监理的）
质量监督、建材部门在有形建筑市场窗口	质量监督、黏土砖及散装水泥联合收费	招标人持中标通知书等
施工管理部门在有形建筑市场窗口	施工安全登记备案	招标人持中标通知书等
建设行政主管部门	发放施工许可证	招标人按建设行政主管部门办理施工许可规定应提交资料（重点项目提重大办相应手续）

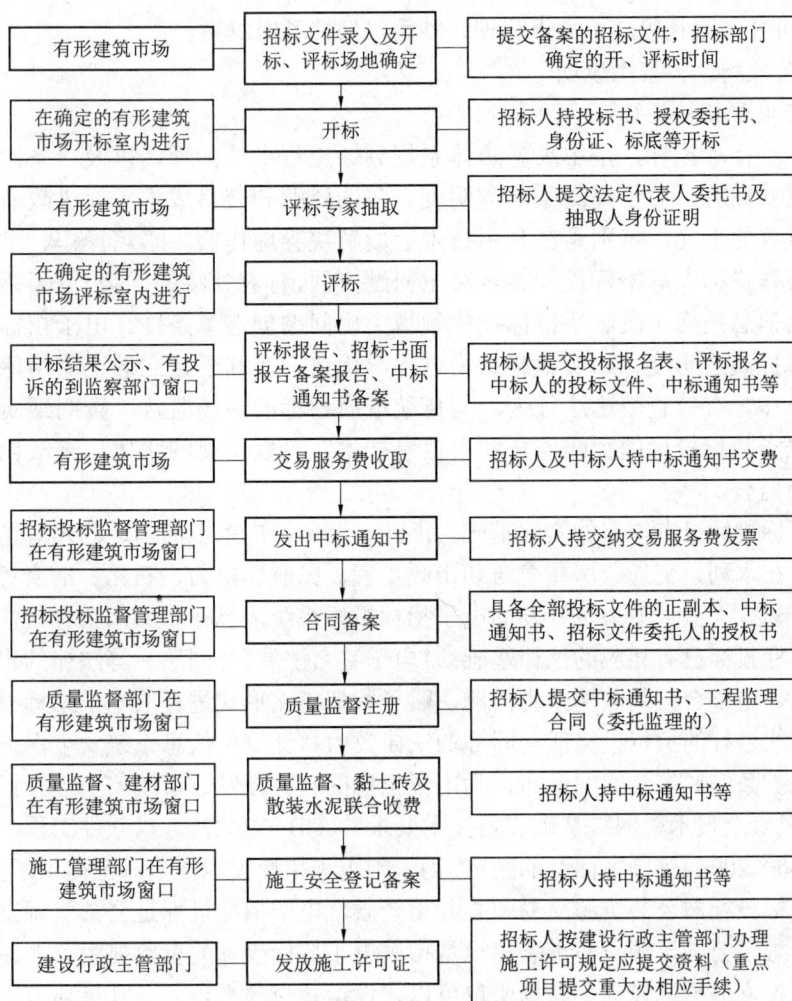

图 1-2 有形建筑市场工程交易流程图 B

4. 进场交易各方主体应当遵守的场内守则

（1）严格遵守有关法律、法规、规章、交易规则和程序，维护正常交易秩序。

（2）服从有形建筑市场的统一管理。

（3）遵循自愿、公开、公平、公正、诚实信用的原则和公认的交易道德；遵守建设程序，按规定办理各项工程建设手续。

（4）不互相串通搞不正当竞争，不用虚假宣传抬高自己，贬低他人。

（5）自觉维护委托人的合法权益。

（6）驻场各部门做到政务公开，按规定时限办理手续，坚持原则，秉公办事、廉洁高效、优质服务，切实履行社会承诺，接受各方监督。

（7）在履行工作职责期间，遇到与本人或直系亲属有利害关系的情形应当回避。

（8）在交易活动中廉洁奉公，严禁行贿、受贿、索贿。

（9）爱护有形建筑市场内的各种设备、设施，损坏物品，照价赔偿。

（10）讲究文明礼貌，不大声喧哗、吵闹，保持场内卫生。

（11）公众场合，禁止吸烟。

5. 推行电子招标投标

推行电子招标投标，是中央惩防体系规划、工程专项治理，以及《条例》明确要求的一项重要任务，对于提高采购透明度、节约资源和交易成本、促进政府职能转变具有非常重要的意义，特别是在利用技术手段解决弄虚作假、暗箱操作、串通投标、限制排斥潜在投标人等招标投标领域突出问题方面，有着独特的优势。电子招标投标，为充分利用信息技术手段解决招标投标领域突出问题创造了条件。电子招标投标具有整合信息、提高透明度、如实记载交易过程等优势，有利于建立健全信用惩戒机制、防止暗箱操作、有效查处违法行为。与传统纸质招标的现场监督、查阅纸质文件等方式相比，电子招标投标的行政监督利用信息技术，可以实现网络化、无纸化的全面、实时和透明监督。

电子招标投标已有丰富的实践基础。浙江、湖南、广东、河南、四川等地推行电子招标投标，在水利、交通、房屋建筑和市政工程、民航、电力、石化、冶金等行业施行电子招标投标。一些大型央企开发的电子招标投标系统，已在本集团招标采购中广泛应用。电子招标投标已有相应的法律基础。《电子签名法》《合同法》等法律的出台，解决了电子签名、电子合同的法律效力问题，赋予数据电文形式进行的电子招标投标活动与传统纸质方式进行的招标投标活动同等的法律效力。《计算机信息系统安全保护条例》《计算机软件保护条例》等法律的颁布，为电子招标的软件开发、系统安全运行提供了法律基础。《信息安全技术、网络基础安全技术要求》（GB/T 20270）、《软件工程产品质量》（GB/T 16260—2006）等国家标准的制定，为编制电子招标投标技术规范提供了技术保障。

电子招标投标与公共资源交易中心并不矛盾。电子招标投标是公共资源交易市场建设的客观要求，公共资源交易市场建设是推进电子招标投标的重要抓手。在建设运营主体上，依法设立的招标投标交易场所也可以建设运营交易平台。在开标环节，招标人和投标人在交易场所登录交易平台在线开标。在评标环节，评标委员会成员应当在集中交易场所登录招标项目所使用的项目交易平台进行评标，利用集中交易场所及其监控条件配合完成电子招标投标的评标活动。

（1）电子招标投标行政监督管理体制。国务院发展改革部门负责指导协调全国电子招标投标活动，会同有关部门统筹规划全国电子招标投标系统的建设、运营；各级地方人民政府发展改革部门会同有关行政监督部门对本行政区域内电子招标投标系统的建设、运营，以及相关检测、认证活动实施监督；各级人民政府有关部门按照规定的职责分工，对电子招标投标活动实施监督，依法查处电子招标投标活动中的违法行为。

（2）电子招标投标系统的架构。电子招标投标系统分为交易平台、公共服务平台、监督平台。这种划分不改变现行电子招标投标系统的建设运营模式。一个电子招标投标系统可以仅具备交易平台的功能，也可以具备交易平台和监督平台功能，部分电子招标投标系统还可以在具备交易平台和监督平台功能的同时，兼具某一方面公共服务平台的功能。交易平台主要为项目招标投标交易服务，具有竞争性、专业性和个性化服务的特征，由不同的主体建设运营。公共服务平台通过收集、整合和发布招标项目交易信息以及相关公共信息,为交易平台、招标投标活动当事人、社会公众和行政监督部门提供信息服务,具有综合性和公益性的特征。监督平台则由行政监督部门结合本单位电子政务建设进行设置,用于监督部门履行监督职责。交易平台、公共服务平台统一信息分类和编码标准,为各类电子招标投标信息的互联互通和交互共享开放数据接口、公布接口标准,实现电子身份证书的兼容互认。交易平台与公共服务平台之间交互信息,交易平台和公共服务平台都应向监督平台对接交互信息,向市场主体、社会公众免费提供有关信息。

(3)关于公共服务平台。设区的市级以上人民政府发展改革部门会同有关部门,按照政府主导、共建共享、公益服务的原则,推动建立本地区统一的公共服务平台,提供信息服务。各电子招标投标系统连接并交换数据,实现电子招标投标系统的互联互通和信息共享。借助公共服务平台,为不同电子身份认证的互认提供基础,有利于打破技术壁垒,有效解决市场分割问题。集中发布招标公告、资格预审公告和中标结果公示等招标信息,连接各部门、各地方建立的评标专家库等,实现资源共享,避免重复建设。实现项目交易功能、公共服务功能和行政监管功能的相对分离,提高行政监管的权威性和公正性。借助公共服务平台汇集大量的招标投标信息并进行甄别和分类,分析预警招标投标违法行为,完善招标投标信用制度,做好数据统计分析,为出台相关政策措施奠定坚实基础,提高行政监管的科学性和有效性。

(4)电子招标投标监管。交易平台必须通过相应资格的专业机构检测和认证机构认证,服务器应当在我国境内。交易平台运营机构应当是依法成立的法人,拥有一定数量的专职信息技术人员和取得招标职业资格的从业人员。除了信息安全、信息交互及公布的义务外,规定交易平台运营机构不得以任何手段限制或者排斥潜在投标人,不得泄露依法应当保密的信息,不得弄虚作假、串通投标或者为弄虚作假、串通投标提供便利。投标人未按规定加密的投标文件,交易平台应当拒收并提示。交易平台应当保持技术中立,与各类需要分离开发的工具软件相兼容,不得限制或者排斥符合技术规范要求的工具软件与其对接;交易平台运营机构不得以技术和数据接口配套为由,要求潜在投标人购买指定的工具软件。电子招标投标活动及相关主体应当自觉接受监督部门依法实施的监督。监督部门设置电子招标投标监督平台,在平台上依法设置并公布行政监督的职责权限。交易平台、公共服务平台应当为监督部门依法实施的监督提供通道、交互信息,为监督部门登录使用平台提供必要条件。监督部门在依法监督检查招标投标活动或者处理投诉争议时,通过电子招标投标系统发出的行政指令,交易平台和公共服务平台的有关实施主体应当执行。

(5)电子招标投标的信息安全。交易平台运营机构采用可靠技术,防范非授权操作,保证交易平台的安全稳定可靠以及数据电文的真实性、完整性和可追溯性。交易平台具备分段加密、整体解密功能;对投标人未按规定加密的文件,交易平台拒收并提示。电子评标在有效监控和保密的环境下进行。电子招标投标交易平台依法设置电子招标投标工作人员的职责权限,如实记录相关过程及信息,并具备电子归档功能;电子招标投标公共服务平台记录和公布相关交互数据信息的来源、时间并进行电子归档备份。

1.7 禁止非法干涉

▶ 条文

第六条　禁止国家工作人员以任何方式非法干涉招标投标活动。

▶ 解读

1. 国家工作人员的范围

20 世纪 50 年代,国家工作人员的范围一般限于政府机关、事业单位等具有编制的工作人员。例如,1952 年 8 月 30 日卫生部发布的《国家工作人员公费医疗预防实施办法》规定的国家工作人员有:① 全国各级人民政府、党派、团体在编制的人员;② 全国各级文化、教育、卫生、经济建设事业单位工作人员;③ 经中央人民政府政务院核定之各工作队人员。根据中共中央组织部、中共中央金融工作委员会、中共中央企业工作委员会、公安部、人事部《关于加强国家工作人员因私事出国(境)管理的暂行规定》(公通字〔2003〕13 号)第三条,国家工作人员是指国家公务员以及参照、依照公务员管理的国家工作人员。《刑法》的定义采取狭义定义,该法第九十三条规定:"本法所称国家工作人员,是指国家机关中从事公务的人员。"

在我国法律体系中,国家公务员以及参照、依照公务员管理的国家工作人员之外,还存在以国家工作人员论的情形。《关于加强国家工作人员因私事出国(境)管理的暂行规定》(公通字〔2003〕13 号)第三条规定:"国有公司、企业中从事公务的人员和国家机关、国有公司、企业、事业单位委派到非国有企业单位、社会团体从事公务的人员,以国家工作人员论。"《刑法》第九十三条规定:"国有公司、企业、事业单位、人民团体中从事公务的人员和国家机关、国有公司、企业、事业单位委派到非国有公司、企业、事业单位、社会团体从事公务的人员,以及其他依照法律从事公务的人员,以国家工作人员论。"其中,关于"其他依照法律从事公务的人员",全国人民代表大会常务委员会于 2000 年 4 月 29 日《关于〈中华人民共和国刑法〉第九十三条第二款的解释》中明确,村民委员会等村基层组织人员协助人民政府从事下列行政管理工作,属于"其他依照法律从事公务的人员":① 救灾、抢险、防汛、优抚、扶贫、移民、救济款物的管理;② 社会捐助公益事业款物的管理;③ 国有土地的经营和管理;④ 土地征用补偿费用的管理;⑤ 代征、代缴税款;⑥ 有关计划生育、户籍、征兵工作;⑦ 协助人民政府从事的其他行政管理工作。存在兼职情形时,按照其委派程序、工作内容与性质认定相应的身份。最高人民法院研究室 2000 年 6 月 29 日发布的《关于国家工作人员在农村合作基金会兼职从事管理工作如何认定身份问题的答复》(法(研)明传〔2000〕12 号)中明确,国家工作人员自行到农村合作基金会兼职从事管理工作的,因其兼职工作与国家工作人员身份无关,应认定为农村合作基金会一般从业人员;国家机关、国有公司、企业、事业单位委派到农村合作基金会兼职从事管理工作的人员,以国家工作人员论。

2. 国家工作人员的职责

应当严格区分国家工作人员依法实施监督职责与非法干涉招标投标活动行为之间的界限。《招标投标法》第七条明确了负有相应职责的国家工作人员的监督权："招标投标活动及其当事人应当接受依法实施的监督。有关行政监督部门依法对招标投标活动实施监督，依法查处招标投标活动中的违法行为。"按照国家工作人员的工作职责，可将国家工作人员划分为招标投标监管部门工作人员与其他工作人员。招标投标监管部门工作人员的主要职责有：

（1）对工程项目的招标条件和项目审批部门核准的招标方式、招标组织形式等内容进行审查。

（2）招标公告的监管。

（3）资格预审文件的监管。

（4）招标文件的备案、审查（含补充文件、最高限价）。

（5）开标、评标现场监督。

（6）评标专家的培训、考核、管理，抽取评委的监督。

（7）中标结果公示、备案，中标通知书的发放监督。

（8）招标代理机构的考核、管理。

（9）招标投标的投诉、受理与查处。

（10）招标投标活动相关政策的制定与实施。

3. 国家工作人员非法干涉招标投标活动的主要表现形式

（1）规避招标。《招标投标法》第四条规定："任何单位和个人不得将依法必须进行招标的项目化整为零或者以其他任何方式规避招标。"《工程建设项目勘察设计招标投标办法》（国家发改委等八部委令〔2003〕第 2 号）第三条规定："工程建设项目符合《工程建设项目招标范围和规模标准规定》（国家计委令〔2000〕第 3 号）规定的范围和标准的，必须依据本办法进行招标。任何单位和个人不得将依法必须进行招标的项目化整为零或者以其他任何方式规避招标。"

（2）地区或部门限制。《招标投标法》第六条规定："依法必须进行招标的项目，其招标投标活动不受地区或者部门的限制。任何单位和个人不得违法限制或者排斥本地区、本系统以外的法人或者其他组织参加投标，不得以任何方式非法干涉招标投标活动。"《条例》第三十三条规定："投标人参加依法必须进行招标的项目的投标，不受地区或者部门的限制，任何单位和个人不得非法干涉。"《工程建设项目施工招标投标办法》（国家计委等七部委令〔2003〕第 30 号）第五条规定："工程施工招标投标活动，依法由招标人负责。任何单位和个人不得以任何方式非法干涉工程施工招标投标活动。施工招标投标活动不受地区或者部门的限制。"

（3）干涉招标组织形式。《招标投标法》第十二条规定："招标人有权自行选择招标代理机构，委托其办理招标事宜。任何单位和个人不得以任何方式为招标人指定招标代理机构。招标人具有编制招标文件和组织评标能力的，可以自行办理招标事宜。任何单位和个人不得强制其委托招标代理机构办理招标事宜。"《条例》第十三条规定："招标代理机构在招标人委托的范围内开展招标代理业务，任何单位和个人不得非法干涉。"《工程建设项目自行招标试行办法》（国家计委令〔2000〕第 5 号）第六条规定："国家发展改革委审查招标人报送的书面材料，核准招标人符合本办法规定的自行招标条件的，招标人可以自行办理招标事宜。任何单位和个人不得限制其自行办理招标事宜，也不得拒绝办理工程建设有关手续。"《工程建设项目施工招标投标办法》（国家计委等七部委令〔2003〕第 30 号）第二十一条规定："招标人符合法律规定的自行招标条件的，可以自行办理招标事宜。任何单位和个人不得强制其委托招标代理机构办理招标事宜。"

（4）非法限制招标公告的发布地点和发布范围。《招标公告发布暂行办法》（国家计委令〔2000〕第 4 号）第四条规定："依法必须招标项目的招标公告必须在指定媒介发布。招标公告的发布应当充分公开，任何单位和个人不得非法限制招标公告的发布地点和发布范围。"

（5）限制投标人的数量。《工程建设项目施工招标投标办法》（国家计委等七部委令〔2003〕第 30 号）第二十条规定："资格审查时，招标人不得以不合理的条件限制、排斥潜在投标人或者投标人，不得对潜在投标人或者投标人实行歧视待遇。任何单位和个人不得以行政手段或者其他不合理方式限制投标人的数量。"

（6）干涉标底的编制。《工程建设项目施工招标投标办法》（国家计委等七部委令〔2003〕第 30 号）第三十四条规定："招标人可根据项目特点决定是否编制标底。任何单位和个人不得强制招标人编制或报审标底，或干预其确定标底。"

（7）干涉评标委员会的组建。《条例》第四十六条规定："除招标投标法第三十七条第三款规定的特殊招标项目外，依法必须进行招标的项目，其评标委员会的专家成员应当从评标专家库内相关专业的专家名单中以随机抽取方式确定。任何单位和个人不得以明示、暗示等任何方式指定或者变相指定参加评标委员会的专家成员。"

（8）干涉评标过程和结果。《招标投标法》第三十八条规定："招标人应当采取必要的措施，保证评标在严格保密的情况下进行。任何单位和个人不得非法干预、影响评标的过程和结果。"《评标委员会和评标方法暂行规定》（国家计委等七部委令〔2001〕第 12 号）第四条规定："评标活动依法进行，任何单位和个人不得非法干预或者影响评标过程和结果。"

4. 国家工作人员非法干涉招标投标活动的法律责任

《招标投标法》第六十二条规定："任何单位违反本法规定，限制或者排斥本地区、本系统以外的法人或者其他组织参加投标的，为招标人指定招标代理机构的，强制招标人委托招标代理机构办理招标事宜的，或者以其他方式干涉招标投标活动的，责令改正；对单位直接负责的主管人员和其他直接责任人员依法给予警告、记过、记大过的处分，情节较重的，依法给予降级、撤职、开除的处分。个人利用职权进行前款违法行为的，依照前款规定追究责任。"《招标投标法》第六十三条规定："对招标投标活动依法负有行政监督职责的国家机关工作人员徇私舞弊、滥用职权或者玩忽职守，构成犯罪的，依法追究刑事责任；不构成犯罪的，依法给予行政处分。"

《条例》第七十条规定："国家工作人员以任何方式非法干涉选取评标委员会成员的，依照本条例第八十条的规定追究法律责任。"该行政法规第八十条规定："国家工作人员利用职务便利，以直接或者间接、明示或者暗示等任何方式非法干涉招标投标活动，有下列情形之一的，依法给予记过或者记大过处分；情节严重的，依法给予降级或者撤职处分；情节特别严重的，依法给予开除处分；构成犯罪的，依法追究刑事责任：（一）要求对依法必须进行招标的项目不招标，或者要求对依法应当公开招标的项目不公开招标；（二）要求评标委员会成员或者招标人以其指定的投标人作为中标候选人或者中标人，或者以其他方式非法干涉评标活动，影响中标结果；（三）以其他方式非法干涉招标投标活动。

部门规章所列法律责任，属于对《招标投标法》以及《条例》的细化，此处不再列举。

招　标

在招标投标交易活动中，对于交易发起方（一般为采购人或采购机构）来说，他们进行的业务是招标，《招标投标法》称之为招标人；对响应招标、参与竞争的交易响应方（一般为承包商或供应商）来说，他们进行的业务是投标，《招标投标法》称之为投标人。

招标有广义与狭义之分。广义的招标包括由招标人发出招标公告（或投标邀请书）直至确定中标人，并与之最终签订合同的全过程。狭义的招标是指招标人根据自己的需要，提出一定的标准或条件，向潜在投标人发出投标邀请的行为。当人们笼统地提到招标时，通常是指广义的招标；当招标与投标一起使用时，通常是指狭义的招标。《条例》第二章中使用的"招标"，属于狭义概念。

招标是招标投标程序的首要环节，也是整个程序中最重要的环节之一。在该环节中，招标人或其委托代理人需要完成招标内容的审核、资格预审公告和文件的发布与编制（如采用资格预审方式）、招标公告（或投标邀请书）的发布、招标文件的编制和出售、踏勘现场等多项工作。在招标环节的工作质量将直接影响后续环节的工作质量，招标环节的工作缺陷可能会成为后续工作的隐患。在《招标投标法》及其实施条例中，涉及招标环节的条款最多，"招标"这一章的法条也最多，《条例》第二章共有 26 条。

2.1　招标内容审核

▶ 条文

第七条　按照国家有关规定需要履行项目审批、核准手续的依法必须进行招标的项目，其招标范围、招标方式、招标组织形式应当报项目审批、核准部门审批、核准。项目审批、核准部门应当及时将审批、核准确定的招标范围、招标方式、招标组织形式通报有关行政监督部门。

▶ 解读

《招标投标法》第九条规定："招标项目按照国家有关规定需要履行项目审批手续的，应当先履行审批手续，取得批准。"这是对招标项目审核的原则性规定，但并未具体明确招标内容是否需要审核。为加强对招标投标活动的监督，国务院于 2000 年发布了《国务院办公厅印发国务院有关部门实施招标投标活动行政监督的职责分工意见的通知》（国办发〔2000〕34 号），在《招标投标法》的基础上，进一步明确了招标内容的审核问题。该规定中明确了"项目审批部门在审批必须进行招标的项目可行性研究报告时，核准项目的招标方式以及国家出资项目的招标范围。"根据《招标投标法》的规定和国办发〔2000〕34 号文件，原国家发展计划委员会于 2001 年在《工程建设项目可行性研究报告增加招标内容和核准招标事项暂行规定》（国家计委令〔2001〕第 9 号）中以部门规章的形式对招标内容审核进行了规定。该法规定："依法必须进行招标的工程建设项目中，按照工程建设项目审批管理规定，凡应报送项目审批部门审批的，必须在报送的项目可行性研究报告中增加有关招标的内容。"

为了确立企业在投资活动中的主体地位，国务院于 2004 年发布了《国务院关于投资体制改革的决定》（国发〔2004〕20 号，以下简称《投改决定》）。《投改决定》规定，对于企业不使用政府投资建设的项目，一律不再实行审批制，区别不同情况实行核准制和备案制。而对于依法必须招标的核准、备案项目是否需要在可研阶段审核其招标内容，相关法律对此没有明确规定。

基于上述原因，在《招标投标法》的基础上，《条例》对招标内容的审核进行了重新界定和细化。

1. 需要审核的项目范围

需要审核招标内容的项目为"按照国家有关规定需要履行项目审批、核准手续的依法必须进行招标的项目"。根据《投改决定》，对政府投资项目立项时依然实行审批制；对企业投资项目在立项时区别不同情况实行核准制和备案制。其中，政府仅对重大项目和限制类项目从维护社会公共利益的角度进行投资核准，其他项目无论规模大小均改为备案制。企业投资项目在立项时需要履行投资核准的项目范围为《政府核准的投资项目目录》（以下简称《目录》）内的项目。根据《条例》的相关规定，招标内容需要审核的项目，应同时具备"依法需要履行项目审核程序"和"依法必须进行招标"两个条件。不具备这两个条件的项目，无须审核招标内容。

（1）政府投资项目审核的理论依据。

其一，提供公共服务的实然需要。从现代政府得以构建的理论基础角度，现代国家政府不再是一个简单行使主权权力的政府（即履行保卫国家和作为"守夜人"的角色），而是一个提供公共服务，满足公众合法需求的公共治理型政府。而且，后者的重要性在现代社会愈来愈突出，正如法国著名公法学家狄骥所言："可以说公共服务的概念正在取代主权的概念。国家不再是一种发布命令的主权权力。它是由一群个人组成的机构，这些个人必须使用他们所拥有的力量来服务于公众需求。公共服务的概念是现代国家的基础。"❶狄骥指出了以卢梭为代表的、以"主权权力"为基础的社会契约论理论的天然缺陷，同时构建了以"公共服务"为基础的现代政府理论体系。狄骥还进一步明确了公共服务的概念："任何因其与社会团结的实现与促进不可分割、而必须由政府来加以规范和控制的活动，就是一项公共服务，只要它具有除非通过政府干预，否则便不能得到保障的特征。"❷作为政府投资的项目，无论是工程、货物或服务，都要体现政府"公共服务"

---

❶ ［法］狄骥. 公法的变迁［M］. 郑戈，译. 北京：商务印书馆，2012：8.
❷ ［法］狄骥. 公法的变迁［M］. 郑戈，译. 北京：商务印书馆，2012：49.

的角色。该投资项目要么是直接为社会公众提供公共产品（如公共道路、地铁等），要么是为政府提供"公共服务"创造条件（如政府办公大楼、办公设备等）。政府投资的项目是否体现了"公共服务"，需要相应机构对该项目进行审核：审核其是否有投资的必要、投资规模多大、如何选择施工方或货物和服务的提供方等。

其二，支配公共财政的应然要求。公共财政制度要求政府投资的项目满足公共需要，节省公共资金。税收是公共财政的主要收入来源，由全体国民缴纳。显然，税收的使用者和税收的来源者（真正所有者）是相分离的，税收的使用者是在使用全体国民的财产，即使用他人的财产。"从法律意义而言，支配自己的经济资源是权利（所有权），支配他人的经济资源则意味着责任（义务）。"❶政府有义务确保其投资的项目符合社会公共需求，节省公共经济资源。各级政府及其组成部门投资的项目，未必都是从公共利益的角度出发的，可能是从本部门的私利益出发，如政绩、本部门的收益等，任何社会制度的政府都会存在这样的问题。公共选择学派代表布坎南认为："在经济人假设的前提下，政治家虽然由选民民主选举产生，但基于经济人的本性，在诸多社会公共决策中，他们未必会代表全社会的公共利益，也会追求自身利益的最大化。由于在具体事务执行中，政府不是抽象的概念而是由现实的政治家组成，因而每个政府部门的政策往往更关注他们自身的内部发展，很可能出现部门利益和个人利益对公共利益的侵蚀，进而背离自身的公共利益代理人角色。"❷政府投资项目是将政府从全体国民那里募集而来的财政资金转换为公众所需的公共产品，这种公共产品是否为公众所需、财政资金使用是否高效等，需要相应的机构进行审核。政府投资的项目所采用的采购方式是否真正能够节省财政资金，也需要由相应的机构来审核。

（2）企业投资项目审核的理论依据。

企业投资项目不得侵害公共利益。庞德将利益分为个人利益、公共利益和社会利益，其中公共利益是指"包含在一个政治组织社会生活中并基于这一组织的地位而提出的各种主张、要求和愿望"。❸一方面，企业具有的逐利本性，导致其在投资项目时不会考虑社会公共利益。政府作为公共利益的维护者，基于其组织地位，有义务审查企业投资的项目是否符合公共利益。另一方面，在政府向企业购买公共服务的法律关系中，企业的投资行为直接涉及公共服务，要求政府对该项目进行审查。

2. 强制审核的内容

审核的内容为"招标范围、招标方式和招标组织形式"。招标范围即整个项目中哪些需要招标，哪些可以不招标。即使是依法必须招标的项目，某些环节也可能具备可以不招标的情形。审核的目的是为了界定在勘察、设计、监理、施工、重要材料设备采购等环节中，哪些需要招标而哪些环节可以不进行招标。招标方式即公开招标和邀请招标，审核的目的是为了界定应当采用公开招标方式还是可以采用邀请招标方式。招标组织形式即委托招标和自行招标，审核的目的是为了拟定自行组织招标的项目，确定招标人是

---

❶ 朱大旗. 从国家预算的特质论我国《预算法》的修订目的和原则 [J]. 中国法学，2005（1）：77.

❷ [美] 布坎南. 自由、市场和国家 [M]. 吴良健等，译. 北京：北京经济学院出版社，1988：28.

❸ [美] 罗斯科·庞德. 通过法律的社会控制 [M]. 北京：商务印书馆，2013：41.

否具备自行组织招标的条件，是否同意其自行组织招标。

招标内容审核的强制性规定——"应当"，表明该条款是强制性规范，不允许主体自行选择。法律规范依据权利、义务的刚性程度，可以分为强制性规范和任意性规范。所谓强制性规范是指必须依照法律适用、不能以个人意志予以变更和排除适用的规范。它是行为主体必须按行为指示作为或不作为的规则。它的特点是主体没有自行选择的余地。招标内容审核作为强制性的条款，招标人应严格遵守。因此，按照法律规定应当审核招标内容的项目，招标人应先将招标内容报有关部门审核，然后才能开展招标及后续工作，否则须承担相应的法律责任。

3. 审核的主体和方式

审核的主体：项目审批、核准部门。项目审批核准部门是指负责审批项目建议书、可行性研究报告、资金申请报告以及核准项目申请报告的国务院及其组成部门和地方人民政府有关部门❶。

审核的方式：审批和核准。审批制，政府既从社会管理者的角度，又从投资所有者的角度审核政府的投资项目；核准制，政府只是从社会和经济公共管理的角度审核企业的投资项目，审核内容主要是"维护经济安全、合理开发利用资源、保护生态环境、优化重大布局、保障公共利益、防止出现垄断"等方面，而不再代替投资者对项目的市场前景、经济效益、资金来源和产品技术方案等进行审核。

4. 审核后通报制度

项目审批、核准部门应当及时将审批、核准确定的招标范围、招标方式、招标组织形式通报有关行政监督部门。审核的内容也是后续招标投标行政监督机构依法对招标投标活动实施监督的内容和依据，因此需要通报有关行政监督部门。

5. 审核时间

《条例》并未明确审核的具体阶段和时间。根据《关于废止和修改部分招标投标规章和规范性文件的决定》（国家发改委令〔2013〕第 23 号）所修订的《工程建设项目申报材料增加招标内容和核准招标事项暂行规定》中的规定："本规定第二条包括的工程建设项目，必须在报送的项目可行性研究报告或者资金申请报告、项目申请报告中增加有关招标的内容。"根据该规定，工程建设项目招标内容的审核，是在审核可行性研究报告或者资金申请报告、项目申请报告时一同进行的。其优点在于：一是区分不同项目审核内容的不同，分别规定在不同的申请报告中增加招标内容，避免了以往一刀切的不符合实际的规定；二是将招标内容审核放入相应申请报告中一并审核，节省了时间、提高了效率；三是，以强制性规定"必须"的方式，不允许申请人进行选择，强化了招标内容审核的严肃性，避免了审核当事人的随意性。

▶ 案例 2-1

据报载，C 市某镇政府办公及业务用房建设项目于 2012 年 7 月 26 日获立项。市政府官方网站公示显示，该项目总投资规模为 942.24 万元（不含土地费），资金来源为财

---

❶ 国家发展和改革委员会法规司等. 中华人民共和国招标投标法实施条例释义［M］. 北京：中国计划出版社，2012：20.

政拨款。2013 年 2 月 4 日,该项目的可行性研究报告审批通过,批复称,该项目占地 30 亩,招标方式为公开招标,招标组织形式为委托中介机构组织招标。

项目可行性研究报告获批后,两个月后的 4 月 6 日,当地报社记者来到该项目工地时发现:该建设项目包括综合办公中心、后勤服务中心、会议中心和政务服务中心等 4 栋主体建筑中,有多栋大楼已经封顶。在项目部办公室里,一名负责人告诉记者,他们于 2012 年 10 月进场施工,工程将在 2013 年 4 月底验收。

分析

该项目是政府投资项目,属于在立项阶段需要履行项目建议书、可行性研究报告审批手续的项目。按照《条例》第七条的规定,招标人应在报送项目可行性研究报告中增加有关招标的内容,经项目审批部门审批后才能开展招标活动,招标完成并签订中标合同后才能进场施工。从该项目于 2 月 4 日经审批部门批准其可行性研究报告,到 4 月 6 日正处于施工图设计或招标投标阶段,一般情况下,不可能主体建筑大部分已经封顶。经记者调查,该项目属于未履行审批、未经招标就进场施工的违规项目,显然违反了法定程序。根据相关规定,招标人应当履行招标内容审批手续而未履行相应手续,需要承担行政处罚等行政法律责任;项目应当招标而未经招标即进场施工,其施工合同无效,招标人需要承担相应的民事法律责任;进场施工后招标人再补办招标程序,属于虚假招标行为,应当承担相应的法律责任。

2.2 招 标 方 式

▶ 条文

第八条　国有资金占控股或者主导地位的依法必须进行招标的项目,应当公开招标;但有下列情形之一的,可以邀请招标:

(一)技术复杂、有特殊要求或者受自然环境限制,只有少量潜在投标人可供选择。

(二)采用公开招标方式的费用占项目合同金额的比例过大。

有前款第二项所列情形,属于本条例第七条规定的项目,由项目审批、核准部门在审批、核准项目时作出认定;其他项目由招标人申请有关行政监督部门作出认定。

▶ 解读

《招标投标法》第十条将招标方式分为公开招标和邀请招标两种方式。公开招标,是指招标人以招标公告的方式邀请不特定的法人或者其他组织投标。公开招标的目的是吸引尽可能多的合理报价以形成对市场的全面了解。[1]邀请招标,是指招标人以投标邀请书的方式邀请特定的法人或者其他组织投标。从该条可以看出我国招标方式的特点。一方面,《招标投标法》明确了招标方式仅限于两种。《招标投标法》颁布施行之前,在

---

❶ [德] 提姆·勃兰特,[西] 赛巴斯·TH·弗兰森. 建筑招投标 [M]. 马琴,万志斌,译. 北京:中国建筑工业出版社,2010:86.

一些部门规章中规定了三种招标方式，即公开招标、邀请招标和议标。《招标投标法》施行之后，议标不再属于招标方式，依法必须招标的项目也不得再采用议标的方式。另一方面，我国的招标方式与国际通行的招标方式并不完全一致。例如，WTO《政府采购协议》（GPA）规定了三种招标方式：公开招标、选择性招标和限制性招标。其中，公开招标是指所有感兴趣的供应商都可以提交投标的采购方式。这种方式类似于我国的公开招标。选择性招标是指只有符合参加条件的供应商才能被采购实体邀请参加投标的采购方式。这种方式类似于我国的邀请招标。限制性招标是指采购实体与其选择的一个或数个供应商接触的采购方式。我国并不存在与这种方式类似的招标方式。

《招标投标法》明确了公开招标和邀请招标两种方式，但除了在第十一条要求国家重点项目、省市重点项目应当采用公开招标方式以外，未对两种招标方式的具体适用范围作出详细规定。《条例》第八条在此基础上，对上位法确定的两种招标方式的适用范围、认定主体等作了细化和补充。

1. 公开招标方式的适用

在明确公开招标的适用范围之前，需要分析公开招标的优缺点。了解其优缺点后，将公开招标适用范围限定在既能发挥其优点又能规避其缺点的恰当范围之内。学界一般认为，公开招标具有以下优点。一是过程透明。公开招标最大的特点就是其整个程序充分公开，置于阳光之下，有助于保证招标活动的公平、公正，避免违规操作和暗箱操作。美国著名法官路易斯·布兰代斯有一句名言："阳光是最好的防腐剂，灯泡是最有效的警察"❶。二是竞争充分。通过公开发布招标公告，符合条件的不特定的潜在投标人都有机会进行投标，能最大限度地保护竞争的充分性。通过充分竞争，投标人能向招标人提供"物美价廉"的工程、货物或服务。因此，相比较其他采购方式而言，公开招标程序更能够保证工程采购按照事先确定的项目策略（project strategy）中的原则、标准和方法进行，实现价值工程（value construction），以合理的最低价格采购合适的工程、货物或服务，并相对更有效地通过程序的公开透明对工程腐败行为进行预防。❷但是，由于公开招标的工作量大，招标投标周期较长，投标人相对较多，投标成本、评标成本等相应增加，且投标人素质能力良莠不齐，因此相对于邀请招标而言，公开招标的成本要高一些。

因此，从采购方式适用的合理性角度分析，应当根据公开招标方式的特点，将公开招标方式的适用范围框定在一个相对比较合适的集合里。《条例》将公开招标的适用范围限定在国有资金占控股或主导地位的依法必须进行招标的项目，表明对于该类项目而言，公开招标是原则、邀请招标是例外。这一限定的另一层含义是：非国有资金占控股或主导地位的依法必须进行招标的项目，招标人可以自行决定采用邀请招标方式，且不需要任何条件，也无需报主管机关批准。因此，对国有资金占控股或主导地位的依法必须进行招标的项目而言，公开招标是强制性规范；而对非国有资金占控股或主导地位的依法必须进行招标的项目而言，是否选择公开招标是招标人的权利而不是义务。该规定有其

❶［美］布兰代斯. 别人的钱：投资银行家的贪婪真相［M］. 胡凌斌，译. 北京：法律出版社，2009：53.

❷何伯森. 工程项目管理的国际惯例［M］. 北京：中国建筑工业出版社，2007：109.

科学性和合理性：一方面，国有资金占控股或主导地位的项目，通过招标最主要的目的就是保护国有资产的高效利用；另一方面，国有资金占控股或主导地位项目的公开招标也给国有资产的终极所有人（全体国民）公平竞争的机会。最后，对其他项目而言，公开招标是权利而不是义务，能够很好地避免公开招标的弊端。

如何理解国有资金占"控股"或"主导"地位呢？根据《公司法》第二百一十六条的规定："控股股东，是指其出资额占有限责任公司资本总额百分之五十以上或者其持有的股份占股份有限公司股本总额百分之五十以上的股东；出资额或者持有股份的比例虽然不足百分之五十，但依其出资额或者持有的股份所享有的表决权已足以对股东会、股东大会的决议产生重大影响的股东。"国有资金占控股地位是指国有资金出资额占百分之五十以上股份；或者出资额即使不足50%，但所享有的表决权已足以对股东会、股东大会的决议产生重大影响。国有资金占主导地位，是指虽达不到控股，但在出资比例中占据了主导地位，能够主导或支配公司决策的情形。

另外，我国《招标投标法》及其条例等，将招标项目分成三个层次：第一个层次为"自愿招标项目"、第二个层次为"依法必须进行招标的项目"、第三个层次为"国有资金占控股或主导地位的依法必须进行招标的项目"。第一个层次的项目，法律给予了招标人更多的自由权限。第三个层次是要求最严、最高的层次。以《条例》为例，大部分条款适用于自愿招标项目，而有的条款仅适用于依法必须进行招标的项目，有的条款则仅适用于国有资金占控股或主导地位的依法必须进行招标的项目。仅适用于第三个层次的条款，在《条例》中仅有三条，即第八条、第十八条和第五十五条。

案例 2-2

为推进棚户区改造，2012年3月，某市由政府投资建设保障房项目，该项目总投资1.36亿元，其中施工合同估算价为1.18亿元。按照市政府制定的工程进度安排，该保障房必须在2013年8月交付使用。为节省招标时间，负责该项目的政府投资项目公司相关负责人向政府主管领导提出申请："由于项目工期较紧，申请将公开招标改为邀请招标。"该领导为避免承担个人责任，通过市政府常务会议纪要的方式，同意项目公司采用邀请招标方式进行施工招标。该项目如期竣工后交付使用。2013年12月，上级审计机关对该项目进行审计时，发现该项目施工招标存在问题。

分析

该项目是政府投资项目，全部使用国有资金，按照《条例》的规定应当进行公开招标。工期紧张不属于《条例》所规定的可以适用邀请招标的两种情形之一。通过集体讨论、会议纪要的方式并不能使该违法行为合法化，也不能减轻相关责任。该项目招标人应依据《条例》第六十四条承担相应的责任，即"由有关行政监督部门责令改正，可以处10万元以下的罚款"。主管机关及其领导应依据《条例》第八十条承担责任，即"国家工作人员利用职务便利，以直接或者间接、明示或者暗示等任何方式非法干涉招标投标活动，有下列情形之一的，依法给予记过或者记大过处分；情节严重的，依法给予降级或者撤职处分；情节特别严重的，依法给予开除处分；构成犯罪的，依法追究刑事责任"。

2. 可以邀请招标的情形

《条例》借鉴了联合国贸易法委员会《货物、工程和服务采购示范法》第 20 条的规定，（a）所需货物、工程或服务由于其高度复杂或专门性质，只能从有限范围的供应商或承包商处获得；或（b）研究和评审大量投标书所需时间和费用与拟采购货物、工程或服务的价值不成比例。根据《条例》的规定，属于应当公开招标的项目，具备下述两种情形可以进行邀请招标：

（1）技术复杂、有特殊要求或者受自然环境限制，只有少量潜在投标人可供选择。该项可以分为三种情况。第一种情况，技术复杂，只有少量潜在投标人可供选择。如何界定"技术复杂"，法律上并未明确规定。以施工为例，工程施工时采用多种高精度施工技术的，有多种施工技术交替使用在某个工程中，可以认为该工程施工技术复杂。第二种情况，有特殊要求，只有少量潜在投标人可供选择。有特殊要求是指招标人为了实现项目特殊功能而有特殊要求，或项目本身有特殊要求等。第三种情况，受自然环境限制，只有少量潜在投标人可供选择。自然环境限制主要指自然环境恶劣，如在高寒、高原地带施工等。

值得注意的是：出现技术复杂、有特殊要求或者受自然环境限制这三种情形时，须同时具备"只有少量潜在投标人可供选择"这一情形才可以采用邀请招标方式。在上述三种情况下，采用邀请招标方式可以提高招标效率，避免招标失败。另外，实践中这三种情况必须是客观存在的，而不是招标人主观臆造的。招标人应当从采购项目的功能、定位等实际需要出发，实事求是地提出邀请招标的要求❶。

▶ 案例 2-3

某市新建热力发电厂（国有资金控股），拟进行锅炉系统国际招标。该项目投资估算为 1500 万元，已向发展改革部门申请获得立项批复和财政拨款，自筹资金已落实。项目规划、可行性研究、勘察设计等工作也已完成。

该锅炉系统采用最新技术且技术复杂，国内外相应设备生产厂家较少，而技术指标又较为独特，经有关部门批准，决定采用邀请招标方式。招标人经过调查后，向 A、B、C、D 四家企业发出投标邀请书，其实 A、B 分别为德国两家公司的代理商，C 为国内制造商、D 为日本设备制造商。四家企业购买了招标文件之后，一家美国设备制造商 E 公司也主动前来要求投标，由于时间较紧，招标人并未对其进行审核，直接同意追加邀请E 参加投标。

分析

该项目是国有资金控股的项目，属于应当公开招标的项目。由于"该锅炉系统采用最新技术且技术复杂，国内外相应设备生产厂家较少，而技术指标又较为独特"，因此符合邀请招标的条件，经批准后采用邀请招标方式，符合《条例》第八条的规定。

邀请 A、B、C、D 四家公司进行投标后，E 公司未被邀请主动参加投标，招标人是否可以同意追加邀请 E 参加投标呢？法律并未规定如何处理此种情况，实践中有两种观点：

❶ 国家发展和改革委员会法规司等. 中华人民共和国招标投标法实施条例释义 [M]. 北京：中国计划出版社，2012：24.

一种认为不可以追加邀请。理由为：一方面，接受邀请的潜在投标人才能参加投标，否则邀请这个环节就失去了意义。只要某个公司想去投标，主动投标就可以了，显然破坏了邀请招标的秩序；另一方面，招标人并未对其进行审核就同意其投标，即在不知该投标人是否符合条件的情况下直接同意其投标，违反了《招标投标法》第十七条"招标人采用邀请招标方式的，应当向三个以上具备承担招标项目的能力、资信良好的特定的法人或者其他组织发出投标邀请书"的规定。最后，增加竞争性，对其他被邀请的潜在投标人不公平。

另一种观点认为可以追加邀请。理由为：一方面，法律上并没有规定招标人不得进行追加邀请，所以是否追加邀请是招标人的权利；另一方面，增加投标人，其实质是增加了竞争的充分性，对于国有资金控股项目的招标人来说，无疑是有利的。

本案应当从以下几个层面进行分析。一是关于追加邀请是否有利于竞争的问题。从有利于竞争性的角度分析，追加邀请无疑有利于投标竞争，对于招标人而言是有利的。二是追加邀请是否违背公平原则的问题。追加邀请以后，虽然潜在投标人的中标概率确实有所降低，但各潜在投标人之间依然遵循公平原则平等竞争，本质上并不违背公平原则。三是关于追加邀请是否违法的问题。从《招标投标法》及其实施条例的相关规定来看，并无禁止追加邀请方面的规定，属于法不禁止。四是关于追加邀请时应当注意的事项。本例属于邀请招标项目，在追加潜在投标人的过程中，不可以违背邀请招标最基本的程序，若在追加潜在投标人的过程中，未补发投标邀请书，则涉嫌违反法定程序。

（2）采用公开招标方式的费用占项目合同金额的比例过大。招标投标活动最大的目标之一就是节省资金、提高资金的使用效率。《招标投标法》第一条规定："为了规范招标投标活动，保护国家利益、社会公共利益和招标投标活动当事人的合法权益，提高经济效益，保证项目质量，制定本法。"追求经济效益也是国际招标投标活动的首要目标，如联合国贸易法委员会《货物、工程和服务采购示范法》的第一个目标就是："（a）使采购尽量节省开销和提高效率"。如果一个招标投标活动所节省的资金等于或小于招标投标所支出的费用，则这个招标投标程序是没有必要的。

该条既没有使用联合国贸易法委员会《货物、工程和服务采购示范法》的"时间"和"费用"，也没有使用"成本"，而借鉴了《政府采购法》"费用"的用词。主要原因在于："成本"这个词语包括的内容太宽泛，既包括时间成本、费用成本，还包括机会成本等。时间成本和机会成本在实践中难以衡量和把握，招标人又容易主观操纵而规避公开招标。因此，不宜将时间等考虑在内，而仅考虑直接费用支出即可。

该条仅规定了"比例过大"，并没有具体明确达到多少为"比例过大"。一方面，作为行政法规，条例不宜规定这么细；另一方面，由于不同类型的项目差异较大，无法统一规定具体的比例。一些部门规章根据本行业项目的特点具体规定了达到何种比例为"比例过大"。例如，工业和信息化部2014年7月1日开始施行的《通信工程建设项目招标投标管理办法》中规定，采用公开招标方式的费用占项目合同金额的比例超过1.5%，且采用邀请招标方式的费用明显低于公开招标方式的费用的，方可被认定为"比例过大"。

"比例过大"的认定主体因不同项目而不同。按照国家有关规定需要履行项目审批、核准手续的依法必须进行招标的项目，由项目审批、核准部门在审批、核准项目时作出认定；其他项目即备案项目，由招标人申请有关行政监督部门作出认定。招标人还未进行公开招标，如何预估公开招标费用占合同金额比例过大，是否招标人有意规避公开招标，监督部门在认定时要慎重把握、要进行独立分析。监督部门在认定"比例过大"时，要考虑项目特点、合同金额、公开招标的费用、潜在投标人的数量、邀请招标的费用等多种客观因素，而不能考虑主观因素。

案例 2-4

2012 年某政府投资 6000 万元进行火车站扩建项目，其中围墙施工单项合同估算价为 50 万元。项目公司预估公开招标的费用为 4 万元左右，且邀请招标预估费用在 2 万元以下。项目公司在项目审批时，申请围墙施工由公开招标变为邀请招标。审批部门经审核认为符合相关法律规定，同意该施工项目采用邀请招标。

分析

若根据《工程建设项目招标范围和规模标准规定》（国家计委令〔2000〕第 3 号）规定，虽然围墙施工单项合同估算价为不到 200 万元，但总投资超过了 3000 万元，该施工项目属于依法必须进行招标的项目。作为政府投资项目，应当进行公开招标。该项目公开招标的费用将近占合同总额的 10%，而且邀请招标费用又低很多。因此，2012 年时，行政监督部门认定该项目采用邀请招标方式符合法律规定。若按照《必须招标的工程项目规定》（国家发改委令〔2018〕第 16 号）的规定，表面上该施工单项合同估算价不足 400 万元，不属于依法必须招标的项目。但由于围墙施工往往可以与其他土建施工项目合并进行，因此应当注意结合该项目具体情况做个案判断。

2.3 可以不招标情形

条文

第九条 除招标投标法第六十六条规定的可以不进行招标的特殊情况外，有下列情形之一的，可以不进行招标：

（一）需要采用不可替代的专利或者专有技术；
（二）采购人依法能够自行建设、生产或者提供；
（三）已通过招标方式选定的特许经营项目投资人依法能够自行建设、生产或者提供；
（四）需要向原中标人采购工程、货物或者服务，否则将影响施工或者功能配套要求；
（五）国家规定的其他特殊情形。

招标人为适用前款规定弄虚作假的，属于招标投标法第四条规定的规避招标。

解读

有些项目尽管在强制招标范围之内且达到了必须招标的规模标准，但由于项目本身具有特殊性而不宜进行招标。《招标投标法》第六十六条规定，涉及国家安全、国家秘密、抢险救灾或者属于利用扶贫资金实行以工代赈、需要使用农民工等特殊情况，不适宜进行招标的项目，按照国家有关规定可以不进行招标。实践中，可以不招标的情形不限于第六十六条规定的这几种情形，《条例》对此进行了补充。

1. 补充可以不招标情形

在吸收《招标投标法》多年实践的基础上，《条例》对上位法规定的可以不招标情形进行了补充。本次补充的可以不招标情形主要有：

（1）需要采用不可替代的专利或者专有技术。"不可替代的专利或者专有技术"应从以下两个方面来理解：

1）专利和专有技术的不可替代性：《条例》借鉴了原部门规章《工程建设项目施工招标投标办法》（国家计委等七部委〔2003〕30号令）（以下简称"30号令"）和《工程建设项目勘察设计招标投标办法》（国家发改委等八部委令〔2003〕第2号）（以下简称"2号令"）的规定。其中，30号令规定"施工主要技术采用特定的专利或者专有技术的"；2号令规定"主要工艺、技术采用特定专利或者专有技术的"。二者都采用了"特定"二字，《条例》将其改为"不可替代"。其原因在于：一是所有的专利或专有技术都是特定的，招标人很容易用"特定"来排斥和限制潜在投标人；二是许多专利或专有技术之间虽然不同，但可以相互替代，能达到殊途同归的效果，这种情况下，不同的专利或专有技术都可以投标，而不能仅限定某个"特定"专利或专有技术；三是某个项目需要专利或专有技术是否具有"不可替代"性，在实践中更容易把握。

2）专利与专有技术之间的不同：专利是指经主管机关依照法定程序审查批准的、符合专利条件的发明创造❶。根据《专利法》，专利包括发明专利、实用新型专利和外观设计专利。专利权是指一项发明创造向国家审批机关提出专利申请，经依法审查合格后向专利申请人授予的在规定的时间段内对该项发明创造享有的专有权。专利具有排他性、区域性和时间性等特点。专有技术，又称秘密技术或技术诀窍，是指从事生产、管理和财务等活动领域的一切符合法律规定条件的秘密知识、经验和技能，是没有取得专利权的技术知识。其中包括工艺流程、公式、配方、技术规范、管理和销售的技巧与经验等。

专利与专有技术虽然都含有技术知识的成分，都是人类智力活动的成果，但在法律上两者有重大区别，主要表现在以下几个方面。第一，专利是公开的，而专有技术则是秘密的。按照各国专利法的规定，发明人在申请专利权时，必须把发明的内容在专利申请书中予以披露，并由专利主管部门在官方的《专利公告》上发表，公之于众。但专有技术则尽量保密，不予公开，一旦丧失秘密性，就不能得到法律保护。第二，专利权有一定的保护期限，按照各国专利法的规定，其有效期一般为15年或20年。但专有技术则无所谓保护期限的问题，只要严守秘密，没有泄露出去，未为公众所知，就受到保护，不过，一旦被公开，则任何人都可以使用。因此，在专有技术许可证中，一般都订有保密条款，要求被许可人承担保密义务，不得把专有技术的内容透露给第三者。第三，专利权是一种工业产权，受有关国家专利法的保护，而专有技术则是没有取得专利权的技术知识，它不是依据专利法的规定求得保护，而主要是根据民法、刑法、反不正当竞争

---

❶ 曲三强. 知识产权法原理［M］. 北京：中国检察出版社，2002：265.

法等有关规定取得法律上的保护。

（2）采购人依法能够自行建设、生产或者提供。招标投标最大的价值目标之一就是提高资金的使用效益。既然采购人自己依法能够建设、生产或提供，就失去了招标的意义，无需招标。要从以下两个方面理解：

1）采购人自行建设、生产或提供符合法律规定。"依法"在这里就是指采购人自行建设、生产或者提供符合法律规定。自行建设（主要指工程）不得超过资质许可的范围；自行生产（主要指货物）不得超过其依法登记的生产经营范围；自行提供（主要指服务）不得超过其资质等级范围或依法登记的服务范围。以施工为例，作为施工单位承揽工程，必须符合《建筑法》等法律规定。《建筑法》规定，承包建筑工程的单位应当持有依法取得的资质证书，并在其资质等级许可的业务范围内承揽工程。禁止建筑施工企业超越本企业资质等级许可的业务范围或者以任何形式用其他建筑施工企业的名义承揽工程。根据《施工总承包企业资质等级标准》《施工总承包企业特级资质标准》《专业承包企业资质等级标准》，不同资质等级的承包单位承揽工程范围不同，超过其承揽范围就违反了法律规定。

2）采购人自己能够承担，而不能是其子公司或关联企业。采购人自行建设、生产和提供仅指采购人自己，而不能是其子公司或关联公司。子公司是指一定数额的股份被另一公司控制或依照协议被另一公司实际控制、支配的公司。子公司具有独立法人资格，拥有自己所有的财产、公司名称、章程和董事会，以自己的名义开展经营活动、从事各类民事活动，独立承担公司行为所带来的一切后果和责任。关联企业，是指与其他企业之间存在直接或间接控制关系或重大影响关系的公司、企业或其他组织。根据《企业所得税法实施条例》的规定，关联方，是指与企业有以下关系之一的公司、企业和其他经济组织：① 在资金、经营、购销等方面，存在直接或者间接的拥有控制关系。② 直接或者间接地同为第三者所拥有或者控制。③ 其他在利益上相关联的关系。采购人与其子公司或关联企业之间是相互独立的，采购人不能将应招标的项目直接发包给其子公司或关联企业。

案例 2-5

某房地产开发公司于 2013 年 8 月通过公开拍卖方式在某市取得一块国有建设土地用于开发经济适用房，该房地产开发公司下属子公司甲建筑工程公司具备相应的施工资质和能力。该房地产开发公司认为，根据《条例》第九条规定，该项目属于采购人依法能够自行建设的项目，因此未经招标便将该经济适用房直接交由甲建筑工程公司负责施工。

分析

依据法律规定，经济适用房项目属于依法必须进行招标的项目。该房地产开发公司直接将该项目发包给其下属子公司，不属于《条例》所规定"采购人依法能够自行建设、生产或者提供"的情形。子公司不同于分公司，其与母公司之间是相互独立的。若是采购授权，则自己分公司来承担是可以的，分公司承担就等于采购人自己承担。因为，分公司属于采购人的一部分，而子公司与采购人是相互独立的法人。本案例中该房地产开发公司的做法违反了法律规定，需要承担法律责任。《招标投标法》第四十九条规定，违反本法规定，必须进行招标的项目而不招标的，责令限期改正，可以处项目合同金额千分之五以上千分之十以下的罚款；对全部或者部分使用国有资金的项目，可以暂停项目执行或者暂停资金拨付；对单位直接负责的主管人员和其他直接责任人员依法给予处分。

（3）已通过招标方式选定的特许经营项目投资人依法能够自行建设、生产或者提供。此处特许经营不同于商业特许经营（商业特许经营是指拥有注册商标、企业标志、专利、专有技术等经营资源的企业，以合同形式将其拥有的经营资源许可其他经营者使用，被特许人按照合同约定在统一的经营模式下开展经营，并向特许人支付特许经营费用的经营活动），是指政府按照有关法律、法规规定，通过市场竞争机制选择投资者或者经营者，明确其在一定期限和范围内经营某项产品或者提供某项服务的制度，主要侧重于市政公用事业和经营性公路等的特许经营。规定主要有《基础设施和公用事业特许经营管理办法》《市政公用事业特许经营管理办法》和《经营性公路建设项目投资人招标投标管理规定》等。市政公用事业特许经营，是指政府按照有关法律、法规规定，通过市场竞争机制选择市政公用事业投资者或者经营者，明确其在一定期限和范围内经营某项市政公用事业产品或者提供某项服务的制度；经营性公路的特许经营是指符合《收费公路管理条例》的规定，由国内外经济组织投资建设，经批准依法收取车辆通行费的公路（含桥梁和隧道）的公路建设的特许经营。

特许经营作为公私合作的一种方式，是现代公共治理型政府经常采用的一种提供公共产品的方式。政府的主要职责之一就是为国民提供各种公共产品，但由于政府的人员、专业知识、资金等所限，不可能亲力亲为地提供所有公共产品。特许经营制度通过赋予企业有偿提供公共产品，弥补了政府自身能力的不足。由于企业采用有偿提供公共产品的方式获取投资收益，使用公共产品的费用要么由社会公众支付（如收费公路），要么由政府财政支付费用，在一定程度上都涉及公共利益或国有资金，因此达到必须招标规模标准的特许经营项目必须进行招标。通过招标方式选择投资人是特许经营项目的一项基本制度。

由于选择特许经营项目的投资人时已通过招标方式进行，因而投资人自己能够建设、生产和提供的部分无需再进行招标：一方面，项目投资人就成了该项目的采购人，投资人依法能够自行建设、生产或者提供就是采购人能够依法自行建设、生产和提供，不招标符合本条第一款的规定；另一方面，由于已经通过招标竞争确定了项目投资人，并据此确定了公共产品、公共服务的价格，或者项目建成后的资产转让价格及有关权利、义务和责任。允许特许经营项目的项目法人不再经过招标将其工程、货物或者服务直接发包给具备建设、制造、提供能力的投资人，不会影响公共利益且可以降低特许经营项目的建设成本，吸引更多的市场主体积极参与提供公共服务。❶

---

❶ 国家发展和改革委员会法规司等. 中华人民共和国招标投标法实施条例释义 [M]. 北京：中国计划出版社，2012：28.

案例 2-6

某市政府拟通过特许经营的方式进行自来水厂建设（给水量为 15 万吨/日，投资额约人民币 7000 万元），2013 年 4 月通过招标的方式选定了项目投资人甲公司（注册资本金 1 亿元）。甲公司具有市政公用工程施工总承包企业资质二级资质。甲公司认为，根据《条例》第九条规定，该项目属于已通过招标方式选定的特许经营项目，投资人依法能够自行建设、生产或者提供。因此未经招标，甲公司直接承担了该自来水厂施工总承包。

分析

该案例中甲公司作为项目投资人能否承担该项目的施工总承包工作，主要看其施工资质等级是否符合法律要求。由于本案发生在住建部 2014 年版《建筑业企业资质标准》颁布之前，根据原建设部 2001 年发布的《建筑业企业资质等级标准》，二级企业可承担单项合同额不超过企业注册资本金 5 倍的下列市政公用工程的施工：10 万吨/日及以下给水厂；5 万吨/日及以下污水处理工程；3 立方米/秒及以下给水、污水泵站；15 立方米/秒及以下雨水泵站；各类给排水管道工程。尽管甲公司注册资本金满足要求，但其不能承担给水量为 15 万吨/日的自来水厂施工总承包。因此，甲公司应该进行招标发包。

需要说明的是，住建部 2014 年版《建筑业企业资质标准》已做修改。从 2015 年 1 月 1 日起，具有市政公用工程施工总承包二级资质的企业，可以承接 15 万吨/日以下的供水工程。

（4）需要向原中标人采购工程、货物或者服务，否则将影响施工或者功能配套要求。本项主要涉及在何种情况下可以不招标而直接追加采购的问题。该项借鉴了《政府采购法》单一来源采购方式中关于"添购"的规定。该法第三十一条规定，必须保证原有采购项目一致性或者服务配套的要求，需要继续从原供应商处添购，且添购资金总额不超过原合同采购金额百分之十。

追加采购要适用本项，应当满足以下几个方面：

1）原工程、货物或者服务已通过招标方式进行采购。本项规定向原"中标人"采购，表明原工程、货物或者服务已通过招标方式进行采购。若整个项目不属于强制招标的项目，则追加采购部分也不属于强制招标范畴。若原工程、货物或者服务虽属于强制招标范畴，但因特殊情形无须通过招标方式采购，对于追加采购部分是否需要招标，《条例》未作直接规定。但是，笔者倾向于追加采购部分若将影响施工或者功能配套要求，依然可以比照本项规定不招标。因为根据"举重以明轻"的法律原则，招标项目追加采购部分若影响施工或者功能配套要求可不进行招标，那么，未招标项目出此类情形则更无须进行招标。

2）需要追加采购的工程、货物或者服务系招标完成后发生的。若须采购的工程、货物或者服务在整体项目招标时就存在，则应当与原招标项目一并招标或者划分为整体项目中的独立标段（或标包）进行招标，若人为拆分出部分内容暂时不进行招标，以便于后续追加采购，系规避招标行为，为法律所禁止。根据《条例》规定，依法必须进行招标项目的招标人不得利用划分标段规避招标。

3）不追加采购，将影响施工或者功能配套要求。若不向原中标人采购工程、货物或者服务，将影响施工或者功能配套要求。例如，某高层建筑在主体结构施工过程中，业主为了提升该高层的消防安全，另行追加投资 200 万在该高层的旁边建设一个大型的地下消防池。消防池的消防设施需要与该高层内部的消防结构和消防设施相通，否则将影响发生火灾时的灭火效果。若由其他单位承接施工任务，不同施工单位在施工作业界面的衔接和施工现场的管理分工等方面将比较复杂，同时也很难保证将消防池的消防结构与该高层内部的消防结构和消防设施很好地连接。此种情况下，招标人可以不经过招标而直接追加采购。再例如，电梯保修期满后，业主需要向原电梯生产商继续追加采购电梯保养服务，否则将影响电梯的运行功能。这些均属于《条例》第九条第一款第四项所称的"需要向原中标人采购工程、货物或者服务，否则将影响施工或者功能配套要求"的情形。

4）原中标人仍有履行相应合同的能力。原中标人必须具有承接追加部分的工程、货物或者服务项目的能力，没有被吊销或暂扣资质证书、营业执照，财产没有被接管或处于破产状态等其他无法履行合同的情形。否则，应采用招标的方式来选择追加工程、货物或者服务的承包人。

5）追加采购合同金额没有具体限制。《政府采购法》关于"添购"规定了限额，即添购资金总额不超过原合同采购金额百分之十。《条例》没有借鉴添购限额的规定，但并不意味着追加采购没有任何限额。笔者认为追加采购的工程、货物或者服务的合同金额应该远远低于原合同金额，而不应该出现中标人中了 1000 万的工程后又追加采购了 800 万的附属工程。2013 年修订的《工程建设项目施工招标投标办法》根据施工项目的特点对《条例》的规定进行了具体化。该办法第十二条规定，在建工程追加的附属小型工程或者主体加层工程，原中标人仍具备承包能力，并且其他人承担将影响施工或者功能配套要求。因此，追加采购工程仅限于附属小型工程或者主体加层工程。勘察设计服务项目如需追加采购，《工程建设项目勘察设计招标投标办法》等相关部门规章也有类似规定。

（5）国家规定的其他特殊情形。该项是本条的兜底条款，避免上述列举的四种难以囊括所有情形的特殊情形，也避免《条例》与其他规定的不协调。这里的国家规定，应该主要是指法律、行政法规和部门规章的规定。

2. 禁止弄虚作假规避招标

本款主要是为了避免采购人违法滥用第一款的特殊情形。实践中，应从以下两点来把握：其一，采购人有伪造、变造材料、提供虚假材料等弄虚作假行为；其二，采购人弄虚作假的动机是人为制造出适用本条第一款所述情形达到无须招标的目的。同时具备这两个条件，就属于《招标投标法》规定的行为，即将依法必须进行招标的项目化整为零或者以其他任何方式规避招标。例如，采购人通过伪造资质等级证书，来证明具有自行建设的能力，以实现自己能施工而无须进行招标的目的。

▶ 案例 2-7

2012 年 3 月某市政府投资 2 亿元人民币建设国际展览中心，并成立了项目投资公司

A公司。A公司通过招标方式选定了B公司作为该项目的施工总承包人。由于该项目中的一个多功能会议厅装修方案没有确定，A公司在总承包招标时将该多功能厅的装饰装修以暂估价600万元人民币包括在总承包内。B公司不仅具有房屋施工总承包资质，而且还有建筑装修装饰工程专业承包二级资质。施工总承包合同中明确约定，该项目所有施工暂估价都由B公司负责采购，由B公司与分包商签订分包合同。根据施工进度，B公司对其他暂估价都通过招标的方式进行了采购，而多功能厅的装饰装修则由B公司自己负责施工，没有进行招标发包。B公司认为此种做法符合《条例》第九条的规定，理由在于：根据第九条第一款第二项"采购人依法能够自行建设、生产或者提供"，其作为暂估价项目的采购人符合该项的规定，其二级专业资质等级可以承担单位工程造价1200万元及以下的建筑室内装修装饰工程的施工。

分析

B公司的做法不符合法律规定。《条例》第九条规定不适用暂估价项目总承包人作为招标人的情形。根据《条例》第二十九条的规定，招标人可以依法对工程以及与工程建设有关的货物、服务全部或者部分实行总承包招标。以暂估价形式包括在总承包范围内的工程、货物、服务属于依法必须进行招标的项目范围且达到国家规定规模标准的，应当依法进行招标。B公司应当对多功能厅的装饰装修施工依法进行招标。

2.4 自行招标能力

条文

第十条 招标投标法第十二条第二款规定的招标人具有编制招标文件和组织评标能力，是指招标人具有与招标项目规模和复杂程度相适应的技术、经济等方面的专业人员。

解读

《招标投标法》第十二条分别对委托招标、自行招标和自行招标的备案进行了规定。招标人有权自行选择招标代理机构，委托其办理招标事宜。任何单位和个人不得以任何方式为招标人指定招标代理机构。招标人具有编制招标文件和组织评标能力的，可以自行办理招标事宜。任何单位和个人不得强制其委托招标代理机构办理招标事宜。依法必须进行招标的项目，招标人自行办理招标事宜的，应当向有关行政监督部门备案。

《招标投标法》对自行招标规定了两个方面的内容。一方面，依法必须招标的项目，招标人自行招标需要先向有关行政监督部门备案。符合条件的，有关行政监督部门同意其进行自行招标；不符合条件的，有关行政监督部门责令其委托招标。另一方面，招标人自行招标，需要具有编制招标文件和组织评标的"能力"。"能力"是完成一项目标或者任务所体现出来的素质，是一种实践中很难量化的抽象概念。仅依据《招标投标法》这一条的规定，有关行政监督部门在备案时难以衡量。因此，《条例》对招标人自行招标的能力进行了细化。

1. 具有编制招标文件和组织评标能力的理解

招标投标工作是一项程序非常严谨的专业化工作，不同的招标项目需要具有不同的专业知识。一方面，招标人员熟谙法定程序，需要遵守法定程序。招标投标的法定程序是维护招标投标活动合法、公平、公正和公开的基本屏障。正如邦雅曼·贡斯当所言："遵守程序能够遏制专横权力。程序是社会的保护神。只有程序才能保护无辜，它们是使人们融洽相处的惟一手段。"❶另一方面，招标人需要有相关的专业知识背景，否则难以编制招标文件。施工招标需要了解施工的一些专业技术规范、国家标准等；货物招标需要了解货物的规格标准、技术参数等；否则，很难编制招标文件。例如，不了解某种类型的货物，很难编制出对该货物科学合理的评标标准。

本条规定招标人具有编制招标文件和组织评标能力，是指招标人具有与招标项目规模和复杂程度相适应的技术、经济等方面的专业人员。其一，招标项目的规模大小和复杂程度不同，所需要的人员数量也不同。招标项目规模较大、较复杂的，所需的专业人员就较多。例如，进行某个道路及桥梁施工自行招标，需要招标人具有懂得道路施工的专业技术人员，懂得桥梁施工的专业技术人员、还要有懂得造价的经济方面的人员等。其二，专业人员包括技术、经济等方面的专业人员。除了有取得招标师资格的人员外，还要有造价工程师、项目管理师、建造师、监理工程师、会计师等职业资格人员或具有相同专业水平和类似项目工作经验业绩的专业人员。有关行政监督部门根据具体项目的投资规模、项目复杂程度、标段的多少、工期要求、潜在投标人的多少等方面，来衡量自行招标所需的招标专业人员的多少。

2. 部门规章进一步细化了自行招标应具备的条件和能力

在《条例》规定的基础上，2013年修订的《工程建设项目自行招标试行办法》对自行招标条件和能力做了进一步的细化。尽管该办法仅适用于经国家发展改革委审批、核准（含经国家发展改革委初审后报国务院审批）依法必须进行招标的工程建设项目的自行招标活动，但对其他部委和地方立法具有指导作用。很多地方立法都直接援引该办法的规定，甚至直接参照该办法执行。

该办法第四条规定，招标人自行办理招标事宜，应当具有编制招标文件和组织评标的能力，具体包括：

（1）具有项目法人资格（或者法人资格）：自行招标的招标人必须具有法人资格，能够独立承担责任。其他组织作为招标人时不能自行招标，只能委托招标。主要从两个方面考虑：一方面，招标行为本身会产生法律责任，招标行为主体需要有独立承担责任的能力；另一方面，其他组织的人员及专业力量不如法人。

（2）具有与招标项目规模和复杂程度相适应的工程技术、概预算、财务和工程管理等方面专业技术力量：该项在《条例》的基础上更加细化，专业技术力量包括工程技术、概预算、财务和工程管理等方面。具有专业技术力量的人数需要根据项目规模和复杂程度来确定。

---

❶ ［法］邦雅曼·贡斯当. 古代人的自由与现代人的自由［M］. 阎克文，刘满贵，译. 上海：上海人民出版社，2005：178.

（3）有从事同类工程建设项目招标的经验：有类似的经验，遇到特殊情况时才知道怎么处理。进行工程、货物和服务自行招标必须有对应的工程招标、货物招标或服务招标的经验。

（4）拥有 3 名以上取得招标职业资格的专职招标业务人员：具有招标师职业资格是招标业务人员能力与水平的体现。

（5）熟悉和掌握招标投标法及有关法规规章。

▶ 案例 2-8

2012 年 9 月某省拟建跨海大桥（全长 38 公里），项目总投资 125 亿元人民币（国有投资比例占总投资的 51%）。该项目施工涉及多项新技术，如"50 米箱梁'梁上运架设'技术，架设运输重量从通常的 900 吨提高到 1430 吨"、"深海区上部结构采用 70 米预应力砼箱梁整体预制和海上运架技术"、"钢管桩的最大直径 1.6 米，单桩最大长度 89 米，最大重量 74 吨"等。为了更好地实施该工程，工程投资人成立了项目公司。项目公司单独设立了招标采购与合同管理部，该部门中有财务、概预算各 1 人、道路、房屋建筑等工程及技术管理人员 8 人。招标采购与合同管理部人员中，有 3 人通过了招标师考试并取得相应资格证书，有 5 人从事过道路工程的建设及招标组织工作，但未从事过海上桥梁建设和招标组织工作。该部门的所有工作人员对相关工作较熟悉，拟自行组织招标。该项目属于省发改委审批的项目，项目公司在申请批复可行性研究报告时一并报送了自行招标的书面材料。经省发改委审查认为，该项目投资规模巨大、技术复杂，项目公司不具有与目前规模和复杂程度相适应的专业人员，责令其委托招标。

分析

本案项目中，国有投资比例占总投资的 51%，属于依法必须进行招标的项目，其自行招标必须经主管部门核准。该项目投资 125 亿元人民币、涉及多项新技术和疑难施工工艺。该项目公司的招标采购与合同管理部有专业人员 10 人，其中财务、概预算各 1 人、道路、房屋建筑等工程及技术管理人员 8 人。自行招标核准时，项目审批核准机关认定该项目不符合自行招标条件，其理由主要有：① 专业人员的人数与招标项目规模和复杂程度不相适应，如仅一名概预算人员，难以完成投资如此巨大的项目，而且没有桥梁工程和技术管理人员等；② 所有人员都未从事过海上桥梁建设和招标组织工作，尽管有 3 名工作人员取得招标师职业资格，也不具备自行招标的能力。因此，行政监督部门责令其委托招标符合法律规定。

3. 自行招标能力的核准与备案

根据 2013 年修订的《工程建设项目自行招标试行办法》的规定，国家发展改革委审查招标人报送上述条件的书面材料，核准招标人符合自行招标条件的，招标人可以自行办理招标事宜；认定招标人不符合上述自行招标条件的，在批复、核准可行性研究报告、资金申请报告或者项目申请报告时，要求招标人委托招标代理机构办理招标事宜。一次核准手续仅适用于一个工程建设项目。

由其他行政监督部门审批、核准的依法必须进行招标的项目，自行招标的，应当向有关行政监督部门备案。符合条件的，有关行政监督部门给予备案；不符合条件的，责令招标人委托招标。

案例 2-9

2013年6月某国有企业投资6000万元建设厂房，该企业设有专门从事工程建设管理的房屋基建处，其中财务、概预算各1人、工程及技术管理人员4人。基建处人员中，3人取得了招标师职业资格并从事过厂房和房屋建筑的建设及招标组织工作，对相关工作较熟悉，拟自行组织招标。该企业将拟自行招标事宜向有关行政监督部门备案。行政监督部门审查其书面材料后，认为该企业专业人员的人数与招标项目规模和复杂程度不相适应，不具有自行招标能力，责令其委托某市A招标代理机构进行代理招标。

分析

该企业有6名招标专业技术人员，并且有3人从事过厂房和房屋建筑的建设及招标组织工作。根据该项目的投资规模来判断，专业人员的人数与招标项目规模和复杂程度是完全适应的。该企业符合自行招标的条件，具有自行招标的能力。有关行政监督部门责令其委托招标违反了《招标投标法》的规定，任何单位和个人不得强制其委托招标代理机构办理招标事宜。另外，即使是不符合自行招标的条件，责令其委托招标时，行政监督部门也不得指定某市A招标代理机构进行代理招标。本例中，行政监督部门的行为违反了《招标投标法》第十二条第二款关于"任何单位和个人不得强制其委托招标代理机构办理招标事宜"的规定，应当根据《条例》第八十条、第八十一条的相关规定承担相应的法律责任。

2.5 招标代理资格

条文

第十一条 国务院住房城乡建设、商务、发展改革、工业和信息化等部门，按照规定的职责分工对招标代理机构依法实施监督管理。

解读

《招标投标法》分别对招标代理机构的性质、招标代理机构的条件进行了规定。其第十三条规定："招标代理机构是依法设立、从事招标代理业务并提供相关服务的社会中介组织。招标代理机构应当具备下列条件：（一）有从事招标代理业务的营业场所和相应资金；（二）有能够编制招标文件和组织评标的相应专业力量。"其第十四条规定，招标代理机构与行政机关和其他国家机关不得存在隶属关系或者其他利益关系。

《条例》进一步明确了对招标代理机构的监督管理。住房和城乡建设部、商务部、国家发展改革委和财政部分别对建设工程项目招标代理机构、机电产品国际招标机构、中央投资项目招标代理机构等依法实施监督。依法监督主要对招标代理行为进行监督管理。招标代理机构不得泄露应当保密的与招标代理业务有关的情况和资料；不得与招标人、投标人相互串通损害国家利益、社会公共利益或他人合法权益；不得与投标人就投标价格、投标方案等实质性内容进行谈判；不得擅自修改招标文件、投标报价、中标通知书等。

案例 2-10

甲公司仅具有建设工程项目招标代理机构甲级资质。2014年7月甲公司接受乙公司的委托进行某项目的招标代理业务。该项目不仅有建设工程项目招标代理业务，还有大量的机电产品国际招标业务。甲公司认为机电产品国际招标机构的资质审批已经取消，无需任何条件，其他任何招标代理机构都可以从事机电产品国际招标业务。于是，甲公司与乙公司签订了招标代理合同，承接了乙公司所有招标业务，包括机电产品国际招标业务。

分析

《机电产品国际招标代理机构监督管理办法（试行）》（商务部令〔2016〕第82号）贯彻《机电产品国际招标投标实施办法（试行）》的精神，深化了机电产品国际招标代理机构的注册制。根据该规定，招标机构从事机电产品国际招标代理业务，应当在中国国际招标网免费注册，注册时应当在招标网在线填写机电产品国际招标代理机构登记表。根据中国国际招标网（www.chinabidding.com）的"机电产品国际招标代理机构注册指南"要求的网上注册程序：第一步，在线填写登记表，并获得编号；第二步，打印《登记表》并签字盖章，以及营业执照和组织机构代码证书复印件、已获得的其他招标资格证书复印件（如已获得）、本机构获得招标职业资格的人员名单及其相应资格证书复印件（以上文件均须加盖公章），一并递交到机构所属主管部门存档（所在地区或所属部门机电产品进出口管理机构）；第三步，完成在线注册、登记存档后，应及时联系中国国际招标网确认机电产品国际招标业务平台操作权限的开通事宜；第四步，确认开通后，即可进行机电产品国际招标在线招标投标项目操作。2014年注册日期为2014年5月15日至2014年6月30日。由于甲公司没有进行机电产品国际招标代理业务的网上注册，因此甲公司无权在中国国际招标网上进行操作，无法进行机电产品国际招标业务。

2.6 招标从业人员

条文

第十二条 招标代理机构应当拥有一定数量的具备编制招标文件、组织评标等相应能力的专业人员。

解读

《招标投标法》规定招标代理机构条件之一："有能够编制招标文件和组织评标的相应专业力量"。为了对此条进一步细化、加强招标代理机构的专业力量、提升从业人员的职业素质，《条例》设置了招标职业资格制度。

1. 招标代理机构应当拥有一定数量的具备编制招标文件、组织评标等相应能力的专业人员

拥有一定数量的具备编制招标文件、组织评标等相应能力的专业人员是招标代理机构的一个必备条件。招标代理机构作为一个提供招标服务的社会中介机构，其工作人员的专业素质直接决定招标服务水平。将拥有一定数量的具备编制招标文件、组织评标等相应能力的专业人员作为招标代理机构的一个必备条件，有利于加强招标代理机构的监管，提升代理机构服务水平。根据《条例》的规定，一些代理机构增加了取得招标职业资格的专业人员的要求。

2. 有助于弥补招标代理机构资格取消之后的真空

招标代理主体制度曾长期保持着不同专业的招标代理业务须由不同资质的招标代理机构来代理的样态。一个代理机构要想代理所有专业的招标工作，应当同时取得各个专业的代理资格，同时受着不同主管部门监管。这种多头监管的情形，导致了重复的申请和年检，增加了招标代理机构的负担，不利于招标代理行业的发展。招标代理机构资格取消之后，加强对人员素质能力的要求，有助于弥补招标代理机构资格取消之后的真空。

3. 招标职业资格和能力评价制度

《条例》曾为招标从业人员设置"招标职业资格"制度，并交由国务院的部委来具体规定。下面对招标职业资格考试的演进做一个简要介绍：

（1）招标师职业水平评价考试。2007年，原人事部和国家发展改革委员会就开始探索建立招标职业资格制度。由于全国统一的职业资格制度只能由法律和行政法规进行设定，而在《条例》出台之前并无法律和行政法规对招标职业资格进行规定，原人事部和国家发展改革委员会只能开展招标师职业水平评价考试。原人事部、国家发展改革委于2007年发布《关于印发〈招标采购专业技术人员职业水平评价暂行规定〉和〈招标师职业水平考试实施办法〉的通知》（国人部发〔2007〕63号），并从2009年至2014年连续六年举行招标师职业水平考试。该考试的考试科目为《招标采购法律法规与政策》《招标采购与项目管理》《招标采购专业实务》和《招标采购案例分析》四门。考试成绩实行以两年为一个周期的滚动管理办法，在连续的两个考试年度内参加应试科目的考试并合格，方可取得招标师职业水平证书。职业资格设定后，通过招标师职业水平考试的考生完成继续教育相关课程的内容学习后，可以直接注册招标师职业资格。招标师职业水平考试为招标师职业资格的设定建立了基础，为顺利过渡到招标师职业资格考试创造了条件。

（2）招标师职业资格考试。根据《条例》的授权，2013年3月4日人力资源社会保障部和国家发展改革委《招标师职业资格制度暂行规定》和《招标师职业资格考试实施办法》（人社部发〔2013〕19号）。该办法第三条规定，国家对依法从事招标工作的专业技术人员，实行准入类职业资格制度，纳入全国专业技术人员职业资格证书制度统一规划。笔者认为，该条规定超出了《条例》对招标职业资格性质定位的授权立法范围，不应属于准入类职业资格（如我国的国家司法考试等才是真正的准入类职业资格考试）。另外，根据1995年人事部关于印发《职业资格证书制度暂行办法》的通知，职业资格包括从业资格和执业资格。从业资格是政府规定专业技术人员从事某种专业技术性工作的学识、技术和能力的起点标准；执业资格是政府对某些责任较大，社会通用性强，关系公

共利益的专业技术工作实行的准入控制，是专业技术人员依法独立开业或独立从事某种专业技术工作学识、技术和能力的必备标准。2014 年 6 月 20 日，国家发展改革委办公厅发布《招标师注册执业管理办法》，明确招标师实行注册执业管理。注册是对专业技术人员执业管理的重要手段。根据《招标师注册执业管理办法》规定，未取得《中华人民共和国招标师注册证》和执业印章的人员，不得以招标师名义从事招标采购业务工作。

我国于 2015 年正式施行招标师职业资格考试制度。招标师资格考试科目有《招标采购专业知识与法律法规》《招标采购项目管理》《招标采购专业实务》和《招标采购合同管理》四个科目。考试成绩实行 4 年为一个周期的滚动管理办法，在连续的 4 个考试年度内参加应试科目的考试并合格，方可取得招标师资格证书。

符合《招标师职业资格制度暂行规定》中考试报名条件，并在 2012 年 12 月 31 日前取得高级经济师或者高级工程师职称，或者通过全国统一考试取得监理工程师、造价工程师，或者注册咨询工程师（投资）资格证书的，可免试《招标采购项目管理》和《招标采购合同管理》两个科目，只参加《招标采购专业知识与法律法规》和《招标采购专业实务》两个科目的考试。

（3）招标采购从业人员发展趋势。2016 年，仅施行了一年的招标师职业资格从职业资格目录中移出。2019 年 8 月 8 日，中国招标投标协会印发了《招标采购从业人员专业技术能力评价暂行办法》，对招标采购专业人员实行自律评价制度。其能力评价遵循从业人员自愿参与评价，其能力评价结果由市场主体自愿选择使用。

2.7　招标代理权

► 条文

第十三条　招标代理机构在招标人委托的范围内开展招标代理业务，任何单位和个人不得非法干涉。

招标代理机构代理招标业务，应当遵守招标投标法和本条例关于招标人的规定。招标代理机构不得在所代理的招标项目中投标或者代理投标，也不得为所代理的招标项目的投标人提供咨询。

► 解读

根据《招标投标法》第十五条，招标代理机构应当在招标人委托的范围内办理招标事宜，并遵守本法关于招标人的规定。招标代理机构的招标代理权来源于法律法规的规定和招标人在委托合同中的授权。在实践中，经常出现一些单位和个人非法干涉招标代理活动，招标代理机构滥用招标代理权等问题。《条例》从招标代理权的自由和限制、招标代理资格证书管理的角度对《招标投标法》第十五条进行了细化。具体包括以下几点。

1. 招标代理权利范围

（1）招标代理属于委托代理。根据《民法通则》，代理包括委托代理、法定代理和指定代理。《民法总则》则进一步限缩为委托代理和法定代理两种类型。委托代理人按照被代理人的委托行使代理权。所谓委托代理关系，詹森和麦克林认为：它是"一个人或一些人（委托人 Principal）委托一个人或一些人（代理人 Agent）根据委托人利益从事某些活动，并相应地授予代理人某些决策权的契约关系"。❶所有代理中，委托代理的产生最早。根据《罗马法教科书》所述："赋予代理人以委托人身份的倾向在古典法中就已经出现了，而且一般委托可能是通过代理人来实现。"❷委托代理的产生主要有以下几个方面的原因。其一，社会分工的出现。随着经济的发展，社会分工越来越细化，不同的行业需由具备不同的专业知识人来从事。其二，个人知识能力的限制。一个人的知识、经验和能力总是有限的，不可能懂得所有知识或从事所有行业。尤其是在技术日新月异的今天，委托别人从事某些工作更具有经济性。其三，代理行为的有偿性。随着商品经济的发展，很多代理行为变成了有偿行为。代理行为既利己又利他，代理人通过代理行为获得了相应的利益。

招标采购工作是一项专业性、程序性很强的工作。很多招标人不具备自行招标的能力和条件，需要委托专业的招标代理机构进行招标工作。招标代理机构在招标人委托的权限范围内为招标人的利益依法从事招标代理工作，招标人支付招标代理机构相应费用。因此，招标代理属于委托代理，其权利范围为招标人依法委托的范围。

（2）招标代理机构在委托范围内开展业务。招标代理机构在招标人委托的范围内开展招标代理业务，作为委托代理，受托人代理行为的法律后果都由委托人来承担。超过授权范围的代理行为属于无权代理。因此，招标代理机构的代理行为不能超出招标人的授权范围。具体工作有：

1）编制工作。

① 编制招标计划、拟定招标方案。接受招标人委托后，根据招标项目的特点、项目进度安排等编制招标计划，经招标人同意后实施招标计划。根据招标人的委托拟定招标方案，按照国家有关规定需要履行项目审批、核准手续的依法必须进行招标的项目的招标方案，需报项目审批核准机关审核。

② 编制招标公告（投标邀请书）、资格预审文件、招标文件、合同条款、招标情况书面报告等。根据项目的特点和具体要求，招标代理机构负责编制资格预审文件、招标文件等，文件编制完成后，须经过招标人审查认可。招标工作完成后，编制招标投标情况书面报告，并提交行政监督部门。该项工作是招标代理机构代理工作中最核心的工作内容之一，特别是资格预审文件和招标文件的编制质量将直接决定招标代理整体工作的质量。

③ 编制工程量清单、标底和最高投标限价。招标代理机构如具有工程造价咨询资质，经招标人委托可以代理编制工程量清单、标底和最高投标限价。标底和最高投标限价的区别在于：标底必须在开标前保密，最高投标限价应在招标文件中公布；标底仅作为评

---

❶ M.C. Jensen, W. H. Meckling . Theory of the firm: Managerial Behavior, Agency Costs and Ownership Structure[J]. Journal of Financial Economics. Vol.3, No. 4 (Oct, 1976).p.308.

❷ 彼德罗·彭梵得. 罗马教科书 [M].黄风，译. 北京：中国政法大学出版社，2005：292.

标时的参考,超过最高投标限价可以导致该投标文件被否决。

2)组织工作。

① 组织发售资格预审文件(招标文件)。资格预审文件、招标文件编制完成并经招标人确认后,招标代理机构负责发售,发售期不少于 5 日。招标代理机构负责对已发出的资格预审文件、招标文件进行澄清和修改,并以书面形式通知所有购买资格预审文件、招标文件的潜在投标人。

② 组织审查潜在投标人、投标人资格。投标人的资格审查由资格审查委员会或评标委员会负责,而招标代理机构负责组织工作。根据《条例》规定,国有资金占控股或主导地位的依法必须进行招标项目采用资格预审的,招标人应当依法组建资格审查委员会审查资格预审申请文件,招标代理机构可受招标人委托,组织资格审查委员会对潜在投标人资格进行审查。采用资格后审的,招标代理机构组织评标委员会审查投标人资格。

③ 组织踏勘现场。根据项目的需要,招标人可以委托招标代理机构组织潜在投标人踏勘现场。招标代理机构应依法组织踏勘现场并做好保密工作。招标代理机构负责组织答疑会,对潜在投标人提出的问题进行回答、对招标文件进行澄清和修改。

④ 投标保证金的收取与退还。招标文件规定收取投标保证金的,招标代理机构负责收取和保管投标保证金,并审查投标保证金的形式和内容是否符合招标文件的要求。招标完成后,招标代理机构依法退还投标保证金及其银行同期存款利息。

⑤ 接受投标,组织开标、评标。招标代理机构负责接受投标人的投标文件,并做好签收工作。在投标截止时间,组织开标工作,包括密封检查、拆封、唱标、记录并存档等。负责抽取评标专家,组织评标委员会进行评标工作,并支付评标委员会成员的评标报酬等。

3)协助和配合工作。

① 协助招标人定标。招标人享有招标项目的定标权。招标代理机构负责协助招标人进行定标:负责评标结果的公示或中标结果的公告;招标人定完标后,向中标人发出中标通知书,向未中标人发出中标结果通知书。

② 协助招标人和中标人签订合同。根据招标人的委托,招标代理机构协助招标人和中标人签订合同。需要备案的合同,协助招标人进行合同备案工作。

③ 配合投诉处理工作。投标人或潜在投标人对委托招标项目提出异议的,招标代理机构负责解答和回复。向主管部门提出投诉的,招标代理机构应配合投诉处理机关调查取证。

4)其他工作。在不违反法律规定的情况下,接受招标人委托的其他相关工作。

(3)任何单位和个人不得非法干涉招标代理权的行使。招标代理机构接受招标委托后依法独立行使招标代理权。招标代理权来源于招标人的委托权,但独立于委托权。包括招标人在内的任何单位和个人不得非法干涉。具体包括:

1)招标人及其工作人员不得非法干涉。尽管招标人是招标代理机构的委托人,可以提出一些合法要求,但招标人也不得非法干涉招标代理机构的工作。例如,让招标代理机构排斥或限制潜在投标人、向招标代理机构表明希望的中标人意向、向招标代理机构提出其他违反法律规定的要求等，都属于招标人及其工作人员非法干涉。

2）国家机关及其工作人员不得非法干涉。一方面，国家机关及其工作人员不得对外地招标代理机构进入本行政区域进行非法限制，或给予歧视性待遇。例如，一些地方规定外地招标代理机构必须在本地招标投标监督管理部门备案后，才能代理本地的招标采购活动。另一方面，国家机关及其工作人员不得非法干涉招标代理行为。法律赋予了相关部门合法的监督管理权，这些权力有明确的边界，超出边界便属于非法干涉。例如，强制要求提高投标人的资质等级；强制要求资格审查的方式；干涉资格预审文件、招标文件的编制等。

3）其他单位和个人不得非法干涉。其他任何企事业单位、社会团体和个人不得非法干涉招标代理机构的招标代理权。例如，招标人的母公司干涉招标代理工作，为子公司指定招标代理机构等。

案例2-11

2013年7月，招标代理机构A公司代理B公司的招标业务，有甲、乙、丙等六家公司参与投标。其中，投标人甲的法定代表人刘某与该项目所在地的招标投标监督管理站站长王某是同学关系，请求王某对其关照并给予了好处费。王某于是要求A公司和B公司对投标人甲特别关照一下。A、B公司均认为王某是监管部门的领导，其指示不敢不遵照执行。于是，A公司通过多种方式，最终使得甲成为该项目的中标人。

分析

王某作为行政监督部门的领导，负责监督招标投标，不得非法干涉招标投标工作。王某要求A、B公司给予某个投标人"特别照顾"，属于典型的非法干涉招标投标工作的行为。王某对其行为应依法承担行政责任；构成犯罪的，由司法机关追究其刑事责任。本例中，甲公司中标应属无效，该项目应当依法重新进行招标。

2. 招标代理权的限制

（1）招标代理机构开展业务应当遵守关于招标人的规定。招标代理机构代理招标业务除须遵守《招标投标法》和《条例》关于招标代理机构的规定外，还须遵守《招标投标法》和《条例》中关于招标人的规定。原因在于：其一，从委托代理关系的角度，在委托代理关系下，委托人的权利和义务都由受托人来行使和承担。招标代理机构是招标人的受托人，在授权范围内招标人的所有法定权利和法定义务都由招标代理机构享有和承担。其二，从代理机构地位的角度，在委托招标的情况下，招标代理机构的角色就相当于招标人的角色。因此，关于招标人的规定都应该适用招标代理机构。其三，从立法的角度，在立法技术上，没有必要将招标代理机构所有的权利和义务都列举出来，否则很多条款就会与关于招标人的规定重复。《招标投标法》和《条例》关于招标人的规定主要有：招标投标程序中关于期限的规定；不得排斥、限制潜在投标或投标人的规定；不得与投标人串通投标的规定；关于保密的规定；不得违法干涉评标委员会的规定等。

（2）招标代理机构从业禁止规定。此项规定主要避免两种利益冲突情形：一种利益冲突情形，招标代理机构在所代理的招标项目中投标，即自招自投；另一种利益冲突情形，招标代理机构在所代理的招标项目中代理投标，或为所代理招标项目的投标人提供咨询，即双方代理。

由于市场主体的自利性，若允许自招自投或双方代理，会损害两个方面的主体利益：

一是会损害招标人的利益。委托代理关系中给委托人所带来的经济效益，是以代理人全心全意地为委托人服务为前提的。若允许自己投标，招标代理机构则更多地为自己利益考虑。招标代理机构可能通过在资格预审文件、招标文件中设置一些对自己有利或让自己能中标的条款，从而使招标丧失竞争性，最终损害了招标人的利益。若允许双方代理，招标代理机构需要同时维护对立双方的利益，在一个行为中显然无法同时满足这一要求。

二是会损害其他投标人的利益。招标代理机构是整个招标项目的组织者、文件的编制者，具有明显的信息优势。若允许自招自投，则与其他投标人显然不在一个竞争平台上，更不存在公平竞争而言。若允许双方代理，则接受代理的投标人就获得了明显的信息优势，对其他投标人显然不公平。因此，无论自招自投还是双方代理，都会损害其他投标人的利益。

▶ 案例 2-12

2014 年 3 月，某市甲招标代理公司受乙项目公司委托，代理乙公司的招标业务。甲公司不仅有各种招标代理资格还有造价咨询资质。甲公司一直为丙公司提供常年造价咨询服务工作。甲在组织乙公司施工招标代理工作时，丙公司拟参加该项目投标。于是，甲公司安排夏某和唐某负责该项目的施工招标工作，安排田某为丙公司就该项目提供造价咨询。甲公司领导认为，田某不负责该项目的招标工作，并不了解该项目的更多信息，只是用其造价专业知识为丙公司提供咨询服务。

2014 年 5 月经过招标、投标和评标定标程序，投标人丙公司报价得分最高，经过综合评审后，丙公司综合得分排名第一，被推荐为第一中标候选人。在评标结果公示期间，其他投标人向主管部门提出投诉：招标代理机构与丙公司存在常年的造价咨询合同关系，违反了《条例》第十三条规定。主管部门受理了投诉并作出处理。

分析

本案中，甲招标公司一方面代理施工项目的招标工作，另一方面为该项目投标人丙公司提供造价咨询服务。尽管负责具体工作的人员不同，仍然属于违反了《条例》第十三条规定的情形，即招标代理机构不得为所代理的招标项目的投标人提供咨询。甲公司向丙公司提供造价咨询，属于投标咨询的一个组成部分。即使田某与夏某、唐某之间不存在交流，田某也不了解该项目的具体信息，只要是这种情形出现在一个招标代理行为中，就违反了法律的强制性规定。为避免这种情况的发生，甲公司应该停止就该项目向丙公司提供造价咨询服务。

本案由于甲公司违反了法律强制性规定，丙公司的中标无效。主管部门应当对甲公司进行处罚，甲公司还应承担其他法律责任。

▶ 案例 2-13

2012 年 5 月，S 省建设工程招标投标管理总站在调查了解由该省 A 招标代理公司代理的某办公楼建筑装饰改造工程违规招标时发现，该公司长期出借工程建设项目招标代理营业执照，违法情节严重。

从 A 公司档案室调取的自 2006 年 4 月至 2009 年 12 月的 20 个招标代理项目资料证实，A 公司长期允许陈某、何某、邵某等人以 A 公司名义承揽招标代理业务，当招标人确定招标代理机构后，由陈、何、邵等人填制委托代理合同，再交给 A 公司法定代表人签名并加盖公司印章，而后由陈、何、邵等人以 A 公司名义实施招标代理活动，全面履行合同，A 公司不派员参与。

S 省建设工程招标投标管理总站根据以上调查事实和代理项目存在的问题，依法对 A 公司作出严肃处理，同时将这起严重违法案件通报全省，要求全省各招标代理机构要从 A 公司出借招标代理营业执照、违规招标、规避监督的违法案例中吸取教训，加强对招标法律法规和规章的学习，杜绝公司与公司之间、公司与个人之间、公司与其他单位之间相互挂靠，出借招标代理营业执照从事招标代理活动的违法行为。

分析

本案例就属于招标代理机构向个人出借招标代理机构营业执照的情况。虽然条例修订后取消了招标代理机构资格，原第十三条的规定中，招标代理机构不得涂改、出租、出借、转让资格证书不再执行，但招标代理机构仍有营业执照。根据《公司法》等有关法律规定，也不得出让或者出租营业执照供他人投标。

2.8　招标代理合同

▶ 条文

第十四条　招标人应当与被委托的招标代理机构签订书面委托合同，合同约定的收费标准应当符合国家有关规定。

▶ 解读

《合同法》第十条规定，当事人订立合同，有书面形式、口头形式和其他形式。法律、行政法规规定采用书面形式的，应当采用书面形式。当事人约定采用书面形式的，应当采用书面形式。《合同法》第十一条规定，书面形式是指合同书、信件和数据电文（包括电报、电传、传真、电子数据交换和电子邮件）等可以有形地表现所载内容的形式。《条例》依据《合同法》的规定，针对招标代理合同的特点，对招标代理合同的形式作了具体规定。

1. 招标人应当与招标代理机构签订书面委托合同

（1）招标代理合同为法定要式合同。根据合同的成立是否需要特定的形式，可将合同分为要式合同与非要式合同，要式合同又分为法定要式合同与约定要式合同。要式合同，是指法律、行政法规规定，或者当事人约定应当采用书面形式的合同。前者称为法定要式合同，后者称为约定要式合同。法定要式合同只能由法律和行政法规规定。地方性法规、规章等即使规定了合同的书面形式，合同双方当事人未采用书面形式的，不影响合同的成立。根据《条例》的规定，招标代理合同属于法定要式合同。双方当事人未采用书面委托合同形式签订招标代理合同的，在特定情况下会决定合同是否成立。

《条例》规定招标代理合同为法定要式合同的主要目的在于：

第一，对于合同当事人而言，有警示和证据作用。招标代理合同内容相对比较复杂、合同周期相对较长，通过书面形式详细约定相关内容，对双方当事人有履约的提示作用；违约责任的明确约定，对双方当事人有警告作用；因履行合同发生争议时，书面合同就成为解决争议的证据。

第二，对于第三人而言，使其知悉合同当事人交易关系之存在。招标投标活动一般都涉及多方当事人，招标代理合同的书面形式能向招标投标活动其他当事人和第三人宣示招标代理关系的存在。让投标人知悉，招标代理机构的行为就是招标人的行为，增加了招标行为的可信度。

第三，对于合同管理而言，有助于行政主管部门对合同进行监管。经过《合同法》遵循合同自治原则，但对涉及国家利益、社会公共利益和第三人利益的合同，行政主管部门仍要履行一些监管。招标代理合同是涉及第三人利益的合同（招标代理合同经常约定"中标人付费"），应当接受行政监督部门的监管。书面形式有助于合同监管，同时也有助于税务机关征税等。

（2）招标代理合同的签订方式。招标代理合同的签订方式，在实践中有不同的观点。一种观点认为招标代理合同应该采用招标的方式签订；另一种观点认为招标代理合同应该采用非招标方式签订或直接签订等方式。《条例》对于招标代理机构的选择是否应当通过招标方式确定未进行明确规定。笔者认为：对于国有投资的工程建设项目，如其招标服务费用未达到强制招标限额标准，可采用直接委托的方式确定代理机构，也可通过抓阄、抽签或摇号等方式来选取招标代理机构，避免权力寻租的腐败现象发生；如其招标代理服务费用已达到强制招标限额标准，宜采用招标方式确定代理机构。对于非国有资金投资的项目，可以采用直接签订合同的方式来选取招标代理机构。

（3）招标代理合同一般应包括的主要内容。招标项目不同，招标代理合同的内容也并不一样。以工程建设项目为例，根据原建设部和国家工商行政管理总局2005年发布的《建设工程项目招标代理合同》（GF–2005–0215）示范文本，合同包括协议书、通用条款和专用条款三部分。协议书包括：工程概况、合同价款、合同组成文件等内容。通用条款和专用条款包括：词语定义和适用法律；双方一般权利义务（其中包括委托人委托招标代理工作的范围）；委托代理报酬和收取；违约、索赔和争议；合同的变更、生效和终止等。

案例 2-14

2012年9月12日甲招标公司为乙公司的某施工项目提供招标代理服务。由于时间紧迫，双方并没有及时签订书面委托合同，但对工作范围、报酬和支付方式等主要内容作了口头约定。由于潜在投标人较多，9月25日前甲招标公司就该施工项目发了资格预审公告、编制了资格预审文件并组织了资格预审，9月25日确定了通过资格预审的潜在投标人名单。乙公司对通过资格预审的名单不满意，9月26日要求甲招标公司停止招标代理服务。依据《合同法》第三十二条"当事人采用合同书形式订立合同的，自双方当事人签字或者盖章时合同成立"，乙公司主张，双方并未签订书面委托合同，所以双方合同关系并未成立，拒绝支付相应的合同报酬。于是，双方发生了争议，甲招标公司将乙公司起诉到人民法院。

分析

本案争议的焦点是双方合同关系是否成立。一种观点认为合同没有成立。理由为：《合同法》规定，法律、行政法规规定采用书面形式的，应当采用书面形式。当事人采用合同书形式订立合同的，自双方当事人签字或者盖章时合同成立。《条例》规定招标代理合同应当采用书面委托合同，所以招标代理合同应在双方当事人签字或者盖章时合同成立。另一种观点认为合同已经成立。理由为：我国《合同法》采证据效力说，最主要的依据是《合同法》第三十六条，法律、行政法规规定或者当事人约定采用书面形式订立合同，当事人未采用书面形式但一方已经履行主要义务，对方接受的，该合同成立。❶书面形式只是一个证据效力，能够证明一方已履行（或部分履行）合同，另一方已接受的，合同就已经成立。本案中，甲招标公司就该招标项目发了资格预审公告、编制了资格预审文件并组织了资格预审，乙公司对这些工作也予以接受和认可（仅对资格预审结果不满意），双方合同关系应该已经成立。乙方应按照口头约定的服务报酬和已完成的工作比例，支付甲招标公司相应的服务报酬。

2. 合同约定的收费标准应当符合国家规定

由于大多数招标项目都涉及公共利益或属于国有资金，2014年8月1日之前所有招标代理服务收费都采用政府指导价。为落实党的十八届三中全会精神和国务院关于进一步简政放权、推进职能转变的要求，2014年7月10日国家发展改革委发布《关于放开部分建设项目服务收费标准有关问题的通知》（发改价格〔2014〕1573号）。通知规定："放开除政府投资项目及政府委托服务以外的建设项目招标代理等4项服务收费标准，实行市场调节价。实行市场调节价的专业服务收费，由委托双方依据服务成本、服务质量和市场供求状况等协商确定。采用直接投资和资本金注入的政府投资项目，以及政府委托的上述服务收费，继续实行政府指导价管理，执行规定的收费标准。该通知从8月1日开始执行。"

根据《中华人民共和国价格法》（以下简称《价格法》）第三条规定，国家实行市场调节价、政府指导价和政府定价三种定价方式。市场调节价，是指由经营者自主制定，通过市场竞争形成的价格。政府指导价，是指依照本法规定，由政府价格主管部门或者其他有关部门，按照定价权限和范围规定基准价及其浮动幅度，指导经营者制定的价格。政府定价，是指依照本法规定，由政府价格主管部门或者其他有关部门，按照定价权限

---

❶ 何红锋，汤炀. 建设工程招标投标过程中责任的法律性质分析 [J]. 建筑经济，2003（1）：54.

和范围制定的价格。根据发改价格〔2014〕1573 号通知，招标代理服务收费标准分别执行两种定价方式，即市场调节价和政府指导价。实行市场调节价的项目为非政府投资和非政府委托服务的建设项目；实行政府指导价的项目为政府投资（包括直接投资和资本金注入）和政府委托服务的建设项目。

为了充分发挥市场在资源配置中的决定性作用，进一步放开建设项目专业服务价格，国家发展改革委于 2015 年 2 月 11 日发布《关于进一步放开建设项目专业服务价格的通知》，全面放开招标代理费的专业服务价格，实行市场调节价。至此，无论自身性质还是资金性质不同的项目，均实行市场调节价，不再执行《国家计委关于印发〈招标代理服务收费管理暂行办法〉的通知》（计价格〔2002〕1980 号）、《国家发展和改革委办公厅关于招标代理服务收费有关问题的通知》（发改办价格〔2003〕857 号）和《国家发展改革委关于降低部分建设项目收费标准规范收费行为等有关问题的通知》（发改价格〔2011〕534 号）的规定，而是由招标人和招标代理机构依据服务成本、服务质量和市场供求状况等协商确定，无需依据国家发改委发布的计费标准，也不用执行代理服务费的最高限额。

但也应当注意，实践中经常发生招标代理合同约定以前述委发收费管理文件的标准计费的情形。该情形并不违反法律、行政法规的强制性规定，当属有效，可以理解为从政府管制价格向全面实行政府指导价过渡阶段的自然现象。

根据《国家计委关于印发〈招标代理服务收费管理暂行办法〉的通知》（计价格〔2002〕1980 号）和《国家发展和改革委办公厅关于招标代理服务收费有关问题的通知》（发改办价格〔2003〕857 号）的规定，执行政府指导价的项目，招标代理服务收费采用差额定率累进计费方式，上下浮动幅度不超过 20%。具体收费额由招标代理机构和招标委托人在规定的收费标准和浮动幅度内协商确定。招标代理服务费用应当由招标人支付，招标人、招标代理机构与投标人另有约定的，从其约定。

根据《国家发展改革委关于降低部分建设项目收费标准规范收费行为等有关问题的通知》（发改价格〔2011〕534 号）的规定，降低中标金额在 5 亿元以上招标代理服务收费标准，并设置收费上限。货物、服务、工程招标代理服务收费差额费率：中标金额在 5 亿～10 亿元的为 0.035%；10 亿～50 亿元的为 0.008%；50 亿～100 亿元为 0.006%；100 亿元以上为 0.004%。货物、服务、工程一次招标（完成一次招标投标全流程）代理服务费最高限额分别为 350 万元、300 万元和 450 万元，并按各标段中标金额比例计算各标段招标代理服务费。按《招标代理服务收费管理暂行办法》附件规定计算的收费额为招标代理服务全过程的收费基准价格，但不含工程量清单、工程标底或工程招标控制价的编制费用。

▶ 案例 2-15

某政府投资两栋国际展览中心大楼，地下一层为停车场，地上 28 层，建筑面积 8 万平方米，占地面积 50 亩，计划投资 5.1 亿元。工程施工图设计已完成并具备招标条件。6 月 10 日，投资人与 A 招标公司签订了招标代理服务合同，按合同要求，A 招标公司应先完成施工总承包商的招标，使总承包商于 11 月 1 日前进场。

关于代理费，由于双方均认为按市场价磋商较为费时，习惯性地使用了已废止的《招标代理服务收费管理暂行办法》中规定的工程类招标代理服务收费标准，按该标准（见

表2-1）向下浮动5%。最后施工总承包中标价为5亿元。计算出该项目施工总承包招标的招标代理费。

表 2-1 招标代理服务收费标准

项目 标价（万元）	货物招标	速算增加额	服务招标	速算增加额	工程招标	速算增加额
100 以下	1.5%	—	1.5%	—	1.0%	—
100—500	1.1%	0.4	0.8%	0.7	0.7%	0.3
500—1000	0.8%	1.9	0.45%	2.45	0.55%	1.05
1000—5000	0.5%	2.9	0.25%	2.45	0.35%	3.05
5000—10 000	0.25%	7.4	0.1%	11.95	0.2%	10.55
10 000—50 000	0.05%	37.4	0.05%	16.95	0.05%	25.55

分析

该项目计算招标代理服务收费额如下。

方法一：

100 万元×1.0%=1（万元）

（500-100）万元×0.7%=2.8（万元）

（1000-500）万元×0.55%=2.75（万元）

（5000-1000）万元×0.35%=14（万元）

（10 000-5000）万元×0.2%=10（万元）

（50 000-10 000）万元×0.05%=20（万元）

合计收费=1+2.8+2.75+14+10+20=50.55（万元）

下浮后收费=50.55-2.5275=48.022 5（万元）

方法二（采用速算法计算）：

50 000 万元×0.05%+25.55 万元=50.55（万元）

下浮后收费=50.55-2.5275=48.0225（万元）

2.9 公告与标准文本

▶ **条文**

第十五条 公开招标的项目，应当依照招标投标法和本条例的规定发布招标公告、编制招标文件。

招标人采用资格预审办法对潜在投标人进行资格审查的，应当发布资格预审公告、编制资格预审文件。

依法必须进行招标的项目的资格预审公告和招标公告，应当在国务院发展改革部门依法指定的媒介发布。在不同媒介发布的同一招标项目的资格预审公告或者招标公告的内容应当一致。指定媒介发布依法必须进行招标的项目的境内资格预审公告、招标公告，不得收取费用。

编制依法必须进行招标的项目的资格预审文件和招标文件，应当使用国务院发展改革部门会同有关行政监督部门制定的标准文本。

▶ 解读

《招标投标法》第十六条和第十七条分别对招标公告和投标邀请书进行了规定。其中，第十六条规定，招标人采用公开招标方式的，应当发布招标公告。依法必须进行招标的项目的招标公告，应当通过国家指定的报刊、信息网络或者其他媒介发布。招标公告应当载明招标人的名称和地址、招标项目的性质、数量、实施地点和时间以及获取招标文件的办法等事项。第十七条规定，招标人采用邀请招标方式的，应当向三个以上具备承担招标项目的能力、资信良好的特定的法人或者其他组织发出投标邀请书。投标邀请书应当载明本法第十六条第二款规定的事项。《条例》在此基础上，对资格预审公告、公告发布要求、媒介指定机关等方面进一步补充和细化。

《招标投标法》第十八条第一款规定，招标人可以根据招标项目本身的要求，在招标公告或者投标邀请书中，要求潜在投标人提供有关资质证明文件和业绩情况，并对潜在投标人进行资格审查；国家对投标人的资格条件有规定的，依照其规定。该条仅对资格审查作了原则性规定，未区分资格预审和资格后审两种不同方式应当适用的流程，导致实践中资格审查环节不太规范（尤其是资格预审）。《条例》在立法时，用了较多篇幅对资格审查（尤其是资格预审）进行了规范。

1. 依法发布资格预审公告和招标公告

公开招标中的"公开"是通过招标公告或资格预审公告体现出来的。发布招标公告或资格预审公告也是招标投标活动公开原则的具体体现。法律法规应当对公告的内容、发布媒介和发布要求等作出强制性规定。

（1）资格预审公告和招标公告发布存在的问题。公开招标一般发布招标公告，若采用资格预审程序，应以资格预审公告代替招标公告。我国的《招标投标法》和《招标公告发布暂行办法》（国家计委令〔2000〕第4号）对招标公告虽有具体的要求（招标公告发布要求将在下文介绍），但在实践中，招标公告发布依然存在诸多问题。一是发布的媒介覆盖面太小。有些依法必须进行招标项目的招标公告，不在指定媒介上发布而在某个地方媒介发布（甚至有的在自己单位的网站上发布），导致公告的受众很少，起不到公告的作用。二是公告的内容不符合法律要求。有的招标公告不明确开标时间和地点，仅写"开标时间和地点另行通知"，此种做法有意为压缩投标文件的编制时间埋下伏笔。三是公告中有意限定投标人资格。有的招标公告通过抬高投标人资格来排斥或限制潜在投标人。例如，本来具有某专业工程二级资质就能完成的项目，将资质等级设定在一级以上。因此需要《条例》对资格预审公告和招标公告作进一步规范。

（2）严格规范招标公告的发布是国际通行做法。公开招标通过发布招标公告吸引不特定的投标人来投标，从而达到充分竞争的目的。对招标公告的发布和内容进行强制规定，是国际通行做法。例如，WTO 的《政府采购协议》（2012 版）规定了多层次的公告，以便有兴趣的供应商有足够多的机会获得采购信息。第一层次，每一财政年度发布的"计划采购公告"——鼓励采购实体以附录3中列明的适当纸质或者电子媒体，尽早发布每一财政年度内有关未来采购计划的公告，计划采购公告应包括采购标的和意向采购公告的计划刊登时间。第二层次，每一个采购项目发布的"意向采购公告"——对于每一涵盖采购，除第13条规定情形外，一采购实体应当在附录3列明的适当纸质或者电子媒体上公布意向采购公告。该媒体应当是广为传播的，该公告应当易于为公众获知，并至少保留到公告指明的期间结束。第三层次，对每个意向采购项目发布"摘要公告"——对每个意向采购项目，采购实体在公布意向采购公告时，都应当同时使用一种WTO官方语言发布一份可以容易获得的摘要公告。该摘要公告至少应当包括以下信息："（a）采购标的；（b）提交投标文件的截止日期，或如适用，提交投标申请书或者纳入常用清单申请的截止日期；以及（c）可申请获得有关采购文件的地址。"

再如，世界银行2011年1月出版的《世界银行借款人货物、工程和非咨询服务采购指南》中规定，在竞争性招标中，及时向投标人通告投标信息是很重要的。借款人应准备一份总采购公告，并提交给世界银行。世界银行将把该总采购公告在线刊登在联合国发展商业报（UNDB online）和世行的外部网站上。总采购公告的内容应包括：借款人（或可能的借款人）、贷款金额和用途、能体现采购计划的招标范围，借款人负责采购的实施单位其名称、电话（或传真）号码和地址，以及将来刊登具体招标公告的、对国内外用户都免费登录的电子门户网站或网址。如果可能，总采购公告还应注明资格预审文件或招标文件预计发售的日期。资格预审文件或招标文件不得早于刊登总采购公告之日发售。

（3）公告发布的具体法律要求。公开招标项目，依法发布资格预审公告和招标公告就是要满足以下要求：

1）依法必须进行招标项目的招标公告，应当在指定媒介发布。国家发展改革委指定的依法必须招标项目招标公告或资格预审公告发布媒介有：《中国日报》《中国经济导报》《中国建设报》《中国采购与招标网》（http://www.chinabidding.com.cn）为发布依法必须招标项目的招标公告的媒介。其中，依法必须招标的国际招标项目的招标公告应在《中国日报》发布。应注意的是，依法必须招标项目的招标公告必须在指定媒介发布，但自愿招标项目的招标公告可以自己选择媒介进行发布。

2）在不同媒介发布的同一项目的公告内容应当一致。公告的内容会直接影响潜在投标人决定是否进行投标。若在两个或两个以上媒介发布的内容不一致，会对潜在投标人造成误导。

3）指定媒介发布公告不得收取费用。既然是国家指定的媒介，一般不应该收取费用，否则指定媒介便可以借助于垄断地位进行营利。不收取费用仅限于境内资格预审公告和招标公告，发布国际资格预审公告和招标公告可以收取费用。

4）发布招标公告的内容要求。根据《招标公告发布暂行办法》（国家计委令〔2000〕第4号）的规定，招标公告应当载明招标人的名称和地址、招标项目的性质、数量、实施地点和时间、投标截止日期以及获取招标文件的办法等事项。招标人或其委托的招标代理机构应当保证招标公告内容的真实、准确和完整。

5）发布公告的其他要求。根据《招标公告发布暂行办法》（国家计委令〔2000〕第 4 号）的规定，拟发布的招标公告文本应当由招标人或其委托的招标代理机构的主要负责人签名并加盖公章；在指定报纸免费发布的招标公告所占版面一般不超过整版的四十分之一，且字体不小于六号字；指定报纸和网络应当在收到招标公告文本之日起七日内发布招标公告等。

案例 2-16

2012 年 4 月某铁路主管部门投资建设的高铁项目，委托 A 招标公司进行一至六标段的施工招标（投资估算价 8.49 亿元）。由于潜在投标人较多且技术复杂，铁路主管部门拟采用资格预审程序。A 招标公司根据铁路主管部门领导的要求在 2012 年 4 月 16 日发布了资格预审公告。资格预审公告中对投标人应符合的条件、资格预审文件获取时间、提交资格预审申请文件的时间进行了规定：投标人应当是国有独资公司及国有控股公司，或者前三年与铁路主管部门合作过的施工单位；资格预审文件获取时间为 4 月 16 日上午 8 点 30 分至晚间 21 点 30 分；资格预审申请文件的提交截止时间为 4 月 17 日晚间 24 点。资格预审公告发布的媒介为该铁路主管部门的官方网站。该项目由审计部门审计时发现资格预审公告存在诸多违法情况。

分析

发布资格预审公告和招标公告符合法律法规规定，这里"法律法规"包括《招标投标法》和《条例》，在二者没有规定的情况下还要适用部门规章、地方性法规等。本案中投标人的条件要求、资格预审文件的发售时间、资格预审文件的编制时间和资格预审公告的发布媒介都违反了《条例》强制性规定。第一，"投标人应当是国有独资公司及国有控股公司，或者前三年与铁路主管部门合作过的施工单位"属于《条例》中的通过限制潜在投标人的所有制形式来排斥或限制潜在投标人。第二，"资格预审文件获取时间为 4 月 16 日上午 8 点 30 分至晚间 21 点 30 分"，将非工作时间都算在内才 13 个小时，严重违反《条例》所规定的"资格预审文件发售时间不得少于 5 日"的要求。第三，资格预审文件的编制时间从资格预审文件停止发售才 20 多个小时，严重违反了《条例》所规定的"资格预审申请文件的编制时间从资格预审文件停止发售到提交资格预审申请文件截止时间不少于 5 日"的要求。第四，发布媒介违反部门规章的规定。资格预审公告不能仅发布在该铁路主管部门的官方网站。根据《铁路建设工程招标投标实施办法》（铁道部令〔2002〕第 8 号）的规定，招标公告应在《中国日报》《中国经济导报》《中国建设报》《中国采购与招标网》等至少一家媒介上发布，其中，必须招标的国际招标项目的招标公告应在《中国日报》发布。同时应将招标公告抄送指定网络。公告发布手续由铁路有形建设市场的交易中心归口对指定媒介办理，同时在交易中心网站发布。原铁道部 2002 年 8 号令所指定的媒介与国家发改委所指定的媒介是一致的。

2. 编制资格预审文件和招标文件应当依法

资格预审程序、编制资格预审文件和招标文件都是招标阶段中的核心环节。在实践中资格预审程序、资格预审文件和招标文件存在很多不规范的地方。第一，乱用资格预审程序。尽管部门规章和地方法规等资格预审程序有明确规定，如《工程建设项目货物招标投标办法》（国家发改委等七部委令〔2005〕第 27 号）规定，"资格预审一般适用于潜在投标人较多或者大型、技术复杂货物的招标"。实践中，很多项目存在乱用资格预审程序的现象，通过设置资格预审程序排斥潜在投标人等非法目的。第二，资格预审文件和招标文件中存在排斥和限制潜在投标和投标人的条款。主要表现在根据不同奖项、行政区域的业绩或行业业绩给予不同的加分；指定或限定品牌、原产地等；禁止外地企业投标等。第三，在资格预审文件和招标文件中设置苛刻的否决性条款而且不以醒目的方式标注出来。甚至设置一些"陷阱"，让一般潜在投标人的资格预审申请文件或投标人的投标文件很容易被否决等。

（1）依法规范资格预审程序。为避免资格预审程序中的违法行为，应从三个方面规范资格预审程序。其一，规范资格预审程序的使用范围。应明确各种类型的项目可以适用资格预审程序的条件，如从潜在投标人的数量、技术复杂和难易程度等方面进行。可以借鉴世界银行《货物、工程和非咨询服务采购指南》2.9 款的规定，对于大型或复杂的工程，或准备详细投标文件的成本过高可能会妨碍竞争的情况下，诸如为用户专门设计的设备、工业成套设备、专业化服务、某些复杂的计算机信息和技术以及单一责任合同（包括交钥匙合同）、设计加施工合同，或总包管理合同等，资格预审通常是必要的。资格预审还保证了招标邀请只发给那些有足够能力和资源的投标人。资格预审应完全以潜在的合格投标人具有令人满意地履行合同所需的能力和资源为基础，应考虑客观的和可衡量的因素，包括："（a）相关的一般经验和专业经验，在给定时间段内令人满意地履行并成功完成类似的合同；（b）财务状况；及在适用情况下（c）施工和/或生产能力。"其二，规范资格预审的程序。应严格执行《条例》所规定的资格预审程序，如资格预审文件的发售时间、资格预审申请文件的编制时间、资格预审的澄清和修改时间要求等。其三，规范资格预审申请文件的评审。应依法组建资格审查委员会，严格按照资格预审文件中的评审标准进行评审，加强对评审过程的监管等。

（2）依法编制资格预审文件和招标文件。资格预审文件和招标文件要依据《招标投标法》、《条例》、部门规章和地方性法规等规定编制。若违反《招标投标法》和《条例》的强制性规定会导致中标无效、重新招标或评标等后果。《条例》第二十三条规定，招标人编制的资格预审文件、招标文件的内容违反法律、行政法规的强制性规定，违反公开、公平、公正和诚实信用原则，影响资格预审结果或者潜在投标人投标的，依法必须进行招标项目的招标人应当在修改资格预审文件或者招标文件后重新招标。第八十二条规定，依法必须进行招标的项目的招标投标活动违反招标投标法和本条例的规定，对中标结果造成实质性影响，且不能采取补救措施予以纠正的，招标、投标、中标无效，应当依法重新招标或者评标。

依法编制资格预审文件和招标文件要从以下几个方面把握：第一，招标人不得利用划分标段和标包时限制或排斥潜在投标人；第二，在规定技术规格、技术要求时，不存在限定和指定品牌的情况；第三，对可导致资格预审申请文件或投标文件被否决的条款用醒目的方式标注出来，提醒投标人注意；第四，评标标准设置要合法，不同项目中各个部分的评分权重不得违反法律法规的强制性规定；第五，要规定合理的投标文件编制时间；第六，投标保证金数额、提交和退回符合法律规定；第七，不能有排斥或限制潜在投标人或者投标人的条款；第八，资格预审申请文件和招标文件的售价不以营利为目的等。

案例 2-17

A 公司是甲市新建图书馆项目招标代理机构。A 公司拟进行图书馆智能化系统专业承包工程项目招标。由于该项目技术比较复杂且潜在投标人较多，A 公司于 2013 年 6 月对潜在投标人组织了资格预审（资格预审方法为合格制）。资格预审文件第 9 条规定的"投标人合格条件"中：① 第 4 点规定"投标人具有承接本工程所需的① 建设行政主管部门核发的建筑智能化工程设计与施工壹级资质，或② 具有建设行政主管部门核发的建筑智能化工程专业承包壹级资质"；② 第 7 点规定"投标人自 2010 年 1 月 1 日至今在甲市地区完成过质量合格的类似工程业绩（类似工程是指第 4 点所述资质级别的低一个等级方能承接的工程）。需同时提供中标通知书、施工合同、竣工验收报告或竣工验收证明（造价以中标通知书为准）。若以上资料不能证明业绩规模的技术指标（指面积、高度、跨度、管径等）的，须另提供可证明业绩技术指标的其他资料"。

B 公司参加了该项目的资格预审，并提交了资格预审申请文件。B 公司最后没有通过资格预审，于是向 A 公司提出异议。A 公司答复认为：B 公司在资格预审申请文件中提交的甲市大学城建设项目各区安全防范系统项目业绩，共含四个学校校区的安全防范系统，其中只有一所学校的安全防范系统是在 2010 年 1 月以后竣工验收的。这一所学校校区的安全防范系统业绩达不到类似工程业绩规模要求，不满足资格预审合格条件第 7 条规定，不予通过资格审查。

B 公司对 A 公司的答复不满意，认为：① 其《资格审查资料》中，附有"甲市大学城建设项目各校区安全防范系统(一标段)"的类似业绩，且提供了证明材料。根据合同，该业绩共由甲市理工大学、美术学院、师范大学、音乐学院四个学校校区的安全防范系统组成。其中，美术学院、师范大学、音乐学院三个学校校区的安全防范系统于 2009 年 12 月 31 日前完成竣工验收工作，理工大学校区安全防范系统于 2010 年 1 月 1 日后完成竣工验收工作，尽管验收时间不一致，但这四个学校是一个标段，仍是一个合同中约定的整体工程，不能分开处理；② 其在资格预审申请文件中，附有"建筑智能化工程设计与施工一级"资质证书复印件。B 公司认为其业绩和资质都应符合要求，于是 2013 年 7 月 23 日向主管机关提出投诉。

分析

本案中 B 公司应该能通过该项目的资格预审。理由为：其一，B 公司在资格预审申请文件中提交的"甲市大学城建设项目各校区安全防范系统（一标段标）"业绩是一个整体，不能因其竣工验收时间不同而进行人为分割，而应以这个业绩的最后一部分的竣工验收时间作为整个业绩的最终验收时间，因此，B 公司满足资格预审文件的业绩条件要求；其二，B 公司的资质等级证书也达到了资格预审文件的要求。B 公司未通过资格预审不符合法律规定。

另外，资格预审文件中"投标人自 2010 年 1 月 1 日至今在甲市地区完成过质量合格的类似工程业绩"是限制或者排斥潜在投标人的条款。一是以"甲市地区"特定行政区域的业绩，作为通过资格预审的条件，是限制或排斥潜在投标人的行为，符合《条例》第三十二条第三项规定的情形，即"依法必须进行招标的项目以特定行政区域或者特定行业的业绩、奖项作为加分条件或者中标条件"。二是2010年1月1日以前的业绩不能算，从某种角度也是限制或排斥潜在投标人。因此，此条款违反《招标投标法》和《条例》的规定，即招标人不得以不合理的条件限制或者排斥潜在投标人，不得对潜在投标人实行歧视待遇。

3. 编制依法必须进行招标项目的文件应当使用标准文本

（1）标准文本统一由国家发改委会同有关行政监督部门制定。国家发改委作为全国招标投标的指导协调部门，由其会同有关行政监督部门来制定标准文本。有以下好处：一是有助于不同行业招标投标活动的统一和协调，避免不同行业之间的相互冲突。由于招标投标活动部门化归口管理，条块分割、政出多门，不同部门对招标投标规则的要求不同，严重影响了整个招标投标市场健康发展。统一标准文本后，能有效规避不同行业之间的冲突。二是有利于标准文本的实践应用。统一标准文本后，降低了标准文本的适用难度，从业人员不必再考虑不同的专业适用不同的文本。三是有助于规范全国的整个招标投标活动。标准文本的统一适用，提高了资格预审文件和招标文件的编制质量，有效地规范了整个招标投标活动。

目前适用的资格预审文件和招标文件标准文本主要有：国家发改委会同财政部等八部委2007年11月颁布的《标准施工招标资格预审文件》和《标准施工招标文件》（国家发改委等九部委令〔2007〕第56号，以下简称"56号令"）、2011年12月20日颁布的《简明标准施工招标文件》和《标准设计施工总承包招标文件》（以下简称《简明招标文件》和《总承包招标文件》）。

56号令原来的适用范围为在政府投资项目中试行。《关于废止和修改部分招标投标规章和规范性文件的决定》（国家发改委等九部委令〔2013〕第23号）将56号令的适用范围扩大为：在依法必须招标项目中适用。56号令允许有关行业主管部门根据《标准施工招标文件》并结合本行业施工招标特点和管理需要，编制行业标准施工招标文件。行业标准施工招标文件重点对"专用合同条款""工程量清单""图纸""技术标准和要求"作出具体规定。行业标准施工招标文件应不加修改地引用《标准施工招标资格预审文件》中的"申请人须知"（申请人须知前附表除外）、"资格审查办法"（资格审查办法前附表除外），以及《标准施工招标文件》中的"投标人须知"（投标人须知前附表和其他附表除外）、"评标办法"（评标办法前附表除外）、"通用合同条款"。

《简明招标文件》适用范围为：依法必须进行招标的工程建设项目，工期不超过12个月、技术相对简单、且设计和施工不是由同一承包人承担的小型项目。《总承包招标文件》适用范围为设计施工一体化的总承包项目。有关行业主管部门可以根据本行业招标特点和管理需要，对《简明招标文件》中的"专用合同条款""工程量清单""图纸""技术标准和要求"，《总承包招标文件》中的"专用合同条款""发包人要求""发包人提供的资料和条件"作出具体规定。

（2）编制依法必须进行招标的项目的资格预审文件和招标文件应当使用标准文本。该款仅约束依法必须进行招标的项目。其借鉴了世界银行《货物、工程和非咨询服务采购指南》2.12 款的规定：借款人应使用世行发布的相关的标准招标文件（简称 SBD）。世界银行可接受借款人根据项目具体情况对标准招标文件而做的必要的最小范围内的修改。任何此类修改只能放在投标资料表或放在合同专用条款中，而不得对世界银行标准招标文件（SBD）中的标准文字进行修改。依法必须进行招标的项目招标人在使用标准文本时，要符合标准文本的适用规定。即符合以下规定：

其一，"投标人须知前附表"用于进一步明确"投标人须知"正文中的未尽事宜，招标人或者招标代理机构应结合招标项目具体特点和实际需要编制和填写，但不得与"投标人须知"正文内容相抵触，否则相抵触的内容无效。

其二，"评标办法前附表"用于明确评标的方法、因素、标准和程序。招标人应根据招标项目具体特点和实际需要，详细列明全部审查或评审因素、标准，没有列明的因素和标准不得作为资格审查或者评标的依据。

其三，招标人可根据招标项目的具体特点和实际需要，在"专用合同条款"中对标准文本中的"通用合同条款"进行补充、细化和修改，但不得违反法律、行政法规的强制性规定，以及平等、自愿、公平和诚实信用原则，否则相关内容无效。

2.10 文 件 发 售

▶ 条文

第十六条 招标人应当按照资格预审公告、招标公告或者投标邀请书规定的时间、地点发售资格预审文件或者招标文件。资格预审文件或者招标文件的发售期不得少于 5 日。

招标人发售资格预审文件、招标文件收取的费用应当限于补偿印刷、邮寄的成本支出，不得以营利为目的。

▶ 解读

《招标投标法》未对资格预审文件、招标文件的发售时间、地点作出相关规定，也未对资格预审文件和招标文件的售价作出规定。《招标投标法》颁布实施后，各地各行业的招标人在开展招标投标活动时，对资格预审文件、招标文件的出售时间、文件售价等方面规定不一，给规范招标投标交易活动带来一些负面影响。一些招标项目的招标人甚至采用刻意压缩资格预审文件或招标文件的出售时间、在隐秘地点发售资格预审文件或招标文件等方式排斥外地潜在投标人；也有一些招标人通过设置过高的资格预审文件或招标文件的售价，为本单位谋取营业外收入；还有个别地方甚至在同一个项目的不同标段中，也出现招标文件的发售时间不一、文件售价差异较大等不正常的现象，令投标人无所适从。这些不正常现象的出现，不利于开放、统一、规范的招标投标市场的建立。为了规范资格预审文件和招标文件的出售行为，原国家计委、建设部等部委在陆续出台的《工程建设项目施工招标投标办法》《工程建设项目货物招标投标办法》《工程建设项目勘察设计招标投标办法》等部门规章中，对文件发售作了相应规定。

针对《招标投标法》颁布实施十多年来各地招标投标市场出现的一些新问题、新情况，在吸取部门规章等其他法律规范立法实践的基础上，《条例》在第十六条中用两款的篇幅对资格预审文件或招标文件的发售行为进行了约束。

1. 招标人应当按照规定发售文件

本条第一款是关于资格预审文件或招标文件的发售时间、发售地点和发售期的规定。《条例》的这一规定包含三层意思：第一，资格预审公告中应当载明发售资格预审文件的时间和地点，招标公告或者投标邀请书中应当载明发售招标文件的时间和地点；第二，招标人应当在规定的时间和地点发售文件；第三，文件的发售期最少不得少于5日。

（1）公告或投标邀请书应当载明文件的发售时间、地点和发售期。这是《条例》对招标人（或其委托的代理机构）在编制招标公告或资格预审公告时的要求。这一规定体现的是招标投标活动应当遵循的公开原则的要求。《招标公告发布暂行办法》（国家计委令〔2000〕第4号）第六条规定："招标公告应当载明招标人的名称和地址、招标项目的性质、数量、实施地点和时间、投标截止日期以及获取招标文件的办法等事项。"该条要求招标人应当在招标公告中载明获取招标文件的办法。但对"获取招标文件的办法"具体包括哪些内容没有作出进一步的说明，在其后出台的一些部门规章中，如《工程建设项目施工招标投标办法》（国家计委等七部委令〔2003〕第30号）、《工程建设项目货物招标投标办法》（国家发改委等七部委令〔2005〕第27号）、《工程建设项目勘察设计招标投标办法》（国家发改委等八部委令〔2003〕第2号）等，对此作了更为详细的规定，明确要求招标人在招标公告、投标邀请书或资格预审公告中，必须载明"获取资格预审文件或招标文件的地点和时间"。2007年，国家发改委等九部委出台的《标准施工招标文件》和《标准施工资格预审文件》中以规范文本的形式，在招标公告、投标邀请书和资格预审公告的格式中专门单列了"获取招标文件或资格预审文件的地点和时间"等方面的内容。

《条例》在吸收这些立法实践的基础上，针对招标投标实践，要求招标人在开展招标活动时，应当在招标公告、投标邀请书或资格预审公告中载明招标文件或资格预审文件的发售时间、发售地点和发售期。《条例》作出这一规定的目的，是为了方便更多的潜在投标人获取资格预审文件和招标文件，便于潜在投标人参与投标竞争。

（2）招标人应当在规定的时间和地点发售文件。公开、公平、公正和诚实信用原则，是法律对当事人开展招标投标活动的要求。招标人应当按照公告或者投标邀请书中规定的时间和地点发售资格预审文件和招标文件，体现的是"诚实信用原则"的要求。在招标投标活动中，一些招标人为排斥、阻止投标人竞争，以达到让特定投标人中标的目的，经常采用不明示发售地点、虚构发售地址或以其他手段阻止潜在投标人获取资格预审文件和招标文件，这是当前招标投标实践中存在的不规范行为之一。这一做法违反了《招标投标法》和《条例》有关不得以不合理的条件限制或者排斥潜在投标人或者投标人的规定，也违背了诚实信用原则，为《条例》所禁止。

（3）资格预审文件或招标文件的发售期不得少于5日。在招标投标实践中，通过缩短资格预审文件或招标文件的发售期限，限制或排斥潜在投标人的现象时有发生。为了保证潜在投标人有足够的时间获取资格预审文件和招标文件，以吸引更多的潜在投标人参与投标，从而保障招标投标的竞争效果，《条例》对文件的发售期作了最低期限规定，要求招标文件或资格预审文件的发售期不得少于 5 日。

《招标投标法》第二十四条规定："招标人应当确定投标人编制投标文件所需要的合理时间；但是，依法必须进行招标的项目，自招标文件开始发出之日起至投标人提交投标文件截止之日止，最短不得少于二十日。"由于留给投标人准备投标文件的起始时间是从"招标文件的开始发出之日"为基点计算的，也就是说，招标文件的发售期已经包含在留给投标人编制投标文件的期限内，因此对于依法必须进行招标的项目而言，《条例》规定的"文件的发售期不得少于 5 日"并未延长项目的招标周期❶。

《条例》规定的发售期不得少于 5 日，是指日历天而不是工作日。由于招标投标是一种程序极为复杂和烦琐的缔约活动，对项目的进度推进势必产生一定的不利影响，因而条例在立法时，从提高效率的角度出发，对发售期采用日历天而非工作日。但是，需要特别引起注意的是，招标人在规定文件发售期时，不得恶意引用这一规定，利用节假日尤其是"小长假""黄金周"等时间发售文件。刻意在节假日期间发售招标文件或者资格预审文件的做法，不仅违背了诚实信用原则，也将在事实上构成限制或者排斥潜在投标人。因此，为了更多地吸引潜在投标人参与投标，招标人在确定资格预审文件或招标文件的发售期时，应当综合考虑节假日、文件发售地点、交通条件和潜在投标人的地域范围等情况，在资格预审公告或招标公告中规定一个不少于 5 日的合理期限，特别是发售期最后一天应当回避节假日，以利于更多的潜在投标人获取文件。

案例 2-18

某行政机关办公楼工程系市重点建设项目，概算已经由主管部门批准，资金来源为财政拨款。2014 年 3 月，招标人在公开媒体上发布资格预审公告，定于 3 月 5 日—9 日（其中 3 月 8 日、9 日为双休日）每天 9:00—16:00 时在市工程交易中心发售资格预审文件。五家当地企业 A、B、C、D、E 在规定时间内购买了资格预审文件，一外地企业 F 于 3 月 9 日下午 15:50 赶到市工程交易中心购买资格预审文件，发现该中心没有工作人员上班，只在办公室门口留了一个联系电话，F 企业的委托代理人打电话询问如何购买招标文件时，接听电话的工作人员以超时为由拒绝出售资格预审文件。

分析

该项目在招标文件出售时间的设置上，主要存在以下问题：一是招标文件出售日期安排在双休日，特别是出售文件的最后两天均为法定假日很不合理，在一定程度上影响了投标人购买招标文件；二是如果招标文件的发售期中包含双休日，则必须安排相关工作人员值班，且值班人员应当严格按照正常的作息时间和招标文件规定的时间出售文件，不得擅自离岗；三是投标人在规定时间内购买招标文件，招标人不应以任何借口拒绝出售文件。

---

❶ 国家发展和改革委员会法规司等. 中华人民共和国招标投标法实施条例释义 [M]. 北京：中国计划出版社，2012：46.

（4）邀请招标项目和已进行资格预审项目的招标文件发售期。对于邀请招标项目和已进行资格预审的公开招标项目而言，其招标文件的发售期是不是必须遵循"不得少于5日"的规定，业界存在着两种截然不同的认识。

第一种观点认为：《条例》中"资格预审文件或者招标文件的发售期不得少于5日"的明文规定，没有区分公开招标项目还是邀请招标项目，也没有区分资格预审项目还是资格后审项目。因此，《条例》第十六条关于"文件的发售期不得少于5日"的规定，不仅适用于公开招标项目，也适用于邀请招标或者公开招标但已进行资格预审的项目[1]。

第二种观点认为：《条例》关于招标文件或资格预审文件发售期不得少于5日的规定，其立法目的是为了体现公开原则的要求，防止招标人利用缩短文件发售期等方式限制和排斥潜在投标人，以利于更多的潜在投标人参与竞争，从而保障招标投标活动的竞争性。但是，对于邀请招标项目和采用公开招标但已进行资格预审的项目而言，由于其潜在投标人已经确定，招标文件的发售对象也已经固定，不存在应当让更多的潜在投标人有充分宽裕的时间购买招标文件参与竞争的情形。因此，该类项目的招标人在制定招标文件发售期时，可以根据招标项目的具体特点和不同情形确定发售期限，而不必恪守"不得少于5日"的规定。

笔者认为：在考究一个特定法条的含义时，仅从字面上探求其含义的文义解释法往往带有一定的机械性和局限性，而采用系统解释法往往更为全面、科学、合理。在探讨邀请招标项目、已进行资格预审的公开招标项目招标文件的发售期是否应当遵循"不得少于5日"的规定这一问题上，第二种观点从立法的本意出发，探析"发售期不得少于5日"这一规定的适用前提，其分析和论证过程更为系统全面，其结论和理由也更为科学合理、更令人信服。因此，笔者倾向于采纳第二种观点，即只要招标人在安排招标文件的出售时间时，没有刻意利用出售文件的机会限制和排斥被邀请对象参与投标，可以不受"不得少于5日"这一规定的限制。

案例 2-19

某市广播电视台采用招标方式采购一批广播级非线性图文编辑系统，由于该系统开发商较少，经批准采用邀请招标方式。4月25日，招标人向DY、SB、SN、PG等6家代理商发出投标邀请函。投标邀请函中规定：招标人将于5月8日—9日（周四、周五）上午8:30—下午5:00在市广电中心一楼大厅发售招标文件，请接到投标邀请函的供应商在按时到指定地点购买。该项目招标后，PG公司代理商因未中标而向有关部门举报该项目招标文件发售期不满5日，要求行政监督部门认定本次招标无效，并重新组织招标。

分析

该项目规定招标文件的出售时间只有两天，从形式上看似乎违背了《条例》第十六条的规定。但是，该项目属于邀请招标项目，招标人在投标邀请书中规定招标文件的发售期为两天，并不影响特定潜在投标人购买文件并参与投标竞争，且该项目投标邀请书

---

[1] 国家发展和改革委员会法规司等. 中华人民共和国招标投标法实施条例释义［M］. 北京：中国计划出版社，2012：46.

在文件发售期之前 10 多天即向所有特定的潜在投标人发出，足以让潜在投标人安排相关人员在规定时间购买招标文件，因此，该做法并未违背《招标投标法》及其实施条例的立法精神，不应机械地引用《条例》第十六条和第六十四条的规定处理。

2. 发售文件收费不得以营利为目的

本条第二款是关于资格预审文件或招标文件的售价的规定。这一规定参考了联合国贸易法委员会《货物、工程和服务采购示范法》等国际规则的相关规定。根据本款的规定，招标人或其招标代理机构发售资格预审文件、招标文件收取的费用仅限于印刷、邮寄的成本费用，不得以营利为目的。

（1）文件的发售费用仅限于印刷、邮寄的成本费用。根据《条例》的规定，资格预审文件和招标文件的出售费用，不包括资格预审文件、招标文件的编制费用和专家评审费，也不包括图纸等资料的押金。

由于资格预审文件、招标文件的编制成本和评审费用是招标人应当承担的成本，而这些成本费用一般在项目立项时已列入概算，而在招标投标过程中，又通过收取资格预审文件、招标文件费用的形式收取文件编制费用和评审费用，有借此营利之嫌。即使在项目立项时没有考虑文件的编制费用和评审费用，但是通过出售文件的方式转嫁给潜在投标人也有失公允。

此外，如招标人出售招标文件文件时，如收取了相关图纸等资料的押金，则应当在确定中标结果、投标人退还相应图纸等资料时如数返还给投标人。

（2）招标人不得利用发售文件的机会营利。在以往的招标投标实践中，一些招标人往往借出售资格预审文件、招标文件之机营利，有些建设项目较多的单位甚至借招标之机私设"小金库"为本单位干部职工谋取福利，在这些项目中，招标文件售价动辄上千元，有的甚至高达上万元，给潜在投标人造成了沉重的负担，也在一定程度上限制、排斥了部分潜在投标人，不利于维护正常的招标投标市场秩序。

针对实践中出现的一些不正常现象，《条例》专门作出规定，禁止招标人借发售文件之机从事营利活动。《条例》在立法过程中，立法者没有采纳"出售成本应当包括编制成本、评审费用"的建议，其重要的原因之一，也在于文件的编制成本及评审费用支出缺乏统一的衡量标准，难以判断招标人收取的费用是否构成营利❶。

（3）文件并非必须有偿出售。需要指出的是：从《条例》的立法本意看，本条中规定的"发售"不意味着招标文件或资格预审文件必须有偿出售。根据招标项目的具体特征，如果招标人认为某个特定的招标项目无须收取招标文件或资格预审文件的费用，采取免费发放文件的方式，不但不违背法律，而且是被法律所允许、鼓励和倡导的。在招标投标活动中，特别是在电子招标投标手段日益普及的情况下，为减轻投标人负担，吸引更多的潜在投标人参与竞争，应当鼓励招标人或其招标代理机构免费发放资格预审文件和招标文件，确需收取必要成本费用的，应当依照本条第二款的规定，不得以营利为

---

❶ 国家发展和改革委员会法规司等. 中华人民共和国招标投标法实施条例释义［M］. 北京：中国计划出版社，2012：46—47.

目的。

在电子信息技术日益发达的今天，招标文件从网络上直接下载已不再是件难事。采用电子招标投标手段后，网络平台可以提供招标文件在线下载功能，招标人或其招标代理机构在印刷、邮寄等方面的成本将变得极少或不复存在，因此，为了推进招标投标竞争的有效性和充分性，在招标投标实践中，应当鼓励招标人通过网络平台向投标人免费发放招标文件。如确需收取必要费用的，则应以成本为限，不得以营利为目的。

案例 2-20

据某媒体报道❶：在某市招标采购监管部门组织的一次供应商座谈会上，招标文件的售价问题成了供应商们热议的话题。甲供应商称："有的代理机构招标文件收费太高了，上个月我们参加一个 800 万元的标，招标文件要 2000 元。"乙供应商说："你这个不算贵的，还有 3000 多元的招标文件，反正都是招标公司说了算，你想投标，就必须接受他们的苛刻条件。"丙供应商谈到的情况更是令人吃惊："我参加过一个标，一个标段的招标文件就是两千，七个标段下来就花了一万多。"……会上，这些供应商纷纷抱怨招标文件的售价太过离谱，薄薄的几张纸就卖七八百元，但供应商不买招标文件就没有资格投标。有的供应商还算了一笔账，个别代理机构通过出售招标文件就可以获利上百万元。

此后，该市专门出台文件，对招标文件的售价过高的问题进行约束和规范。

分析

招标人对招标文件的售价过高，其实是一把双刃剑：这样一方面会增加投标人的投标成本，可能会使一些潜在投标人望而却步；另一方面也可能促使一些潜在投标人把这笔费用转移到投标报价中，从而提高项目运行成本。在招标投标活动中，一些项目招标文件售价过高的问题，已让投标人不堪重负，这样严重影响到供应商参与投标的积极性，从而影响整个招标投标活动的质量。因此，招标人或招标代理机构在制定招标文件的售价时，应当按照《条例》的相关规定合理定价，以保障招标项目的正常运行。

2.11 资格预审申请文件提交时间

条文

第十七条 招标人应当合理确定提交资格预审申请文件的时间。依法必须进行招标的项目提交资格预审申请文件的时间，自资格预审文件停止发售之日起不得少于 5 日。

解读

在招标投标活动中，招标人可以根据招标项目的不同特点，采用资格预审或资格后审方式对投标人的资格能力条件进行审查。资格预审，是指在发售招标文件前对潜

---

❶ 万玉涛. 招标文件售价应按印制成本确定［J］. 政府采购信息报，2010（8）：20.

在投标人进行的资格审查；资格后审，是指在开标后在评标阶段对投标人进行的资格审查。

采用资格预审方式时，招标人通过发布招标资格预审公告，向不特定的潜在投标人发出邀请，并按照资格预审公告和资格预审文件确定的资格预审条件、标准和方法对资格预审申请人提交的资格申请文件进行评审，以确定合格的潜在投标人。在招标投标实践中，资格预审招标项目一般遵循如下流程操作❶：

招标人发布资格预审公告和文件——资格预审申请人编写资格预审申请文件——申请人递交资格预审申请文件——招标人（招标代理机构或依法组建的资格审查委员会）评审资格预审申请文件——招标人向经评审合格的申请人发出资格预审合格通知书，邀请其参加投标——经评审合格的申请人购买招标文件——潜在投标人编写投标文件——潜在投标人递交投标文件——开标评标——中标候选人公示——定标——发放中标通知书——签订合同。

从某种意义上看，资格预审制度在程序设计上，把招标投标过程大致划分为流程极为相似的两个阶段：第一个阶段是资格预审阶段，实现的是对潜在投标人资格和履约能力的审查即投标邀请书发放对象的竞争性选择和确定的过程，招标人通过竞争方式选择出了合适的潜在投标人，并向其发放资格预审合格通知书（即投标邀请书）；第二个阶段是招标投标阶段，实现的是中标人的确定和中标合约的订立过程。

受当时立法条件所限，《招标投标法》没有对招标项目资格预审阶段各环节的法定时限作出规定。作为《招标投标法》的下位法，《条例》根据上位法的立法精神对资格预审环节进行了补充、细化和完善。《条例》第十七条是关于提交资格预审申请文件时间的规定。

1. 招标人应当合理确定提交申请文件的时间

正如投标人编制投标文件需要一定时间一样，资格预审申请人也需要一定的时间编制并提交资格预审申请文件。招标人应当合理地确定资格预审申请文件的编制时间，既是《条例》对招标人的明确规定，也是招标项目本身的内在要求。合理确定资格预审申请文件，是保证资格预审申请人充分响应资格预审文件的各项要求，确保资格预审工作的质量，顺利实现资格预审的重要前提。

招标人在确定编制提交资格预审申请文件时间时，应当充分考虑各方面影响因素，以保证申请人有足够的时间按照资格预审文件的要求编制完成并按时提交资格预审申请文件。这些影响因素包括：招标项目的具体情况、资格预审文件对资格预审申请文件的内容和格式要求、资格预审申请文件的提交方式、潜在投标人的地域分布状况，等等❷。

根据《招标投标法》规定的公开原则的要求，资格预审申请文件的提交时间也应当在资格预审公告中载明，以便于申请人制定资格预审申请文件编制工作计划，保障资格预审申请文件的编制质量，并按时提交资格预审申请文件参与竞争活动。

---

❶ 陈川生，张志军. 招标投标程序的民事法律属性研究 [J]. 中国招标，2012（2）：13.

❷ 国家发展和改革委员会法规司等. 中华人民共和国招标投标法实施条例释义 [M]. 北京：中国计划出版社，2012：47.

2. 依法必须进行招标项目编制申请文件的时间不得少于 5 日

《招标投标法》规定："依法必须进行招标的项目，自招标文件开始发出之日起至投标人提交投标文件截止之日止，最短不得少于二十日。"这一规定是为了保证投标人有足够的时间编制招标文件，保证招标竞争的质量。

为了保证资格预审活动质量，从而为保证招标项目竞争质量提供良好的基础和前提，《条例》第十七条参照《招标投标法》的相关规定，对依法必须进行招标项目资格预审申请文件的编制时间作出了规定，要求自资格预审文件停止发售之日起不得少于 5 日。招标人在适用这一规定时，须注意以下问题：

（1）《招标投标法》第二十四条规定的投标文件编制时间，是以招标文件开始发出之日为起算点；而《条例》规定招标人应当留给资格预审申请的文件编制时间不得少于 5 日，则是从资格预审文件停止发售之日起算。

（2）对于依法必须进行招标的项目而言，《条例》关于"不得少于 5 日"的规定，是法定的最低时限要求。对于比较复杂或有特殊要求的依法必须进行招标的项目，若 5 日时间可能无法满足申请人编制资格预审文件的需要，则招标人应当根据招标项目的特点，确定一个高于 5 日以上时间的合理期限。

▶ 案例 2-21

2013 年 7 月，某市体育中心运动场施工招标项目正式对外招标，总投资 8700 万元，采用资格预审方式。该项目时间较紧，招标人在资格预审文件中规定：资格申请人请于 2013 年 7 月 17 日至 2013 年 7 月 19 日每日上午 9:00 至 12:00，下午 14:00 至 17:00，在市公共资源交易中心持授权书、报名手续购买资格预审文件；递交资格预审申请文件截止时间为 2014 年 7 月 22 日 11:30，地点为市公共资源交易中心，逾期送达或者未送达指定地点的资格预审申请文件，招标人将不予受理。

分析

《条例》颁布实施前，由于当时法律没有对资格预审程序作出规定，各地招标项目资格预审的做法还不太一致，给投标人带来很大困扰。2012 年正式施行的《条例》，针对法律规定方面的空缺，用了大量的法条对资格预审环节进行了规范。《条例》第十七条旨在统一资格预审申请文件的递交时限。《条例》颁布实施后，各地在开展招标投标活动中，应当遵守《条例》第十七条的规定，即依法必须进行招标的项目，申请人提交资格预审申请文件时限，应当自资格预审文件停止发售之日起，最短不少于 5 日。

本案属于依法必须进行招标的项目，且在《条例》颁布实施后开展资格预审活动，其资格预审文件的出售时间和留给资格预审申请人编制资格预审申请文件的时间，应当不少于 5 日。针对该项目在招标活动中出现的违法情形，行政监督部门应当责令改正，要求本项目的招标人延长资格预审文件的售期和资格预审申请文件的编制期。

3. 自愿招标项目编制申请文件的时间不受 5 天以上的限制

根据本条的规定，对于不属于依法必须进行招标的项目（即自愿招标项目）而言，招标人确定资格预审申请文件的编制时间时，可以不受"不得少于 5 日"的限制。但是，招标人仍然应当遵守本条的规定，合理确定提交资格预审申请文件的时间，以保证资格预审的效果。这里的合理确定提交资格预审申请文件的时间，是指根据特定招标项目的实际情况确定资格预审申请文件的递交时限，可以规定 5 日以下的时限，也可以规定 5 日以上的时限，具体视该招标项目的复杂程度和特殊要求而定。

根据《招标投标法》的立法精神和《条例》本条的规定，自愿招标项目的招标人，在编制发布资格预审公告和资格预审文件时，应当遵守公开原则，在资格预审公告中明确规定资格预审申请文件的递交时间；同时还应当遵守诚实信用原则，严格按照资格预审文件规定的时间开展资格预审活动，不得借确定资格预审申请文件递交时限之机，以不合理的时限和其他手段限制和排斥潜在投标人编制递交资格预审申请文件。

2.12 资格预审主体及依据

▶ 条文

第十八条 资格预审应当按照资格预审文件载明的标准和方法进行。

国有资金占控股或者主导地位的依法必须进行招标的项目，招标人应当组建资格审查委员会审查资格预审申请文件。资格审查委员会及其成员应当遵守招标投标法和本条例有关评标委员会及其成员的规定。

▶ 解读

资格预审是资格审查的一种方式，是相对于资格后审而言的。采用资格预审的项目，招标人在发售招标文件前，通常要组织资格审查，通过资格审查的潜在投标人才有资格获取招标文件、参加投标。采用资格预审方式，可以减少评标阶段的工作量、缩短评标时间、避免不合格的申请人进入投标阶段，可以提高投标人投标的针对性、竞争性，提高评标的科学性、可比性。但是，采用资格预审方式的招标项目，因设置了资格预审环节，延长了招标投标活动的时间，增加了招标人组织资格预审和潜在投标人进行资格预审申请的费用。因此，资格预审比较适合于具有单件性特点，且技术难度较大或投标文件编制费用较高，或潜在投标人数量较多的招标项目❶。

在国际上，很多国家和国际组织都对中标项目的资格预审有一定的要求。《世界银行采购指南规定》指出：通常对于大型或结构复杂的工程，或者在其他准备详细的投标文件成本很高不利于竞争的情况下，诸如专为用户设计的设备、工业成套设备、专业化服务，设计和施工合同或者管理承包合同等，对投标商进行资格预审是必要的。联合国《贸易法委员会货物、工程和服务采购示范法立法指南》对资格预审作了如下说明：资格预审是为了在采购过程的早期阶段提出资格条件不适合履行合同的供应商和承包商。这种程序可能对于购买复杂或者高价值货物或者工程特别有用，甚至对于价值较低但却涉及

---

❶ 全国招标师职业水平考试辅导教材指导委员会. 招标采购专业实务［M］. 北京：中国计划出版社，2012：97–98.

高度专业化货物或工程的采购事宜，也可能是很有帮助的❶。

《条例》根据上位法的立法精神，结合国际做法和我国实情，对资格预审项目的资格审查标准和审查主体作出了规定。

1. 资格预审中的审查

本条第一款关于资格审查依据的规定："资格预审应当按照资格预审文件载明的标准和方法进行。"这一规定包含两层意思：一是资格预审文件应当载明资格审查的标准和方法；二是资格预审必须按照资格预审文件规定的标准和方法进行。

（1）资格预审的依据。资格审查的标准和方法是指导申请人编制资格预审申请文件的依据。根据公开原则的要求，招标人应当在资格预审文件中载明资格预审的标准和方法，以便申请人决定是否提出资格预审申请，并在决定提出申请时能够有针对性地准备资格预审申请文件。此外，根据公平和公正原则要求，招标人在资格预审文件中事先公布资格审查标准，有利于加强利害关系人和社会的监督，可以防止招标人在资格审查时随意修改资格审查的标准和方法，或者利用不合法、不合规和不合理的标准和条件排斥潜在投标人，预防暗箱操作，也可以保证资格申请和审查活动有统一的尺度，保障资格预审活动的公正和公平。

资格审查的标准和方法也是资格审查主体进行资格审查的依据。在招标投标实践中，资格预审的审查因素一般包括申请人的资格条件、组织机构、营业状态、财务状况、类似项目业绩、信誉和生产资源情况等，各审查因素可以分为定性因素或定量因素两类，其相应的审查标准应根据招标项目的具体情况而定。根据公平和公正原则要求，招标人在制定资格预审审查标准时，应当尽可能采取可客观量化的方式，限制资格审查人员的自由裁量权，以防止因理解和认识差异对资格审查结果带来的不利影响；资格审查人员则必须按照资格预审文件中事先公开的标准和方法进行审查，同等地对待每一个资格预审申请人。

（2）资格预审的审查方法。关于资格预审的审查方法，《招标投标法》及其实施条例没有作出规定。根据《标准施工招标资格预审文件》（2007版）的规定，资格预审分为合格制和有限数量制两种方法。

所谓合格制，是指按照资格预审文件载明的审查因素和审查标准对申请人的资格条件进行符合性审查，凡通过审查的申请人都具有参加下一阶段的投标资格，有权获得投标文件并参与投标竞争。所谓有限数量制，是指按照资格预审文件载明的审查因素和审查标准对申请人的资格条件进行定量评分，按照得分高低从通过资格审查的申请人中择优选择一定数量的投标人参与投标。

为保证投标的竞争性，资格预审应当尽可能采用合格制。但是，当潜在投标人过多时，为了减轻评标工作量和社会成本，可以采用有限数量制。需要注意的是，招标人采用有限数量制时，也应当在资格预审文件中载明择优选择申请人的方法和通过资格审查申请人的数量等相关信息，不得以抽签、摇号等方式确定通过资格审查的申请人。

---

❶ 赵增海. 招标投标操作实务［M］.首都经济贸易大学出版社，2012：80.

2. 资格审查的主体

本条第二款是关于资格审查主体的规定。《条例》针对招标项目的资金来源和项目属性，确定了差别化管理的原则。针对自愿招标项目、依法必须进行招标的项目、国有资金占控股或主导地位的依法必须进行招标的项目，《招标投标法》及其实施条例分别设计了不同的法条进行规范和约束。根据本款规定，国有资金占控股或主导地位的依法必须招标的项目，资格预审应当由招标人依法组建的资格审查委员会负责，招标人或代理机构不得自行对资格预审文件进行审查；其他类型的招标项目，招标人（或其委托的代理机构）有权自行确定是否组建资格审查委员会对资格预审文件进行评审。

《条例》确定国有资金占控股或主导地位的依法必须招标的项目由依法组建的资格审查委员会进行审查的制度，主要出于两个方面的考虑：一是资格审查时，通常会涉及技术、管理、经济、财务甚至法律等方面的专业问题，由依法选聘的技术、经济专家组成的资格审查委员会负责审查资格预审申请文件，有利于科学、公正地选择符合条件的投标人，有利于提高资格审查的科学性和公正性，其资格审查的结果也相对更为客观公正，更令人信服；二是在现阶段，国家对国资项目投资主体的监督考核机制尚不健全，这类项目不同程度地存在投资主体缺位的问题，招标人可能通过资格预审搞虚假招标、围标串标和排斥潜在投标人等方式牟取私利，侵蚀国家和人民的财产，实行专家评审制度则可以形成一定的权力制衡，促进资格预审活动的公正和公平。

3. 资格审查委员会的组建

《条例》颁布实施以前，部门规章以上层级的法律没有对资格预审是否应当组建资格审查委员会作出规定。在招标投标实践中，各地对资格审查主体的做法不一，要求不一，比较混乱：有的由招标人自己进行审查，有的委托招标代理机构进行审查，有的邀请专业人士进行审查，也有的临时邀请一些相关部门的领导进行审查。针对这一现象，《条例》从规范资格审查行为出发，对资格审查委员会的组建方面作出了规定。

《条例》第十八条第二款规定，"国有资金占控股或主导地位的依法必须进行招标的项目，招标人在组建资格审查委员会时，资格审查委员会及其成员应当遵守招标投标法和本条例有关评标委员会及其成员的规定"。本款规定具体包括以下三个方面的含义：一是资格审查委员会的组建应当遵守《招标投标法》和《条例》有关评标委员会组建的规定；二是资格审查委员会及其成员享有《招标投标法》和《条例》赋予评标委员会及其成员的相应权利；三是资格审查委员会及其成员应当履行《招标投标法》及其实施条例规定的评标委员会及其成员的相应义务。

（1）资格审查委员会的组建遵守有关评标委员会组建的规定。《招标投标法》的有关规定指出，招标人依法组建的资格审查委员会，应当由招标人代表和有关技术、经济等方面的专家组成，成员人数为五人以上单数，其中技术、经济等方面的专家不得少于成员总数的三分之二；技术和经济专家应当来自国务院有关部门或者省、自治区、直辖市人民政府有关部门提供的专家名册或者招标代理机构的专家库；一般项目资格评审专家应当从库中随机抽取，随机抽取无法满足要求的特殊项目，经批准后可以由招标人直接确定。

▶ 案例 2-22

2007 年 9 月，H 市某区发布《关于进一步加强某区建设工程项目施工招标投标管理的规定》。该管理规定要求：辖区内所有工程建设项目，在招标投标时如采用资格预审方式的，招标人应组建资格预审评审委员会对资格预审申请文件进行评审。评审委员会由招标人从区级或区级以上专家库中随机抽取的相关专家组成，人数为五人以上单数，其中技术、经济类专家不得少于三分之二，招标负责人任组长。与投标申请人有利害关系的评委应当回避。

分析

本案例发生在《条例》颁布实施前的 2007 年，该区专门制定了相关管理制度，对辖区内工程建设项目的资格预审活动进行了规范，在制度设计方面具有一定的前瞻性和科学性、合理性。但是，受诸多因素所限，该区的这一管理规定没有按照《招标投标法》的立法特点，突出差别化管理的原则。

根据《条例》的相关规定，除国有资金占控股或者主导地位的依法必须进行招标的项目以外的其他项目，招标人有权自主决定是否组建资格审查委员会审查资格预审申请文件。本例中某区的管理规定，在资格审查委员会的组建方面不符合《招标投标法》及其实施条例的立法精神，《条例》正式施行以后，应当执行《条例》的相关规定。

（2）资格审查委员会及其成员的权利义务遵从评标委员会的相关规定。

一方面，资格审查委员会及其成员享有《招标投标法》和《条例》赋予评标委员会及其成员的相应权利。根据《招标投标法》和《条例》的规定：资格审查委员会有权要求招标人提供评标所必需的信息；资格审查委员会有向招标人推荐通过资格预审的申请人或者根据招标人授权直接确定通过资格预审的申请人的权利；资格审查委员会及其成员有要求招标人合理延长资格审查时间的权利；资格审查委员会有权要求资格预审申请人对资格预审申请文件中含义不清的内容、明显的文字或者计算错误作出必要的澄清、说明；资格审查委员会经评审后认为所有资格预审申请文件均不符合资格预审文件要求的，有权否决所有资格预审申请文件；资格审查委员会成员认为招标投标活动不符合法律、行政法规规定的，有向招标人提出异议和向行政监督部门投诉的权利；等等。

另一方面，资格审查委员会及其成员应当履行《招标投标法》和《条例》赋予评标委员会及其成员的相应义务。根据《招标投标法》和《条例》的规定：资格审查委员会的成员与投标人存在利害关系的，应当主动回避；资格审查委员会成员应当按照资格预审文件规定的标准和方法进行资格审查，客观公正地履行职责，不得私下接触投标人，不得收受投标人给予的财物或者其他好处，不得向招标人征询确定中标人的意向，不得接受任何单位或者个人明示或者暗示提出的倾向或者排斥特定投标人的要求，不得透露对资格预审文件的评审、比较和通过资格预审的资格预审申请人的推荐情况以及与资格审查有关的其他情况，不得有其他不客观、不公正履行职务的行为；资格审查委员会完成资格审查后应当向招标人提交资格审查报告；资格审查委员会成员有配合行政监督部门调查处理投诉的义务；等等。资格审查委员会及其成员应当遵守的规定见表 2-2。

表 2-2 资格审查委员会及其成员应当遵守的规定[1]

类型	应当遵守的具体内容	法律条文
组建	资格审查委员会的组成人员、成员比例及要求、成员的来源、成员的确定方式和更换、成员名单的保密要求等	《招标投标法》：第三十七条 《条例》：第四十六条、第四十七条
权利	评审的权利、要求提高评审信息的权利、推荐合格申请人的权利、要求严惩评审时间的权利、要求申请人作出澄清说明的权利、否决全部申请文件的权利、提出异议和投诉的权利等	《招标投标法》：第三十九条、第四十条、第六十五条 《条例》：第四十八条、第五十二条、第六十条
义务	主动回避的义务、按照文件规定的标准和方法进行评审的义务、客观公正履行职责的义务、不得私下接受潜在投标人的义务、不得收受财物或者其他好处的义务、不得向招标人征询通过审查单位意向的义务、保密义务、提交审查报告的义务、配合监督部门处理投诉的义务等	《招标投标法》：第三十七条、第四十条、第四十四条 《条例》：第十八条、第四十六条、第四十九条、第六十二条

4. 资格审查时的注意事项

《条例》没有对资格预审申请文件应当在截止时间前密封提交等方面作出规定，也没有规定申请人对在进入评审前的申请文件进行密封检查的制度。在招标投标实践中，招标人可在资格预审文件中要求申请人密封提交资格预审申请文件。为防止招标人提前拆封甚至损毁、篡改特定申请人的资格预审申请文件，资格审查委员会应当在评审活动前，严格检查资格预审申请文件的密封情况[2]，如果出现被提前拆封或者资格申请文件被损毁等痕迹，应当依法启动澄清、说明程序，或者要求招标人召集相关申请人对其资格预审申请文件进行核查和确认。

案例 2-23

2013 年 9 月，S 市某区数字城管工程采用资格预审方式招标，在资格预审申请文件递交截止时间前，只有 5 家单位递交了申请文件。截止时间过后，又有两家单位向招标人递交了申请文件。招标人担心后期的投标竞争不够充分，查阅相关法律法规发现并无禁止性规定后，接收了这两家单位的申请文件。经资格审查委员会评审，共有 6 家单位通过了资格审查（含两家在截止时间过后递交申请文件的单位）。招标人在向各资格预审申请人通报了资格审查结果后，未通过资格审查的申请人向当地行政监督部门投诉，称该项目资格审查活动不合法，要求招标人重新组织资格预审。

分析

《招标投标法》和《条例》均未对申请文件递交截止时间后是否应当接受申请人的申请文件作出规定。但是，该项目在资格预审文件中，明确规定了资格预审申请文件递交的截止时间，即意味着在截止时间过后，不再受理该项目的资格预审申请。在开展资格预审活动中，资格预审文件不但对申请人具有约束力，对招标人也具有约束力。因此，

[1] 刘营. 中华人民共和国招标投标法实施条例实务指南与操作技巧 [M]. 北京：法律出版社，2013：59.
[2] 国家发展和改革委员会法规司等. 中华人民共和国招标投标法实施条例释义 [M]. 北京：中国计划出版社，2012：51.

招标人应当遵守公开发布的资格预审文件中的相关规定，对于截止时间到达之后的申请文件，不得接收并进行评审，这也是《招标投标法》中诚实信用原则的要求。本例中，申请人的投诉理由成立，其投诉主张应当予以支持。

此外，为彰显资格预审环节的公正性和公平性，在部门规章、地方性法规、地方政府规章以及标准文件均没有对此作出补充、细化和完善的前提下，招标人应当在资格预审文件中对资格审查活动作出更为细化和完善的规定。比如，可以规定申请文件的提交截止时间即为资格审查委员会开始评审的时间，并尽可能压缩资格预审申请文件的保管时间。

2.13　资格预审结果

▶ 条文

第十九条　资格预审结束后，招标人应当及时向资格预审申请人发出资格预审结果通知书。未通过资格预审的申请人不具有投标资格。

通过资格预审的申请人少于 3 个的，应当重新招标。

▶ 解读

对于资格预审申请人来说，资格预审的结果不外乎两种：通过资格预审和未通过资格预审。与招标人负有向投标人告知中标结果的义务一样，《条例》规定招标人也负有将资格预审及时告知申请人的义务。根据《条例》的规定，在资格预审活动结束后，招标人应当将资格预审结果及时通知所有递交资格预审申请文件的申请人。

1. 招标人负有及时通知资格预审结果的义务

《条例》第十九条规定：资格预审结束后，招标人应当及时向资格预审申请人发出资格预审结果通知书。这一规定包含四层意思：一是招标人应当告知申请人资格预审结果；二是招标人应当向所有资格预审申请人告知资格预审结果；三是招标人应当以书面形式向所有资格预审申请人告知资格预审结果；四是招标人应当及时告知申请人资格预审结果。

（1）招标人应当告知申请人资格预审结果。潜在投标人根据招标人发布的资格预审公告和资格预审文件，编制资格预审申请文件并向招标人递交申请，表明其有意参与该招标项目的投标竞争。因此，在资格预审结束后，招标人应当将资格预审的结果告知资格预审申请人，以便申请人根据资格预审结果安排下一阶段的相关工作。

（2）招标人应当向所有资格预审申请人告知资格预审结果。《条例》第十九条要求招标人应当向资格预审申请人告知资格预审结果。本条所称的"资格预审申请人"，是指所有递交资格预审申请文件的申请人，既包括通过资格预审的申请人，也包括未通过资格预审的申请人。因此，招标人应当向所有资格预审申请人告知资格预审结果，而非只是向通过资格预审的申请人告知资格预审结果。

（3）招标人应当以书面形式告知资格预审结果。与中标结果通知应当采用书面形式一样，《条例》要求资格预审结果通知也应当采用书面形式。在招标投标实践中，资格预审结果书面通知应当区别通过和未通过两种情况。对于通过资格预审的申请人，招标人可以用投标邀请书代替资格预审结果通知书。根据《条例》第十五条和现行标准文件的规定，依法必须招标的项目，招标人应当在向通过资格预审的申请人发送资格预审结果通知书或投标邀请书时，应当要求申请人在收到结果通知后以书面方式确认是否参与投标，以避免招标失败和保证竞争效果。

关于资格预审结果通知书应当包括的内容，《条例》没有作出明确规定，根据《工程建设项目施工招标投标办法》和《工程建设项目货物招标投标办法》的规定，对于已经通过资格预审项目的申请人，应当告知其获取招标文件的时间、地点和方法。实践中，一些项目的招标人在向未通过资格预审的申请人发出的资格预审结果通知书中，附有其未通过资格预审的原因或理由，这一做法有利于约束招标人和资格审查委员会的行为，对规范资格预审活动确有其积极意义，各地区、各部门可以积极探索。

（4）招标人应当及时告知申请人资格预审结果。"应当及时通知"是《条例》对招标人在发布资格预审结果通知时间方面的要求。但是，《条例》明确规定资格预审通知书发出的具体时间节点，只是采用"及时"一词作了比较原则的规定。所谓"及时"，是指招标人应当秉持诚实信用原则，在资格预审结果确定后，尽可能早地通知资格预审申请人，以便申请人针对资格审查结果及早对下一阶段的工作作出决策：如申请人已通过资格预审，则可以根据招标项目和自身的实际情况决定是否参与投标，并按照招标人的安排及时购领招标文件；如申请人没有通过资格预审，则可以及时调整经营计划，集中资源开拓新的市场；如申请人对资格审查结果不认同，则可以通过异议或投诉的形式寻求救济。

（5）资格预审结果通知应当注意保密要求。《招标投标法》第二十二条规定："招标人不得向他人透露已获取招标文件的潜在投标人的名称、数量以及可能影响公平竞争的有关招标投标的其他情况。"根据这一精神，招标人在制作并发出资格预审结果通知时应当注意，资格预审结果通知书中除告知特定的申请人是否已通过资格预审以外，不得泄露已通过资格预审的其他申请人的名称和数量。

▶ 案例 2-24

2007 年 10 月，国内某网络媒体发布某大学科技园创新基地二期办公楼建设项目资格预审结果公示❶，文字内容称：经对 57 家报名的投标申请人进行资格预审，现对以下 35 家资格预审合格的投标申请人予以公示。请合格的投标申请人按照要求购领招标文件。在对外发布的公示中，详细列举了已经通过资格预审的 35 家单位名称和 22 家资格预审不合格单位名称，并公布了资格预审合格单位的名称和项目经理名单。

分析

根据《条例》第十九条规定，实行资格预审的招标项目，招标人负有向全体资格预审申请人告知申请人资格审查结果的义务。但是，根据《招标投标法》的相关规定，招标人在告知申请人资格预审结果时，资格预审结果通知书不应泄露通过资格预审的申请人名称和数量。本例招标人的做法，违背了《招标投标法》第二十二条和条例第十九条的立法本意，应当予以纠正。

❶ 中国国际招标网. 办公楼工程施工资格预审结果公示［EB/OL］.［2007-10-10］. http://www.chinabidding.com/zbzx-detail-1993995.html.

2. 未通过资格预审的申请人不得参加投标

实行资格预审的目的，是为了筛选出满足招标项目所需资格、能力和有参与招标项目投标意愿的潜在投标人。未通过资格预审的申请人意味着其资格、能力不能满足招标项目的需要，因此未通过资格预审的申请人不得参加投标。这里所说的"未通过资格预审的申请人"，包括两类：一是递交了资格预审申请文件但未通过资格预审的申请人，二是未提交资格预审申请文件的潜在投标人，即未参加资格预审活动的潜在投标人。

需要的说明是：一是通过资格预审的申请人并非必须参加投标。一些招标人在潜在投标人购买资格预审文件时，即要求其签署必须参加投标的承诺书或递交投标保证金的做法，是对资格预审活动的立法本意理解有误。二是通过资格预审仅仅表明申请人具备了投标资格。例如，申请人资格预审通过后发生合并、分立、破产等重大变化，不再具备资格预审文件规定的资格条件，或者接受其投标可能影响招标公正的，按照《条例》第三十八条的规定，其投标无效。

3. 通过资格预审的申请人少于 3 个的应当重新招标

通过资格预审的申请人如果少于 3 个，则具备投标资格的潜在投标人必然少于 3 个，不满足招标项目的开标条件。为提高效率，没有必要等到投标截止时间达到后再决定重新组织招标。因此，本条第二款规定，通过资格预审的申请人少于 3 个的，招标人应当依法重新招标。

资格预审结束后，如果出现通过资格预审申请人不足 3 个的情况，招标人应当分析导致这种结果的原因，包括❶：资格预审公告的期限是否足够长、范围是否足够广，资格预审文件所提资格要求和审查标准是否过高或者脱离实际，是否存在限制或者排斥潜在投标人，等等。在重新招标时，招标人应当甄别具体原因并适时予以纠正。

需要说明的是，这里的"重新招标"，是指重新组织招标活动，即意味着招标人在二次招标中，既可以继续采用资格预审方式重新发布资格预审公告并组织资格预审，也可以改用资格后审方式发布招标公告组织二次招标。在二次招标过程中，具体采用资格预审方式还是改用资格后审方式，其自主权在招标人，招标人应当根据项目的具体情况灵活掌握。

▶ 案例 2-25

某企业因扩大产能须新增一条生产线，生产线相关设备由该企业下属的招标采购部负责组织采购。经企业招标采购部研究，决定采用公开招标对外采购。该项目采用资格预审方式招标，经组织有关专业人士资格预审，只有两家供应商通过资格审查。资格预审结束后，招标采购部对如何开展下一步工作产生了分歧，共有三种意见。

第一种意见认为：应继续本次招标程序，向通过资格预审的两家单位发售招标文件，等投标截止时间到达后，根据《招标投标法》第二十八条"投标人少于三个的，招标人应当依照本法重新招标"的规定，宣布招标失败然后重新组织招标。

第二种意见认为：为提高工作效率，该项目应立即宣布招标失败。根据《条例》第

❶ 国家发展和改革委员会法规司等. 中华人民共和国招标投标法实施条例释义 [M]. 北京：中国计划出版社，2012：53.

十九条"通过资格预审的申请人少于3个的，应当重新招标"的规定，不得改用其他采购方式，只能重新组织招标。

第三种意见认为：该项目本不属于依法必须进行招标的项目，招标失败以后，业主方可自主决定重新招标或改用其他方式进行采购。建议与通过资格审查的两家供应商进行磋商谈判，最终从质量、报价和供货方案更优的供应商中确定成交单位。

分析

在上述三种处理方式中，第三种意见更为符合立法本意。

第一种意见属于适用法条错误，在资格预审结束后出现合格申请人少于3个的，应当引用《条例》第十九条的规定进行处理，不能引用《招标投标法》第二十八条的规定处理。

第二种意见对法条的理解不太全面，其不足在于未能全面理解和领悟《招标投标法》及其实施条例中贯穿的"差别化管理原则"的精神，孤立地从法条字面表述中断定其适用前提。

的确，《条例》第十九条第二款在表述时，未区分该款是适用于自愿招标项目还是依法必须进行招标的项目，从法条的字面表述来看：似乎不论招标项目的性质如何，只要采用招标方式进行采购的，一旦出现通过资格预审的单位不足3家时，都必须重新组织招标，而不得改用其他采购方式。

从法理上看，这一观点存在偏颇之处：对于不属于依法必须进行招标的项目而言，采购人享有充分的采购方式自主选择权，采购人既可以选择招标方式进行采购，也可以选择其他方式进行采购，甚至可以直接与供应商签订采购合同。采购人的这一权利不仅仅在首次采购时享有，而且在首次采购失败、需组织二次采购时依然享有，采购人的这一权利，不应因其选择过招标方式而被剥夺。因此，采购人在选择招标方式进行采购后，如招标失败，需组织二次采购时，采购人依然享有采购方式的选择权，这一权利不会因为该项目曾选用过招标方式而丧失。

此外，从《条例》第十九条第二款的立法目的来看，并非是为"限制自愿招标项目采购人在特定情形下的采购方式选择权"而设，也并无表达"自愿招标项目的采购人一旦选择了招标方式进行采购，即使是在招标失败须进行二次采购时也无权选择采购方式"这一层意思，该款所述的内容，只是对资格预审失败以后如何开展下步工作的泛指，并不排斥采购人可以进行其他选择的权利。因此该条款并无特指意义，不能理解为"采购人只要选择了招标方式，就丧失了二次采购时采购方式的选择权"。从这个意义上看，该条款虽未明示其适用前提是自愿招标项目还是依法必须进行招标的项目，但从法条的立法本意来看，其所表述的"必须重新招标"的情形，应当是针对依法必须进行招标的项目而言。综上分析，第三种意见更符合立法本意。

2.14 资 格 后 审

条文

第二十条 招标人采用资格后审办法对投标人进行资格审查的，应当在开标后由评标委员会按照招标文件规定的标准和方法对投标人的资格进行审查。

解读

《条例》将资格审查分为资格预审和资格后审两种方法。资格后审是资格审查的一种方式，是相对于资格预审而言的。采用资格后审的项目，对投标人的资格能力审查在开标以后进行，并由招标人依法组建的评标委员会负责。

1. 资格后审的概念

如前文所述，资格预审是招标人通过发布资格预审公告，由招标人或其组织的资格预审委员会按照资格预审文件确定的标准和方法，对资格预审申请人的资格条件进行的审查；而资格后审，则是在开标之后，由评标委员会对投标人的资格条件进行的审查。

相对于资格预审而言，采用资格后审方式，招标人可以省去组织资格预审和潜在投标人进行资格预审申请的工作环节，从而节约相关费用，缩短招标投标过程，有利于增加投标人数量，加大串标围标的难度，但会降低投标人投标的针对性和积极性，在投标人数过多时会增加社会成本和评标工作量。资格后审方法比较适合于潜在投标人数量不多的通用性、标准化招标项目❶。

采用资格后审方式时，招标人应在招标文件中事先规定投标人的资格条件。所有认为自己符合招标项目要求的资格条件的潜在投标人，均可以响应招标文件的要求编制投标文件参与投标竞争。投标人在编制资格后审项目的投标文件时，应当严格按照招标文件的要求，专门编制意在表明自己有能力承接该招标项目的资格申请标书。资格后审项目的投标文件，一般应当包括资格申请标、商务标和技术标三部分。

由于资格后审项目将资格审查并入评标环节，省却了招标人组织资格预审和潜在投标人进行资格预审申请的工作环节，从而缩短了招标投标过程。采用资格后审方式，有利于节约项目的招标投标费用，增加投标人数量，加大串标围标难度。由于具有这些突出的优势和特点，在招标投标实践中，资格后审方式正越来越多地被应用在各类招标项目中。但是，资格后审方式也存在一些弊端，主要表现为两个方面：一是在招标项目复杂、投标人过多时会大大增加评标环节的工作量；二是采用资格后审方式时，由于所有潜在投标人都编制投标文件参加竞争，会增加招标投标活动的社会成本，不符合建设节约型社会的要求。因此，对资格后审方法比较适合于潜在投标人数量不多的、通用性和标准化较高的招标项目。

2. 资格后审的主体

根据本条的规定，资格后审的主体是评标委员会。资格后审项目，对投标人资格的审查，由招标人依法组建的评标委员会负责。

采用资格后审方式时，资格后审是评标环节的一项重要工作，一般在评标过程中的初步评审阶段进行。在开标后进行的资格评审过程中，评标委员会应当严格按照招标文件规定的标准和方法对投标人的资格进行审查，资格审查的内容、评审方法和标准与资格预审基本相同。对资格后审不合格的投标人，评标委员会应当否决其投标，其投标文

❶ 全国招标师职业水平考试辅导教材指导委员会. 招标采购专业实务 [M]. 北京：中国计划出版社，2012：98.

件不再进入下一阶段的商务、技术评审。

资格后审项目由评标委员会进行资格审查，一方面有利于公正、科学和客观地选择符合招标文件要求的投标人，减少审查工作的随意性；另一方面也避免了将评审活动人为分割为招标人或资格审查委员会进行资格预审阶段和评标时的商务、技术评审阶段两个环节而影响工作效率。

案例 2-26

2010 年 8 月，Z 省 S 县招标投标中心网站发布 "X 镇城市道路某路段道路延伸改造工程资格预审、招标公告"。工程预算约 1000 万元，资金由县财政拨款。公告要求报名企业必须同时购买资格预审和招标文件。投标人于开标当日同时递交资格预审申请文件和投标文件。开标当日，如投标单位超过 15 家时，采用资格预审方式择优推荐 15 家投标单位参加评标；如投标单位不足 15 家时，全数参加评标。

分析

本例所述情形，有两个方面与现行法律不符。一是没有区分资格预审和资格后审两个不同概念。根据《条例》的规定，开标之后的资格审查，应当属于资格后审；资格后审的主体是评标委员会，资格后审的依据是招标文件规定的标准和方法。本例中的情形，本质上不属于资格预审，而是资格后审。二是在资格审查中，仅以投标单位的数量作为是否进行资格审查的标准，其做法的合理性也值得质疑。按照本例招标文件中的规定，如果投标单位不足 15 家，则会变成不进行资格审查直接进入商务技术评审，这一做法带来的风险是原本不符合资格条件的投标人也可能成为中标人，显然也不符合招标投标活动的初衷。

在招标投标实践中，还有些招标项目将资格后审安排在开标后、评标前，由招标人自己进行资格审查，这种操作方式为招标人滥用资格后审程序、排斥投标人提供了方便，也不符合法律的规定。

3. 资格后审的标准和方法应当事先公开

《招标投标法》第十八条第一款规定："招标人可以根据招标项目本身的要求，在招标公告或者投标邀请书中，要求潜在投标人提供有关资质证明文件和业绩情况，并对潜在投标人进行资格审查；国家对投标人的资格条件有规定的，依照其规定。"

《招标投标法》第十九条第一款规定："招标人应当根据招标项目的特点和需要编制招标文件。招标文件应当包括招标项目的技术要求、对投标人资格审查的标准、投标报价要求和评标标准等所有实质性要求和条件以及拟签订合同的主要条款。"

在实践中，资格审查一般都会涉及资质（或资格）、财务、经济和管理等方面的内容，根据法律的相关规定，采用资格后审方式时，招标人应当在招标公告及招标文件中，明确规定投标人的资格条件要求和对投标人资格审查的标准。

在招标文件中载明资格后审的标准和方法，是《招标投标法》公开原则的要求，有利于加强社会监督和当事人之间的相互监督，有利于评标委员会行使统一的评审规则，保证资格后审结果的公平和公正。

4. 评标委员会应当按照规定的标准和方法进行评审

《招标投标法》第四十条第一款规定："评标委员会应当按照招标文件确定的评标标准和方法，对投标文件进行评审和比较；设有标底的，应当参考标底。评标委员会完成评标后，应当向招标人提出书面评标报告，并推荐合格的中标候选人。"

《条例》第四十九条规定："评标委员会成员应当依照招标投标法和本条例的规定，按照招标文件规定的评标标准和方法，客观、公正地对投标文件提出评审意见。招标文件没有规定的评标标准和方法不得作为评标的依据。"

由评标委员会负责对投标人进行资格审查时，作为评标工作的一部分，评标委员会必须按照招标文件规定的、统一的标准和方法，对所有投标人的资格能力进行评判和审查。资格评审时，评标委员会只对投标人在投标截止日期之前递交的申请资料进行评审。除了应由评标委员会作出的澄清、说明和补正资料外，评标委员会不得对其后补交的申请资料或超出申请资料之外的其他相关材料和信息进行评审；招标文件没有规定的标准和方法，不得作为资格审查的依据。

5. 资格后审不同于履约能力审查

需要说明的是，资格后审不同于《条例》第五十六条规定的履约能力审查。履约能力审查是招标人在确定中标人前，发现中标候选人的经营、财务状况发生较大变化或者存在违法行为，认为这些情形可能影响其履约能力时，提请原评标委员会按照招标文件（或资格预审文件）规定的标准和条件，对中标候选人的履约能力进行审查确认。如果中标候选人不能通过此项审查，则招标人将不确定其为中标人，而从评标委员会推荐的其他中标候选人中确定中标人。

案例 2-27

2014 年 3 月，某省 L 县公共资源交易中心网站发布"L 县某职业中专校园监控平台设备采购项目招标公告"。招标公告注明：本项目采用资格后审方式，主要资格审查标准和内容详见招标文件中的资格审查要求部分，只有资格审查合格的投标申请人才有可能被授予合同。

招标文件中的资格审查要求部分规定：评审结束后，招标人将对第一中标候选人进行资格后审，综合审查其财务、技术、生产和供货能力及信誉等方面的能力，以确定其是否能圆满地履行合同；如果出现该投标人可能无法圆满履行合同的情形，招标人将按序对排名位于其后的中标候选人进行类似的资格审查。

分析

根据《条例》的规定，资格后审应当在评标阶段进行，而不应该在定标阶段进行；资格后审的主体是评标委员会，不是招标人。按照招标文件的规定，该项目的资格审查方式在本质上不是资格后审，而是类似于履约能力审查。根据《条例》第五十六条的规定，履约能力审查虽然可以由招标人提出，但审查的主体是评标委员会；而且根据《条例》的相关规定，仅在中标候选人的经营、财务状况发生较大变化或者存在违法行为，招标人认为可能影响其履约能力时，才可以提请原评标委员会按照招标文件规定的标准和方法，对该中标候选人的资格能力进行审查确认。

在招标投标实践中，一些项目的招标人在定标阶段人为设置中标候选人的资格审查程序，这种方式涉嫌滥用资格后审或履约能力审查程序，为招标人非法排斥合格中标人或拒签中标合同提供了方便，违背了《条例》的立法精神。

2.15 文件的澄清和修改

▶ 条文

第二十一条 招标人可以对已发出的资格预审文件或者招标文件进行必要的澄清或者修改。澄清或者修改的内容可能影响资格预审申请文件或者投标文件编制的，招标人应当在提交资格预审申请文件截止时间至少 3 日前，或者投标截止时间至少 15 日前，以书面形式通知所有获取资格预审文件或者招标文件的潜在投标人；不足 3 日或者 15 日的，招标人应当顺延提交资格预审申请文件或者投标文件的截止时间。

▶ 解读

《条例》第二十一条是关于对资格预审文件和招标文件澄清和修改方面的规定。本条所指的澄清，是指招标人对资格预审文件或招标文件中表述不清楚、不明确和容易引起歧义的部分进行的解释和说明；所指的修改，是指招标人对资格预审文件或者招标文件中出现的遗漏、差错或相互矛盾等问题进行的补充和修订❶。

1. 修改和澄清的情形

根据《条例》的规定，招标人在发出资格预审文件或者招标文件后，可以对文件进行修改或澄清。需要说明的是，招标人对文件进行澄清和修改可能是主动进行的行为，也可能是被动进行的行为。

主动进行的澄清或修改，一般是招标人在资格预审文件或者招标文件以后，自己发现文件中存在遗漏、错误、相互矛盾、含义不清或存在违法情形等，需要修改招标文件的部分内容、调整采购需求或对部分内容进行补充说明等，主动通过修改和澄清的方式进行补救。

被动进行的澄清或修改，是指招标人在发出资格预审文件和招标文件后，根据潜在投标人对资格预审文件和招标文件提出的疑问和异议作出修改和澄清。这是招标人和潜在投标人之间的一种良性互动。招标人作为文件编制人，往往很难发现其编制的文件中存在的错漏，以及可能存在的一些不尽合理甚至不合法的规定和要求，潜在投标人从响应招标的角度提出疑问和异议，有助于招标人及时纠正错误，完善文件，提高招标采购工作质量❷。

需要说明的是，潜在投标人对资格预审文件和招标文件的疑问和异议均可能导致澄

---

❶ 刘营. 中华人民共和国招标投标法实施条例实务指南与操作技巧 [M]. 北京：法律出版社，2013：65.

❷ 国家发展和改革委员会法规司等. 中华人民共和国招标投标法实施条例释义 [M]. 北京：中国计划出版社，2012：55.

清和修改❶。疑问和异议的区别有以下几个方面：

一是提出的主体不同。对资格预审文件和招标文件提出疑问的主体，只能是收售资格预审文件或招标文件的潜在投标人；而招标投标活动提出异议的主体，既可以是潜在投标人，也可以是其他利害关系人。

二是针对的事项不同。疑问主要针对的是资格预审文件和招标文件中可能存在的遗漏、错误、含义不清甚至相互矛盾等问题；而异议则主要针对的是资格预审文件和招标文件中可能存在的限制或者排斥潜在投标人、对潜在投标人实行歧视待遇、可能损害潜在投标人合法权益等违反法律法规规定的问题。

三提出的时间不同。《条例》没有规定疑问的提出时间，一般情况下，潜在投标人应当在资格预审文件和招标文件规定的时间之前提出疑问；而对于资格预审文件和招标文件的异议，根据《条例》第二十二条的规定，应当在提交资格预审文件申请文件截止时间 2 日或者投标截止时间 10 日前提出。

四是答复的时限不同。对于疑问的答复时限，《条例》没有要求招标人在收到疑问几日内作出答复，只要招标人在合理时间内进行答复即可，对于答复可能影响投标文件编制的，《条例》要求在提交资格预审申请文件截止时间 3 日前或投标截止时间 15 日前作出答复。对于异议的答复期限，《条例》要求招标人应当在收到异议起 3 日内作出答复。

五是回复的形式不同。对于疑问，根据《招标投标法》第二十三条和《条例》本条的规定，招标人应当以书面形式进行答复；对于异议，《条例》没有明确是否必须以书面形式进行答复，在招标投标实践中，一般根据以下情况区别把握：如须对资格预审文件或招标文件澄清或修改的，必须以书面形式回复；无须作出澄清修改的，回复形式没有严格的限制。

六是回复的对象不同。疑问的回复，按照公开、公平原则的要求，对所有潜在投标人均应当提供相同的信息，即疑问必须回复给全体获得文件的潜在投标人；异议的回复分为两种情况：如须对资格预审文件或招标文件澄清或修改的，必须回复全体获得文件的潜在投标人和提出异议的利害关系人；无须作出澄清修改的，仅回复给异议人即可。

七是对招标投标活动的影响不同。疑问处理期间（即招标人在收到疑问后作出答复前这段时间），法律无强制要求暂停的招标投标活动的规定，招标人可视疑问的具体内容和可能对招标投标活动带来的影响不同，自主决定是否须要暂停招标投标活动；异议处理期间，根据《条例》第二十二条的规定，在作出答复前应暂停招标投标活动。

2. 澄清或者修改的时间

《招标投标法》第二十三条规定："招标人对已发出的招标文件进行必要的澄清或者修改的，应当在招标文件要求提交投标文件截止时间至少十五日前，以书面形式通知所有招标文件收受人。该澄清或者修改的内容为招标文件的组成部分。"根据《招标投标法》的这一规定来看，任何对于招标文件的澄清或细微修改，都必须在投标截止时间至少 15

---

❶ 刘营. 中华人民共和国招标投标法实施条例实务指南与操作技巧［M］. 北京：法律出版社，2013：66.

日前发出，不足 15 日的，则应当顺延开标时间。

《招标投标法》颁布实施以后，在执行这一规定的实践中，很多招标人、行政监督部门甚至投标人对这一规定提出了不同看法，认为法律的这一规定没有区分不同情形，给招标投标实践带来了一些不利影响。从《招标投标法》第二十三条的立法目的来看上，法律规定应当在 15 日前发出澄清或修改文件，是为了保障投标人有足够的时间编制投标文件。而有些澄清或修改并不会影响投标文件的编制时间。

从投标人制定投标策略、编制投标文件的角度，可以把招标人发出的澄清和修改分为两种情形：

第一种情形是不影响潜在投标人编制资格预审申请文件或投标文件（为表述方便，本书有时将资格预审申请文件和投标文件统称为"响应文件"，下同）的澄清或修改。比如：减少资格预审申请文件需要包括的资料、信息或者数据；调整暂估价的金额；增加暂估价项目；开标地点由同一栋楼的一个会议室调换至另一会议室，等等。这些情形不会增加潜在投标人编制资格预审申请文件或投标文件的工作量，如强制招标人推迟资格预审申请文件递交时间或投标截止的时间，这样会造成时间和效率方面的浪费，实际上毫无道理且没有必要。

第二种情形是可能影响潜在投标人编制资格预审申请文件或投标文件的澄清或修改。在实践中，常见的可能影响资格预审文件编制的情形有：调整资格审查的因素和标准，改变资格预审申请文件的格式，增加资格预审申请文件应当包括的资料、信息，等等。常见的可能影响投标文件编制的情形有：对拟采购标的的需求特征的改变（所需的施工范围和内容的增加、技术规格、质量要求、竣工交货时间、提供服务时间等），改变投标担保的形式和金额要求，对工程、货物的相关随附服务内容的改变，等等。这些改变将给潜在投标人带来大量额外工作，因此必须给予潜在投标人足够的时间，以便投标人编制完成并按期提交资格预审申请文件或者投标文件。

针对《招标投标法》实施以后在实践当中遇到的问题，从改进和完善制度设计合理性的角度出发，《条例》在不违背上位法立法精神和立法目的的前提下，从对潜在投标人编制响应文件的影响角度出发，本着实事求是的原则，根据不同情形分别作出了两种规定：一方面对可能影响潜在投标人编制投标文件的澄清或修改，沿袭了《招标投标法》的规定，并补充了关于资格预审文件的澄清和修改方面的相关要求；另一方面对不影响资格预审申请文件或者投标文件编制的澄清和修改，《条例》不再对其时限作出限制，即不受必须在 3 日或者 15 日前发出的时限限制。

需要注意的是：在招标投标实践中，招标人也可能在临近提交资格预审申请文件或投标文件的截止时间前才发现文件中的重大缺陷或错漏，在确有必要对文件进行澄清或修改的情况下，招标人对资格预审文件或招标文件的澄清或修改的时间，可能离响应文件递交的截止时间不足 3 日或 15 日，如该澄清或修改可能影响潜在投标人编制响应文件的，势必导致留给潜在投标人编制响应文件的时间不足法定时间。在此情况下，为保证潜在投标人有足够的时间编制响应文件，《条例》要求招标人在发布资格预审文件或招标文件的澄清、修改通知的同时，应当顺延提交资格预审申请文件或投标文件的截止时间，以满足 3 日或 15 日的要求，保障招标投标活动的质量和效果。

▶ 案例 2-28

某依法必须进行招标的施工项目，由于时间较紧，设计图纸和造价编制较为粗糙。招标人于 3 月 5 日开始发售招标文件，招标文件规定：本项目于 3 月 25 日开标。后招标人又多次发布补充文件，对如下内容进行补充修改：① 在投标截止时间前第 12 日发放新的图纸；② 在投标截止时间前第 14 日修改并发放新的工程量清单；③ 开标地点由市交易中心 3 号楼三层会议室改为 4 号楼一层多功能厅，在投标截止时间前第 2 日通知；④ 在已发放的补充招标文件中又发现合同技术条款错误，在投标截止时间前第 3 日更正并发放新的合同技术条款。

招标人发布补充文件时，均未提及修改投标截止时间的事宜。补充文件发布后，潜在投标人甲认为本项目投标文件编制时间过短，向招标人提出异议，要求推迟开标。

分析

根据《条例》第二十一条的规定，招标人在发布澄清修改文件时，若澄清或者修改的内容可能影响投标文件编制，且澄清或修改发布时间不足 15 日的，应当顺延投标截止时间。何为"可能影响"投标文件编制的情形呢？通常情况下，如果澄清和修改涉及投标文件的技术参数响应、项目组成部分的增减、报价的测算和准备、进度质量安全措施的制定等内容，可能增加潜在投标人的响应时间和工作量的，可以被认定为"可能影响"投标文件的编制；若澄清和修改对投标文件的编制时间不会产生影响，可以被视为"不影响"投标文件的编制。

本例中，投标地点由 3 号楼改为 4 号楼，不影响招标文件的编制；但设计图纸、工程量清单和合同技术条款都是投标人编制投标报价和投标文件的基础依据，修改上述内容势必将影响投标人编制投标文件，故潜在投标人甲的异议主张应当得到支持，招标人应当根据《条例》第二十一条的规定推迟开标时间，顺延后的开标时间应当满足 15 日以上的要求（以最后一次修改合同技术条款时间为起算点），以保证投标人有足够的时间编制投标文件，保证项目招标的质量。

3. 澄清或修改通知的发出形式及对象

本条规定，招标人对已发出的资格预审文件或者招标文件进行必要的澄清或者修改的，应当"以书面形式通知所有获取资格预审文件或者招标文件的潜在投标人"。这一规定表明以下两点：一是在文件形式方面，澄清或修改必须使用书面形式；二是在文件收受主体方面，澄清或修改文件的发送对象是所有获取文件的潜在投标人。

（1）关于澄清或修改文件的形式：根据《合同法》的相关规定，书面形式是指合同书、新建和数据电文（包括电报、电传、传真、电子数据交换和电子邮件）等可以有形地表现所载内容的形式。实践中，通常采用传真、电子邮件等。

（2）关于澄清或修改文件的收受对象：随着电子招标投标手段的逐步推广，一些招标项目的资格预审文件和招标文件已经实现网上下载，已获取资格预审文件或者招标文件的潜在投标人的名称和联系方式可能无法事先知悉。在这种情形下，招标人如需对资格预审文件或招标文件进行澄清和修改，可以在资格预审文件和招标文件的原发布网站上公布澄清或者修改的内容，并以项目方式提醒即可。

案例 2-29

某依法必须进行招标的施工项目，招标文件发出后发现，本工程的附属工程未包含在招标内容中。招标人完成招标项目招标补充文件的编制工作后，在投标截止时间前 15 日打电话要求潜在投标人前来招标人所在地签收和领用补充文件。在规定的时间内，有两家投标人未到招标人所在地领取补充文件，其中投标人 A 要求招标人在规定的时间内以传真方式发给其补充文件，招标人及时将补充文件传真给了该投标人；投标人 B 则一直到开标前 3 日才来领取。开标后，投标人 A、B 均未中标，于是向行政监督部门反映，招标人没有在投标截止时间前 15 日将招标文件的补充文件送达投标人，要求有关行政监督部门宣布中标结果无效，并责令招标人依法重新招标。

分析

根据《条例》第二十一条的规定，对招标文件的修改属于可能影响投标文件编制的，应当在投标截止时间至少 15 日前，以书面形式通知所有招标文件收受人。这一规定表明，招标文件的澄清和修改文件（或补充文件）的发出主体是招标人，招标人负有在法定时限内向所有潜在投标人发出修改文件的义务，而不是仅以电话通知潜在投标人来领取修改文件即可。本例中，投标人 A 因为在投标截止时间 15 日前收到了招标文件澄清与修改的传真件，因此不存在在规定时间内未通知潜在投标人的问题；而在处理投标人 B 的问题上，招标人确实存在一些缺陷，如投标人 B 未领取修改文件，招标人则有义务以传真、邮寄或电子邮件等形式，在法律规定的时限内通知潜在投标人 B。

2.16 对文件的异议

条文

第二十二条 潜在投标人或者其他利害关系人对资格预审文件有异议的，应当在提交资格预审申请文件截止时间 2 日前提出；对招标文件有异议的，应当在投标截止时间 10 日前提出。招标人应当自收到异议之日起 3 日内作出答复；作出答复前，应当暂停招标投标活动。

解读

《招标投标法》第六十五条规定："投标人和其他利害关系人认为招标投标活动不符合本法有关规定的，有权向招标人提出异议或者依法向有关行政监督部门投诉。"但是，《招标投标法》没有对如何提出异议以及如何处理异议等相关程序作出规定。《条例》进一步明确了《招标投标法》确立的异议制度，并对异议制度的相关程序规定方面作了大量的细化、补充和完善。

从立法层面来看，异议制度的设置有助于加强当事人之间的相互监督，鼓励招标投标当事人之间进行直接沟通与协商，有利于友好地、高效地、妥善地、及早地解决争议，避免矛盾激化，从而提高招标投标活动的效率。从实践层面来看，异议也是招标投标当事人之间极为常见的一种维权表达方式，《条例》对异议制度的细化和完善，是对上位法立法精神的重要延伸。

《条例》涉及异议的规定共有四个法条：第二十二条、第四十四条、第五十四条和第六十条。其中：第二十二条、第四十四条和第五十四条规定是对特定情形下提出异议时间、处理方面的规定，第六十条第二款是关于特定情形下的投诉应当以异议为前置条件的规定。

其中《条例》第二十二条是关于对资格预审文件、招标文件提出异议的规定。

1. 异议的提出

《条例》第二十二条规定："潜在投标人或者其他利害关系人对资格预审文件有异议的，应当在提交资格预审申请文件截止时间 2 日前提出；对招标文件有异议的，应当在投标截止时间 10 日前提出。"本条就对资格预审文件、招标文件提出异议的主体、时间等方面作了规定。

（1）提出异议的主体。根据《招标投标法》第六十五条和《条例》本条的规定，有权提出异议的主体是潜在投标人、投标人和其他利害关系人。潜在投标人是指已经购买资格预审文件或招标文件但还没递交投标文件参与投标竞争的法人、其他组织或自然人（根据《招标投标法》的规定，科研项目招标，投标人可以为自然人）；投标人是指响应招标、参加投标竞争的法人、其他组织或自然人；其他利害关系人是指潜在投标人或投标人以外的，与招标项目或者招标活动有直接或间接利益关系的法人、其他组织和个人。

在招标投标活动中，其他利害关系人主要有三类❶。一是有意参加资格预审或者投标的潜在投标人。在资格预审公告或者招标公告存在排斥潜在投标人等情况，致使其不能参加投标时，其合法权益即受到侵害，因此潜在投标人是招标投标活动的利害关系人。二是可能成为本次招标项目分包人或货物供应商的利益相关人。在市场经济条件下，只要符合招标文件规定，投标人为控制投标风险，在准备投标文件时可能采用订立附条件生效协议的方式与符合招标项目要求的特定分包人和供应商绑定投标，这些分包人、供应商与投标人有共同的利益，因而成为本次招标投标活动的利害关系人。三是投标人的项目负责人。一般是投标工作的组织者，其个人的付出相对较大，中标与否与其个人职业发展等存在较大关系，因此项目负责人是招标投标活动的利害关系人。

（2）异议提出的时间。根据本条的规定，资格预审申请人和潜在投标人等在获取资格预审文件和招标文件后，发现存在上述问题且有异议的，应当在资格预审申请截止时间 2 日前或者投标截止时间 10 日前提出，以利于招标人有足够的时间采取必要的措施给予纠正，尽可能减少对正常招标投标程序的影响，避免事后纠正导致损失过大。在招标投标实践中，异议人应当充分重视本条规定的异议提出时限，避免异议权甚至投诉权因时效原因而灭失。

与《条例》第二十一条相比，本条规定的潜在投标人和其他利害关系人提出异议的截止时间，普遍晚于招标人对资格预审文件和招标文件进行澄清或者修改的时间，从兼

---

❶ 国家发展和改革委员会法规司等. 中华人民共和国招标投标法实施条例释义［M］. 北京：中国计划出版社，2012：57.

顾效率公平的角度出发,为了确保潜在投标人有足够的时间准备资格预审申请文件和投标文件,招标人对资格预审文件和招标文件进行澄清或者修改越早越好。

(3)提出异议的形式。本条没有就异议的形式作出规定,从理论上看,异议既可以以书面形式提出,也可以以口头形式提出。但是,从提出异议的当事人一方考虑,异议应尽可能采用书面形式。主要原因有两方面:一是书面形式有助于载明异议内容,避免产生不必要的纠纷;二是为投诉活动留存证据。根据《条例》第六十条的规定,对资格预审文件、招标文件的内容不合法进行投诉的,应当先向招标人提出异议。采用书面形式提出异议,有利于异议人保存已依法经过异议程序的书面证明材料,便于在异议未得到及时处理或对异议处理结果不满意时向行政监督部门投诉。

(4)异议的受理主体。《条例》设置异议制度,重在鼓励招投标当事人之间进行直接沟通与协商。根据《条例》第六十条的规定,异议的受理主体为招标人(或其委托的招标代理机构)。因此,异议人应当向招标人或其委托的招标代理机构提出异议,而并非向行政监督部门提出异议。《条例》规定异议的受理主体为招标人,有利于当事人之间友好高效地解决争议,避免矛盾激化,提高招标投标活动的效率。

▶ 案例 2-30

H 省 C 县人民医院住院楼空调主机吊装工程属公开招标项目,某单位中标并与业主方订立合同后进场施工。在安装过程中,中标单位提出该项工程主机高空吊装费用及主机增加钢梁造价不在其招标范围之列,要求建设业主加价 40 万元,否则停工。双方为此争执不休,最后同意由当地审计部门进行评判和界定。

县审计部门对现有资料进行核查后认为:招标人的招标文件、招标范围和内容完整明确,投标人未对招标文件可能出现的错项、缺项和漏项问题提出疑问和异议;投标文件报价客观具体,在投标函中承诺愿按照招标文件规定的各项条款、招标货物数量、技术和要求,进行安装施工;合同约定条款清晰明了。由此,县审计部门确定该项工程为"清单报价,总价包干",不存在另外加价问题。事后,施工单位接受审计界定结果,按合同要求进行施工。

分析

本例发生在《条例》颁布实施之前。由于《招标投标法》没有对异议程序作出规定,一些投标单位往往在投标之前不对招标文件的瑕疵提出异议,而在中标履约过程中,以招标人发布的招标文件存有违法行为或其他方面的瑕疵为由,向招标人提出索赔。

本例中,该县审计部门认为:中标人未在投标之前对招标文件提出疑问和异议,表明该中标人在招标过程中对招标文件的相关内容是认同的,而在履行合同过程中,中标人再对招标文件的内容提出异议并要求加价,若支持其主张,一方面有悖于招标投标程序的公正性,另一方面客观上也对其他投标人造成了不公平。因此本例审计部门的处理结果,符合《条例》的立法精神。

2. 异议的答复

如果异议所反映的问题确实存在又不及时给予纠正,将可能导致不可逆转的后果,因此招标人必须尽快进行核实，采取必要措施给予纠正并回复异议人。为了保障异议人的合法权益和招标项目的实施进度，《条例》要求招标人应当自收到异议之日起3日内作出答复。当事人在提出和处理异议时，需要注意以下几个方面的问题：

一是本条只要求招标人在规定时限内答复，但未对答复质量作出要求。设置异议制度重在便于当事人之间友好、高效地解决争议，过于强调回复的质量将延迟招标人的回复时间。鉴于异议并不是解决有关招标投标争议的最终手段，若异议人不认同回复结果，还可以通过投诉、举报等途径寻求救济。因此，《条例》从提高招标工作效率的角度出发，未对异议回复的质量作出强制要求，即异议的答复不以异议人是否满意为标准。异议人如对答复不满意的，可以根据《条例》第六十条的规定向行政监督部门提出投诉以维护自己的合法权益。

二是本条未对异议和答复的形式进行统一要求。从效率原则考虑，《条例》未对异议和答复的形式给予规定。因此，实践中异议和回复的形式可以由当事人根据具体情况在资格预审文件或招标文件中事先给予明确，或者完全由当事人自主决定。考虑到《条例》第六十条第二款规定异议是投诉的前置条件，为了保障异议的可追溯性，因此异议的提出和答复应尽可能采用书面形式，并应当妥善保存备查。

三是对异议的答复构成对资格预审文件或者招标文件澄清或者修改的，招标人应当按照《条例》第二十一条的规定办理。

3. 答复异议对招标活动的影响

本条规定，招标人在对异议"作出答复前，应当暂停招标投标活动"。为保障异议人的合法权益和招标项目质量，《条例》要求招标人在异议处理期间暂停招投标活动，可以强化招标人及时回复异议的义务，防止招标人故意拖延。需要说明的是：一是本条规定的"应当暂停招标投标活动"，是指在异议答复期间暂停进入下一个招标投标环节；二是暂停的具体期限取决于异议的性质、对资格预审文件和招标文件的影响以及招标人处理异议的效率。

在招标投标活动中，如果异议成立，招标人应当采取什么措施纠正，则根据资格预审文件或者招标文件存在的问题而异。举个例子：如果关于资格预审文件或者招标文件存在排斥潜在投标人、对投标人实行歧视待遇的异议成立的，招标人应当视不同情形采取以下措施进行处理：

其一，招标人应当在规定时间内作出回复，并不得组织对资格预审申请文件评审或组织开标活动。

其二，招标人的回复修改了招标文件或者资格预审文件，且修改内容影响投标文件或者资格预审申请文件编制的，则按照《条例》第二十一条规定的顺延提交资格预审申请文件或者投标文件的截止时间；若修改内容不影响投标文件或者资格预审申请文件编制的，则无须顺延提交资格预审申请文件或者投标文件的截止时间。

其三，如果资格预审文件或招标文件的内容存在《条例》第二十三条规定的"违反法律、行政法规的强制性规定，违反公开、公平、公正和诚实信用原则"的情形，影响资格预审结果或者潜在投标人投标的，应当按照《条例》第二十三条的规定修改文件后重新组织招标。

4. 异议与举报的区别

在招标投标实践中，异议和举报有时候容易混淆。根据《招标投标法》及其实施条例的相关规定，异议与举报的主要区别如下：

一是提出的主体不同。在招标投标活动中，可以提出异议的主体，只能是潜在投标人、投标人和其他利害关系人；可以对招标投标活动进行举报的，除潜在投标人、投标人和其他利害关系人以外，还可以是无直接利害关系的其他人。

二是提出的时间不同。对资格预审文件或招标文件、开标和评审结果的异议，法律对其提出时间作出了明确规定；而对于举报，则没有明确的时限规定，举报人可以随时对招标投标活动中的违法情形进行举报。

三是提供的依据不同。异议人提出异议时，应当以招标投标活动中的违法事实或受到的客观损害情况为依据；举报人对违法情形进行举报时，只需提供相关违法线索即可，也无须以受到的客观损害为依据。

四是受理的机构不同。异议的受理机构是招标人或其委托的代理机构；举报的受理机构，视被举报的具体事由而定，可以是招标人，也可以行政监督部门，还可以是纪检监察部门或相应的司法机关。

五是处理的时限不同。异议人向招标人提出异议以后，法律对异议的处理时限有明确的规定；而对举报的处理，法律没有时间方面的严格规定。

2.17　文件的合法性

▶ 条文

第二十三条　招标人编制的资格预审文件、招标文件的内容违反法律、行政法规的强制性规定，违反公开、公平、公正和诚实信用原则，影响资格预审结果或者潜在投标人投标的，依法必须进行招标的项目的招标人应当在修改资格预审文件或者招标文件后重新招标。

▶ 解读

《招标投标法》规定了强制招标制度，要求一定范围内的工程建设项目达到相应的规模标准以后，必须采用招标方式进行采购。《招标投标法》颁布实施以后，一些招标人为了达到非法目的，通过在资格预审文件和招标文件中设定苛刻的资格条件等手段，以达到"明招暗定"的目的。这种以"合法"形式掩盖非法目的的做法，违背了招标投标活动的公开、公平、公正和诚实信用原则，为《招标投标法》及其实施条例所禁止。

《条例》第二十三条对资格预审文件和招标文件内容的合法性作了原则要求，并对文件内容出现违法违规情形，规定了相应的处理措施。根据本条的规定，当资格预审文件和招标文件内容违法，对资格预审结果或者潜在投标人的投标产生影响时，依法必须进行招标项目的招标人应当采取措施纠正自己的错误，在对资格预审文件或者招标文件进行修改后，重新组织招标活动。

需要注意的是，根据本条的规定，须重新招标的项目应当具备以下三个条件。

1. 文件内容违法

资格预审文件或招标文件的内容违法，一方面势必对招标投标机制的作用和效果产生负面影响，导致招标效果和招标质量不尽如人意，甚至可能因投标人数量过少而导致招标失败；另一方面也将对正常的市场竞争秩序产生极大的冲击，不利于统一开放、竞争有序的市场经济体制建设。因此，《招标投标法》及其实施条例要求招标人在编制资格预审文件或招标文件时，其内容应当符合法律、行政法规的强制性规定。《条例》本条所称的资格预审文件或招标文件的内容违法，可以分为文件内容违反法律法规的强制性规定或违反"三公诚信"原则两种情形❶：

（1）文件内容违反法律法规的强制性规定。所谓强制性规定，表现为禁止性和义务性的规定，也即法律和行政法规中使用了"不得""应当""必须"等字样的条款。例如，《招标投标法》第二十三条和《条例》第二十一条规定，对已发出的资格预审文件或者招标文件的澄清或者修改内容可能影响资格预审申请文件或者投标文件编制的，招标人应当在提交资格预审申请文件截止时间至少 3 日前，或者投标截止时间至少 15 日前通知所有资格预审文件或招标文件的收受人；《招标投标法》第二十条和《条例》第三十二条关于招标文件不得要求或者标明特定的生产供应者的规定，不得设定与招标项目的具体特点和实际需要不相适应或者与合同履行无关的资格、技术、商务条件，不得以特定行政区域或者特定行业的业绩、奖项作为加分条件或者中标条件的规定；《条例》第二十六条关于投标保证金不得超过招标项目估算价的 2%的规定；《建设工程质量管理条例》第九条有关建设单位必须向有关的勘察、设计、施工和监理等单位提供与建设工程有关的原始资料，并保证原始资料真实、准确和齐全的规定；《建设工程质量管理条例》第十条有关建设单位不得违反工程建设强制性标准的规定，等等。

上述规定中，法条的相关表述均有"应当""必须""不得"等字样，属于法律、行政法规中的强制性规定，资格预审文件和招标文件的内容不得违反这些法条的规定。

（2）文件内容违反"三公"和诚实信用原则。所谓违反"三公"原则，是指资格预审文件或招标文件没有载明必要的信息；或针对不同的潜在投标人设立有差别的资格条件；或提供给不同潜在投标人的资格预审文件或者招标文件的内容不一致；或指定某一特定的专利产品或者供应者；或资格预审文件载明的资格审查标准和方法或者招标文件中载明评标标准和方法过于原则，自由裁量空间过大，使得潜在投标人无法准确把握招标人的意图，无法科学地准备资格预审申请文件或者投标文件；等等。

所谓违反诚实信用原则，是指资格预审文件或招标文件的内容故意隐瞒真实信息。典型的表现是隐瞒工程场地条件等可能影响投标价格和建设工期的信息，恶意压低工程造价逼迫潜在投标人放弃投标或者以低于成本的价格竞标，从而影响工程质量和安全。

（3）文件内容违法的具体表现。在实践中，资格预审文件或招标文件内容违反法律、行政法规的强制性规定或违反"三公"和诚实信用原则，是招标投标活动中存在的突出问题之一。常见的招标文件内容违法的具体表现有：

---

❶ 国家发展和改革委员会法规司等. 中华人民共和国招标投标法实施条例释义 [M]. 北京：中国计划出版社，2012：60.

1）限制、排斥外地企业投标。明确要求外地企业必须具有高于本地企业的资格条件或具有在当地的经历和业绩，或根据地方限制竞争的政策文件限制外地企业的进入和竞争等。

2）不载明投标资格审查标准。资格预审文件或招标文件不公开载明投标资格的审查标准，而在资格评审时以未公开的审查标准或细则进行审查。

3）量身定做招标规则。例如，指定产品或设备的品牌、型号、原产地、供应商，为投标人指定设备型号或分包队伍，要求投标人必须具备较高的资质等级，增加不必要的资格准入条件，提出过高的业绩要求，拔高市场准入门槛，或与投标人串通提出某些特殊要求，阻碍市场有序平等竞争等。

4）设置不合理的商务技术条款。例如，将某投标人独有的或者比较有优势的技术因素确定为招标文件的重要技术参数或者将其所占技术条款的权重提高，使该投标人在竞争中获得较大优势。

5）评标标准和办法倾向性明显。招标文件没有明确的评标标准和评标办法，在开标现场公布评标规则和标准，或评标标准和方法含有倾向性内容，妨碍公平竞争。

2. 违法内容产生的相应后果

根据《条例》第二十三条的规定，若招标人制作的资格预审文件或招标文件的内容违反了法律、行政法规的强制性规定，"影响资格预审结果或者潜在投标人投标的，依法必须进行招标的项目的招标人应当在修改资格预审文件或者招标文件后重新招标"。

本条中，法条所称的影响，是指已经对资格预审结果或者潜在投标人投标造成相应影响。影响的主要表现形式有：具备资格的潜在投标人未能参加资格预审或者未能参加投标；已经通过资格预审的申请人或者投标人没有充分竞争力，等等。

在招标投标实践中，若资格预审文件或招标文件的内容违反了法律、行政法规的强制性规定，但其违法内容所造成的后果未对资格预审结果或者潜在投标人投标产生影响，可以不重新组织招标。

此外，根据逻辑解释法的相关原理：文件内容对资格预审结果造成相应影响的发现时点，应当是在资格预审评审结束后；文件内容对潜在投标人投标造成相应影响的发现时点，应该是在投标文件提交截止后，也即开标后。在上述时点之前若发现资格预审文件和招标文件内容违法，则应当按照《条例》第二十一条或第二十二条的规定修改资格预审文件或者招标文件，若修改的内容可能影响资格预审申请文件或者投标文件编制的，招标人还应当顺延提交资格预审申请文件或者招标文件的时间。

需要说明的是，影响潜在投标人投标也包括招标文件中构成合同的内容违反法律、行政法规的强制性规定和公开、公平、公正和诚实信用原则。一般情况下，招标文件中的这些内容不一定会影响中标结果，但可能会损害投标人的合法权益，甚至损害国家和社会公共利益。例如，违背国家有关规定，任意压缩工程的合理工期；工程质量要求违背国家工程建设强制性标准等。根据《招标投标法》、《合同法》等法律的相关规定，招标文件中的上述内容属于无效约定，项目招标完成后，不得作为中标合同的组成部分。

3. 项目性质属于依法必须进行招标的项目

资格预审文件和招标文件中设定苛刻的资格条件，要求特定行政区域的业绩，提供差别化信息，隐瞒重要的信息等违反法律、行政法规强制性规定的做法，必然会影响资格审查结果和潜在投标人投标，还有可能因投标人数量过少而导致招标失败。

存在本条规定的违法情形并造成相应损害后果的项目，如果该项目属于依法必须进行招标的项目，招标人必须纠正资格预审文件或者招标文件中违反法律规定的相关内容后重新组织招标，以维护竞争的公平性、真实性和充分性，否则很可能导致第二次招标仍然失败。在组织重新招标时，招标人应当重新发布招标公告或者资格预审公告。

在执行本条规定的重新招标时，需要注意两点：

一是自愿招标项目是否重新招标，法律没有作出强制要求。根据本条的规定，如果该项目性质不属于依法必须进行招标的项目，而是属于自愿招标项目，其招标人可以选择继续进行招标程序，也可以选择重新组织招标，出现上述情况如何处理，其自主权取决于招标人自己。

但是，法律未对重新招标作出强制要求，并不表明具有违法情形且造成相应损害后果的招标人，也因此免除了其他方面的责任。在招标投标实践中，若招标人编制的资格预审文件或招标文件违反诚实信用原则，给潜在投标人或投标人造成了一定损失，按照相关法律的规定，善意相对方有权向招标人提出民事赔偿方面的要求。

二是本条规定的重新招标情形适用于中标人确定之前。依法必须招标的项目的招标人，在执行本条规定时，应当视招标项目的进展情况不同而决定是否适用于重新招标：若在确定中标人前发现资格预审文件或者招标文件存在本条规定情形的，招标人应当修改资格预审文件或者招标文件的内容后重新招标；若在中标人确定后发现资格预审文件或者招标文件存在本条规定的情形，而合同已经订立或者已经开始实际履行的，则应当根据《条例》第八十二条的规定进行处理。

案例 2-31

某县邮政局装饰工程招标，招标文件规定项目经理取得培训合格证书即可。工程开标后有甲装饰公司、乙装饰公司、丙市政园林公司、丁建筑公司等四家单位参与竞标，甲装饰公司为中标单位。中标结果公布后，乙装饰公司向当地标办投诉，称甲装饰公司中标结果无效，其理由是该项目经理不符合国家规定的资质要求。

当地行政监督部门调查后认为：《建筑法》等相关法律规定，从事建筑活动的专业技术人员，应当依法取得相应的执业资格证书。而该县邮政局在此次招标活动中，招标文件规定项目经理只要取得培训合格证书即可，低于国家强制性规范的要求，因此该约定的内容违法。行政监督部门同时查明，丙、丁两家公司的项目经理也不符合国家规定的资质要求，据此认定此次招标活动无效，并要求招标单位重新组织招标。

分析

招标文件的内容违法具体包括两个方面：一是招标文件的内容违反法律法规的强制性规定；二是招标文件的内容违反"三公"和诚信原则。招标文件的内容违法影响资格预审结果或投标结果的表现有导致具备资格的潜在投标人未能参加资格预审或投标，或已经通过资格预审的申请人或者投标人没有充分竞争力等。

本例中，招标文件的内容违反法律法规的强制性规定，损害了合格投标人的合法权益，影响了中标结果，甚至影响了国家和社会公共利益。应当按照《条例》第二十三条的规定修改招标文件后重新组织招标。

2.18 标 段 划 分

条文

第二十四条 招标人对招标项目划分标段的，应当遵守招标投标法的有关规定，不得利用划分标段限制或者排斥潜在投标人。依法必须进行招标的项目的招标人不得利用划分标段规避招标。

解读

《招标投标法》第十九条第三款规定："招标项目需要划分标段、确定工期的，招标人应当合理划分标段、确定工期，并在招标文件中载明。"根据《招标投标法》的规定，招标人可以根据招标项目的特点，采用分标段招标的形式对外采购工程、货物和服务。根据《招标投标法》第十九条的立法精神，《条例》在第二十四条中，对招标项目的标段划分作了规定。

《招标投标法》和《条例》所指的标段，是指招标人在充分考虑合同规模、技术标准规格分类要求、潜在投标人状况，以及合同履行期限等因素的基础上，将一项工程、服务，或者一个批次的货物拆分为若干个合同进行招标的行为[1]。在招标投标实践中，货物和服务项目的标段习惯上称之为"标包"。为表述方便，本书采用《招标投标法》及其实施条例的习惯表达，将施工招标项目的标段、和货物与服务招标项目的"标包"，均统称为"标段"。

在招标投标活动中，确有需要划分标段进行招标的，招标人应当根据《招标投标法》和《条例》的相关规定合理划分标段，使得标段的划分既能满足招标项目技术经济和管理的客观需要，又符合《招标投标法》及其实施条例等相关法律法规的规定。

1. 招标人可以根据实际需要划分标段

一般情况下，一个项目通常作为一个整体进行招标。但是，对于大型、复制的项目而言，作为一个整体项目进行招标，可能导致符合招标条件的潜在投标人数量太少，从而降低招标的竞争性。因此，采用分标段进行招标的方法，具有一定的现实需求。

在招标投标实践中，招标项目划分标段通常基于两个方面的客观需要。一是适应不同资格能力的投标人。招标项目包含不同类型、不同专业技术、不同品种和规格的标的，分成不同标段才能使有相应资格能力的单位分别投标。二是满足分阶段实施的要求。同一招标项目由于受资金、设计等条件的限制必须划分标段，以满足分阶段实施的要求。

实践中，分标段进行招标具有以下一些优点[2]：

（1）有利于缩短工期。一些大型工程建设项目工期比较紧张，由同一个投标人承担

---

[1] 国家发展和改革委员会法规司等. 中华人民共和国招标投标法实施条例释义 [M]. 北京：中国计划出版社，2012：62.

[2] 刘营. 中华人民共和国招标投标法实施条例实务指南与操作技巧 [M]. 北京：法律出版社，2013：77–78.

整个项目压力太大，有可能影响工程建设项目的质量和建设周期。通过划分标段，选择多个不同的承包商同时进行施工或提供货物服务，可以同时投入足够的人力、物力、财力，有效缩短建设周期，保证整体项目及时竣工和交付使用。

（2）有利于提高竞争性。划分标段以后，可以降低招标项目的准入门槛，吸引更多的投标人参与竞争，且由多个投标人同时实施项目，建设单位可以对各标段的质量、进度、安全文明及组织管理水平、协调组织能力等有一个直观的比较，为各承包单位创造了一个公平竞争的舞台。

（3）有利于发挥各投标人的技术特长。一些大型复杂项目由众多相互独立的小项目组成，这些项目涉及不同行业和专业，而每个投标人不可能同时精通所有的项目，也很难同时具备承接各专业工程的资质和能力。通过划分标段，能够有利于发挥投标人选择自身技术强项和专业特长进行投标，发挥投标人的自身优势，解决项目建设中的不同难题。

（4）有利于缓解资金压力。分标段实施，每个标段资金需求相对较少，项目所需资金也可以相应地逐步到位，以缓解项目业主的资金压力。

鉴于划分标段招标的现实需求突出优势，《招标投标法》及其实施条例都赋予了招标人可以根据建设项目的实际需要分标段进行招标的权利。

2. 招标人应当根据实际需要划分标段

在招标投标实践中，常见的分标段进行招标的工程项目有：

（1）体量较大的群体工程。由于其具有的建筑单体多，若由一个施工企业承担施工任务，会受到施工机械、劳动力及管理力量等方面的限制，分标段实施可以缩短工期，加快资金周转，提前获得收益，且整体建设成本可以得到控制。

（2）大体量的精装修工程。根据楼层位置及使用功能的不同分标段实施，既可以发挥各精装修单位的专长，同时又可以促进竞争，缩短工期。

（3）道路市政工程。往往根据建设方资金的运作计划分标段实施。

（4）园区大型绿化工程。由于其与主体工程施工的联系较少，专业特点明显且计价依据也有所不同，因此常与主体工程分标段实施。

但是，在招标投标实践中，很多招标项目存在着标段划分不合理，甚至不按照招标项目的实际需求特征划分标段的情形。主要有以下两个方面的表现。一是划"性情"标段。不尊重建设项目的特点和需求特征，不讲究项目建设的总体安排和局部配合，站在工程项目的特点之外凭感觉、凭直觉划分标段。二是划"人为"标段。或利用划分标段的机会，将项目拆分成一个个不足招标限额标准的标段，以规避招标，达到直接发包的非法目的；或利用划分标段的机会，设置过大或过小的标段，以限制或者排斥潜在投标人，达到让特定投标人中标的目的。

▶ 案例 2-32

某国有房地产开发公司建设的成片商品房住宅小区项目，项目审批部门核准的招标方式为"公开招标"、招标组织形式为"委托招标"。该住宅小区建设内容包括：住宅楼、配套公建、人防口、配电室、门房。根据销售计划安排，该房地产公司先办理了全部住宅楼、配套公建（学校、幼儿园、托老所、社区配套）的《建设工程规划许可证》，随即进行了招标，并产生了施工中标人 A、B、C，监理中标人 D。

三个月后，配电室、人防口、门房的《建设工程规划许可证》也办理完成。招标人认为，配电室、人防口、门房的建设规模小，施工和监理的预计合同额较低，并且上述单位工程的建设位置与正在施工的配套公建相邻，为了便于施工现场管理，拟将以上工程的施工直接发包给施工总包单位 B，将工程监理直接发包给 D。

分析

《招标投标法》和《工程建设项目招标范围和规模标准规定》（国家计委令〔2000〕第 3 号）明确规定了必须进行招标的工程建设项目的具体范围和规模标准。就工程建设项目强制招标范围和规模标准而言，所谓"项目"是指立项审批核准文件确立的全部工程内容。不能认为分批申领规划许可证的不同单位工程即是一个独立的项目，而只能认为是该整体项目下的一个标段。从该项目的招标实施过程来看，在标段划分上存在着不合理的部分。

开发单位在启动招标之初，为尽快回笼资金，商业开发项目普遍存在重视销售项目、轻视配套公建的现象，其结果往往会导致完全是由于主观原因而在客观上造成以化整为零、肢解发包等方式而规避招标的违法行为。本案中，开发单位不但未将规模较小、难以吸引潜在投标人投标的配电室、人防口、门房等单位工程与规模较大的住宅等单位工程合理打包，而且还遗漏了作为独立单位工程、但按照现行管理要求必须与房屋建筑打包发包的室外工程。若这些单位工程未经招标而直接发包，将构成以利用划分标段的方式化整为零、肢解发包，规避招标的事实。因此，本项目中的配电室、人防口、门房属于整体项目中的一个或几个标段，依法应当按照经核准的招标方式进行招标。

3. 招标人划分标段时应当考虑的因素

项目招标过程中，在招标人划分标段时应当考虑以下几个方面的因素：

一是法律因素。《合同法》第二百七十二条第一款和《建筑法》第二十四条均规定，招标人划分标段时，不得将应当由一个承包人完成的建筑工程肢解成若干部分分别招标发包给几个承包人投标。《招标投标法》第十九条第三款规定，招标人应当合理划分标段，并在招标文件中载明。

二是经济因素。招标项目应当在市场调研基础上，通过科学划分标段，使标段具有合理适度的规模，保证足够竞争数量的单位满足投标资格能力条件，并满足经济合理性要求。既要避免规模过小，单位固定成本上升，增加招标项目的总投资，并可能导致大型企业失去参与投标竞争的积极性；又要避免规模过大，可能因符合资格能力条件的单位减少而不能满足充分竞争的要求，或者具有资格能力条件的单位因受资源投入限制，而无法保质保量按期完成招标项目，并由此增加合同履行的风险。

三是招标人自身的合同管理能力。标段数量增加，必将增加实施招标、评标和合同管理的工作量，因此标段划分需要考虑招标人组织实施招标和合同履行管理的能力。

四是项目技术和管理要求。招标项目划分标段时应当既要满足项目技术关联配套及其不可分割性的要求，又要考虑不同承包人或供应商在不同标段同时生产作业及其协调管理的可行性和可靠性。

因工程、货物、服务招标的实际情况差异较大，《条例》没有对同一个投标人在多个标段投标以及同时中标多个标段的情况作出规定。在实践中，招标人可以根据可能参与投标竞争的潜在投标人的数量、资格能力和生产要素配置状况等因素，以保证充分竞争和避免规避招标等为前提，在招标资格预审文件和招标文件中，对同一个投标人是否可以在多个标段中标作出合理规定。

4. 招标人不得利用划分标段实现非法目的

对于依法必须进行招标的项目而言，法律规定了强制招标制度，招标人不得利用划分标段的时机限制、排斥潜在投标人或者规避招标。具体地说，有两方面的禁止性要求：一是不得通过规模过大或过小的不合理划分标段，保护有意向的潜在投标人，限制或者排斥其他潜在投标人；二是不得通过划分标段，将项目化整为零，使标的合同金额低于必须招标的规模标准而规避招标，或者按照潜在投标人数量划分标段，使每一潜在投标人均有可能中标，而导致招标失去意义。

▶ 案例 2-33

2013 年，某省审计部门发现，该省 A 市基建工程项目化整为零招标突出、工程的部分或大部分分项工程未纳入整体项目招标等情况突出。

例如，A 市城市投资建设有限公司在实施城市景观桥建设项目时，将桩基、箱梁、引桥和照明等工程分段实施，划分为若干个低于招标限额标准的单项工程，以单项工程预算金额未达到招标限额标准为由，将工程施工活动分别交由本市甲市政工程有限公司、乙市政园林有限公司和丙建筑公司。从审计结果来看，该项目竣工决算资金远远高于其他类似项目，且多次发生违规变更设计、增加工程造价的情况。

审计部门要求该市主管部门加强对建设单位工程的发包情况进行核查，对化整为零、规避招标的行为严加查处；同时建议财政及主管部门强化工程资金的监管，在划拨工程资金时，一旦发现没有进行公开招标投标或招标投标不合规定的项目，不予拨付建设资金，并督促建设单位及时纠正。

分析

标段划分是招标人或招标代理机构一项十分重要的工作，招标人应当结合项目的具体特点合理划分标段，法律禁止招标人利用划分标段限制或排斥潜在投标人，或利用划分标段规避招标。

实践中，常见的利用划分标段限制排斥潜在投标人或者规避招标的情形主要有三种：① 通过规模过大或过小的不合理划分标段，保护有意向的潜在投标人，限制或者排斥其他潜在投标人；② 通过划分标段，将项目化整为零，使标段合同金额低于必须招标的规模标准而规避招标；③ 按照潜在投标人数量划分标段，使每一个投标人均有可能中标，导致招标失去意义，等等。

上述这些违法行为，本质上是"以合法形式包装非法目的"的一种手段，违背了《招标投标法》及其实施条例的立法目的和立法精神，因此必须严格禁止。

2.19　投 标 有 效 期

▶ **条文**

　　第二十五条　招标人应当在招标文件中载明投标有效期。投标有效期从提交投标文件的截止之日起算。

▶ **解读**

　　《条例》第二十五条是关于投标有效期的规定。所谓的投标有效期，顾名思义，是指投标文件保持有效的期限，是招标人完成招标工作并对投标人发出要约作出承诺的期限，也是投标人对自己发出的投标文件承担法律责任的期限。

　　我国《招标投标法》没有对投标有效期作出规定。但在招标采购国际规则中，均有对采购人应当在招标文件中载明投标有效期的相关要求❶。联合国贸易法委员会《货物、工程和服务采购示范法》第三十一条规定，投标应在招标文件列明的时限内有效。世界银行《货物、工程和非咨询服务采购指南》第 2.13 款规定，投标人提交的投标应在招标文件载明的期限内保持有效，以使借款人有充足的时间完成对投标的比较和评价，并获得一切必要的批准，以便能够在该期限内授予合同。世界贸易组织《政府采购协定》第十二条规定，招标文件应当载明投标文件的有效期。《亚洲开发银行贷款采购指南》第 2.13 款也有类似规定。《条例》参照国际通行惯例，根据我国招标投标实践，对投标有效期作了相应规定。

　　在我国，学界一般认为投标文件是投标人根据招标文件向招标人发出的要约。根据《合同法》有关承诺期限的规定，投标有效期为招标人对投标人发出的要约作出承诺的期限，也是投标人就其提交的投标文件承担相关义务的期限。

　　1. 投标有效期的作用

　　在招标投标活动中，投标有效期的设置，对招标人和投标人双方都能起到保护和约束的双重作用：

　　其一，可以约束投标人的行为，保护招标人的利益。投标有效期的设置，约束投标人在投标有效期内不能随意更改和撤销投标，即便投标人在投标有效期内撤销投标，招标人也能依法追偿所遭受的损失。

　　在招标投标实践中，招标人通常在招标文件中，都会为投标人提供投标函（或投标承诺书）格式，其中都有"我方提交的投标文件在投标截止时间后的××天内有效，在此期间被你方接受的上述文件对我方一直具有约束力。我方保证在投标文件有效期内不撤回投标文件，除招标文件另有规定外，不修改投标文件。"这是招标人要求投标人承诺在投标有效期内，投标文件始终对投标人起到约束作用。

　　其二，可以约束招标人的行为，保护投标人的利益。在招标文件中设置一定时间的

---

❶ 国家发展和改革委员会法规司等. 中华人民共和国招标投标法实施条例释义［M］. 北京：中国计划出版社，2012：64.

投标有效期，可以促使招标方加快评标、定标和签约过程，避免投标人因招标人无限期拖延而增加的履约风险。

投标人在编制报价时，一般都会考虑一定时期内的物价波动风险，若招标人任意拖延评标、定标和签约过程，导致招标投标流程冗长且超过投标人考虑的时间段，投标人在履行合约时，原定的工、料、机等方面的安排将被打乱，物价波动等方面的风险也将大大增加。在招标投标实践中，招标文件大多对投标有效期作出以下规定："1）投标人在投标有效期内，不得要求撤销或修改其投标文件。2）投标有效期延长。必要时，招标人可以书面通知投标人延长投标有效期。此时，投标人可以有两种选择：同意延长，并相应延长投标保证金有效期，但不得要求或被允许修改或撤销其投标文件；拒绝延长，投标文件在原投标有效期届满后失效，但有权收回其投标保证金。"因此，投标有效期的设置，可以让投标人所面临的投标风险在自己的可控范围之内。

▶ 案例 2-34

一工程建设项目招标，招标文件规定投标担保采用银行保函。资格预审后，共有 5 家投标人按照招标文件规定的要求，提交了投标文件和银行保函。评审结束后，5 家均收到招标人的书面通知，声称由于出现特殊原因，需要投标人延长投标文件有效期 20 天，并相应延长银行保函有效期。

有 3 家投标人的开户银行不同意延长保函有效期，这 3 家投标人遂向招标人发函，拒绝延长投标有效期。招标人以招标失败应由这 3 家投标人负责为由，向银行索偿保函金额，被银行所拒绝。

分析

投标有效期是投标文件保持有效的期限，是招标人为投标要约所作出承诺的期限，也是投标人就提交的投标文件承担相关义务的期限。投标有效期越长，招标人开展评标、定标、合同谈判等活动的时间就越宽松。但是，投标有效期越长，投标人的潜在风险也越大，这些风险最终会体现在投标人的报价中。因此，招标人规定投标有效期时，应当结合招标项目的具体情况，综合考虑各项因素后确定投标有效期。

在招投标过程中，投标有效期需要延长时，招标人应当在原投标有效期结束前向投标人发出延长投标有效期的书面通知。投标人同意延长的，不得修改投标文件的实质性内容，但其投标保证金的有效期相应延长；投标人拒绝延长投标有效期的，有权收回其投标保证金。

本例中，3 家投标人拒绝延长投标有效期，无须承担招标失败的责任，且有权收回其投标保证金。招标人的无理要求，理应被拒绝。

2. 招标文件应当载明投标有效期

在招标文件中明确载明投标有效期，是国际国内招标投标实践中的常见做法，这样能够有效约束招投标活动当事人，保护招投标双方的合法权益。

招标文件载明投标有效期，是招标投标公开、公平原则的要求。投标有效期在招标文件公开后，对投标人而言，仅需预测一定期限内的市场风险，确保投标报价的合理性和竞争力，有助于投标人科学地规划企业的经营活动；而对招标人而言，则能够合理计划和安排各项招标工作，及时和有序地完成开标、评标、定标和合同签订工作。

如果招标文件没有统一规定投标有效期，对投标人而言，不仅将因招标投标活动缺乏预期而影响对生产经营活动的安排，甚至可能错失其他经营机会，而且会导致投标保证金长期被占用，损害其合法权益；对招标人而言，由于招标人作出承诺的期限是不确定的，投标人必须考虑在招标人迟迟不能作出承诺的情况下所面临的经营风险，投标人将不得不提高其投标价格，加之不同投标人考虑市场风险对投标价格的影响程度存在差异，会进一步导致投标价格缺乏可比性，影响招标的顺利进行乃至采购目的的实现❶。

需要说明两点：一是招标文件规定的投标有效期反映了招标人的要求，是投标有效期的低限。投标人在编制投标文件时，承诺的投标有效期必须不短于招标文件规定的投标有效期，否则将构成对招标文件的非实质性响应。二是若投标人在投标文件中承诺的投标有效期长于招标文件规定有效期，其本质上是投标人在投标有效期方面的承诺优于招标人的要求，不得视为不实质响应招标文件的要求。

案例 2-35

某项目招标文件规定的投标有效期要求为 90 天，且投标有效期为星号（*）条款。评审过程中，发现有一家投标单位投标文件中承诺的投标有效期是 120 天。评审现场出现了两种意见：第一种意见认为，该条款为"*"号条款，由于该投标人承诺的投标有效期与招标文件所要求的不一致，应视为未响应招标文件的实质性要求而否决其投标；第二种意见认为，该投标人承诺的投标有效期长于招标文件规定的投标有效期，对于招标人其实更为有利，应视为优于招标文件的要求而非不满足招标文件的要求，不应当被否决。

分析

本例中的第二种意见正确。投标人承诺的投标有效期长于招标文件规定的投标有效期，其实质是投标人承诺在更长的时间内，投标文件中的商务技术方案均为有效，意即投标人愿意承担更长时间价格等方面的风险。因此，该投标人所报的投标有效期优于招标文件的要求，是对招标方更为有利而非不满足招标方的要求，不应当被否决。

3. 投标有效期从提交投标文件截止日起算

《招标投标法》第二十九条规定："投标人在招标文件要求提交投标文件的截止时间前，可以补充、修改或者撤回已提交的投标文件，并书面通知招标人。补充、修改的内容为投标文件的组成部分。"这一规定意味着：投标截止时间后，投标人已经递交的投标文件对投标人和招标人均产生约束力，投标人无权补充、修改或者撤销已提交的投标文件。

《条例》第二十五条根据上位法的立法精神，对投标有效期的起算时间作了相应规定，明确投标有效期从提交投标文件截止之日起计算。此外，从实践中看，如果投标有效期

---

❶ 国家发展和改革委员会法规司等. 中华人民共和国招标投标法实施条例释义 [M]. 北京：中国计划出版社，2012：64.

不是从提交投标文件的截止时间起计算，而是从投标人递交投标文件之日起算，则可能带来以下问题：由于每一份投标文件的递交时间可能并不一致，因此在执行投标有效期时，会缺乏统一的起算标准；同时，由于投标人递交投标文件的具体时间只有投标人自己与招标人最为清楚，投标有效期的起算时间也会缺乏有效的监督。因此，《条例》对投标有效期的起算时间作了统一，规定从提交投标文件的截止之日起算，并要求招标人在招标文件中载明。

4. 招标人应当合理确定投标有效期期限

投标有效期一般由招标人在招标文件中规定，投标人在投标文件中进行响应。因此，设置投标有效期的主动权由招标人掌握。实践中，招标人应根据招标项目的性质、规模和复杂性，以及由此决定的评标、定标所需时间等，确定投标有效期的长短。

招标文件规定的投标有效期应当合理，既不能过长也不宜过短。过长的投标有效期可能导致投标人为了规避风险而不得不提高投标价格；过短的投标有效期又可能使招标人无法在投标有效期内完成开标、评标、定标和签订合同等工作，从而可能导致招标失败。合理的投标有效期不但要考虑开标、评标、定标和签订合同所需的时间，而且要综合考虑招标项目的具体情况、潜在投标人的信用状况以及招标人自身的决策机制。

案例 2-36

某大型国企因干部轮训须组织野外拓展训练活动，野外拓展训练时间定为 9 月上旬，训练周期为 5 天。该项目拟采用招标方式对外选择服务承办单位，项目最高控制价为人民币 90 万元。7 月下旬，该项目对外招标，招标公告规定：本项目投标有效期为 120 日。

分析

该项目投标有效期不合理。本项目招标启动时间为 7 月下旬，履约时间为 9 月上旬。如按照招标文件设置的 120 日投标有效期计算，投标有效期尚未结束合同就已履行完毕。投标有效期过长，一方面可能导致投标人为了规避风险而提高投标价格；另一方面也对招标人安排评标、定标和签约等工作无法起到有效的约束作用，甚至可能导致招标人由于投标有效期过长而疏于定标、签约，影响了后续野外拓展训练工作的按时开展。

5. 投标有效期的延长

《条例》没有对延长投标有效期作出规定。在《工程建设项目施工招标投标办法》（国家计委等七部委令〔2003〕第 30 号）、《工程建设项目货物招标投标办法》（国家发改委等七部委令〔2005〕第 27 号）、《工程建设项目勘察设计招标投标办法》（国家发改委等八部委令〔2003〕第 2 号）以及《评标委员会和评标方法暂行规定》（国家计委等七部委令〔2001〕第 12 号）中，对投标有效期的延长作了相应规定。主要内容有：

（1）时间。招标人需要延长投标有效期的，其延长投标有效期的通知，应当在原投标有效期结束前发出。

（2）形式。招标人应当以书面形式通知所有投标人延长投标有效期，投标人应当以书面形式予以回复。

（3）后果。投标人同意延长的有效期，不得要求或被允许修改其投标文件的实质性内容，但应当延长其投标保证金的有效期；投标人拒绝延长的，其投标失效，但投标人有权收回其投标保证金。因延长投标有效期造成投标人损失的，招标人应当给予补偿，但因不可抗力需要延长投标有效期的除外。

2.20 投标保证金

条文

第二十六条 招标人在招标文件中要求投标人提交投标保证金的，投标保证金不得超过招标项目估算价的2%。投标保证金有效期应当与投标有效期一致。

依法必须进行招标的项目的境内投标单位，以现金或者支票形式提交的投标保证金应当从其基本账户转出。

招标人不得挪用投标保证金。

解读

投标保证金是指在招标投标活动中，投标人随投标文件一同递交给招标人的一定形式、一定金额的投标责任担保，是一种约束投标人履行其投标义务的担保。其主要保证投标人在递交投标文件后不得撤销投标文件，中标后不得无正当理由而放弃签订合同，在签订合同时不得向招标人提出附加条件或者不按照招标文件要求提交履约保证金等行为。

从法律的相关规定来看，投标保证金是对投标人在投标活动中的投标、签约等法律行为的责任担保，所担保的主要是合同缔约过程中招标人的权利，本质上属于一种质押担保方式（除银行保函和其他第三方担保以外）[1]。从实践中看，招标人除了接受现金、银行汇票、银行支票、银行本票等形式的担保外，还接受银行保函、第三方担保等形式的担保。因此，从严格意义上看，投标保证金应当称为"投标担保"更为适宜。

1. 投标保证金制度

（1）投标保证金制度的设立。在招标投标过程中，招标人前期投入较大，包括委托招标代理机构、编制招标文件，发布招标公告，抽取评标专家、组织开标评标活动等，如果投标人在递交投标文件后可以随意撤销或变更投标文件，不与招标人签约，甚至通过弄虚作假、串通投标等违法行为取得合同缔约权，将有可能造成重新招标、另行确定中标人、采购延迟等不利后果，给招标人带来一定的经济损失。在招标文件中要求投标人提供一定金额的投标保证金，是保障招标人权益的现实需要。当投标人违反法定或招标文件约定的义务时，招标人可以通过不退还投标保证金的方式弥补损失[2]。从招标投标实践来看，投标保证金的设置有利于约束投标人的不当行为，保障招标投标活动的正常进行。

[1] 何红锋，张璐. 投标保证金的法律性质分析 [J]. 建筑市场与招标投标，2005（4）：28.
[2] 刘营. 中华人民共和国招标投标法实施条例实务指南与操作技巧 [M]. 北京：法律出版社，2013：89.

　　有关招标投标活动的国际规则也对投标保证金的设置给予了明确规定。世界银行《货物、工程和非咨询服务采购指南》第 2.14 款规定，借款人可以选择是否要求投标人提交投标保证金。如果要求投标保证金，投标保证金应按招标文件规定的金额和格式提交。《亚洲开发银行贷款采购指南》和联合国贸易法委员会《货物、工程和服务采购示范法》第三十二条均有类似规定❶。作为一种特殊的合同缔结过程，为了有效约束投标人的投标行为，有必要在招标投标活动中设立投标保证金制度。

　　参照有关国际规则的规定，《条例》结合我国招标投标行业实际，对投标保证金制度作出了规定：

　　一是是否需要提交投标保证金取决于招标人的自愿。《条例》根据意思自治原则，没有强制要求所有招标项目均必须设置投标保证金，招标项目是否设置投标保证金由招标人视招标项目的具体特点而定。因此，在招标投标实践中，对于某个特定的招标项目而言：招标人既可以选择设置投标保证金，要求所有参与投标活动的投标人必须递交保证金；也可以选择不设置投标保证金，投标人只要符合招标文件规定的资格条件要求，均可以编制投标文件参与投标，其投标的有效性不受是否提交投标保证金的影响。

　　二是投标人撤销投标文件的，投标保证金是否退还取决于当事人意思自治。《条例》第三十五条第二款规定："投标截止后投标人撤销投标文件的，招标人可以不退还投标保证金。"从该条规定来看，投标人撤销投标并不意味着必然丧失了其投标保证金，法条中用"可以"一词表述，表明在此情形下，是否退还投标保证金取决于招标人的自愿。在招标投标实践中，投标人撤销投标会给招标活动带来一定的风险和经济损失，但根据《条例》的相关规定，招标人是否采用不退还投标保证金的方式惩处投标人的不当行为或弥补自己的经济损失，也取决于招标人的意思自治。但为了避免出现争议，招标人应当在招标文件中明确规定投标人撤销投标时是否退还投标保证金。

　　（2）投标保证金的作用。从招标投标实践和《条例》的相关规定来看，投标保证金的作用主要表现在以下几个方面：

　　一是保证投标人在投标截止后至中标人确定前，投标人不得修改或者撤销其投标文件，以保障招标投标活动的正常进行。

　　二是保证投标人被确定为中标人后，及时与招标人签约。投标人中标后，应当按照招标文件和投标文件与招标人签订合同；不得改变其投标文件的实质性内容或者放弃中标；如招标文件要求中标人必须提交履约保证金的，投标人还应当按照招标文件的规定提交履约保证金。在招标投标活动中设置投标保证金，一旦投标人未能履行上述投标义务，招标人可不予退还其投标保证金，以获得相应的经济补偿。

　　三是约束投标人的不法行为，防止和打击围标串标、挂靠、出借资质等违法活动。

　　（3）投标保证金的形式。《条例》没有对投标保证金的形式作出规定。实践中常见的投标保证金形式有现钞、银行汇票、银行电汇、支票、信用证、专业担保公司的保证担保和投标保函等，其中现钞、银行汇票、银行电汇等属于广义上的现金。

　　由于工程建设项目招标的标的金额普遍较大，为了减轻投标人的负担，简化招标人

---

❶ 国家发展和改革委员会法规司等. 中华人民共和国招标投标法实施条例释义 [M]. 北京：中国计划出版社，2012：66.

的财务管理手续，鼓励更多的投标人参与投标竞争，同时为防止投标保证金被挪用和滥用，投标保证金可优先选用银行保函或者专业担保公司的保证担保形式。招标人接受投标人以银行保函或者专业担保公司保证担保的形式提交保证金的，应当在招标文件中载明对保函或者保证担保的要求，投标人应当严格按照招标文件的规定准备和提交。

投标人以保函或第三方保证的形式提供投标担保时，如果招标人以补充文件的形式修改过提交投标文件截止时间的，投标人应当注意是否需要调整已经提前开具的保函或者保证担保的有效期，否则有可能导致否决投标。

案例 2-37

某利用世界银行贷款的小城镇水环境综合治理项目，招标文件规定：投标人必须在付款凭证备注栏中注明"某县 LH 城区堤防及水环境综合整治工程勘察项目投标保证金，否则将作否决投标处理"。

在开标过程中，发现甲投标人递交的"投标保证金付款凭证"中填写了另一招标项目的名称。经组织专家评审，甲投标人被推荐为第二中标人候选人。评标结果公示后，乙投标人对此提出异议，认为评标委员会未按招标文件规定的标准和方法进行，要求招标人对该项目重新组织评审。

分析

该项目招标人要求投标人必须提交投标保证金，且对投标保证金的形式作了详细要求。本项目甲投标人在填写投标保证金的付款凭证时，填写了另一招标项目的名称，实际上表明该投标保证金是另一招标项目的投标担保，而非用于本项目的投标担保。评标委员会在评审时没有发现这一错误，因此应当重新评审，纠正错误。

2. 投标保证金制度在执行中的误区

学界对投标保证金制度的认识尚未完全达成一致，因此在操作层面，投标保证金制度经常被误读、误用或者滥用。招标投标实践中，投标保证金制度在执行过程中出现的误区主要有如下一些情形❶：

一是认为所有招标项目都设置投标保证金。这一误区导致招标人不区分项目特点，对所有项目都要求投标人提交投标保证金，以至于将投标保证金错误地理解为投标文件不可或缺的组成部分。实践中的一些案例显示，即便招标文件中没有对投标保证金的金额、形式作出规定，评标因素中也包括对投标保证金的符合性评审。

二是要求潜在投标人在购买资格预审文件或招标文件时递交投标保证金。一部分招标人担心购买了资格预审文件或者招标文件的潜在投标人不按期递交资格预审申请文件或者投标文件，造成投标人少于 3 个而导致招标失败，影响项目的实施进度，因此将提交投标保证金作为潜在投标人购买资格预审文件或者招标文件的先决条件。这一做法加大了投标人在投标保证金方面的负担，不利于投标人积极投入市场竞争。

三是设置明显过高的投标保证金额度，变相提高竞争门槛。招标人在开展招标活动

---

❶ 国家发展和改革委员会法规司等. 中华人民共和国招标投标法实施条例释义 [M]. 北京：中国计划出版社，2012：67.

时，通过设置高额投标保证金，限制和排斥潜在投标人，以达到让某一特定的投标人中标的目的，或者通过收取高额保证金谋取不法利益。

四是投标保证金的受益和处置过于随意。投标保证金是投标人提交给招标人的担保，其受益人为招标人。当投标人出现不当行为，投标保证金不予退还时，处置权人应为招标人。但是，一些招标代理机构未经招标人授权擅自处置投标保证金，谋取不法利益，甚至经常出现恶意延期返还投标保证金的情况。还有一些代理机构，强行将投标保证金用于补偿招标代理服务费。此外，还有一些地方和部门要求投标保证金应当统一交到当地公共资源交易中心，由公共资源交易中心代收代管，是否退还保证金也由公共资源交易中心处置。

实践当中的这些不当做法违背了设立投标保证金的目的，侵犯了投标人和招标人的合法权益，不利于规范有序的招标投标市场的建设。

3. 对投标保证金的规范

针对投标保证金制度在实践当中出现的一些误区，《条例》第二十六条对投标保证金进行了规范，明确招标项目是否设置投标保证金由招标人在招标文件中规定，并对投标保证金的额度、有效期、递交方式和对投标保证金的管理等方面作出了规定。

（1）是否提交投标保证金由招标人在招标文件中规定。如上所述，投标保证金并不是投标文件不可或缺的组成文件。因此，招标项目是否设置投标保证金、投标人以何种形式提交投标保证金等事宜，招标人应当在招标文件中作出明确、具体、详细的规定。如果招标文件只要求投标人提交投标保证金，而没有对投标保证金提出具体要求，投标人将无所适从。

因此，招标文件要求投标人提交投标保证金的，招标文件应当对投标保证金的提交时间、形式、金额和有效期等提出详细要求。如果投标人接受保函形式提交的投标担保的，则在招标文件中的相关规定中，还应当包括对保证人的资格要求等。此外，招标文件中规定的对提交投标保证金的要求，应当符合有关法律、法规和规章的规定，包括《条例》要求的不得超过招标项目估算价的 2%、有效期应当与投标有效期一致等方面的规定，等等。

若招标文件要求提交投标保证金，投标人应当按照招标文件的规定提交。投标人可以选择在招标文件规定的提交投标文件截止之日前，将投标保证金与投标文件分别提交给招标人，也可以同时提交。在实践当中，投标人采用银行转账的方式递交投标保证金的，应当注意提前一定时间进行操作，以保证投标保证金在投标截止前到达招标人指定的账户。

（2）投标保证金有效期应当与投标有效期一致。《FIDIC 招标程序》第 3.1.3 项建议："投标保证金的有效期应当等于投标有效期加上投标人按照合同条款的约定提交履约担保的时间。"《条例》对投标保证金作出了不同于国际规则的规定，要求投标保证金的有效期与投标有效期一致。主要原因是出于防范和纠正我国招标投标实践中投标保证金制度在执行过程中的一些误区：

一是有利于防止投标保证金被误用或者滥用。投标保证金的有效期和投标有效期一致，可以遏止招标人强行要求投标人在购买招标文件或者资格预审文件时提交投标保证金。即便投标人自愿选择在投标截止前提交，其有效期的起算日期应当与投标有效期一致，即从提交投标文件截止之日起算。

二是有利于招标人增强招标工作的计划性和前瞻性。招标人应当合理确定投标有效期的具体期限，合理规划招标工作，确保在投标有效期结束前完成与中标人签订合同的工作。一旦中标人拒绝与招标人签订合同或者拒绝按招标文件规定提交履约保证金，招标人也有足够的时间兑付投标保证金。因此，投标保证金在约束投标行为的同时，也能在一定程度上约束招标人的行为，防止招标人因工作拖沓而造成投标人不应有的损失。

三是有利于投标保证金的及时返还。投标保证金有效期与投标有效期一致，有利于促进招标人尽快完成定标和签订合同等工作，及时返还投标保证金，减轻投标人的负担。

（3）投标保证金不得超过招标项目估算价的 2%。所谓的招标项目估算价，是指根据招标文件、有关计价规定和市场价格水平合理估算的招标项目金额。应当注意的是，这里所称的"不得超过招标项目估算价的 2%"，是针对招标人的要求，即要求其在招标文件中设置投标保证金的额度时，不得超过招标项目估算价的 2%；对投标人而言，招标人所要求的最高限是其提交的投标保证金的最低限，即其所提交的投标保证金应当高于或者等于招标人在招标文件中规定的具体金额。

▶ 案例 2-38

2013 年 10 月，S 省 T 市出台《关于加强投标保证金管理工作的通知》。该通知要求：招标人应在招标文件中明确规定交纳投标保证金的起止时间、地点、形式和金额，并应明确相关的责任条款；工程项目投标保证金不得超过项目估算价的 2%，最高不超过 80 万元；投标保证金不得以法定代表人名义或授权人名义递交，递交投标保证金的单位名称与投标人单位必须一致；投标人以非现金形式递交的投标保证金应当从其基本账户转出；投标保证金有效期应当与投标有效期一致；代理机构对投标保证金应当单独记账核算，不得挪作他用。

该通知还明确规定：代理机构不按规定收取、保管或退还投标保证金的，暂停其在 T 市境内的招标代理业务；情节严重的，按相关法律法规规定处理。

分析

T 市出台的《关于加强投标保证金管理工作的通知》，其相关规定符合《条例》的立法精神，为规范该市招标项目投标保证金的管理、维护招标投标当事人的合法权益和招标投标市场秩序发挥了积极作用。

（4）境内投标单位应当从其基本账户提交保证金。本条第二款规定："依法必须进行招标的项目的境内投标单位，以现金或者支票形式提交的投标保证金应当从其基本账户转出。"

目前，国家对投标人开立存款账户并没有太多限制，管理也相对宽泛。除基本账户外，投标人还可以在不同银行开立账户为其他投标人提供投标保证金，鉴于国内招标投标行业围标、串标等违法行为泛滥的实情，不少地方出台了投标保证金必须来自投标人基本账户的相关规定，对遏制围标、串标行为发挥了积极作用。《条例》在吸收各地成熟经验的基础上，通过立法手段确立了这一做法。

与本条相配套的规定还有《条例》第四十条和第八十二条等。其中《条例》第四十条规定，不同投标人的投标保证金来自同一单位或者个人账户的，构成串通投标。对于依法必须进行招标的项目而言，若境内投标单位以现金或者支票方式提交的投标保证金，不是来自基本账户而给中标结果造成无法纠正的实质性影响时，应按照《条例》第八十二条的相关规定进行处理。

（5）投标保证金不得挪用。本条第三款规定："招标人不得挪用投标保证金"。根据《招标投标法》第十五条的规定："招标代理机构应当在招标人委托的范围内办理招标事宜，并遵守本法关于招标人的规定。"因此，当招标人委托招标代理机构代其收取投标保证金时，招标代理机构也应当遵守不得挪用投标保证金的规定。

本款规定禁止招标人挪用投标保证金，意味着招标人或其委托的招标代理机构如果挪用投标保证金，则应当承担相应的法律责任。在此情况下，投标人依法享有追偿挪用收益的权利。

案例 2-39

C公司委托B公司对一项多晶硅采购项目进行招标代理，并在招标文件中指定将投标保证金汇入B公司账户。A公司于2009年9月22日将投标保证金12万元汇入B公司账户。2009年12月，A公司发现B公司挪用保证金进行风险投资，遂发函要求B公司停止挪用行为，B公司未予答复。次年2月，A公司向当地法院起诉B公司，要求B公司双倍支付投标保证金24万元，并支付A公司为投标支出的交通费、住宿费等费用。

法院经审理后认为，招标文件并未约定投标保证金具有定金性质，A公司向B公司要求双倍支付投标保证金的诉讼请求于法无据，法院不予支持，最终判决B公司返还A公司投标保证金12万元，同时驳回了A公司的其他诉讼请求。

分析

投标保证金是用于保证投标人在递交投标文件后不得撤销投标文件，中标后无正当理由不与招标人订立合同，在签订合同时提出附加条件，或不按招标文件要求提交履约保证金等行为。以现金或支票、汇票等形式提交的投标保证金，本质上属于一种质押担保，不适用定金罚则。

本案中，招标方挪用保证金进行风险投资的行为，违背了商业活动中的诚信原则，但无论是法律还是本项目的招标文件，都没有规定招标项目的保证金为定金。因此，A公司主张双倍返还投标保证金的要求无法律依据支撑，法院判决正确。需要引起注意的是：本案中投标保证金被招标人挪用于风险投资，若该投资产生收益，则投标人A公司享有追偿挪用收益的权利。

2.21 标 底 编 制

条文

第二十七条 招标人可以自行决定是否编制标底。一个招标项目只能有一个标底。

标底必须保密。

　　接受委托编制标底的中介机构不得参加受托编制标底项目的投标，也不得为该项目的投标人编制投标文件或者提供咨询。

　　招标人设有最高投标限价的，应当在招标文件中明确最高投标限价或者最高投标限价的计算方法。招标人不得规定最低投标限价。

▶ 解读

　　《条例》第二十七条是关于标底和最高投标限价的规定。在招标投标实践中，标底和招标控制价有很多共同点，它们都是由招标人自行编制或委托具有编制标底资格和能力的代理机构编制的，是工程造价在招标投标阶段的两种表现形式。

　　1. 标底的编制

　　我国在工程建设领域引进招标投标机制以来，采用标底作为衡量投标人是否中标的方式一直持续了很长时间。《招标投标法》第二十二条第二款规定："招标人设有标底的，标底必须保密。"由于在招标投标实践中，标底招标科学合理性较差，保密工作要求高，操作也较为麻烦，近年来采用标底招标的项目越来越少，标底的概念已逐渐淡出人们的视野。

　　（1）标底的概念。标底是指招标人对招标工程项目在方案、质量、期限、价金、方法、措施等方面的综合性理想控制指标或预期要求，简单地说就是"预期工程造价"。编制标底应遵循下列原则：① 根据设计图纸及有关资料、招标文件，参照国家规定的技术、经济标准定额及规范，确定工程量和编制标底；② 标底价格应由成本、利润、税金组成，一般应控制在批准的总概算（或修正概算）及投资包干的限额内；③ 标底价格作为建设单位的期望计划价，应力求与市场的实际变化相吻合，要有利于竞争和保证工程质量；④ 标底价格应考虑人工、材料、机械台班等价格变动因素，还应包括施工暂列金额、包干费和措施费等。

　　在《招标投标法》颁布实施前后很长一段时间，为了防止恶性压价和串通抬标，我国在工程建设项目招标中都采用标底招标。这种招标方式是以标底价格为基准，设定一个价格上限和下限范围作为判定投标报价是否入围、有效和合理的直接标准。在实践操作中，采用标底招标存在以下一些弊端❶：

　　一是科学性和合理性较差，不利于引导投标人理性竞争。标底编制工作的技术经济性很强，编制方案的可塑性大，难以保证标底所依据的技术经济方案可行、先进和合理。因此，如果以标底价格为基准并设定一个上下幅度范围作为确定投标报价是否入围、有效和中标的直接依据，将导致投标人尽力地去迎合标底，非但不能反映投标人实力，反而在一定程度上限制了投标竞争，使投标竞争演变为争相接近标底的"数字竞争"。

　　二是保密要求过高，容易泄露或出现暗箱操作行为。由于标底及其上下限范围直接决定了投标报价的有效性，使其难免成为各方竞相打探的焦点；加之标底编制涉及的环节和人员较多，难以保证标底的保密，实践中容易出现通过泄露标底获取不当收益等违

❶ 国家发展和改革委员会法规司等. 中华人民共和国招标投标法实施条例释义 [M]. 北京：中国计划出版社，2012：72.

法违规行为。

三是标底有可能成为地方或者行业保护的手段。由于标底及其上下限范围限制了投标人的竞争，因此在实践中很容易被利用，成为保护落后、排斥开放竞争的手段。

因此，在招标投标实践中，应当禁止以标底及其上下限范围作为判定投标报价是否入围、有效和合理的直接依据。

▶ 案例 2-40

A 公司采用国有资金 3000 万元修建办公大楼，以公开招标方式择优确定工程承包人。评标委员会根据招标文件确定的合理低价中标原则，确定了三家中标候选单位：第一名甲公司，报价 2760 万元；第二名乙公司，报价 2810 万元；第三名丙公司，报价 2920万元。

乙公司法定代表人李某得知这一消息后，找到招标人 A 公司分管基建工程的领导张某疏通关系，并向其许诺工程完工结算后，按照利润的 5%给其回报。张某在公司定标会上称标底计算有误，本工程的标底应是 2790 万元，甲公司低于标底投标应当被否决，中标候选人的排位顺序应当是乙公司第一。公司招标领导小组最后决定本项目由乙公司中标，并于次日向乙公司发出了中标通知书。甲公司知悉该信息后，向有关监督部门举报。经调查核实，监督部门做出了本次招标无效、责令重新组织招标的决定。

分析

招标人设置标底主要有两个作用：一是在采用最低价中标时，标底价可以作为招标人自己掌握的招标底数，起到参考作用，而不是作为评标的直接依据；二是为避免因招标价太低而损害质量，对于报价与标底相差较大的投标文件，启动低于成本判定程序，以防止低于成本竞争而导致质量或服务等方面的履约效果欠佳。

本例中，张某为贪图私利，通过修改标底推翻评标委员会的评审和推荐意见，主导了定标结果，严重违反了法律规定，导致招标无效，理应受到处理。

（2）招标人可以自行决定是否编制标底。由于标底是招标人组织专业人员，按照招标文件规定的招标范围，结合有关规定、市场要素价格水平以及合理可行的技术经济方案进行测算的预期价格。因此，招标人编制标底，可以作为评价分析投标报价竞争性、合理性的参考依据。

招标项目是否编制标底应视项目的特点而定：工程项目通常具有单件性（独特性）的特点，缺少可供比较分析和控制的价格参考标准，特别是对于潜在投标人不多、竞争不充分或容易引起串标的工程建设项目来说，往往需要编制标底；而对于货物招标项目来说，由于其价格与现成货物的可比性较强，一般不需要编制标底。因此，招标人可以根据招标项目的特点需要自主决定是否编制标底，以及如何编制标底，有关部门不应干预。

（3）标底的数量和保密要求。标底作为评标的价格参考，具有唯一性。由于标底与投标报价表示的招标项目内容范围和需求目标是相同的、一致的，体现了招标人准备选择的一个技术方案及其可以接受的一个市场预期价格，也是分析衡量投标报价的一个参考指标，所以一个招标项目只能有一个标底，否则将失去用标底与投标报价进行对比分析的意义。尽管标底在评标中只具有参考作用，但为了使标底不影响和误导投标人的公平竞争，标底在开标前仍然应当保密。

2. 标底编制机构的回避义务

《条例》第二十七条第二款是对标底编制单位回避义务方面的规定。由于标底编制机构在编制标底时，熟悉招标项目价格组成等方面的重要信息，如果允许其以投标人的身份参加投标、为招标项目的投标人编制投标文件或为招标项目的投标人提供咨询，势必对其他投标人不公平，有违公平原则要求。此外，如果标底编制机构从事上述活动，极易泄露应当保密的与招标投标活动的有关情况和资料，也违反了保密义务。

因此，《条例》禁止接受标底编制机构参加本项目投标，也禁止标底编制机构为本项目的投标人编制投标文件或者提供咨询。

3. 最高投标限价

最高投标限价也称招标控制价或拦标价，是招标人根据招标文件规定的招标范围，结合有关规定、投资计划、市场要素价格水平以及合理可行的技术经济实施方案，通过科学测算并在招标文件中公布、可以接受的最高投标价格或最高投标价格的计算方法。因此，最高投标限价也是投标人投标报价的上限，当投标人的报价超过最高投标限价时，投标文件将被否决。

最高投标限价与标底两者既有联系又有区别。

两者的共同点主要有：最高投标限价与标底均必须依据招标文件确定的内容和范围，以及与投标报价相同的清单进行编制；两者都具有难以避免和不同程度的风险，编制工作的失误都将影响评标和中标结果，特别是最高投标限价编制失误甚至会导致招标失败和难以挽回的损失❶。

两者的区别主要有：

（1）保密要求不同。标底要求保密；招标控制价必须公开。

（2）评标时的作用不同。标底只具有参考作用，不能作为中标或否决投标的依据；招标控制价是否决投标的直接依据，投标报价超过招标控制价即被否决。

（3）公布时点不同。标底在开标时宣布；招标控制价则在招标文件中公布。

4. 招标人不得规定最低投标限价

由于投标人的竞争能力和完成招标项目的个别成本差异很大，因此，为了保证充分竞争、促进技术管理进步、节省采购成本，《条例》规定招标人不得设置最低投标限价。即招标人不得在招标文件中作出类似于"低于最低限价的投标报价为无效投标"等相关规定。

为了防止投标人以低于成本的报价竞争，在招标投标活动中，评标委员会可以通过对投标价格的分析论证来判断其是否低于成本，包括参考标底、其他投标人的报价，以及投标人的证明材料等，而不能统一设定最低限价。

---

❶ 全国招标师职业水平考试辅导教材指导委员会. 招标采购专业实务. 北京：中国计划出版社，2012：156.

▶ 案例 2-41

某工程建设项目施工招标,采用综合评估法.招标文件评标办法一章中有如下规定:计算评标基准价时,对所有经评审后的投标价 B_i 进行算术平均,得出平均值 A_1,标底为 A_2;评标基准价 $A_0=A_1\times80\%+A_2\times20\%$.评审时,投标报价与评标基准价相同者得分为满分(60 分),其余投标报价每高于评标基准价的 1%扣 2 分,每低于评标基准价的 1%扣 1 分,中间按线性插值法计算.

分析

采用综合评估法的工程项目,工程投标价格得分计算通常采用基准价得分法.常见的评标基准价的计算方式为:有效的投标报价去掉一个最高值和一个最低值后的算术平均值(在投标人数量较少时,也可以不去掉最高值和最低值);或该平均值再乘以一个合理下降系数,作为评标基准价,然后按规定的办法计算各投标人评标价的评分.

本例采用以经评审后所有投标人的投标报价计算基准价,并无实质性错误;在计算评标基准价时,加入了标底权重,客观上造成了标底也参与了中标条件的衡量,违反了《条例》的相关规定.根据《条例》规定,标底只能作为评标的参考,不得以投标报价是否接近标底作为中标条件,也不得以投标报价超过标底上下浮动范围作为否决投标的条件.

2.22　踏　勘　现　场

▶ 条文

第二十八条　招标人不得组织单个或者部分潜在投标人踏勘项目现场.

▶ 解读

《招标投标法》第二十一条规定:"招标人根据招标项目的具体情况,可以组织潜在投标人踏勘项目现场."组织潜在投标人对项目实施现场的地形地质条件、周边和内部环境进行实地踏勘,有助于潜在投标人了解项目实施现场情况并作出科学、合理的投标决策.工程设计、监理、施工和总承包以及特许经营等项目招标一般都需要组织现场踏勘.

在招标投标实践中,踏勘项目现场一直以来都是一项比较难以组织的工作,一方面由于需要在踏勘项目现场时介绍的内容较多,涉及的规范标准、设计标准、地质水文资料等相关基础材料较多,往往造成准备工作不到位,使得前去现场踏勘的人员要多次踏勘方能全部了解项目现场的相关内容;另一方面,法律法规又要求招标人不得泄露投标人的数量、名称等相关信息,为踏勘项目现场的组织工作增加了一定难度.《条例》第二十八条针对踏勘项目现场中经常出现的不当现象作了禁止性规定.

1. 踏勘项目现场的作用

招标投标实践中的踏勘项目现场,是指招标人组织潜在投标人对招标项目实施现场的经济、地理、地质、气候等客观条件和环境进行的现场调查。招标人在发出招标通告或者投标邀请书以后，可以根据招标项目的实际需要，通知并组织潜在投标人到项目现场进行实地勘查；潜在投标人可以根据投标决策的需要，或者编制投标文件的需求等不同情况到项目场进行调查，熟悉了解招标者的意图和现场周围的环境情况，以获取有用信息并据此作出是否投标、采用何种策略投标或如何进行投标报价等方面的判断和决定。

在现场勘查中，投标人如有疑问，应当在投标预备会前以书面形式向招标人提出，且应给招标人留有时间进行解答。在踏勘项目现场的过程中，招标人应主动向潜在投标人介绍所有现场的有关情况，潜在投标人应当对影响供货或者承包项目的现场条件进行全面考察，包括经济、地理、地质、气候、法律环境等情况。

潜在投标人在踏勘现场时，一般至少应了解以下内容：

（1）了解项目现场的地理位置和地形、地貌，注意项目现场的概况是否与招标文件描述的相一致。

（2）熟悉项目现场的地址、土质、地下水位、水文、气象等情况。

（3）了解项目现场的环境，如交通、供水、供电、污水排放等。

（4）了解项目现场临时用地、临时设施搭建等情况。

潜在投标人在参加踏勘项目现场后，潜在投标人对根据踏勘项目现场所了解到的相关信息，自行作出分析、推论和判断，并对由此作出的投标决策自行承担后果。

2. 是否组织踏勘根据招标项目特点而定

根据《招标投标法》的相关规定，招标人可以组织潜在投标人踏勘，也可以不组织踏勘。招标人根据招标项目的具体情况，自主决定是否组织潜在投标人踏勘项目现场。

招标项目是否组织现场踏勘，因招标项目的具体情况不同而异：若项目现场的环境条件对投标人的报价及其技术管理方案有较大影响，潜在投标人需要通过踏勘项目现场了解有关情况的工程施工项目，一般情况下需要组织现场踏勘；货物和服务招标项目如果与现场环境条件关联性不大，则不需要踏勘现场。

3. 招标人不得组织单个或者部分投标人踏勘项目现场

为了防止招标人向潜在投标人有差别地提供信息，造成投标人之间的不公平竞争，《条例》要求招标人不得组织单个或者部分潜在投标人踏勘项目现场。对于确需组织踏勘现场的项目，招标人在组织潜在投标人踏勘项目现场时，应当通知所有购买招标文件或接收投标邀请书的潜在投标人一同前往实地踏勘。对于一次现场踏勘不能满足需要的项目，招标人可以组织多次现场踏勘活动。但是，为了避免对不同的潜在投标人提供差别信息，招标人不得分批组织不同潜在投标人踏勘现场。

需要说明的是：招标人在组织踏勘项目现场时，如潜在投标人收到有关踏勘现场的通知后自愿放弃踏勘现场的，由于出现该情形并非属于招标人的主观故意，因此不属于本条规定的"不得组织单个或者部分投标人踏勘项目现场"之列。

《招标投标法》第二十二条规定："招标人不得向他人透露已获取招标文件的潜在投标人的名称、数量以及可能影响公平竞争的有关招标投标的其他情况。"因此，招标人在组织全部潜在投标人实地踏勘项目现场时，应遵守保密要求，采取相应措施，防止潜在投标人在踏勘项目现场中暴露身份。特别应注意的是，不得采用集中签到、点名等方式泄露潜在投标人的单位和数量，以免潜在投标人相互串通投标，给投标竞争带来不利影响。

4. 组织踏勘项目现场应注意的问题

实践中，招标人在组织潜在投标人踏勘项目现场时，应注意如下几个方面问题：

一是组织踏勘现场的时间应当适宜。招标人组织全部潜在投标人踏勘项目现场的时间，应尽可能安排在招标文件规定发出澄清文件的截止时间前，以便在澄清文件中统一解答潜在投标人踏勘项目现场时提出的疑问。

二是尽可能让潜在投标人全面了解项目现场概况。潜在投标人需要对可能影响投标报价及技术管理方案的现场条件进行全面踏勘。例如，工程建设项目的地理位置、地形、地貌、地质、水文、气候情况以及交通、供水、供电、通信、污水排放等条件，以及工程施工临时用地、临时设施搭建的条件是否满足招标文件规定的要求。

三是招标人应当统一解答潜在投标人踏勘现场中的疑问。潜在投标人踏勘项目现场产生的疑问需要招标人澄清答复的，一般应当在招标文件规定的时间内向招标人提出。招标人应当以书面形式答复并作为招标文件的澄清说明，提供给所有购买招标文件的潜在投标人。招标人认为必要时，也可以按招标文件规定，在踏勘项目现场后，组织投标预备会（标前会）公开解答潜在投标人提出的疑问，但应当以书面答复为准。

▶ 案例 2-42

某工程施工项目定于某日上午踏勘项目现场，潜在投标人按要求于当日 9:30 时集中。招标人在组织现场踏勘时，采用了以下组织程序：

（1）潜在投标人在规定的地点集合。在上午 9:30 分，招标人逐一点名潜在投标人是否派人到达集合地点，结果发现有两个潜在投标人还没有到达集合地点。与这两个潜在投标人电话联系后确认他们在 10 分钟后可以到达集合地点，于是征求已经到场的潜在投标人意见，将出发时间延迟 15 分钟。

（2）组织潜在投标人前往项目现场。

（3）组织现场踏勘，按照准备好的介绍内容，带着潜在投标人边走边介绍。有一个潜在投标人在踏勘中发现有两个污水井，询问该污水井及相应管道是否要保护。招标人明确告诉该投标人需要保护，因其为市政污水干管。

其他潜在投标人就各自的疑问分别进行询问，招标人逐一进行了澄清或说明。随后，结束了现场踏勘。

（4）招标人针对潜在投标人提出的问题进行了书面澄清，在投标截止时间 15 日前发给了所有招标文件的收受人。

（5）现场踏勘结束后 3 日，有两个潜在投标人提出上次现场踏勘有些内容没看仔细，希望允许其再次进入项目现场踏勘，同时也希望招标人就其关心的一些问题进行介绍。招标人对此表示同意，在规定的时间，这两个潜在投标人在招标人的组织下再次进行了现场踏勘。

分析

招标投标作为一项严肃的商业活动，必须秉持公开、公平、公正的原则。因此，保证每个潜在投标人的机会均等无疑是十分重要的。《条例》第二十八条之所以规定招标人不得组织个别或部分潜在投标人踏勘现场，主要是因为这么做对其他潜在投标人不公平。

本案中，招标人在组织踏勘现场的过程中，第（1）步和第（5）步均存在问题。第（1）步中，招标人逐一点名确认潜在投标人是否派人到场参与现场踏勘活动的做法，违反了《招标投标法》第二十二条规定的招标人不得向他人透露已获取招标文件的潜在投标人的名称、数量等需要保密的信息的规定。在第（5）步中，招标人组织投标人中的两个潜在投标人踏勘项目现场的做法，违反了《条例》第二十八条的禁止性规定。

2.23　总承包招标

▶ **条文**

第二十九条　招标人可以依法对工程以及与工程建设有关的货物、服务全部或者部分实行总承包招标。以暂估价形式包括在总承包范围内的工程、货物、服务属于依法必须进行招标的项目范围且达到国家规定规模标准的，应当依法进行招标。

前款所称暂估价，是指总承包招标时不能确定价格而由招标人在招标文件中暂时估定的工程、货物、服务的金额。

▶ **解读**

建设工程总承包，是指发包人将建设工程的勘察、设计、采购、施工、试运行（竣工验收）等工程建设的全过程或若干阶段，一并发包给一个具备相应的总承包资质条件的承包人，由该承包人对工程建设的全过程或若干阶段向发包人负责的发包承包方式。

在工程建设项目中采用总承包方式对外发包，是国际上常用的一种发包方式。近年来，工程总承包在国际工程承包界迅速普及。国际咨询工程师联合会（FIDIC）于1999年推出了系列合同条件，核心合同文本是施工总承包、生产设备设计–施工总承包和设计采购施工/交钥匙合同条件。世界银行也于2006年推出了适用于世界银行贷款项目的设计施工总承包合同文本。据统计❶，2005年美国有30%以上的工程建设项目采用设计施工总承包方式，英国43%的房屋建筑工程采用设计施工总承包方式，近年来所占比例还有所提高。

工程总承包也是我国国家鼓励和扶持的承包方式。我国加入世界贸易组织后，工程建设领域面临着与国际工程承包和管理方式接轨的巨大压力。为了贯彻"走出去"发展战略，国务院有关行业主管部门陆续出台了一系列政策措施，鼓励工程建设项目实行总承包，培育和发展工程总承包企业，不断提高国际竞争力。近年来，我国企业承揽的海外工程大部分采用的是设计施工或者设计采购施工一体化的总承包方式。2011年12月，

---

❶ 国家发展和改革委员会法规司等. 中华人民共和国招标投标法实施条例释义. 北京：中国计划出版社，2012：76.

国家发改委等九部委发布了《标准设计施工总承包招标文件》，2019 年 12 月 23 日住房城乡建设部、国家发展改革委发布了《房屋建筑和市政基础设施项目工程总承包管理办法》（建市规〔2019〕12 号），为规范和推动我国工程总承包提供了具体、可行的操作准则。

1. 实行工程总承包的优势

传统的施工总承包具有施工责任主体一元化的优点，但施工承包人按图施工，招标人需要协调设计和施工方的矛盾。采用工程总承包方式有利于理清工程建设中业主与承包商、勘察设计与业主、总包与分包、执法机构与市场主体之间的各种复杂关系。比如，在工程总承包条件下，业主选定总承包商后，勘察、设计以及采购、工程分包等环节直接由总承包商确定分包，从而使业主不必再实行平行发包，避免了发包主体主次不分的混乱状态，也避免了过去执法机构在一个工程中要对多个市场主体实施监管的复杂关系。

《建设工程工程量清单计价规范》（GB 50500—2013）、《标准施工招标文件》（九部委 2007 版）和《工程建设项目货物招标投标办法》（七部委 27 号令）等均有关于暂估价项目招标的相应规定。与传统的施工总承包方式相比，工程总承包主要具有以下几个方面的优势：

一是有利于优化资源配置。实行工程总承包方式，可以使业主方摆脱工程建设过程中的杂乱事务，避免人员与资金的浪费；使得总承包方减少变更、争议、纠纷和索赔的耗费，使资金、技术、管理各个环节的衔接更加紧密；使得分包方的社会分工专业化程度由此得以提高。

二是有利于优化组织结构。采用工程总承包方式发包，能够重构工程总承包、施工承包和分包三大梯度塔式结构形态，可以在组织形式上实现从单一型向综合型、现代开放型的转变，最终整合成资金、技术、管理密集型的大型企业集团，便于扩大市场份额，增强参与 BOT 的能力。

三是有利于控制工程造价。由于实行整体性发包，因此招标成本可以大幅度降低。同时，在强化设计责任的前提下，通过概念设计与价格的双重竞标，把投资风险消灭在工程发包之中。

四是有利于提高履约能力。工程总承包便于充分发挥大承包商所具有的较强技术力量、管理能力和丰富经验的优势。同时，由于各建设环节均置于总承包商的指挥下，因此各环节的综合协调余地大大增加，这对于确保质量和进度是十分有利的。

五是有利于推动管理现代化。工程总承包单位作为工程项目的协调中枢，必须健全完善内部管理系统，使各项管理工作实现电子化、信息化、自动化和规范化，提高管理水平和管理效率，增强我国企业的国际竞争力。

2. 招标人可以选择全过程总承包或若干阶段总承包

《建筑法》第二十四条规定："提倡对建筑工程实行总承包，禁止将建筑工程肢解发包。建筑工程的发包单位可以将建筑工程的勘察、设计、施工、设备采购一并发包给一个工程总承包单位，也可以将建筑工程勘察、设计、施工、设备采购的一项或者多项发包给一个工程总承包单位；但是，不得将应当由一个承包单位完成的建筑工程肢解成若干部分发包给几个承包单位。"

常用的工程总承包方式有设计采购施工总承包、设计–施工总承包、设计–采购总承包（E–P）、采购–施工总承包（P–C）等方式。

设计采购施工（EPC）/交钥匙总承包：设计采购施工总承包是指工程总承包企业按照合同约定，承担工程项目的设计、采购、施工、试运行服务等工作，并对承包工程的质量、安全、工期、造价全面负责；交钥匙总承包是设计采购施工总承包业务和责任的延伸，最终是向业主提交一个满足使用功能、具备使用条件的工程项目。

设计–施工总承包（D+B）：是指工程总承包企业按照合同约定，承担工程项目设计和施工，并对承包工程的质量、安全、工期、造价全面负责。

招标人可以根据工程项目的不同规模、类型和造价、进度控制要求以及自身项目管理能力，视项目不同特点分别选用不同的工程总承包模式。

3. 暂估价项目达到一定条件必须招标

总承包招标文件中设立暂估价，是国际国内工程实践中的常见做法。所谓暂估价，是指招标人在招标文件中规定的用于支付必然发生但暂时不能确定价格的工程、货物、服务的金额。设立暂估价的主要原因，是由于设计深度不够或招标人自己的功能需求不明确，无法提出具体的标准和要求，无法纳入竞争范围。在这种情况下，招标人给这类暂时无法确定价格且又必然发生的工程、货物、服务暂时估定一个价格，不作为价格竞争项放入招标文件中。

总承包招标文件中设立暂估价是国际国内工程实践中的常见做法。但在以往的招标投标实践中，常有招标人滥用设置暂估价的机会，在不具备招标所需的图纸等技术文件的情况下即启动招标，或者利用设置暂估价的方式肢解或规避招标。这些做法都对工程建设项目的质量、安全和进度构成了危害，应当加以规范。在国际咨询工程师联合会（FIDIC）合同条款中，也设有对暂估价管理进行的相应机制。

《招标投标法》第四条规定："任何单位和个人不得将依法必须进行招标的项目化整为零或者以其他方式规避招标。"包括在总承包招标范围之内的暂估价项目，事实上并没有经过竞争，如果应当招标而不招标，将在实质上构成规避招标。因此，《条例》根据我国强制招标制度的相关规定，明确了暂估价项目若属于依法必须进行招标的项目的范围，且达到国家规定的规模标准的前提下，应当依法进行招标。

4. 暂估价项目的招标

对于暂估价项目的招标，实践中相对成熟的做法主要有两种：第一种由总承包发包人（也即总承包招标人）和总承包人共同组织招标，由总承包人与暂估价项目中标人签约；第二种是由总承包人作为招标人组织招标，并与暂估价项目中标人签约，给予总承包发包人参与权和决策权。上述两种做法的核心原则均为共同招标。之所以"共同招标"，是因为就暂估价项目的实施而言，总承包发包人和总承包人双方都是利害关系人：一方面暂估价项目包括在总承包范围内，依法应当由总承包人承担工期、质量和安全责任；另一方面暂估价实际开支最终由总承包发包人承担，其在关注质量的同时，更有关注价格的权利。因此，暂估价项目共同招标可以避免总承包发包人和总承包人之间的相互猜忌，确保暂估价项目分包人的选择公平、透明，有助于合同的顺利履行。

需要引起注意的是，实践当中还经常出现以下两种情形：第一种情形是以总承包发包人作为暂估价项目的招标人，总承包人和其他符合条件的投标人一同竞争，在同等条件下优先选择总承包人，由总承包发包人与暂估价项目承包人签约；第二种情形是由总承包发包人与总承包人共同作为招标人，双方共同与暂估价项目中标人签订合同。这些做法常受到总承包发包人的欢迎。

但是，在上述两种发包方式下，由此形成的合同法律关系不清晰。在第一种情况下，实际上是把暂估价项目作为总承包招标人的一个独立的发包项目，招标结果若非总承包人中标，则暂估价合同成为招标人一个独立的合同，不但变更了原先的承发包方式，而且在总承包方与暂估价承包方之间，双方责任、权利和义务的界定极易出现遗漏、重叠或者冲突，在一定程度上影响了总承包合同的顺利履行。在第二种方式下，虽然总承包发包人可能会给予总承包人一定的参与权，但招标过程由总承包发包人主导，且由总承包发包人、总承包人与暂估价项目中标人签订合同，而暂估价项目属于总承包人的承包范围，一旦出现质量、安全、进度等问题，容易出现总承包发包人和总承包人相互推诿的情况。

▶ 案例 2-43

某综合业务楼工程项目资金来源为中央预算内投资。该工程目前已封顶，甲建筑公司作为本工程施工总承包单位，现通过公开招标的方式完成该楼的暂估价材料设备购置工作，邀请合格的投标人前来投标。

本次招标的货物内容为 10kV 变配电站，品目包括 10kV 高压开关柜、免维护直流屏、集控柜、低压配电柜和干式变压器等。招标公告中，还包括了标书售价和出售地址、投标人的资格条件等相关内容。

分析

在实践中，对于一些必须由专业承包人设计才能保证质量、使用功能和可建造性的专业工程，或者一些对项目质量、使用功能和设计美学非常关键的工程，需要由经验丰富的专业承包人完成的专业工程，在总承包人不具备或不太可能具备相应条件的情况下，招标人也经常采用暂估价的形式发包。本项目暂估价由承包人作为招标人，同时给予总承包发包人足够的话语权，由承包人与暂估价项目中标人签订合同，有利于理顺合同关系，方便合同履行。这是一种已经被实践证明的最佳选择，因此值得推广。

2.24 两阶段招标

▶ 条文

第三十条 对技术复杂或者无法精确拟定技术规格的项目，招标人可以分两阶段进行招标。

第一阶段，投标人按照招标公告或者投标邀请书的要求提交不带报价的技术建议，招标人根据投标人提交的技术建议确定技术标准和要求，编制招标文件。

第二阶段，招标人向在第一阶段提交技术建议的投标人提供招标文件，投标人按照招标文件的要求提交包括最终技术方案和投标报价的投标文件。

招标人要求投标人提交投标保证金的，应当在第二阶段提交。

解读

两阶段招标是国际通行的一种实施方式。联合国国际贸易法委员会《货物、工程和服务采购示范法》第十九条和第四十六条，以及世界银行《货物、工程和非咨询服务采购指南》第2.6款均对两阶段招标作了相关规定。

一些技术复杂项目由于诸多原因限制，招标人对采购需求特征或标的物的性能要求无法准确描述，需要潜在投标人利用其专业知识和经验帮助招标人明确采购标的特征后，才能顺利实施招标。《条例》颁布前，在《招标投标法》及其配套的法律规范中，对招标程序的设置较为刚性，禁止招标人和投标人私下接触，使得这类项目比较难以实施招标，或者勉强实行招标以后的结果并不理想。《条例》在总结实践的基础上，借鉴国际经验设置两阶段招标程序作为《招标投标法》有关招标程序的补充，使得招标程序更为灵活和切合实际。

1. 两阶段招标的适用范围

本条第一款是关于两阶段招标方式适用情形的规定。根据本款的规定，两阶段招标适用于技术复杂或者无法精确拟定技术规格的项目。所谓的技术复杂❶，是指招标文件中的技术参数要求设定复杂，需要多次沟通、交流才能确定；所谓无法精确拟定技术参数，是指一些模糊指标的量化，如"使用方便"等模糊概念的具体化等，其共性特点是招标人难以准确拟定和描述指标项目的性能特点、质量、规格等技术标准和实施要求，或者说"不知道买什么"和"如何评价选择"。

两阶段招标既能够弥补现行制度下不能进行谈判的不足之处，满足技术复杂或者不能精确拟定技术规格项目招标需要，同时又能够确保一定程度的公开、公平和公正。招标文件一旦确定下来，投标人就应当按照招标文件要求编制投标文件，不得就技术和商务内容进行谈判。

2. 两阶段招标的程序特征

两阶段招标，是将招标程序分为两个阶段进行：在第一个阶段，招标人向供应商或承包人征求技术方案建议，研究确定招标项目技术标准和要求，编制招标文件；在第二个阶段，投标人按照招标文件的要求编制投标文件，提出投标报价。

（1）第一阶段：征求技术建议。两阶段招标中的第一阶段是技术建议征求阶段，本质上属于招标文件的准备阶段。

在这阶段中，招标人通过发布招标公告征集项目技术方案，从潜在投标人递交的技术方案中优选确定技术方案，统一技术标准、规格和要求，并据此编制招标文件。这一阶段实际上属于招标文件的准备阶段，除了发布招标公告外，不需要严格按照招标投标程序要求实施。潜在投标人也不需要递交有实质约束力的投标报价，但招标人可以要求其提供经济参考指标或市场最高价格。

在实践操作中，第一阶段通常分为以下几个步骤进行：

1）征询技术建议。招标人依法发布招标公告或者投标邀请书，或根据需要另行编制

❶ 李显冬等.《中华人民共和国招标投标法实施条例》条文理解与案例适用［M］.北京：中国法制出版社，2013：85.

和发放《征求技术建议文件》,对招标项目基本需求目标和投标人(或称技术方案建议人)资格基本条件,以及对技术建议书的编制、递交提出要求。

2)提交技术建议书。投标人按照招标公告、投标邀请书或者《征求技术建议文件》,研究编制和递交不带报价的技术方案建议书。

3)评价和选择技术方案建议。招标人通过评审、商讨和论证,可以采用某一个或几个已经提交的技术建议,或据此研究形成新的技术方案,作为编制招标文件技术标准和要求的基础。招标人确定的项目技术方案既要能充分满足招标项目的技术特点和需求,又要保证有足够数量的投标人参与公平竞争。

4)编制招标文件。招标人根据研究确定的技术方案编制招标文件,据此向潜在投标人发布招标文件。

在第一阶段,为了鼓励潜在投标人积极提出技术方案建议,招标人可以对采用或部分采用的技术建议人给予奖励补偿,且在第一阶段的招标文件中明确规定奖励补偿的具体标准。

(2)第二阶段:招标投标阶段。招标人编制完成招标文件后,应该向第一阶段递交技术方案建议的投标人提供招标文件。在本阶段,技术方案建议人是否参加投标,取决于技术方案建议人自己,若技术方案建议人不参加第二阶段投标,无须承担责任。潜在投标人有意参加第二阶段投标的,应当严格按照招标文件编制、提交包括具有竞争性、约束力的投标报价以及技术管理实施方案的投标文件,并按照招标文件要求提交投标保证金。

在这一阶段,需要注意两点:一是招标人应当向在第一阶段提交技术建议的投标人提供招标文件;二是因提交技术建议书的潜在投标人放弃第二阶段投标导致投标人不足3个的,招标人应当分析招标失败的原因,纠正招标文件中可能存在的限制或者排斥潜在投标人等问题,再重新组织招标。

3. 两阶段招标应当注意的问题

两阶段招标,是将招标活动分为两个阶段进行。也就是说,采用两阶段招标的项目,招标活动的两个阶段均属于招标投标活动,均应当遵守《招标投标法》及其实施条例的相关规定,应当遵循公开、公正、公平和诚实信用原则,招标人不应利用两阶段招标之际,限制或者排斥潜在投标人,否则应当承担相应的法律责任。

采用两阶段招标的项目,招标人要求投标人提交投标保证金的,应当要求投标人在第二阶段提交,而不得要求潜在投标人在第一阶段提交保证金。《条例》的这一规定是为了防止招标人滥用保证金制度,维护招标投标活动的公平原则。

▶ 案例 2-44

某省利用世界银行贷款用于采购某条高速公路的通信、收费、监控系统设备。根据项目评估备忘录,该次招标采用一阶段国际竞争性方式进行,A 国际招标公司采用一阶段 ICB 货物招标范本编写了招标文件。

在报送招标文件到世界银行之前,世界银行官员发来传真,根据该招标项目的实际情况,建议项目业主采用两阶段招标方式对外进行采购,于是 A 公司修改了招标文件,把完成的两阶段招标文件报送到世界银行。

分析

两阶段招标方式是国际上常用的一种特殊招标程序，它既能弥补现行招标制度下谈判环节缺失的缺陷，满足技术复杂或者不能精确拟定技术规格项目的招标需要，同时又能确保一定程度的公开、公平和公正。世界银行《采购指南》规定了两阶段招标的适用范围：一是需要以总承包方式采购的大型复杂设施设备；二是复杂特殊的工程；三是由于技术发展迅速难以事先确定技术规格的信息通信技术。根据世界银行的这一规定，本项目属于第三种情形，更适宜采用两阶段招标程序。

2.25　终　止　招　标

▶ 条文

第三十一条　招标人终止招标的，应当及时发布公告，或者以书面形式通知被邀请的或者已经获取资格预审文件、招标文件的潜在投标人。已经发售资格预审文件、招标文件或者已经收取投标保证金的，招标人应当及时退还所收取的资格预审文件、招标文件的费用，以及所收取的投标保证金及银行同期存款利息。

▶ 解读

终止招标是指在资格预审公告或者招标公告发出后，中标通知书发出前，招标人结束招标程序的行为。招标人能否终止招标、在何种情况下可以终止招标、以及终止招标后承担何种义务等，《招标投标法》并没有明确，《条例》对此作了补充规定。

1. 招标人终止招标行为的权利与限制

招标人是否有权终止招标行为，首先要分析招标行为的性质是属于表示行为还是事实行为。

（1）招标行为的性质。根据行为是否通过意思表示，可以将招标行为分为表示行为和事实行为。表示行为，是指行为人们基于意思表示而作出的具有法律意义的行为；事实行为，指非经行为者意思表示而是基于某种事实状态即具有法律效果的行为，如遗失物的拾得、埋藏物的发现等。[1]在《合同法》的理论上，要约邀请属于事实行为还是表示行为存在争论。有观点认为，要约邀请属于事实行为，是当事人订立合同的预备行为，在发出要约邀请时，当事人仍然处于订约的准备阶段，行为人无须承担责任。也有观点认为，要约邀请属于表示行为。中国政法大学隋彭生教授认为，要约邀请是表示行为，包含了当事人订约的愿望，甚至包含了交易条件，其效力的发生取决于邀请人的意志。要约邀请可以分为两类：一类是提出交易条件的要约邀请，如拍卖公告、招标公告、招股说明书。这种法律行为是单方法律行为。另一类是未提出交易条件的要约邀请，如询价。提出交易条件或提出交易条件保障的要约邀请，可以构成法律行为。[2]

---

❶ 张文显. 法理学［M］. 北京：高等教育出版社，1999：108.

❷ 隋彭生. 论要约邀请的效力及容纳规则［J］. 政法论坛，2014（1）：86–87.

在此，对要约邀请性质的两种观点不做评论。笔者认为，招标行为（包括招标公告、招标文件等）作为一种特殊的要约邀请，属于表示行为。理由如下：

其一，招标行为是招标人基于意思表示而作出的行为。招标人根据招标项目的特点和实际需要，发布招标公告、编制和发售招标文件等，都是其意思表示的结果。而且，招标行为的目的明确，即确定合格的中标人。由此可以看出，招标行为是基于招标人的意思表示而不是基于某种事实状态。事实行为不取决于当事人的心理状态和意志，从这个角度看，招标行为显然不属于事实行为。

其二，招标行为提出了交易条件。招标人在招标公告和招标文件中规定了严格的交易条件：资格条件、技术要求和商务条件。交易相对方——潜在投标人或者投标人必须满足交易条件或对交易条件做实质性响应，否则将丧失交易的机会。

其三，投标人因招标行为要付出一定的成本。潜在投标人或者投标人需要购买资格预审文件和招标文件、缴纳投标保证金、组织人员编制资格预审申请文件和招标文件等，这些行为都要付出一定的成本。事实行为不会引起他人有意识的、自愿的支付成本。招标行为引起了投标人有意识的、自愿的支付成本，因而属于表示行为。

（2）招标人终止招标行为的权利与限制。

1）从法理角度分析。事实行为的行为人可以随时终止行为，且一般情况下无须承担任何义务与责任；而表示行为的行为人终止行为都会有一定的法律限制，需要承担一定的法律义务。招标行为作为表示行为更是如此，它是产生一定法律效果的行为。这种法律效果直接涉及他人（潜在投标人或者投标人）的利益：一是潜在投标人或者投标人支出的成本利益；二是潜在投标人或者投标人的交易机会利益，即因招标行为，投标人获得了与招标人的交易机会。因此，招标人终止招标行为的权利应受到严格的限制，只有符合法定情形时才能终止，而且还要履行相应的法律义务。

2）从招标投标专业角度分析。招标人随意终止招标的行为与《招标投标法》基本原则相悖，会影响投标人投标的积极性，最终会影响招标效果：其一，潜在投标人或投标人是基于对招标人的信任才参与招标活动，若招标人可以自由、随意地终止招标，则潜在投标人或投标人的信任基础将完全丧失，违背了诚实信用原则；其二，法律规定投标截止后投标人不得撤销投标文件，否则须承担丧失投标保证金等相应的法律责任，若招标人可以自由、随意终止招标且无须承担任何义务，对投标人显失公平；其三，若允许招标人随意终止招标，一旦招标人发现其"意中人"未取得投标资格或并非是排名第一的中标候选人，就可以随意终止招标行为而不受制约，将导致很多潜在投标人或者投标人不愿意参与该项目竞争，最终削弱招标竞争的充分性。

（3）招标人终止招标行为的法定情形。综上分析，招标人终止招标行为的权利应受到严格的限制。那么，在何种法定情形下招标人才能终止招标行为呢？《条例》并没有明确，需要下位法进一步细化。《关于废止和修改部分招标投标规章和规范性文件的决定》（国家发改委等九部委令〔2013〕第23号）修改的《工程建设项目施工招标投标办法》第十五条规定："招标文件或者资格预审文件售出后，不予退还。除不可抗力原因外，招标人在发布招标公告、发出投标邀请书后或者售出招标文件或资格预审文件后不得终止招标。"《工程建设项目货物招标投标办法》第十四条和《工程建设项目勘察设计招标投标办法》第二十条也有类似规定。因此，招标人终止招标的法定情形为"不可抗力"。根据《民法通则》，不可抗力是指不能预见、不能避免并不能克服的客观情况。在招标投标实践中，常见的"不可抗力"可以归纳为两类情形：一是招标条件发生变化，不得不终止招标，如国家产业政策调整、政府征收征用等招标人无法预见的情形出现，导致招标人不得不终止项目；二是发生其他不可抗力事件，如地震、海啸、地陷、火灾、泥石流等自然因素，以及战争、罢工、法律规范的重大变化等社会因素。

除符合上述不可抗力情形外，招标人不得终止招标，否则属于违反法律强制性规定的行为，需要承担法律责任，即因违反先合同义务应承担缔约过失责任。例如，《工程建设项目施工招标投标办法》第七十二条规定，招标人在发布招标公告、发出投标邀请书或者售出招标文件或资格预审文件后终止招标的，应当及时退还所收取的资格预审文件、招标文件的费用，以及所收取的投标保证金及银行同期存款利息。给潜在投标人或者投标人造成损失的，应当赔偿损失。

2. 招标人依法终止招标应承担的义务

招标人违法终止招标行为需要承担法律责任，那么依法终止仍要承担法定义务。

（1）通知义务。招标人终止招标的，应当及时发布公告，或者以书面形式通知被邀请的或者已经获取资格预审文件、招标文件的潜在投标人。具体而言，公开招标项目视终止招标的阶段不同，其通知的方式也不同：在发布资格预审公告和招标公告阶段终止招标的，招标人应通过公告的方式通知潜在投标人；在发售资格预审文件和招标文件后，招标人应以书面形式通知已获取资格预审文件、招标文件的潜在投标人或者投标人。邀请招标项目招标人终止招标的，都应以书面形式通知被邀请的潜在投标人或者投标人。

（2）退还费用和投标保证金。招标人终止招标后，应当及时退还所收取的资格预审文件、招标文件的费用。一些人士认为，招标人终止招标是因不可抗力等非招标人的原因造成的，应当不予退还所收取的资格预审文件、招标文件的费用。但从公平的角度看，退还这笔费用是合理的，因为潜在投标人或者投标人要自行承担交易机会丧失的损失，若资格预审申请文件或者投标文件已经编制，则潜在投标人或者投标人还要自行承担这些文件编制的成本。

已经收取投标保证金的，招标人应当及时退还所收取的投标保证金及银行同期存款利息。此处退还投标保证金及银行同期存款利益仅指以现金、支票等方式提交的投标保证金，不包括保证、银行保函等担保方式。若以现金或支票等方式提交的投标保证金及利息，本身即为投标人所有，仅为招标人临时占有，且仅在投标人违反法律和招标文件规定的情况下，才丧失对投标保证金及利息的权利。因此，招标人终止招标，应当退还以现金或支票等方式提交的投标保证金及银行同期存款利息。

案例 2-45

2013 年，S 省 A 公司对某建设项目的配电工程施工进行公开招标，经过开标、评标，于 2013 年 11 月 5 日确定了预中标单位甲公司，但未发出中标通知书，也未与甲公司签订书面合同。2013 年 12 月，因 A 公司内部发生重大变动，该项目被迫终止，书面通知投标人终止招标活动。于是，甲公司向 A 公司提出异议，要求其退还已收取的招标文件的费用、投标保证金及其利息，并承担赔偿甲公司损失的缔约过失责任。

分析

招标是一项程序严谨的采购活动。招标开始后，投标人为响应招标人的要求，投入了大量的时间和精力准备投标文件。为了保护投标人的预期利益，招标人在发布招标公告（或资格预审公告）或发售招标文件（资格预审文件）后，不得擅自终止招标。招标人终止招标应符合法律规定的情形，否则要承担法律责任。本案中，"A公司内部发生重大变动"很难被认定为不能预见、不能避免并不能克服的客观情况，也不是招标项目外部情况发生重大变化等原因，不应属于可以终止招标的法定情形。本案中，A公司属于擅自终止招标。

招标人擅自终止招标的，应当退还已收取的招标文件（进行资格预审的，还包括资格预审文件）的费用、投标保证金及银行同期存款利息。同时，应根据《工程建设项目施工招标投标办法》第七十二条规定，给潜在投标人或者投标人造成损失的，应当赔偿损失。因此，本案的招标人应退还甲公司相应费用，并承担相应的赔偿责任。

2.26 不得排斥或限制投标人

▶ 条文

第三十二条 招标人不得以不合理的条件限制、排斥潜在投标人或者投标人。

招标人有下列行为之一的，属于以不合理条件限制、排斥潜在投标人或者投标人：

（一）就同一招标项目向潜在投标人或者投标人提供有差别的项目信息；

（二）设定的资格、技术、商务条件与招标项目的具体特点和实际需要不相适应或者与合同履行无关；

（三）依法必须进行招标的项目以特定行政区域或者特定行业的业绩、奖项作为加分条件或者中标条件；

（四）对潜在投标人或者投标人采取不同的资格审查或者评标标准；

（五）限定或者指定特定的专利、商标、品牌、原产地或者供应商；

（六）依法必须进行招标的项目非法限定潜在投标人或者投标人的所有制形式或者组织形式；

（七）以其他不合理条件限制、排斥潜在投标人或者投标人。

▶ 解读

《招标投标法》第十八条第二款规定，招标人不得以不合理的条件限制或者排斥潜在投标人，不得对潜在投标人实行歧视待遇。至于哪些属于限制或者排斥潜在投标人的不合理条件，需要《条例》进一步细化。

1. 招标人不得以不合理的条件限制、排斥潜在投标人或者投标人

公平是招标投标活动的基本原则，公平要求对多个个体持一种态度或作为，要求一视同仁。公平在招标环节最核心的体现就是招标人所设置的资格条件和评审标准。由于招标人及其授权委托人经常会从自身私利考虑，以及行政机关或个人从地方或部门利益、

甚至非正当利益的角度非法干预，导致资格预审文件或招标文件经常被设置一些不合理的条件来限制、排斥潜在投标人或者投标人。根据招标项目的特点，招标人有权设置投标人的特定条件和评标标准，但这些条件和标准必须对所有的潜在投标人或投标人是公平的，不能具有歧视性或排他性。

在招标投标活动中，双方当事人之间存在强势主体与弱势主体的区分。强势主体由于特定的条件，占有较多信息、规则制定权等社会资源和权利，在整个交易过程中处于优势地位，与弱势主体之间在市场交易地位上处于不平等状态。在招标投标活动中，招标人是享有规则制定权的一方，处于强势地位；潜在投标人或者投标人必须响应招标人所制定的规则，否则可能被否决，处于弱势地位。同时，潜在投标人或者投标人之间的竞争进一步加重了潜在投标人或者投标人的弱势地位。招标人经常会应用这一优势地位来设置一些不合理条件，从而限制、排斥潜在投标人和投标人。国家需要通过立法、行政手段等对弱势主体进行倾斜性保护，以平衡双方的法律关系，维护公平的社会秩序❶。因此，《招标投标法》和《条例》通过强制性条款来矫正双方当事人的强弱势关系，即禁止招标人设置不合理的条件限制、排斥潜在投标人或投标人。

《条例》进一步区分了"潜在投标人"和"投标人"。潜在投标人一般是指有兴趣投标、参与竞争并依法获取了特定招标项目的资格预审文件或招标文件的法人、其他组织和自然人（自然人仅限科技项目招标）。潜在投标人和投标人的最大区别在于是否向招标人递交了投标文件。未递交投标文件前，应称为"潜在投标人"。对潜在投标人限制或排斥的不合理条件，主要体现在投标人递交投标文件前招标人的行为和文件中，如招标公告、资格预审公告、资格预审文件、资格预审程序等。递交投标文件后，招标人限制和排斥的对象则称为"投标人"。潜在投标人和投标人二者的身份不同，权利义务也不尽相同。

2. 限制、排斥潜在投标人或者投标人的具体行为

根据实践中经常出现的限制、排斥潜在投标人或者投标人的情形，《条例》列举了招标人限制、排斥潜在投标人或者投标人的行为。

（1）就同一招标项目提供有差别的项目信息。项目基本信息是潜在投标人或投标人编制资格预审申请文件或投标文件的基础。项目信息包括项目的投资规模、资金来源、质量和工期要求、项目实施的现场环境、项目手续办理情况、投标人的资格和业绩要求等。若获取的项目信息不同，潜在投标人或者投标人就处于不同的竞争平台，便无公平可言。

在招标投标实践中，提供有差别的项目信息具体表现在：其一，资格预审公告或招标公告信息有差别，如招标人在两个以上媒介发布的同一招标项目的资格预审公告、招标公告内容不一致；其二，在踏勘现场、投标预备会中向不同的投标人提供不同的项目信息，如招标人分别组织现场踏勘和投标预备会，分别提供不同的项目信息；其三，向潜在投标人或者投标人提供不同的资格预审文件或者招标文件澄清和修改信息，如招标人有选择性地向投标人书面通知其招标文件的澄清和修改部分。

为了避免招标人提供有差别的项目信息：首先，监督主管部门要加强对招标信息发布的监管，及时查处不符合法律规定的信息发布行为；其次，强调信息的网上公开，如

---

❶ 韩志红. 经济法调整机制研究［M］. 北京：中国检察出版社，2005：63.

资格预审文件或者招标文件的澄清和修改除书面通知潜在投标人或者投标人外，还应在指定的网站上统一发布。

案例 2-46

2014 年 4 月，某政府投资建设办公大楼项目，招标人开展电梯采购安装项目招标。招标人发售招标文件后，由于对招标文件中电梯的某项技术规格要求有不同理解，有三个潜在投标人打电话向招标人进行咨询，招标人逐一进行简要回答。一天后，另一个潜在投标人甲指出该项技术规格参数存在错误。招标人仔细分析后，认为确实存在错误，因此通过传真的方式将更正后技术规格参数发给了甲。其他潜在投标人依然按照错误的技术规格参数编制了投标文件。

分析

本案中，招标人对有错误的技术规格参数更正后仅以书面的方式发给了潜在投标人甲，并未发给所有购买招标文件的潜在投标人。该做法一方面违反了《条例》第二十一条的规定，招标人可以对已发出的招标文件进行必要的澄清或者修改。澄清或者修改的内容可能影响投标文件编制的，招标人应当在投标截止时间至少 15 日前，以书面形式通知所有获取资格预审文件或者招标文件的潜在投标人。另一方面也违反了《条例》第三十二条第二款第一项的规定，就同一招标项目向潜在投标人提供有差别的项目信息。

（2）设定的条件与招标项目不相适应或者与合同履行无关。招标人有权根据招标项目的具体特点和实际需要，设定潜在投标人或者投标人的资格、技术和商务条件。在实践中，招标人经常会滥用这种权利，设定的条件与招标项目的具体特点和实际需要不相适应或者与合同履行无关。其一，在设定资格条件中，有意提高投标人的资质等级要求或者设置与履行合同无关的资格条件。例如，某个施工项目，从投资规模的角度，施工总承包一级资质都可以承担，却要求投标人具备施工总承包特级资质。再如，某通信公司进行通信工程建设项目施工招标时，在招标文件中设置"投标人必须使用其公司通信服务的套餐"的实质性条件，否则其投标文件将被否决。显然，这个条件与合同履行无关。其二，提出不合理或与项目无关的业绩要求。例如，电梯采购和安装招标，要求投标人有房屋建筑施工的业绩。其三，设定不合理的技术条件或技术标准存在倾向性。例如，某种项目根本不需要专利技术，招标人却有意设置某种专利技术要求。其四，设定与招标项目实际需要不相适应的商务条件。例如，招标人要求投标人提交诚意保证金 500 万元；货物招标时，要求投标人免费提供与采购货物无关的其他产品等。

案例 2-47

2012 年 8 月，某国有控股银行投资建设办公大楼。为证明投标人的经济实力，以便于垫资施工，招标人要求招标代理机构在招标文件中规定：投标人必须在该银行开立基本账户且账户中资金余额不少于 1000 万元，否则其投标文件将被否决。许多投标人为了获得中标机会，纷纷在该银行开设企业基本账户并存入大笔资金。其中，投标人甲认为该做法不合法，向当地行政监管部门提出了投诉。

分析

该案中，招标人进行的是施工招标，设置"投标人必须在该银行开立基本账户且账户中资金余额不少于 1000 万元"的条件，与履行施工合同没有任何关系，属于典型的"设定的资格、技术、商务条件与招标项目的具体特点和实际需要不相适应或者与合同履行无关"的行为。此外，招标程序完成后，招标人作为发包人不得强制要求中标人（即承包人）进行垫资施工。

（3）依法必须进行招标的项目以特定行政区域或行业的业绩奖项作为加分或中标条件。对于潜在投标人或者投标人而言，只要是在资质证书、营业执照等许可的经营范围内，其在我国境内承揽项目不受行政区域或者特定行业的限制。潜在投标人或者投标人的业绩和奖项都有一个积累过程，在成立初期其业绩和奖项可能都有一定的区域性和行业性。若以特定行政区域或者特定行业的业绩、奖项作为加分条件或者中标条件，会导致很多潜在投标人或者投标人的经营范围大大缩小，显然是不合法和不公平的。该项规定的目的是为了打破地区封锁和行业限制，形成全国统一开放的市场。详而言之：

1）不得以特定行政区域或者特定行业的业绩、奖项作为加分条件或者中标条件。该项规定并非禁止业绩、奖项作为加分条件，而是不得将业绩、奖项限定为"某个行政区域的业绩"或者"某个特定行业"。"特定行政区域"易于理解，但"特定行业"很多人难以理解。行业和专业不同，根据维基百科的解释，专业（Profession），一种需要特殊教育训练之后才能从事的职业；行业，指主要根据职业、性质或具体事物对社会各个领域的称呼，属于中文表述的一种习惯。例如，某医院建设住院大楼，可以要求潜在投标人或者投标人具有房屋建筑相应规模的类似业绩，但不得要求必须提供医疗领域房屋建筑的业绩。前者是以专业提出业绩要求，而后者是以行业提出业绩要求。根据本项规定，笔者认为，在招标投标实践中，招标人从专业的角度提出业绩要求并不违反该项规定，但不能从行业的角度提出相应的业绩要求。

奖项根据颁布的主体和级别可以分为国家奖项、省部级奖项和其他级别奖项。由于颁布主体、地域和侧重方面不同，奖项名称也各有不同。以建筑工程为例，国家级的奖项有：鲁班奖、国家优质工程奖和詹天佑奖；地方的奖项举不胜举。在招标文件中，可以根据奖项的级别不同给予不同的加分，但不得根据奖项的地域和行业进行加分。例如，招标文件中可以规定获得"国家级奖项"的加多少分，获得"省部级奖项"的加多少分，而不能规定获得"长城杯"、"钱江杯"的加多少分，因为"长城杯"、"钱江杯"等都是特定行政区域的奖项（"长城杯"是北京市奖项，"钱江杯"是浙江省奖项）。

2）该项仅约束依法必须招标的项目及其相应主体。该项规定只调整依法必须招标的项目，自愿招标不受约束。规制的主体不仅包括招标人、招标代理机构，还包括行政主管部门。例如，一些地方行政主管部门发布的招标文件或评标标准编制的技术规范，其中规定当地行政区域的业绩或奖项给予加分或加更多得分，而其他行政区域的业绩或奖项不给予加分或加更少分。行政机关的这种地方保护主义行为同样受这项的规定的约束。根据举重以明轻的原则，招标人不得有这种行为，招标人的监督管理者更不得有这种行为。另外，此项中的"加分"仅是一个泛化指代，包括加分、折价等各种优惠。

案例2-48

某市建设行政主管部门为规范当地的建设工程施工项目评标活动，单独制定并发布了《该市建筑工程项目施工招标评标标准规范》，要求依法必须招标的项目必须执行该技术规范。该规范规定，在该市行政区域内承揽同等规模的施工项目，每项加2分；在其他行政区域内承揽同等规模的施工项目，每项加0.5分。另外规定，所承揽工程获得该市设立的"某某奖项"的，加3分；其他奖项由于不是本市评审，所以不予认可。

分析

本案中，该市建设行政主管部门颁布的技术规范违反了《条例》第三十二条第二款第三项的规定，应该无效。即违反了以特定行政区域或者特定行业的业绩、奖项作为加分条件或者中标条件。建设主管部门的行为属于以不合理条件排斥和限制潜在投标人或投标人的行为，属于地方保护主义的行政垄断行为。这种地方保护主义的产生有多种原因，如财政税收体制的条块分割、行政监管体制以及当地企业与主管部门千丝万缕的联系等。

（4）对潜在投标人或投标人采取不同的资格审查或者评标标准。资格审查或者评标标准应该是唯一的、明确的。然而，在实践中，一些资格审查或者评标标准模糊不清，有两种及以上理解；有的在资格预审文件或者招标文件中直接列出两种以上资格审查或者评标标准。招标人要求资格审查委员会或者评标委员会，根据不同的潜在投标人或者投标人分别采用不同的资格审查或者评标标准。例如，某货物招标项目，招标人认为外资企业产品要远远好于内资企业的产品，于是对外资企业产品的评审标准非常宽松，而对于内资企业产品的评审标准却十分苛刻。这一情形即属于对潜在投标人或者投标人采取不同的评审标准，违背了公平公正的原则。

（5）限定或指定特定的专利、商标、品牌、原产地或供应商。对货物招标而言，招标人限定或者指定特定的专利、商标、品牌、原产地或者供应商，即相当于变相限定或者指定了特定的产品，导致其他产品丧失了参与公平竞争的机会，都属于限制竞争的行为。关于"专利"，前文已经介绍，在此不再赘述。"商标"是商品的生产者、经营者在其生产、制造、加工、拣选或者经销的商品上或者服务的提供者在其提供的服务上采用的，用于区别商品或服务来源的，由文字、图形、字母、数字、三维标志、声音、颜色组合，或上述要素的组合，具有显著特征的标志。根据《商标法》规定，经商标局核准注册的商标为注册商标，包括商品商标、服务商标和集体商标、证明商标。"品牌"是一种名称、术语、标记、符号或图案，或是它们的相互组合，用来区隔、识别和区分其他组织及其产品或服务，并通过其产品或服务所提供的一切利益关系、情感关系和社会关系的综合体验的总和。品牌是一个市场概念，而商标是一个法定概念。商标最大的特点是具有独占性，这种独占性是通过法律来做保证的；品牌最大的特点是它的差异化的个性，这种个性是通过市场来验证的。"原产地"是指货物或产品的最初来源，即产品的生产地。原产地名称是受法律保护的知识产权，根据《保护工业产权巴黎公约》的规定，原产地名称是指一个国家、地区或特定地方的地理名称，用于标示产于该地的产品，这些产品的特定的质量或特征完全或主要是由该地理环境所致，包括自然的和人为的因素。

该项规定借鉴了 WTO《政府采购协议》和世界银行《货物、工程和非咨询服务采购指南》的规定。前者第 10 条第 4 款规定，采购实体规定技术规格，不得要求或者指向一个特定的商标或商号、专利、版权、设计、型号、具体产地、制造商或供应商，除非没有其他足够准确或者易懂的方式描述采购要求。如果出现这种情形，实体应当在其招标文件中使用"或相当于"之类的措辞。后者第 2.20 款规定，招标文件的技术规范应根据相关的性能和/或运营要求编写，应避免引用具体的品牌名称、产品目录号或类似的产品号。如果为了完整地说明技术规范而必须引用具体制造商的品牌或产品目录号，在引用具体制造商的品牌或产品目录号时应加上"或具有同等性能"的字样。技术规范应规定，如果性能相似且能提供实质上等同的使用要求或者运营要求，这样的货物也可以接受。

因此，招标人需要引用某一产品的技术规格时要符合法律法规的规定。根据《工程建设项目货物招标投标办法》的规定，招标文件中规定的各项技术规格均不得要求或标明某一特定的专利技术、商标、名称、设计、原产地或供应者等，不得含有倾向或者排斥潜在投标人的其他内容。如果必须引用某一供应者的技术规格才能准确或清楚地说明拟招标货物的技术规格时，则应当在参照后面加上"或相当于"的字样。

▶ 案例 2-49

某建设工程项目招标人招标采购楼宇控制系统，由于该招标人并不熟悉楼宇控制系统的相关技术规格。于是，招标人直接将某一知名品牌的楼宇控制系统技术规格抄写进招标文件中。其他品牌的潜在投标人发现其生产的楼宇控制系统技术规格都不符合招标文件的要求，于是向招标人提出异议。

分析

本案中，招标人在招标文件中仅写了某个品牌的技术规格，就是指定特定的品牌，违反了《条例》第三十二条第二款第五项的规定。招标人正确的做法应该是在详细考查市场情况，制定准确、可行的技术需求书后实施公开招标，若该控制系统的技术性能无法准确描述而不得不引用某特地品牌的技术规格时，应当在引用的技术规格后加一个"或相当于"的字样。

（6）依法必须进行招标的项目非法限定所有制形式或组织形式。所有制形式可以分为公有制和非公有制。根据十八届三中全会《中共中央关于全面深化改革若干重大问题的决定》的要求，公有制经济和非公有制经济都是社会主义市场经济的重要组成部分，都是我国经济社会发展的重要基础。公有制企业包括国有企业、集体企业等；非公有制企业包括个体工商户、个人合伙、私营企业和外商投资企业等。公有制和非公有制应具有同等的市场竞争权。依法必须进行招标的项目不得限定潜在投标人或者投标人的所有制形式。

企业的组织形式包括法人和其他组织。法人包括企业法人和非企业法人，企业法人包括有限责任公司和股份有限责任公司；其他组织包括合伙组织、个体工商户和分公司等。招标人可以根据法律的规定来限定潜在投标人或者投标人的组织形式，但不得非法限定。若招标人进行工程建设项目的施工招标，可以限定潜在投标人或者投标人必须是法人，因为其他组织不能承揽施工项目。根据《建筑法》的规定，承包建筑工程的单位应当持有依法取得的资质证书，并在其资质等级许可的业务范围内承揽工程。其他组织无权取得相应的资质证书。

（7）以其他不合理条件限制、排斥潜在投标人或者投标人。该项是一个兜底条款。实践中，除了上述约定的几种情况外，还有很多种以不合理条件限制、排斥潜在投标人或者投标人的行为。例如，有的招标人要求投标人一次性缴纳几百万的诚意保证金；要求投标人的法定代表人应亲自递交投标文件或参加开标会；等等。

第3章

投　标

投标是与招标互相对应的一对概念，是一个问题的两个方面。投标是指投标人根据招标文件的要求，编制并提交投标文件，响应招标、参与投标竞争的活动。投标情况决定了招标中的竞争格局，是决定投标人能否中标、招标人能否取得预期招标效果的关键。

《条例》在《招标投标法》的基础上，根据招标投标领域新的变化，对新的问题又进一步提出明确规范。具体细化的内容包括投标活动不受地区或者部门限制、禁止投标主体、联合体投标等。特别对一些招标投标活动当事人相互串通，围标串标，严重扰乱招标投标活动正常秩序，破坏公平竞争等突出问题，《条例》将法律规定进一步具体化，增强了其可操作性。

3.1　投标人参与投标的权利和限制

3.1.1　投标活动不受地区或者部门限制

▶ 条文

第三十三条　投标人参加依法必须进行招标的项目的投标，不受地区或者部门的限制，任何单位和个人不得非法干涉。

▶ 解读

1. 本条立法依据

本条立法依据为《招标投标法》第六条规定："依法必须进行招标的项目，其招标投标活动不受地区或者部门的限制。任何单位和个人不得违法限制或者排斥本地区、本系统以外的法人或者其他组织参加投标，不得以任何方式非法干涉招标投标活动。"

社会主义市场经济在逐步建立和完善的过程中，建立统一、开放、竞争、有序的全国统一大市场势在必行。而以地区封锁、行业保护等为典型的分割市场行为，必然会限制市场竞争，进而降低市场效率，最终阻碍市场经济的发展。为此，《招标投标法》第六条明确规定依法必须进行招标项目的招标投标不受地区或者部门限制、任何单位与个人不得非法干涉招标投标活动，其目的在于为建设一个统一开放、竞争有序的招标投标市场提供制度保障。此外，招标投标制度的立法目的，就是通过公开、公平、公正的竞争，促进各类要素的自由流动和高效配置，更好地发挥市场配置资源的基础性作用。地区封锁和行业保护既不符合市场经济的基本要求，也违背了招标投标制度的立法初衷。

《招标投标法》自 2000 年 1 月实施以来，我国招投标制度得到了深入贯彻和全面推广，招标投标行业迅猛发展并取得了良好的社会、经济效益。但在招投标实践过程中，一些地方政府和行业主管部门不遵守相关法律法规和政策，滥用行政权力，地区封锁和行业保护仍然是招标投标领域限制竞争的主要形式，妨碍了招标投标法律制度的有效实施和全国统一开放市场秩序的形成，成为影响我国招标投标事业健康发展的突出问题。《条例》在《招标投标法》明确规定的基础上，再次重申了禁止招标投标领域地区封锁和行业保护的要求。

2. 依法参与投标竞争是投标人最基本的权利

招标投标是在市场经济条件下进行大宗货物的买卖、工程建设项目的发包与承包，以及服务项目的采购与提供时，愿意成为卖方（提供方）者提出自己的条件，采购方选择条件最优者成为卖方（提供方）的一种交易方式。由于这种交易方式能够充分体现市场公开、公平、公正竞争的原则，因此招标投标已经成为市场经济中的一项重要制度。

招标投标制度的正常运转以及最终促使资源优化配置，其基础必须是鼓励足够多的投标人依法投标、积极参与竞争，因此，依法参与投标是投标人最基本的权利。该权利作为国际采购的基本原则，在多个国际采购立法中得以体现。世界银行《货物、工程和非咨询服务采购指南》（2011 版）"1.8"规定，为了鼓励竞争，世行允许所有国家的公司和个人为世行贷款项目提供货物、工程和非咨询服务。有关公司或者个人能否参与投标的任何条件应仅限于那些用来确保投标人履约能力的基本条件。联合国贸易法委员会《货物、工程和服务采购示范法》也规定，不得因国籍不同而歧视供应商或者承包人，也不得因非客观合理的标准、要求或者程序而歧视供应商或者承包人。

3. 投标人依法参与投标的权利不受非法限制

本条禁止的行为，是对依法必须招标项目的投标人进行地区封锁或者部门限制，即因为投标人所在地区或者部门的原因而限制其参与投标竞争，以及对投标行为的非法干涉。《招标投标法》和《条例》规定的限制投标人参与投标竞争的行为主要有以下两种表现形式：

（1）招标投标领域的地区封锁。招投标领域的地区封锁，是指地方政府及其所属部门为了本地区利益，利用行政权力排斥、限制和妨碍外地市场主体参与本地市场竞争的行为。其本质是通过行政权力建立市场壁垒，维护局部利益而采取的行政垄断行为。

《条例》并未明确列举地区封锁的具体情形，实践中可以参考《关于禁止在市场经济活动中实行地区封锁的规定》（国务院令〔2001〕第 303 号）第四条的具体规定来认定和判断是否属于非法干涉。该具体规定如下："地方各级人民政府及其所属部门（包括被授权或者委托行使行政权的组织，下同）不得违反法律、行政法规和国务院的规定，实行下列地区封锁行为：（一）以任何方式限定、变相限定单位或者个人只能经营、购买、使用本地生产的产品或者只能接受本地企业、指定企业、其他经济组织或者个人提供的服务;(二)在道路、车站、港口、航空港或者本行政区域边界设置关卡,阻碍外地产品进入或者本地产品运出;(三)对外地产品或者服务设定歧视性收费项目、规定歧视性价格,或者实行歧视性收费标准;(四)对外地产品或者服务采取与本地同类产品或者服务不同的技术要求、检验标准,或者对外地产品或者服务采取重复检验、重复认证等歧视性技术措施,限制外地产品或者服务进入本地市场;(五)采取专门针对外地产品或者服务的专营、专卖、审批、许可等手段,实行歧视性待遇,限制外地产品或者服务进入本地市场;(六)通过设定歧视性资质要求、评审标准或者不依法发布信息等方式限制或者排斥外地企业、其他经济组织或者个人参加本地的招投标活动;(七)以采取同本地企业、其他经济组织或者个人不平等的待遇等方式,限制或者排斥外地企业、其他经济组织或者个人在本地投资或者设立分支机构,或者对外地企业、其他经济组织或者个人在本地的投资或者设立的分支机构实行歧视性待遇,侵害其合法权益;(八)实行地区封锁的其他行为。"

(2)招标投标领域的行业保护。招标投标领域行业保护是行业主管部门利用行政权力排斥、限制和妨碍其他行业机构或企业参与本行业市场竞争的行为,其目的是为了保护本行业的机构或企业免受或少受市场竞争冲击,本质是为维护局部利益而采取的行政垄断行为。在工程建设领域中的交通(铁路)、水利、能源(石油化工、煤炭等)等行业中,保护现象比较突出。

《条例》没有具体列明招标投标领域行业保护的具体情形,实践中主要有以下表现形式:一是行业主管部门通过以发布规章或其他行政规范性文件的形式明文规定具有行业性质的限制竞争条款或保护性条款;二是违反公开原则,不将招标信息通过指定媒体而仅在行业内发布;三是由行业协会具体实施行业保护行为。此种情形可以参考《工商行政管理机关禁止垄断协议行为的规定》第九条规定:"禁止行业协会以下列方式组织本行业的经营者从事本规定禁止的垄断协议行为:(一)制定、发布含有排除、限制竞争内容的行业协会章程、规则、决定、通知、标准等;(二)召集、组织或者推动本行业的经营者达成含有排除、限制竞争内容的协议、决议、纪要、备忘录等。"四是对其他行业机构或企业在资格预审或评标过程中实行差别待遇。例如,在资格预审文件或招标文件中规定只认可本行业奖项或将本行业奖项作为加分条件等。

招标投标领域限制投标人投标的表现形式,除了地区封锁和行业保护外,还包括其他任何主体对投标人依法参与投标权利的限制行为。

◣ 案例 3-1

铁路系统招投标潜规则:系统外部企业参与受限❶

一个自动洗面器 7.239 5 万元(含税销售单价,下同),一个色理石洗面台 2.6 万元,一个感应水阀 1.28 万元,一个卫生间纸巾盒 1125 元,最后组合成总价高达三四十万元的整体卫生间;上万元的 15 寸液显,2.2 万元一张的单人座椅,6.8 万元的冷藏展示柜……

---

❶ 杜晓,孔腾. 抑制铁路招投标腐败须强化法律落实 [N]. 法制日报,2012-05-31 (4).

2012 年初，一份由媒体披露的动车天价采购单引起了广泛的争议。

据了解，上述价格出自南车采购目录《CRH2 型动车组配件供应商名录》。目录包括 3000 多种动车所需物料的编号、名称、图号、规格、销售价及含税销售价以及供应商名称。其中的含税销售价，就是南车的实际采购价。对于上述离奇的采购价格出现的原因，媒体公开指出，源自铁道部的招标投标体制。

首先，表现为项目招标信息及中标结果不公开。招标领域专业人员王某说："在公开渠道中，几乎没有高铁建设的招标信息。另外，有些项目招投标尚未开始，已有中标单位"提前"开工了。举个例子来说，《新建铁路南京枢纽南京南站站房与地铁结合部应急工程施工总价承包招标公告》发布于 2008 年 12 月 25 日。但在 2008 年 1 月，一家知名建设单位已经将第一根桩打入地下。国家审计署有关人员也曾向媒体透露，南京大胜关长江大桥工程土建及监理 1 标和京沪高铁咨询业务等项目，招标时间分别为 2006 年 7 月和 2007 年 12 月，然而一些后来的"中标单位"，都在招投标程序启动前数月便开始了工作。"

其次，设置门槛限制铁路系统外部企业参与招标投标。王某介绍说："在铁路系统内有不成文的规定，即铁路系统外的企业需要与铁路系统的企业组成联合体，方能承揽铁路业务。"这些做法明显违背《招标投标法》"任何单位和个人不得违法限制或排斥本地区、本系统以外的具备相应资质的法人或其他组织参加投标，不得以任何方式非法干涉招标投标活动"的规定。甚至还有为自己的企业量身定做项目，用特殊的招标投标条件限制系统外的企业参与竞标等。

"铁路工程项目的招标投标长期都是由铁道部自己主持、自己操作，难保公正，权力滥用和暗箱操作的问题突出，铁路系统多名高官因违纪违法被查处正说明了权力易被滥用、得不到有效控制的问题，这是最突出的问题。"国家行政学院教授汪玉凯对记者说。

分析

国家设立招标投标机制的目的，就是要通过公开、公平、公正的竞争，更好地发挥市场的调节作用，促进资源的高效配置。铁路系统之前的招标体制属于典型的招标投标领域行业保护限制竞争的行为，其不符合市场经济的基本要求，也违背了招标投标制度的立法初衷。

招标投标制度鼓励投标人之间充分竞争，并在《招标投标法》和《条例》中对其进行明确，具体体现就是应对投标人依法参与投标的权利进行保护。实践中限制投标人依法参与投标权利的行为主要是地区封锁和行业保护。铁路系统之前的招标体制，由铁道部自己主持、自己操作，为了牟取系统利益，其采取了一系列限制系统外企业参与竞争的行为。比如，一是在招标中通过强制要求系统外企业与铁路系统企业组成联合体；二是对其他行业机构或企业在资格预审或评标过程中实行差别待遇，如在资格预审文件或招标文件中规定只认可本行业奖项或将本行业奖项作为加分条件等；三是采用变相的保护方法或人为干预，如违规采用邀请招标的方式直接确定投标人或进行行政干预等，使行业外的机构或企业丧失投标资格。以上行为均违背《条例》第三十三条"投标人参加依法必须进行招标的项目的投标活动，不受地区或者部门限制"的规定。

违背《条例》第三十三条关于主体的限制性规定，如果是招标人限制或者排斥本地区或者本部门以外的投标人参与依法必须进行招标项目投标竞争,构成本条以及《条例》第六十三条规定行为的,按照《招标投标法》第五十一条规定进行处罚;如果是铁路系统国家工作人员限制本地区或者本部门以外的投标人参与依法必须进行招标项目投标竞争,构成《条例》第六条禁止行为的,按照《条例》第八十一条规定进行处罚。

对于铁路系统的内部寻租行为,中央治理工程建设领域突出问题工作领导小组办公室、铁道部于2012年5月12日印发《关于铁路工程项目进入地方公共资源交易市场招投标工作的指导意见》(中治工办发〔2012〕3号),给予其制度上的严厉打击。意见明确了铁路工程招标投标将以地方公共资源交易市场建设为基础,以"市场调节、行政监管,积极稳妥、确保质量,管办分离、分工协作"为原则,改革铁路工程招标投标管理体制机制,保障铁路建设市场主体平等、充分竞争。通过让所有投标人站在一个起跑线上进行竞标,有利于实现公平竞争和降低成本。这对于项目重大多样、数额庞大、内部极为复杂的铁路工程项目的招标投标来说,将招标投标从中央剥离出来有利于实现招标投标过程的公平、公正、公开,有利于有效控制行政权力。

3.1.2　投标人投标资格限制

▶ 条文

第三十四条　与招标人存在利害关系可能影响招标公正性的法人、其他组织或者个人,不得参加投标。

单位负责人为同一人或者存在控股、管理关系的不同单位,不得参加同一标段投标或者未划分标段的同一招标项目投标。

违反前两款规定的,相关投标均无效。

▶ 解读

《条例》第三十三条规定投标人依法参与投标的权利不被限制与干涉,其目的在于保证投标人能够依法参与投标、公平参与竞争。但投标人依法参与投标这一基本权利,也应基于特别原因进行限制,如各国都将维护公共利益(或公共福祉)作为对权利最一般的制约原理。此外基于利益冲突考虑,招标过程中某些投标人参与投标的资格也会被限制。

1. 具备投标资格的投标人有权依法参与投标竞争

《招标投标法》第二十六条"投标人应当具备承担招标项目的能力;国家有关规定对投标人资格条件或者招标文件对投标人资格条件有规定的,投标人应当具备规定的资格条件"的规定,是对投标人投标资格的基本要求。根据上述规定,投标人投标资格能力应具备以下条件:

(1)投标人应当具有承担招标项目的能力。投标人应当具备承担招标项目的能力,是指投标人应当具备与招标项目相适应的技术力量、机械设备、人员、资金等,具有承担该招标项目的能力。根据《建筑法》第十三条"从事建筑活动的建筑施工企业、勘察单位、设计单位和工程监理单位,按照其拥有的注册资本、专业技术人员、技术装备和已完成的建筑工程业绩等资质条件，划分为不同的资质等级，经资质审查合格，取得相应等级的资质证书后，方可在其资质等级许可的范围内从事建筑活动"的规定，参加工程建设项目不仅要符合投标人工商营业执照中经营范围的要求，而且要具备相应的资质等级。

相关部门规章对投标人的法定资格条件有明确要求，比如《工程建设项目施工招标投标办法》（国家计委等七部委令〔2003〕第30号）第二十条规定："资格审查应主要审查潜在投标人或者投标人是否符合下列条件：（一）具有独立订立合同的权利；（二）具有履行合同的能力，包括专业、技术资格和能力，资金、设备和其他物质设施状况，管理能力，经验、信誉和相应的从业人员；（三）没有处于被责令停业，投标资格被取消，财产被接管、冻结，破产状态；（四）在最近三年内没有骗取中标和严重违约及重大工程质量问题；（五）国家规定的其他资格条件。"

（2）投标人还应当符合招标文件规定的资格条件。招标人可以根据招标项目特点和合同管理需要，在招标文件中对投标人的企业财务、业绩、信誉、设备、人员等提出具体资格要求，此时投标人还应当符合招标文件规定的资格条件。但招标人设置的资格条件要求必须符合国家对投标人的资格条件的基本要求。

在具体的招标投标过程中，依法参与投标竞争是符合法定条件和招标人规定资格条件的潜在投标人的基本权利，非因法定原因不得被限制和剥夺。

2. 利益冲突回避已经成为招标采购惯例

如果招标人与投标人存在利害关系或者投标人之间存在利害关系，那么在招标过程中，从利益考量角度，有利益冲突的主体会形成同谋、易于进行不正当交易和竞争。基于维护招标公正性的要求，有利益冲突的投标人需要回避，已经成为招标采购惯例，如WTO《政府采购协议》（2012版）"采购进行"明确规定"避免利益冲突"。

对利益冲突回避进行更明确的规定的是世界银行的相关采购政策。世界银行采购政策中的"利益冲突"规则主要包括贷款项目咨询顾问聘请中的利益冲突规则，土建工程投标人的利益冲突规则和招标评标中的利益冲突规则。具体体现在《货物、工程和非咨询服务采购指南》（2011版）、《世界银行借款人选择和聘请咨询顾问指南》和《世行贷款项目土建工程标准招标文件范本》中的"投标人须知"部分。

《货物、工程和非咨询服务采购指南》（2011版）"1.6"规定："世行的政策要求参与世行贷款项目采购投标的公司不得存在利益冲突。任何发现存在利益冲突的公司都不具备被授标的资格。""1.7"又明确了利益冲突的具体情形："一家公司如有下列情况，将被视为在采购过程中存在利益冲突：（1）该公司提供的货物、工程或非咨询服务源于这家公司或其某个子公司（直接或间接由该公司控制，或者与该公司属于同一母公司控制）为某个项目的筹备或实施所提供的咨询服务或与此咨询服务直接相关。本规定不适用于各种根据交钥匙合同或设计施工合同履行承包人义务的公司（咨询公司，承包商，或者供货商）；或（2）在不允许备选方案投标的情况下，该公司单独或以与其他公司联营的方式提交了一份以上的标书。这将导致该公司参与的所有投标均不合格。然而，一般情况下，这并不限制一个公司以分包商的身份出现在一份以上的投标书中。对某些特定类型的采购，根据世行对此类采购的标准招标文件，是否允许一个公司以分包商的身份出现在一份以上的投标书中需要得到世行的不反对意见；或（3）该公司（包括其员工）与借款人（或者是项目执行机构、或者是部分贷款的受益人）的某职员有密切的业务或家庭关系，而该职员：（i）直接或间接参与招标文件或技术规范的准备，及/或直接或间接参与合同的评标过段；或（ii）将参与合同的执行或监督，除非由此种关系产生的利益冲突在整个采购和合同执行过程中以世行可以接受的方式得到解决；或（4）根据某一具体采购使用的世行标准招标文件规定的任何其他利益冲突情况，某公司存在利益冲突。"

《世行贷款项目土建工程标准招标文件范本》中的"投标人须知"部分对投标人之间利益冲突亦有明确规定：投标人之间不应该有利益冲突。所有被发现有利益冲突的投标人将被宣布为不合格。如果存在以下情况，投标人将被视为与其他的一方或多方具有利益冲突：一是具有共同的控股股东（彼此之间具有直接或间接的隶属关系）；二是彼此之间直接或间接地接受或收到补贴；三是本次投标的法人代表相同；四是彼此之间具有直接或间接的关系，或者通过共同的第三方有关系，使其有条件获得影响其他投标人的信息，或影响本次招标买方的决定；五是在招标阶段，一个投标人进行了多于一个合同标段的投标。"一标多投"将导致其在本次招标中所涉及的所有投标都不合格，但此规定并不限制在多个投标中包含有同一个分包商；六是投标人一旦作为咨询公司参与本招标阶段工程的设计及技术准备，将被认为有利益冲突；七是投标人不应与业主或借款人为合同雇用的（或可能被雇用的）拟担任工程师的公司或实体有关系。

3. 原有立法对利益冲突限制规定之不足

我国招标投标领域的两部基本法律《招标投标法》和《政府采购法》均没有明确规定利益冲突规则。例如，《招标投标法》仅在第三十七条第四款中规定："与投标人有利害关系的人不得进入相关项目的评标委员会；已经进入的应当更换"。《政府采购法》第十二条规定："在政府采购活动中，采购人员及相关人员与供应商有利害关系的，必须回避。供应商认为采购人员及相关人员与其他供应商有利害关系的，可以申请其回避"。为了维护招标的公正性，《条例》第三十四条具体规定了利益冲突回避的具体情形和后果。

4. 本条限制投标的具体情形

（1）与招标人存在利害关系，可能影响招标公正性的法人、其他组织或者个人。本款限制情形的具体构成如下：首先，被限制的主体为投标人，包括自然人、法人和其他组织；其次，被限制主体之间存在利害关系；最后，另一个考察的因素是，这种利害关系是否"可能影响招标的公正性"。所谓"可能影响招标的公正性"，具体是指这种利害关系并不需要已经实质性损害到招标投标活动，而只需要对招标投标的公正性构成潜在威胁即可，因此对此因素理解、衡量的空间就更大，《条例》把自由裁量权留给了行政主管部门。

根据该款规定，即使投标人与招标人存在某种"利害关系"，但如果招标投标活动依法进行、程序规范，该"利害关系"并不影响其公正性的，就可以参加投标。

（2）单位负责人为同一人的不同单位不得参加同一标段投标或者未划分标段的同一招标项目投标。该款情形又具体分为：单位负责人为同一人的不同单位不得参加同一标段投标；单位负责人为同一人的不同单位不得参加未划分标段的同一招标项目投标。

此种情形中，被限制主体为投标人的单位负责人。因此，需要对单位负责人进行界定。现行法律中,《中华人民共和国会计法》（以下简称《会计法》）第五十条对单位负责人进行了明确界定:"单位负责人,是指单位法定代表人或者法律、行政法规规定代表单位行使职权的主要负责人。"根据上述规定,单位负责人包括法定代表人和法律、行政法规规定代表单位行使职权的主要负责人。法定代表人,是指由法律或者法人组织章程规定,代表法人对外行使民事权利、履行民事义务的负责人。例如,《公司法》第十三条规定,公司法定代表人依照公司章程的规定由董事长、执行董事或者经理担任。法律、行政法规规定代表单位行使职权的主要负责人,是指除法人以外,法律、行政法规规定的代表单位行使职权、对本企业日常生产经营活动和生产工作全面负责、有生产经营决策权的人员。例如,个人独资企业的负责人,依照《个人独资企业法》的规定,是指个人独资企业的投资人。

（3）存在控股或者管理关系的不同单位不得参加同一标段投标或者未划分标段的同一招标项目投标。所谓控股关系,根据《公司法》第二百一十六条规定,控股股东,是指其出资额占有限责任公司资本总额百分之五十以上或者其持有的股份占股份有限公司股本总额百分之五十以上的股东;出资额或者持有股份的比例虽然不足百分之五十,但依其出资额或者持有的股份所享有的表决权已足以对股东会、股东大会的决议产生重大影响的股东。所谓管理关系,是指不具有出资持股关系的其他单位之间存在的管理与被管理关系,如一些事业单位。

5. 投标人存在利益冲突的后果[1]

本条第三款规定,存在前两款规定情形的投标均无效。所谓无效,是指自始无效。只要存在本条前两款规定的情形,不论于何时发现,相关投标均应作无效处理。具体来说,在评标时,评标委员会应当否决其投标;中标公示后,招标人应当取消其中标资格;合同签订后,相关合同无效,应当恢复原状,不能恢复原状的中标人应当赔偿因此造成的损失。

6. 本条实施过程中存在的问题探讨

（1）利害关系界定。《条例》并未对"利害关系"进行明确界定,这在实践中会造成一定的困惑。参考其他相关法律规定,"利害关系"主要包括隶属关系、亲属关系和经济关系。隶属关系主要包括上下级的管理关系、控股或实际控制人关系、共同隶属同一单位的"兄弟单位"关系或者有行政主管关系等;亲属关系指的是投标人的法定代表人等高管人员与招标人的法定代表人等高管人员存在夫妻关系、亲属关系、亲密朋友关系或为同一人的情况;经济关系是指潜在投标人与招标人之间存在着各类交易或存在利益关系,比如债权关系、投资合作关系、服务咨询关系等。

需要注意的是,条文出台的原意是规范招标行为,避免串通投标或形式招标,因此认定潜在投标人和招标人之间利害关系的范围不宜作扩大解释。主要原因在于我国现有的公司经营现状中,大量的集团公司的公司经营结构和经营体系存在多元化并存的特点,往往建设单位的股东单位、或有关子公司单位均在业务上存在互相依存和交叉经营的关

---

[1] 国家发展和改革委员会法规司等. 中华人民共和国招标投标法实施条例释义［M］. 北京:中国计划出版社,2012:93.

系，或者是产业链的上下游关系，如果一律回避，将直接影响到相当一批公司的股权结构和治理结构的变化，并引发不必要的重组和资源浪费。

（2）可能影响投标公正性的界定。《条例》规定禁止有"利害关系"的投标人参与投标竞争还有一个非常重要的前提条件，就是这种利害关系"可能会影响招标公正性"，具体就是指违背招标投标中的公正原则。

招标投标活动中招标人的行为应当公正，具体是指招标人应当对所有投标人一视同仁、适用同一标准。"可能会影响到招标公正性"的界定，需要从招标人设置的招标条件、招标文件、评标办法等是否有倾向性，是否对所有潜在投标人适用同一标准等诸多方面进行考察。如果招标人在招标文件编制、投标人资格设置、评标专家的选取、开标、评标、定标等招标的各个环节，对每一位投标人均做到公开、公平、公正，并无任何证据明显显示对其他单位不公，此时是可以允许有利害关系的潜在投标人投标的。

实践中大量存在潜在投标人是招标人投资的具有法人资格的子公司的情况，很显然其与招标人存在利害关系。如果一概不允许其投标，实际上会造成另外一种不公平——剥夺该子公司的市场竞争机会。这种通过行政规定来限制市场经济主体的市场行为的方法是不符合市场经济规律的，也是不应该被提倡的。比如，《工程建设项目施工招标投标办法》（2013 年修订）第三十五条仅禁止"招标人的任何不具独立法人资格的附属机构（单位）……都无资格参加该招标项目的投标"，就是避免限制投标人具有独立法人资格的下属单位投标而制造另外一种不公。

（3）利益冲突之预防。本条第二款的执行会存在一些困难，主要原因如下：首先，从投标人的角度来说，即使几个投标人之间存在利害关系，基于其独立性和招标人对投标人信息的保密要求，互相之间也不一定知道利害关系方已经参与投标；其次，从招标人的角度来说，发现投标人之间是否存在控股管理关系，仅从营业执照等资格证明文件中很难对此进行判断。因此，解决本条第二款存在的利益冲突，应从招标人和投标人的角度进行解决。

第一，由于招标人识别利益冲突存在较大障碍，因此潜在投标人负有主动披露其可能存在本条第二款规定情形的义务，不主动披露则构成弄虚作假。签字投标人可以通过建立控股企业、管理企业之间的投标信息共享平台来解决这一投标风险。比如，集团内一个单位参与了某一项目投标的信息应立即在该共享信息平台显示，集团内的单位参加任何投标项目应首先到信息共享平台查询集团内是否有其他单位已经参加了该项目的投标。

第二，招标人应审慎审查投标人的资质。首先，招标人应严格审查投标人的营业执照，以直观判断投标人的法定代表人或者单位负责人是否为同一人；其次，招标人可以在招标文件中要求投标人在投标文件中提供在登记机关打印并加盖登记机关公章的企业注册基本资料，该资料可以显示投标人的股东名称和出资比例，在投标人股权结构比较简单的情况下可以判断出投标人之间是否存在控股和管理关系，必要时招标人主动向工商机关等部门查询相关资料以验证；再次，对于股权结构比较复杂的投标人，招标人可以在招标文件中要求投标人提供其股权结构图，包括其控股和被控股的股权结构，且应追溯到最终控制人，无论该最终控制人是自然人或者是国有资本，通过审查股权结构图，招标人可以从根本上判断投标人之间是否存在控股和管理关系；最后，为督促潜在投标人遵守该规定，招标人可以在招标文件中要求投标人提供书面保证，承诺其在投标时已经知会与其存在控股和管理关系的潜在投标人，并保证与其他投标人不存在控股和管理关系，若因此违反法律规定愿意承担相关的法律后果和法律责任❶。

▶ 案例 3-2

关联企业出现在同一标段是否合法❷

某城市快速路绿化工程（以下简称"该工程"或"本工程"）招标采用资格预审的公开招标方式进行招标，招标人为某市城建投资集团公司。2013 年 4 月 10 日，资格预审公告发布，公告显示，该工程分为 LH1、LH2、LH3、LH4、LH5、LH6 六个标段，Ⅰ类和Ⅱ类两个类别，其中Ⅰ类为边坡绿化工程，包括 LH1、LH2、LH3 三个合同标段；Ⅱ类为景观绿化工程，包括 LH4、LH5、LH6 三个合同标段；本次资格预审的资质条件是住房和城乡建设部颁发的城市园林绿化一级企业资质，资格预审不按标段、直接按类别进行，实行有限数量制，每个类别通过资格预审的申请人最多不超过 54 家（每个标段 18 家）。所有符合报名条件的潜在投标人均可以同时申请两个类别，可以有机会同时通过两个类别的资格审查，每通过一个类别的资格预审，合格的申请人将在该类别中有一次投标机会，但每个申请人最多只能在本次招标中中一个标，具体投标标段在发售招标文件前通过随机抽签的方式确定。

2013 年 5 月 15 日，招标人向所有资格预审申请人发出了资格预审结果通知书，并向合格的申请人发出了投标邀请。5 月 18 日，所有受邀请单位如期在省公共资源交易中心参与了标段抽签会并当场购买了招标文件，根据招标文件规定，开标日期为 6 月 20 日。5 月 21 日，招标人收到一封"关于某市政建设集团有限公司等三家关联企业共同投标的举报"匿名举报信，该信主要反映的内容是某市政建设集团有限公司（以下简称甲公司）为某园林建设集团有限公司（以下简称乙公司）的控股公司、为某园林设计工程有限公司（以下简称丙公司）的参股公司，三家企业系关联企业，却同时出现在Ⅰ类合同段中，其中甲、乙公司共同被抽取在了 LH2 合同段中，应当取消这三家单位的投标资格。

招标人对此展开了初步调查，发现反映的问题基本属实，通过调阅三家单位资格预审申请文件中的财务报表附注信息、三家单位所在地市工商部门网站和住房和城乡建设部门网站公布的公开信息，发现三家公司均为民营性质的公司制企业，三家公司之间存在一定的关联，但与举报信中反映的问题又有一定的差异，这种关联表现在：甲公司的法定代表人（董事长兼总经理）为江某，其个人拥有甲公司 60% 的股份，江某还拥有乙公司和丙公司 51% 和 12.5% 的股份。从营业执照和资质证书上来看，江某并未担任乙丙两家公司的法定代表人、企业负责人、技术负责人，从三份投标资格预审申请文件中经公证的法定代表人身份证明或法定代表人的授权委托书后的法定代表人身份证复印件来看，乙公司法定代表人（董事长兼总经理）刘某身份证上的住址与甲公司的法定代表人

---

❶ 吴晓辉. 对《招标投标法实施条例》第三十四条的若干思考 [J]. 中国招标，2014（1）：15.

❷ 汪才华. 关联企业出现在同一标段是否合法 [J]. 中国招标，2013（46）：17-18.

江某住址一致（后了解到为夫妻关系）。甲乙丙三家公司分别来自同一省三个不同的设区市，单位名称也没有任何关联。从外表上来看，这种关联一般很难发现。

分析

《条例》第三十四条是为维护招标投标公正考虑而对投标作出的限制性规定。该条第一款限制"与招标人存在利害关系可能影响招标公正性"的潜在投标人投标。该条第二款禁止单位负责人为同一人、具有控股关系（俗称母子公司）、具有管理关系（俗称上下级单位）的不同投标人，不得参加同一标段投标或未划分标段的同一项目的投标。否则，不同投标人的投标均无效。

根据案例表述，本案涉及的三个企业基本情况是：三家公司均为公司制企业，江某分别拥有甲、乙、丙三个公司60%、51%、12.5%的股份，江某系甲公司的法定代表人（董事长兼总经理），江某妻子系乙公司的法定代表人（董事长兼总经理）。上述关系表明，同为江某个人控股的甲乙公司且江某为甲公司法定代表人、江某妻子为乙公司法定代表人的情形不属于"存在控股或管理关系"的不同单位，但基于甲乙公司两个法定代表人之间为夫妻这一特殊关系，与《条例》第三十四条禁止的"单位负责人为同一人"的情形又有不同。根据上述分析，从形式上来看，甲乙丙三个公司之间并不存在《条例》第三十四条所禁止的情形。但笔者认为，对法律法规的理解要根据立法原意并结合冲突的具体特点灵活地理解，否则如本案情形若不被禁止，则会导致工程行业规避相关法律法规的行为愈演愈烈。

首先，甲乙丙三个公司特别是甲乙两个公司之间存在关联关系，应为关联企业。所谓关联企业，是指与其他企业之间存在直接或间接控制关系或重大影响关系的企业。相互之间具有联系的各企业互为关联企业。本案中，江某是三个公司的股东，且江某为甲公司法定代表人、江某妻子为乙公司法定代表人，应该被认定为关联企业。本案当中这种关联关系也会严重影响本次招标的公平、公正。虽然甲乙丙之间不存在单位负责人为同一人、控股和管理关系，但三个公司都与江某有关，特别是甲乙两个公司的单位负责人为夫妻，甲乙丙三个公司之间都属于绿化行业且都有资质，三个公司存在着密切的关联关系不容置疑。如果行业相同、业务范围相同的关联公司出现在同一项目的投标人中，让人很难相信其是清白的，其串通投标的嫌疑很难排除。

其次，虽然在现有法律条文下无明确规定关联企业不能参加同一项目投标，但根据《招标投标法》的基本原则，案例中所代表的关联企业（同一行业、同一竞争领域）的投标应被禁止。第一，对于《招标投标法》的法律属性，由于招标投标为合同订立的一种方式，其本质应为私法，应属于民法范畴；但同时需要注意，招标投标合同的订立也有大量属于程序法的内容。第二，民事法律规定依照确定性程度，可以分为确定性规定和不确定性规定两大类。确定性规定详尽无遗、具体全面地规定了公民进行民事活动的行为条件和行为模式，不给当事人在具体行为时保留自由裁量的内容；而不确定性法律规定并不对公民民事活动的行为模式和保证手段的内容及要件作十分确定、详尽无遗的规定，而是使用模糊概念，授予当事人以自由裁量、考虑具体情况解决具体问题的权力。当民法针对某一民事法律关系有确定性规定时，只能适用该法律规定而排除不确定性规定的适用。《招标投标法》第六条的规定"招标投标活动应当遵循公开、公平、公正和诚实信用的原则"是不确定性法律规定，而《招标投标法》第三十四条第二款的规定"单位负责人为同一人或者存在控股、管理关系的不同单位，不得参加同一标段投标或者未划分标段的同一招标项目投标"是确定性规定。所以，对案例中所述关联企业的情形，当没有确定性规定进行适用时，可以适用不确定性规则，即《招标投标法》第六条所确定的招标投标公开、公平、公正和诚实信用这些基本原则。第三，《招标投标法》第六条所确定的"公开、公平、公正和诚实信用"这一基本原则是其效力贯穿招标投标法始终的根本规则，是对作为招标投标法主要调整对象的本质和规律的集中反映，是克服法律局限性的工具。民法学家徐国栋教授指出，民法基本原则对社会生活关系的调整是通过以下两条途径实现的："民法规范将民法基本原则的一般要求具体化并将之与一定的法律效果相联系，从而间接地实现民法基本原则的法律强制性。在民法基本原则的一般要求无相应民法规范加以具体化的场合，民法基本原则以抽象的强制性补充规定的形式内化为民事法律关系的默示条款，由法官行使自由裁量权，根据立法的一般精神将其具体化为具体的补充规定，并选择相应的制裁或奖励措施，以实现民法基本原则的法律强制性❶"。因此，当招标投标的具体规定对某个明显有违公正的情形没有具体规定时，则可以适用招标投标的基本原则进行处理。综上，对案例中所表述的关联企业，禁止其投标是符合招标投标的立法本意及其基本原则的。

此外，需要注意的是，禁止存在利益冲突的投标人投标这一规则并不适用于资格预审。单位负责人为同一人或者存在控股、管理关系的不同单位，可以在同一招标项目中参加资格预审，但招标人只能选择其中一家符合资格条件的单位参加投标。具体选择方法，招标人应当在资格预审文件中载明。

3.2　投标文件的撤回与撤销

▶ 条文

第三十五条　投标人撤回已提交的投标文件，应当在投标截止时间前书面通知招标人。招标人已收取投标保证金的，应当自收到投标人书面撤回通知之日起 5 日内退还。投标截止后投标人撤销投标文件的，招标人可以不退还投标保证金。

▶ 解读

1. 本条立法目的

《招标投标法》第二十九条"投标人在招标文件要求提交投标文件的截止时间前，可以补充、修改或者撤回已提交的投标文件，并书面通知招标人。补充、修改的内容为投标文件的组成部分"的规定，仅涉及投标文件的"撤回"，并未规定投标文件的"撤销"情形。招标投标作为合同订立的一种方式，其行为也应遵守《合同法》关于合同订立的基本原则。

---

❶ 徐国栋. 民法基本原则解释［M］. 北京：中国政法大学出版社，1992：17.

《合同法》对合同订立过程中的"要约邀请"、"要约"、"承诺"、要约"撤回"和"撤销"均有明确规定。但由于《招标投标法》在立法时并未与《合同法》保持一致（实际也不可能保持一致），导致《合同法》与《招标投标法》对招标投标过程中某些行为的界定发生冲突，并直接导致招标投标业内学者对招标投标过程中的属性发生争议。本条的立法目的首先在于澄清相关争议并使招标投标中的术语与《合同法》保持一致，明确投标要约的撤回与撤销这两个基本概念。其次，本条还解答了投标保证金的没收与不予退还之争。招投标活动属于平等主体之间进行的民事活动，招标人与投标人之间法律责任属于民事责任。《民法通则》第一百三十四条规定："承担民事责任的方式主要有：（一）停止侵害；（二）排除妨碍；（三）消除危险；（四）返还财产；（五）恢复原状；（六）修理、重作、更换；（七）赔偿损失；（八）支付违约金；（九）消除影响、恢复名誉；（十）赔礼道歉。"该条并未规定没收这一民事责任。

商务印刷馆 1983 年出版的《现代商汉词典》第 804 页对"没收"是这样定义的，"把犯罪的个人或集团的财产强制地收归公有，也指把违反禁令或规定的东西收去归公"。"没收"往往是公权对私权的剥夺，其执行主体往往是国家机关或其授权组织，被没收的财产应收归国有，其他任何人都不得侵占和挪用。招标人往往就是企业或事业单位性质的项目法人，不具有国家机关的性质，投标人违反相关规定时，其投标保证金被招标人处置，属于招标人直接占有该保证金，当然不会收归国有或进入国库。但在属于公权力行为中的行政处罚和刑罚中，却对没收有明确界定。比如，我国《行政处罚法》中行政处罚种类有"没收违法所得、没收非法财物"、《刑法》中刑罚的附加刑有"没收财产"。因此"没收"投标保证金的说法不妥，应当是不予退还或者不予返还。

▶ 案例 3-3

投标保证金不予退还与没收之争

根据《洞头县发展和改革局关于县便民中心工程立项的批复》，洞头县城市开发建设部于 2011 年 9 月 26 日就洞头县便民中心工程项目进行公开招标，发布招标公告，并在招标文件中对工程地点、招标范围、投标人的资质要求、投标人应按要求直接提交投标保证金作为工程投标担保、在招标文件第 27 条中规定"各投标单位应严格遵守各项法律法规，在投标中公平竞争、不得串通投标、不得弄虚作假，如有发现，没收其全部保证金，并追究法律责任"。洞头县城市开发建设部委托浙江金穗工程项目部管理有限公司为洞头县便民中心工程项目进行招标代理。嗣后，浙江锐信建设工程公司参加了投标并按要求缴纳了投标保证金 80 万元，经审核获得投标资格。后经过开标、评标委员会评审，对浙江锐信建设工程公司于 2011 年 10 月 28 日取得第一中标候选人资格予以公示，公示期为公示之日起的三个工作日，并报洞头县规划建设局备案。在公示期内，洞头县规划建设局经核查确定浙江锐信建设工程公司投标部分存在虚假资料的事实，取消了浙江锐信建设工程公司的中标候选人资格。2012 年 3 月 21 日，洞头县城市开发建设指挥部根据《中华人民共和国招标投标法》、《洞头县便民中心工程招标文件》等规定作出了《关于没收浙江锐信建设工程公司投标保证金的通知》，没收了浙江锐信建设工程公司的投标保证金 80 万元，浙江锐信建设工程公司通过浙江嘉瑞成律师事务所于 2012 年 4 月 12 日向洞头县城市开发建设指挥部发出律师函，要求洞头县城市开发建设指挥部返还投标保证金，洞头县城市开发建设指挥部没有返还。

浙江锐信建设工程公司据此向法院起诉称：洞头县城市开发建设指挥部没收投标保证金没有依据。洞头县城市开发建设指挥部在《施工招标文件》第二章"投标须知"第 14.3 条规定了四种没收投标保证金的情形，该规定不符合法律对违约责任的有关规定，"没收"不是违约责任的一种形式，因此该部分约定无效。显然"没收"系行政处罚行为，只能由《行政处罚法》规定的有权实施的主体实施，洞头县城市开发建设指挥部不具备没收保证金的主体资格，更何况处罚在程序上也要依法到位。退一步讲，即便根据《投标须知》第 14.3 条，浙江锐信建设工程公司没有违反其中任何一款，洞头县城市开发建设指挥部通知中套用的第 4 款"经查实以虚假资料骗取中标的"也是以中标为前提，然而浙江锐信建设工程公司仅仅是第一中标候选人，仍处于公示阶段，尚未中标，"骗取中标"显然不成立，该轮招标投标程序已经结束，浙江锐信建设工程公司没有中标。根据合同约定，洞头县城市开发建设指挥部应当退还保证金。现浙江锐信建设工程公司诉至法院，要求判令洞头县城市开发建设指挥部立即返还浙江锐信建设工程公司投标保证金 80 万元以及利息损失（自起诉之日起按中国人民银行同期同类贷款基准利率，计算至实际返还之日止）。

一审法院认为：招标投标是在市场经济条件下进行大宗货物的买卖、工程建设项目的发包与承包以及服务项目的采购与提供时，所采取的一种交易方式，应遵循公开、公正、公平与诚实信用原则。《合同法》第四十二条规定，缔约过失责任存在的三种情形："（一）假借订立合同，恶意进行磋商；（二）故意隐瞒与订立合同有关的重要事实或者提供虚假情况；（三）有其他违背诚实信用原则的行为。"洞头县城市开发建设指挥部通过招标投标方式进行工程的土建及施工，浙江锐信建设工程公司递交了标书并参与竞标，洞头县城市开发建设指挥部接受标书，该要约已生效，应认为双方积极参与了合同的订立，《施工招标文件》对招标人和投标人的权利和义务已经作出了规定，对双方均有拘束力。本案中，浙江锐信建设工程公司作为中标候选人予以公示，后因提供虚假资料被取消中标资格，双方之间的招标投标买卖合同尚未成立，但因招标投标活动是合同签订的特殊方式和过程，双方在缔约过程中应遵守诚实信用原则，履行先合同义务，根据《施工招标文件》的第 27 条中约定"各投标单位应严格遵守各项法规，在投标中公平竞争，不得串通投标，不得弄虚作假，如有发现，没收其全部投标保证金，并追究其法律责任"，该条款可以理解为，浙江锐信建设工程公司在投标过程中不能提供虚假资料。如果提供了虚假资料，洞头县城市开发建设指挥部就可以没收投标保证金。现浙江锐信建设工程公司在投标过程中提供了虚假资料，其行为违反了先合同义务，浙江锐信建设工程公司已向洞头县城市开发建设指挥部缴纳的 80 万元投标保证金，该款项应视为缔约保证金，导致双方之间的招投标买卖合同未能成立，是因为浙江锐信建设工程公司在投标过程中提供了虚假资料，违背了诚实信用原则，致使合同目的无法实现。浙江锐信建设工程公司对洞头县规划建设局认定其在投标过程中存在虚假资料的事实并未提出书面异议，其应当承担《施工招标文件》中约定的责任，该投标保证金应由洞头县城市开发建设指挥部没收。《施工招标文件》第 14.3.4 条款约定提供虚假资料骗取中标的属于没收保证金的一种情况，该条款与《施工招标文件》中第 27 条的约定并无矛盾，《施工招标文件》第 14.3 条款规定的四种没收保证金的情形只是对第 27 条的例举，包含在第 27 条规定的内容，故洞头县城市开发建设指挥部没收浙江锐信建设工程公司保证金的行为没有违反双方当事人的约定。《施工招标文件》中约定的"没收"，按订立合同的目的、交易习惯以及诚实信用原则，"没收"的真实意思是不予返还保证金的意思，并非行政处罚意义上的"没收"，故浙江锐信建设工程公司提出没收是行政处罚行为，洞头县城市开发建设指挥部不具备没收保证金的主体资格的意见，本院不予采信，浙江锐信建设工程公司提出要求洞头县城市开发建设指挥部返还保证金及利息的诉求，不符合法律规定，本院不予支持。

一审判决后原告上诉，二审法院维持了原判。

分析

原告浙江锐信建设工程公司的起诉理由比较特殊：被告洞头县城市开发建设指挥部在《施工招标文件》第二章《投标须知》第 14.3 条规定了四种没收投标保证金的情形，该规定不符合法律对违约责任的有关规定，"没收"不是违约责任的一种形式，因此该部分约定无效。显然"没收"系行政处罚行为，只能由《行政处罚法》规定的有权实施的主体实施，洞头县城市开发建设指挥部不具备没收保证金的主体资格，更何况处罚在程序上也要依法到位。

民事责任与行政责任不分、民事责任与刑事责任不分的情况，在我国目前合同签约时经常发生。比如，工程合同中经常约定：如施工单位项目经理擅自离开项目 1 天，则罚款 1 万元；如乙方整改不到位，处罚金 1 万元。一旦发生纠纷，施工单位（乙方）经常会以合同约定的形式不合法而认为无效。司法机关在进行处理时，由于没有严格标准，也经常出现某法院认为有效，而其他法院认为约定无效的结果。

不仅普通民事主体在签约时对某些专用术语误用而引发纠纷，一些部门规章里也存在类似问题。比如，《工程建设项目施工招标投标办法》（2003）第四十条"在提交投标文件截止时间后到招标文件规定的投标有效期终止前，投标人不得补充、修改、替代或者撤回其投标文件。投标人补充、修改、替代投标文件的，招标人不予接受；投标人撤回投标文件的，其投标保证金被没收"、第八十一条第二款"中标通知书发出后，中标人放弃中标项目的，无正当理由不与招标人签订合同的，在签订合同时向招标人提出附加条件或者更改合同实质性内容的，或者拒不提交报要求的履约保证金的，招标人可取消中标资格，并没收其投标保证金"均使用了"没收"投标保证金的说法。"没收财物"是一种行政处罚，行政处罚时没收的财物应当上缴国库。同理，"投标保证金的没收"也是一样，没收后的投标保证金应当上缴国库。但实践中，招标人在执行第四十条与第八十一条时，投标保证金一般由招标人自行处理，那招标人的理解其实就是"不予退还"。

具体到本案，笔者认为法院的理解较为公平。首先，司法机关在解决类似纠纷时，应从我国合同签约现状出发。以工程行业为例，其从业人员一直存在法律意识淡薄的问题，导致其无法区分生活中常用的表述，如"没收"、"罚款"等属于何种法律责任；即使知道属于何种法律责任，又对具体法律责任的内涵无从得知。其次，对合同条款的解释不能机械地理解，而应考虑签约双方的具体状况、结合双方的意思表达而进行正确认定。因此，法院最终认定："《施工招标文件》中约定的"没收"，按订立合同的目的、交易习惯以及诚实信用原则，"没收"的真实意思是不予返还保证金的意思，并非行政处罚意义上的"没收"，故浙江锐信建设工程公司提出没收是行政处罚行为，洞头县城市开发建设指挥部不具备没收保证金的主体资格的意见，本院不予采信。"虽然法院用事实维护了实质正义，但也表明立法必须厘清投标保证金的"没收"与"不予退还"之争。

因此，《条例》第三十五条第二款明确规定："投标截止后投标人撤销投标文件的，招标人可以不退还投标保证金。"明确了"没收"投标保证金的说法不妥，应当是不予退还或者不予返还。其理由在于：招标投标活动属于平等主体之间进行的民事活动，没收是我国《行政处罚法》和《刑法》规定的一种行政处罚或者刑事处罚，属于公权力行为，并不适用于平等主体之间的民事行为。

2. 投标文件属于要约

招标投标的目的在于订立合同，或者说招标投标仅仅是合同订立过程中的环节。在法律上，合同的成立可以分为要约和承诺两个阶段。根据《合同法》第十四条，"要约是希望和他人订立合同的意思表示，该意思表示应当符合下列规定：（一）内容具体确定；（二）表明经受要约人承诺，要约人即受该意思表示约束。"要约内容具体确定是指要约必须具备足以使合同成立的必要条款。

法学界一般认为，招标是要约邀请，而投标是要约，中标通知书是承诺。我国《合同法》第十五条也明确规定，招标公告是要约邀请。但在我国工程领域，对招标的法律性质属于要约还是要约邀请的问题，即使在《合同法》颁布后仍然存在。

投标应是一种要约，因为投标符合要约的所有条件：它具有缔结合同的主观目的；一旦中标，投标人将受投标书的约束；投标书的内容有足以使合同成立的主要条件。而招标人向中标的投标人发出的中标通知书，则是招标人同意接受中标的投标人的投标条件，即同意接受该投标人的要约的意思表示，属于承诺❶。

3. 投标要约的生效时间

《合同法》第十六条规定："要约到达受要约人时生效。"即我国《合同法》采取"到达主义"而非"发信主义"，并且"到达系指相对人已居于可了解的地位即为已足，并非须使相对人取得占有"，故通知已送达于相对人的居住所或营业所，即为到达，不必交付相对人本人或其代理人，亦不问相对人是否阅读，该通知即可发生意思表示的效力。

根据《合同法》的这一规则，投标要约是否也为到达生效，即招标人接收投标文件后生效呢？如果按照该规则去处理投标要约，则招标投标中很多问题无法得到合理解决。

《招标投标法》是合同订立的特殊规定，《合同法》为合同订立的一般规则，因此，招标投标是合同订立的特别程序。基于招标投标的特殊性，投标要约的生效时间也应遵守特殊规则：投标要约的生效时间应为提交投标文件截止时间而非招标人接收投标文件的时间。上述结论基于以下原因。第一，与投标有效期的要求一致。《招标投标法》并未

---

❶ 何红锋. 招标投标法研究 [M]. 天津：南开大学出版社，2004：34.

对投标有效期进行明确规定，但之后的工程领域的部门规章如《工程建设项目施工招标投标办法》（国家计委等七部委令〔2003〕第30号）以及招标文件示范文本均对投标有效期进行了规定。《工程建设项目施工招标投标办法》（国家计委等七部委令〔2003〕第30号）第二十九条规定："招标文件应当规定一个适当的投标有效期，以保证招标人有足够的时间完成评标和与中标人签订合同。投标有效期从投标人提交投标文件截止之日起计算。"投标有效期的本义可以理解为"投标文件的有效期"，即投标人的投标文件在一定时间内对投标人有约束力。由于投标有效期是从提交投标文件截止之日（开标之日）起算，那么投标文件这个要约也应从提交投标文件截止时间起算，而不应该从招标人接收投标文件之时起算。第二，基于投标的特殊性，投标要约的生效时间也应对所有投标人采取一致要求，从而对投标人的后续行为处理提供支撑等。第三，投标文件经提交和签收，只是表明投标文件作为"要约"的载体已在空间上"到达"受要约人；基于招标投标活动本身的特点——在开标前，"招标人收到投标文件后，应当签收，不得开启"，作为要约的投标文件并没有在法律意义上"到达"作为受要约人的招标人；投标文件真正"到达"在于提交投标文件截止时间到达，投标人的投标文件才具有"要约到达"的实际意义——真正参与投标竞争。

4. 要约撤回与撤销的一般规定

《合同法》作为合同订立的一般规则，其对要约撤回与撤销的界定，是研究投标文件撤回与撤销的理论基础。

要约撤回，是指要约人在要约发生法律效力之前，使要约不发生法律效力的行为❶。要约作为订立合同的意思表示，在要约人发出要约后欲收回其意思表示、阻止要约生效的行为，应属于要约人的权利。基于此种考虑并为保护相对人利益，《合同法》第十七条规定："要约可以撤回。撤回要约的通知应当在到达受要约人之前或者与要约同时到达受要约人。"

《合同法》第十八条规定："要约可以撤销。撤销要约的通知应当在受要约人发出承诺通知之前到达受要约人。"根据该条，要约的撤销，指要约在生效之后，要约人欲使其丧失法律效力的意思表示。要约的撤销与撤回的区别在于：后者发生在要约生效之前，前者发生在要约生效之后；其共同点在于两者均发生于承诺生效之前，目的均为收回自己要约的意思表示。

5. 开标前投标人可以撤回投标文件

根据《招标投标法》第三十四条规定："开标应当在招标文件确定的提交投标文件的截止时间的同一时间公开进行。"所以，《招标投标法》第二十九条中的"提交投标文件的截止时间前"就是开标时间之前，也即是要约到达受要约人的时间之前。招标投标要求开标应公开进行，并且基于招标投标的严肃性，开标同时撤回要约即撤回投标已无可能。故《合同法》中"撤回要约的通知……或者至少与要约同时到达"在招标投标过程中就失去了意义。所以，《招标投标法》第二十九条规定："投标人在招标文件要求提交投标文件的截止时间前，可以补充、修改或者撤回已提交的投标文件，并书面通知招标

---

❶ 韩世远. 合同法总论［M］. 北京：法律出版社，2008：76.

人。"即投标要约的撤回只有一种方式：在提交投标文件截止时间（开标）之前。

本条第一款在《招标投标法》第二十九条的基础上，进一步重申："投标人撤回已提交的投标文件，应当在投标截止时间前书面通知招标人。"此外，基于投标保证金约束的是投标人的投标义务，并且投标保证金的有效期与投标有效期一致（即投标保证金的有效期也是从提交投标文件截止之日起开始计算，是在投标截止时间后生效）。投标人撤回投标文件后，招标人应当退还其投标保证金。针对招标实践中存在的迟迟不退还投标保证金、损害投标人利益的问题，本条第一款对退还投标保证金的时限提出了明确要求，即招标人应当自收到投标人书面撤回通知之日起 5 日内退还。

6. 开标后禁止投标人撤销投标文件

投标文件在提交投标文件截止时间后一直在投标有效期内，对投标人均具有约束力；并且投标文件基于对招标文件的实质性响应，均明确了投标文件属于不可撤销的要约。因此，在提交投标文件截止时间后，投标文件这一要约已经生效且属于不可撤销的要约，投标人在投标有效期内撤销其投标文件应当承担相应的法律责任。

投标人在开标后、投标有效期内如果撤销投标文件的，违反了投标文件中关于不可撤销的保证，给招标人的招标活动带来了影响：轻则导致投标人人数减少，重则可能使合格投标人不足三人，导致重新招标。这些行为发生在中标通知书发出之前，属于缔约过程中的违法行为，违反了先合同义务，投标人或者是中标候选人应为此承担缔约过失责任。此种情形下，招标人有权不予退还投标人已经缴纳的投标保证金，投标保证金不足以弥补招标人损失的，投标人依法还应对超出部分的损失承担赔偿责任。由于投标人撤销投标文件并不必然影响竞争，也不必然造成招标人损失，所以本条第二款规定投标人撤销投标文件的，招标人可以不退还投标保证金。是否退还由招标人根据潜在投标人的数量在招标文件中明确。

案例 3-4

"陪标人"能否撤回投标文件

某工程建设项目招标文件规定 2013 年 9 月 5 日上午 9 点整开标，在提交投标文件投标截止时间前，5 个投标人依次递交了投标文件，并按规定缴纳了投标保证金。招标代理机构做好了一切准备，就等正式开标时履行各项程序。

在 8 点 58 分时，即还有 2 分钟即到提交投标文件截止时间，意想不到的情况突然发生了。在已经提交投标文件的 5 个投标人中，有 3 个提出要撤回投标，表示因单位自身原因不再参加此次竞争。该情况让招标人和招标代理机构措手不及，因为在立刻就要开标的情况下，若这 3 个投标人不再投标，就意味着此项目只能因有效投标人数量不足而无法开标。

这时，另一家未提出撤回投标的投标人主动举报，要求撤回的 3 个投标人曾在其他地方组织的招标投标活动中有过串标记录并被处罚。这家投标人认为，3 个投标人在此时作出不合时宜的举动定有蹊跷，建议招标代理机构和招标人查明后再作决定。为稳妥计，招标代理机构与采购人协商后决定该项目暂停进行，但投标保证金暂不予退回，查明情况后再行处置。此举遭到 3 家投标人的强烈抗议。

经多方查证，此 3 家投标人果然为"陪标人"。事情起因是某实力较强的企业对该项目产生浓厚兴趣，为了能够力拔头筹，暗中串通了 3 家投标人为其陪标。没想在开标当天，该供应商因交通问题无法及时赶到开标现场，本无意真正参与竞争的 3 家陪标人只能在正式开标前撤回投标，以免"喧宾夺主"。

如此一来，招标代理机构决定不予退还 3 家陪标人的投标保证金，但被这三家投诉到有关监管部门。

分析

《合同法》第十七条规定："要约可以撤回。撤回要约的通知应当在要约到达受要约人之前或者与要约同时到达受要约人。"第十八条规定："要约可以撤销。撤销要约的通知应当在受要约人发出承诺通知之前到达受要约人。"要约的撤回与撤销的区别在于要约是否生效，在要约生效之前可以撤回，要约生效之后可以撤销。之所以允许要约撤回，是因为要约的撤回成本小，受要约人在知情之前或者知情的同时也了解到了要约人取消要约的通知，受要约人无须作出任何意思表示，也不需要对达成合同作任何准备。而要约的撤销，受要约人或许已经做了准备，此时必须要将成本控制到较低阶段，即在受要约人承诺之前可以撤销。投标文件属于要约，其生效的时间为提交投标文件的截止时间。由于撤回的行为发生在开标之前，此时投标文件未被开封，更为重要的是，其也没有产生任何法律效力，也可以理解为招标人可视为该投标人从未参与过投标，因此《招标投标法》第二十九条规定："投标人在招标文件要求提交投标文件的截止时间前，可以补充、修改或者撤回已提交的投标文件，并书面通知招标人。补充、修改的内容为投标文件的组成部分。"《条例》第三十五条进一步规定："投标人撤回已提交的投标文件，应当在投标截止时间前书面通知招标人。招标人已收取投标保证金的，应当自收到投标人书面撤回通知之日起 5 日内退还。"因此，投标文件在提交投标文件截止时间前撤回是合法的，招标人不应阻拦而且应该依法退回投标人的投标保证金。本案中，三位投标人在距离开标两分钟前要求撤回投标文件，符合相关法律规定，应准予撤回。招标人如果认为三位投标人有串通投标等嫌疑，应根据其他规定进行处理，而不能拒绝其退回的要求。

此外，投标文件在法理上是附带生效条件的要约，但如果投标人撤销投标则情况不同，此时投标文件及其作出的投标承诺已经产生了法律效力，再行取消则性质严重，所以，《条例》第三十五条第二款明确规定："投标截止后投标人撤销投标文件的，招标人可以不退还投标保证金。"

3.3 投标文件的拒收

条文

第三十六条 未通过资格预审的申请人提交的投标文件，以及逾期送达或者不按照招标文件要求密封的投标文件，招标人应当拒收。

招标人应当如实记载投标文件的送达时间和密封情况，并存档备查。

解读

1. 本条立法目的

投标文件属于要约,是投标人响应招标文件、参与招标项目竞争并最终获得中标资格的基础,涉及投标人的核心利益。如果投标文件被拒收,则意味着投标人丧失了参与竞争的机会,因此拒收投标文件是招标投标过程中最容易引发纠纷和争议的行为之一。为了避免拒收投标文件导致相应的纠纷或损失,无论是投标人还是招标人,均需严格按照法律、法规等的相应规定执行,依法递交投标文件,依法拒收投标文件,依法保护自身合法权益。

《招标投标法》第二十八条第二款规定:"在招标文件要求提交投标文件的截止时间后送达的投标文件,招标人应当拒收。"根据该款规定,招标人拒收投标文件的情形只有一种:逾期送到的投标文件。但具体到实践,相关部门规章以及招标人的招标文件,又会增加很多种拒收投标文件的情形。由于投标文件不仅涉及投标人的核心利益,而且还涉及招标投标活动的公开、公平、公正和诚实信用原则,因此《条例》有必要统一规定招标人可以拒收投标文件的情形。

2. 招标人应当拒收投标文件的情形

本条规定在三种情形下,招标人应当拒收投标人的投标文件:

(1)未通过资格预审的申请人提交的投标文件。《条例》第十九条规定:"资格预审结束后,招标人应当及时向资格预审申请人发出资格预审结果通知书。未通过资格预审的申请人不具有投标资格。"根据这一规定,潜在投标人通过资格预审是获得投标资格的前提,申请人未通过资格预审的,不具备投标资格,既没有必要也不应该再让其编制和提交投标文件。因此,未通过资格预审的申请人即使递交了投标文件,招标人也应当拒收。

(2)逾期送达的投标文件。提交投标文件截止时间的设置,在于给所有投标人公平竞争的机会:保证所有投标人有基本相同的投标文件编制时间;统一投标要约的生效时间;统一开标时间等。而逾期送达的投标文件,是指投标人将投标文件送达招标文件规定的地点这一时间节点超过了招标文件规定的投标截止时间。如果接收,则意味着给投标人进行不正当竞争开启了一道大门:逾期送达投标文件的投标人基于利益衡量,为了借机获取其他投标人的相关信息而导致不公平竞争。并且此处需要明确的是,在对逾期送达进行认定时,采取严格责任原则,即不考虑逾期的原因,只要有逾期事实存在就应当拒收,而不去考虑该逾期是由于投标人自身原因导致的,还是由于不可抗力等客观原因导致的。

(3)未按招标文件要求密封的投标文件。投标文件密封作为投标人对于其提交的投标文件按照招标文件要求进行包封并作必要标识的一项法定流程,对于保证开标前投标文件内容不被他人特别是其他潜在投标人获悉、防止投标文件被人为替换或篡改、提高招标投标的严肃性和规范性等,具有一定的作用。需要注意的是,招标文件应详细载明有关投标文件的密封要求,并尽量简化,不宜过多、过繁、过严。即使投标文件的密封情况与招标文件规定存在偏离,应当允许投标人在投标截止时间前修补完善后再提交,而不应将其扣留作为无效投标。如果投标文件密封存在细微偏离,可以详细记录实际情况并让投标人代表签字确认后予以接收。总之,应尽可能减少投标文件因密封不符合要求而被拒收的情形❶。

3. 拒收投标文件的主体

相关规定对招标人应当拒收投标文件的情形多有涉及:

(1)《招标投标法》第二十八条第二款规定:"在招标文件要求提交投标文件的截止时间后送达的投标文件,招标人应当拒收。"

(2)《条例》第三十六条规定:"未通过资格预审的申请人提交的投标文件,以及逾期送达或者不按照招标文件要求密封的投标文件,招标人应当拒收。"

(3)《工程建设项目施工招标投标办法》第五十条:"投标文件有下列情形之一的,招标人应当拒收:(一)逾期送达;(二)未按招标文件要求密封。"

(4)《电子招标投标办法》第二十七条:"投标人应当在投标截止时间前完成投标文件的传输递交,并可以补充、修改或者撤回投标文件。投标截止时间前未完成投标文件传输的,视为撤回投标文件。投标截止时间后送达的投标文件,电子招标投标交易平台应当拒收。"

从以上法律、行政法规和部门规章等规定可知,有权拒收投标文件的法定主体有两类:一类是招标人;另一类是电子招标投标交易平台。那么,在实践中存在的大量招标代理机构拒收投标文件的现象,是否符合法律规定呢?

首先,招标人与招标代理机构是委托代理关系,招标代理机构不仅应当在其资格许可的范围内,而且还要在招标人委托的职责范围内,以招标人的名义依法办理相关招标事宜,其行为后果由招标人承担。拒收投标文件作为招标人的一项法定权利,招标代理机构是不具备的,除非招标人明确通过授权委托书等文件,将此等权利依法委托招标代理机构代为行使。在授权委托的情形下,招标代理机构将获得拒收投标文件的权利。

其次,《条例》第十三条规定:"招标代理机构代理招标业务,应当遵守招标投标法和本条例关于招标人的规定。"既然招标代理机构以招标人的名义办理招标事宜,《招标投标法》和《条例》关于招标人的规定,自然适用于招标代理机构。考虑到并非所有招标项目都委托招标代理机构进行代理,以及为了避免重复,本条从立法技术上做了处理,即明确了招标代理机构代理招标业务,应当遵守《招标投标法》和《条例》关于招标人的规定。

▶ 案例 3-5

拒 收 投 标 文 件

2013 年 7 月 31 日上午,9 个投标人参加某施工项目的投标,该项目由 A 招标代理

❶ 国家发展和改革委员会法规司等. 中华人民共和国招标投标法实施条例释义[M]. 北京:中国计划出版社,2012:96.

机构代理招标事宜。在开标前，共有4家公司的投标文件被拒收。

来自北京的投标人甲公司抱怨说：他们的投标文件完全是按照招标代理机构提供的招标文件要求制作的，为保险，他还特地询问了招标代理机构的工作人员，才把招标代理机构规定的拆封时间写了上去，没想到却因为落款时间不符合招标中心的规定，被退了回来。

来自广东的投标人乙公司说：根据招标要求，投标文件递交的截止时间是7月31日上午10时，他们在截止时间之前递交了文件，也按要求进行了密封，但招标单位以文件袋上没有注明"开标时才能启封"字样为由，拒收招标文件，直接将他们请了出去。

来自天津的丙公司说：由于支票开具错误，在提交投标文件截止时间之前，没有提交投标保证金。招标代理机构以未提交投标保证金为由拒收投标文件。

来自河北的丁公司代表在开标时间过了四五分钟后，才拎着一个大袋子气喘吁吁地跑过来对招标代理机构的工作人员说："不好意思，电梯坏了，我来晚了一点。"边说边把投标文件递给该工作人员。后在该代表的哀求下，该工作人员收下了这份迟到的投标文件，并把它送进评标室与先前收的投标文件放在一起。

分析

在招标投标活动当中，拒收投标文件是最容易产生纠纷和争议的行为之一。其原因在于拒收投标文件不仅涉及投标人和招标人的核心利益，还涉及招标投标活动的公开、公平、公正和诚实信用原则。为了避免拒收投标文件导致相应的纠纷或损失，招标投标的当事人均需严格依法递交投标文件、依法拒收投标文件。

为了厘清招标实践中拒收投标文件的乱象，《条例》第三十六条规定："未通过资格预审的申请人提交的投标文件，以及逾期送达或者不按照招标文件要求密封的投标文件，招标人应当拒收。"根据该条规定，招标人应当拒收投标文件的情形有三种：一是未通过资格预审的申请人提交的投标文件；二是逾期送达的投标文件；三是不按照招标文件要求密封的投标文件。

案例当中，来自河北的丁公司代表以电梯坏非其过错哀求招标人接收投标文件，招标人工作人员被其打动而予以接收的行为是错误的。根据《条例》第三十六条规定，逾期送达的投标文件，招标人应予以拒收。逾期送达是指投标人将投标文件送达招标文件规定地点的时间超过了招标文件规定的投标截止时间。投标文件的逾期送达，无论是由于投标人自身原因导致的，还是由于不可抗力等客观原因导致的，招标人都应当拒绝接收。这既是为了保证所有投标人有相同的投标文件准备时间，也是为了防止逾期送达投标文件的投标人借机获取其他投标人的相关信息而导致不公平竞争。因此，案例当中，丁公司的投标文件因逾期而应当被拒收。

案例当中，丙公司没有提交投标保证金，是否应该被拒收呢？笔者认为，答案应当是否定的，丙公司的投标文件不应被拒收。首先，《条例》第三十六条规定的三种拒收投标文件是法定情形，即仅此三种情形才是招标人接收投标文件的例外，为了避免引起争议，防止滥用拒收权，招标人不得扩大拒收投标文件的范围。其次，投标保证金是投标人按照招标文件规定的形式和金额向招标人递交的，约束投标人履行其投标义务的担保。招标投标作为一种特殊的合同缔结过程，投标保证金所担保的主要是合同缔结过程中招标人的权利，不仅其是否收取以及是否退还取决于当事人意思自治，而且不按招标文件提交投标保证金或者提交的投标保证金不符合招标文件规定的，是否构成无效投标亦取决于当事人的意思自治。例如，《条例》第五十一条并未将没有按要求提交投标保证金作为法定的否决投标的理由，是不是否决投标由招标人在招标文件中规定。综上，没有提交投标保证金的投标文件不仅不属于被拒收的情形，而且其是否被否决投标也取决于招标人在招标文件中是否作出了规定。

甲乙两个公司的密封不符合要求，招标人拒收投标文件是符合《条例》第三十六条规定的。但是在实践中，拒收密封不合格的投标文件最容易引发争议，究其原因是因为对密封的目的存在一些认识上的差异。世行提倡忽略密封问题，如世界银行《标准招标文件——货物采购》"23.2"中规定："如果全部信封未按要求密封和加写标记，买方对误投或过早启封概不负责。"也就是说，投标人并不会因为密封问题被取消投标资格，但因此造成的误投或投标信息意外泄漏等损失由其自己承担。而我国立法则认为密封投标文件的目的是为了防止泄露投标文件信息而导致串标，保护招标投标双方合法权益不受侵害，分清招标投标双方的泄密责任。因此，投标文件的密封采取了严格要求。但是，我们不应忽略拒收密封文件所带来的一些弊端。比如案例中，招标人对密封要求的规定过于烦琐，而现场接收投标文件的工作人员在执行这一规定时，又过于苛刻，引发争议在所难免。笔者建议，招标文件中有关投标文件的密封要求，应尽可能简化，不宜过多、过繁、过严。在接收投标文件时，如果密封存在细微偏离，可以详细记录实际情况并让投标人代表签字确认后予以接收，尽可能减少投标文件因密封不符合要求而被拒收的情形。此外，密封的唯一作用是保密，即保护密封件当事人的有关信息不提前泄露；密封检查是投标人与招标人对投标文件的交接手续，与第三者无关。为了避免失密责任不清，可以对未按要求密封的投标文件拒收，但应允许投标人在投标截止时间前改正后再行递交。

3.4 联 合 体 投 标

▶ **条文**

第三十七条 招标人应当在资格预审公告、招标公告或者投标邀请书中载明是否接受联合体投标。

招标人接受联合体投标并进行资格预审的，联合体应当在提交资格预审申请文件前组成。资格预审后联合体增减、更换成员的，其投标无效。

联合体各方在同一招标项目中以自己名义单独投标或者参加其他联合体投标的，相关投标均无效。

▶ **解读**

1. 联合体共同投标概念及其特征

根据《招标投标法》第三十一条，联合体共同投标，是指由两个以上的法人或者其他组织共同组成非法人的联合体，以该联合体的名义，即一个投标人的身份参加投标的组织方式。

联合体投标人应当具有以下一些法律特征：

第一，必须签订联合协议。联合协议是联合体投标人存在的基石，联合体各方通过签订联合协议，明确各自在联合体中应承担的工作和义务。联合体投标人在参加投标时，必须向招标人提交联合协议。

第二，不具备独立的法律人格。联合体为共同投标并在中标后共同完成中标项目而组成的临时性组织，联合体的任何成员不可重复投标。联合体投标人内容是一种松散的联营关系，联合体各方之间这种靠合同的约束组成的组织体，不产生新的经济实体，不具备独立的法律人格。它表面上是以一个投标人的身份参加投标，但中标后却不能以联合体的名义与招标人签订合同，而是由联合体各方共同与招标人签订采购合同。

第三，联合体各方承担连带责任。《招标投标法》第三十一条规定："联合体中标的，联合体各方应当共同与招标人签订合同，就中标项目向招标人承担连带责任。"此处联合体的连带责任，不仅包括联合体各方应就采购合同约定的事项对招标人承担连带责任，还应就联合体投标人在接到中标通知书后放弃中标项目，给招标人造成的损失承担连带责任。所谓联合体各方的连带责任，就是指在联合体应当对采购人承担民事法律责任的情形下，采购人有权向任何一个、几个或全部联合体成员提出要求履行全部义务的请求。当某一个联合体成员履行了全部义务后，该成员有权要求其他负有连带责任的联合体成员偿付（后者）应当承担的份额。

第四，联合体投标应当是潜在投标人的自愿行为，也只有在这种自愿的基础上，才能发挥联合体的优势。因此，招标人不得强制投标人组成联合体共同投标。

2. 联合体各方应当具备的条件

《招标投标法》第三十一条规定："联合体各方均应当具备承担招标项目的相应能力；国家有关规定或者招标文件对投标人资格条件有规定的，联合体各方均应当具备规定的相应资格条件。由同一专业的单位组成的联合体，按照资质等级较低的单位确定资质等级。

这一规定无论在理论还是实践中都引起较大争议。部分学者认为，这一规定与国际上的通行做法是大相径庭的，应是我国《招标投标法》的重大缺陷。不能否认的是，我国《招标投标法》将联合体共同投标纳入立法中，是受了国际上通行做法的影响，我国是没有联合体投标传统的。但是，在国际上允许联合体（在《招标投标法》颁布前我国大多翻译为"联营体"）共同投标是通行的做法。主要的原因在于：大多数市场经济国家没有像我国这样的建设领域资质等级的制度，而对于建设工程而言，如果承包商没有经验，业主是不可能把工程交给他的。因此，对于没有经验的承包商（包括新进入工程承包领域的承包商和没有类似工程经验的承包商两种情况），只能与其他有经验的承包商组成联合体。当然，其他有经验的承包商愿意与没有经验的承包商组成联合体，是因为没有经验的承包商有其他优势，比如资金或者设备方面的优势。因此，可以说联合体共同投标是承包商成长的必经之路。从上面的分析我们不难得出这样的结论：联合体各方在资格预审中，应当是优势互补的。而我国《招标投标法》对联合体的规定，会导致联合体各方的劣势互补，这样就从根本上消灭了联合体存在的意义和价值。因此，我国《招标投标法》对联合体的规定应当进行修改，特别是随着市场经济的发展、政府对市场干预的减弱，这种修改会变得更加迫切。很遗憾的是，《条例》并未对该问题进行回应。

3. 招标人有无权利接受或拒绝联合体投标

关于招标人是否有权接受或拒绝联合体投标，实践中存在争议。

观点一认为招标人无权拒绝联合体投标。该观点认为，《招标投标法》第三十一条规定："两个以上法人或者其他组织可以组成一个联合体，以一个投标人的身份共同投标。"同时，只要潜在投标人满足《招标投标法》第二十五条"投标人是响应招标、参加投标竞争的法人或者其他组织"和第二十六条"投标人应当具备承担招标项目的能力；国家有关规定对投标人资格条件或者招标文件对投标人资格条件有规定的，投标人应当具备规定的资格条件"，就可以自由进入到投标竞争，任何单位和个人不能采用任何方式阻挠和限制潜在投标人自由进入本地区和本行业的政府采购市场。

此外，联合体的性质和特征希望形成联合体间的资源互补，使联合体各方降低风险和成本，增加竞争力，而拒绝联合体投标则会使一些潜在投标人的竞争力下降，降低其中标的机会；更进一步来看，由两个以上的单位组成联合体投标，只会提高联合体中标人的履约能力，不会损害招标人的利益，限制联合体投标，与法律的本意不符。

观点二则认为招标人有权决定是否接受联合体投标。该观点认为，《招标投标法》第三十一条规定中"可以"的表述，属于授权性规范。并且该规定的本意在于，是否组成联合体投标应是潜在投标人的权利。潜在投标人可以组成联合体参与投标，也可以不组成联合体而单独投标。从该条当中，并不能直接得出作出"招标人不得禁止联合体投标"的强制性规定。

此外，《招标投标法》第二十六条也规定："投标人应当具备承担招标项目的能力；国家有关规定对投标人资格条件或者招标文件对投标人资格条件有规定的，投标人应当具备规定的资格条件。"也就是说，招标人可以根据招标项目的特点对投标人的资格条件提出特定要求，只要该要求不对投标人采取歧视、差别待遇，遵守公开、公平、公正和诚实信用原则即可。

本条第一款实际上是对上述争议进行了回答：招标人有权决定是否允许联合体投标。但根据招标投标的实践和惯例，招标人行使该权利时应根据招标项目的实际情况和潜在投标人的数量自主决定。一些大型复杂项目对投标人的资格能力要求较高，能够满足要求的单个潜在投标人较少，具备一定资格能力的潜在投标人只有组成联合体，才具备参与竞争的条件。为保证充分竞争，招标人有必要对潜在投标人进行摸底调查。如果市场上单个潜在投标人的数量能引起竞争，且单个潜在投标人具备独立承担招标项目的能力，可以不接受联合体投标，以防止潜在投标人利用组成联合体降低竞争效果。如果单个潜在投标人不具备独立承担招标项目的能力，或者不容易引起竞争，则应允许联合体投标。无论何种情形，招标人不得通过限制或者强制组成联合体达到排斥潜在投标人、造成招标失败以规避招标等目的❶。

本条第一款虽然明确了是否接受联合体投标由招标人自主决定，但同时从公开角度，对招标人该权利的行使设置了补充义务："招标人应当在资格预审公告、招标公告或者投标邀请书中载明是否接受联合体投标。"这一补充义务要求便于有意参加投标的潜在投标人能够综合招标项目的具体要求和自身能力，有足够的时间决定是否参与投标以及是否与其他潜在投标人组成联合体参与投标。

4. 联合体在通过资格预审后的变更受限

资格预审，是指招标人在招标开始之前或者开始初期，由招标人对申请参加投标的潜在投标人进行资质条件、业绩、信誉、技术、资金等多方面的情况进行资格审查。资格预审有以下作用：排除不合格的投标人；降低招标人的采购成本、提高招标工作效率；吸引实力雄厚的投标人。

招标项目允许联合体投标并有资格预审的，联合体成立的时间节点应在资格预审申请前，其目的在于确定联合体的资格条件是否符合招标项目的要求。联合体通过资格预审后如果发生变化，首先，变化后的联合体已经不属于原来的联合体，如果允许变化则意味着先前的资格预审就失去了存在意义；其次，资格预审后允许联合体变化，则会给招标人与潜在投标人之间的串通投标等行为提供可乘之机。基于上述考虑，本条禁止联合体在通过资格预审后进行变更，否则相关投标均无效。

5. 联合体成员应一标一投

本条第三款"联合体各方在同一招标项目中以自己名义单独投标或者参加其他联合体投标的，相关投标均无效"的规定，是为了防止投标人在同一项目中利用不同组合同时提交多份投标文件或者投标报价，实施多次投标、围标的不公平竞争行为。这一要求与原《工程建设项目施工招投标办法》第四十三条"联合体在投标文件截止之日前成员发生变化，而只要新联合体成员符合资格预审要求的，经招标人同意，新联合体的投标仍然有效"的规定相比，显然更为严格。同时，对其他未中标的投标人也更为公平。因此，联合体成员以自己的名义在同一招标项目中投标的，联合体和联合体成员的投标均无效。联合体成员又加入其他联合体，在同一招标项目中投标的，有该成员参加的所有联合体投标均无效。

▶ 案例 3-6

联合体在资格预审后变更联合体成员

某电梯采购及安装项目接受联合体投标，在资格预审文件中规定的资格条件为：

（1）在中国境内依法注册且具有独立法人资格。

（2）制造商或代理商，其中制造商的注册资金不少于 5000 万人民币，代理商具有制造商对本采购项目唯一授权书且注册资本金不少于 200 万元人民币。

---

❶ 国家发展和改革委员会法规司等. 中华人民共和国招标投标法实施条例释义［M］. 北京：中国计划出版社，2012：98.

（3）具备国家建设主管部门颁发的电梯安装工程专业承包二级及以上资质、国家质量监督检验检疫总局颁发的特种设备安装改造维修许可证 B 级；若不具备，则必须作为牵头人与符合本款电梯安装资质要求的安装单位组成联合体参加投标，并在资格审查文件中提交联合投标协议。

（4）制造商必须具备国家质量监督检验检疫总局颁发的特种设备制造许可证 B 级，通过了质量管理体系 ISO9000 系列认证，成功运行两年以上。

（5）在项目所在市设有产品售后服务网点。

A、B、C 三个成员组成联合体，其情况分别是：

成员 A：在国内依法注册的制造商，其注册资本金 6000 万元人民币。该企业 3 年前通过了质量管理体系 ISO9000 系列认证。

成员 B：具有建设部颁发的电梯安装工程专业承包一级资质，同时具有国家质量监督检验检疫总局颁发的特种设备安装改造维修许可证 A 级证书。

成员 C：具有建设部颁发的电梯安装工程专业承包二级资质，同时具有国家质量监督检验检疫总局颁发的特种设备安装改造维修许可证 B 级证书。

按照其签订的联合体协议书，成员 A 提供电梯设备；成员 B、C 共同负责施工安装及维护，并约定成员 A 为牵头人。该联合体通过了资格预审。

资格预审后，成员 A 认为 D 具有建设部颁发的电梯安装工程专业承包一级资质，同时具有国家质量监督检验检疫总局颁发的特种设备安装改造维修许可证 A 级证书，比成员 C 的条件更为优越。遂与 CD 进行协商，将成员 C 更换为 D，并按新的联合体成员组成情况编制了投标文件。

分析

根据《招标投标法》第三十一条的规定，由同一专业的单位组成的联合体，按照资质等级较低的单位确定资质等级，这里的专业是指联合成员按照协议分工承担的专业。本案中，ABC 组成联合体，其中 A 符合资格预审文件中制造商的条件。依据联合体协议分工，成员 B、C 负责施工安装。成员 B 具有建设部颁发的电梯安装工程专业承包一级资质和国家质量监督检验检疫总局颁发的特种设备安装改造维修许可证 A 级证书，成员 C 具有建设部颁发的电梯安装工程专业承包二级资质和国家质量监督检验检疫总局颁发的特种设备安装改造维修许可证 B 级证书。依照法律规定，该联合体的施工资质为电梯安装工程专业承包二级和特种设备安装改造维修许可 B 级，该联合体已经满足本项目的资格要求。因此该联合体通过了资格预审。

资格预审后，考虑到 D 比 C 的条件更为优越，有利于增强联合体在本项目招标投标活动中的竞争力，于是将成员 C 更换为 D，组成新的联合体。新组成的联合体施工资质为电梯安装工程专业承包一级和特种设备安装改造维修许可 A 级。然而，《条例》第三十七条明确规定，招标人接受联合体投标并进行资格预审的，联合体应当在提交资格预审申请文件前组成。资格预审后联合体增减、更换成员的，其投标无效。所以，本案中，联合体虽然通过更换成员提高了自己的资质等级，但是由于违反了《条例》的规定，该联合体的投标为无效投标。

3.5　投 标 主 体 变 化

▶ **条文**

第三十八条　投标人发生合并、分立、破产等重大变化的，应当及时书面告知招标人。投标人不再具备资格预审文件、招标文件规定的资格条件或者其投标影响招标公正性的，其投标无效。

▶ **解读**

1. 立法目的

招标投标进行中，投标人因为自身经营原因会发生如合并、分立、破产、法定代表人变更等重大变化，大多为企业经营发展中的正常行为，发生此类重大变化本无可厚非。但投标人的重大事项变更存在以下问题。第一，在实践中，有些投标人故意变更单位名称，借名称变更，而以履行主体发生了变化或认为原主体已不复存在来对抗合同债权人，拒不履行合同义务；新的法定代表人或者负责人可能拒绝承认和偿付上一届法定代表人或者负责人遗留的债务；因承办人的改变，而不履行前一承办人与其进行的业务应履行的债务。第二，投标人合并、分立等会影响其资格条件。《建筑业企业资质管理规定》第二十条规定："企业合并的，合并后存续或者新设立的建筑业企业可以承继合并前各方中较高的资质等级，但应当符合相应的资质等级条件。企业分立的，分立后企业的资质等级，根据实际达到的资质条件，按照本规定的审批程序核定。"分立后的建筑业企业资质可能会比原企业资质有所降低而影响其承担工程项目的资格能力。第三，投标人发生重大变化可能会涉及利益冲突。比如，施工企业法定代表人发生变化，有可能使两个投标人的法定代表人相同，则根据《条例》第三十四条规定，这两个投标人因利益冲突需要回避。综上，本条就是为了解决投标人在招标投标活动中投标人可能会发生合并、分立、破产等影响其资格条件或者招标公正性的变化，危害招标人的利益时，为保证招投标活动的顺利进行及其公正性，对投标人施加的强制告知义务。

2. 投标人告知的内容、时间和形式

（1）投标人告知的内容。本条采取列举与概括结合的方式，将投标人书面告知的内容分为投标人发生合并、分立、破产以及其他重大变化。

合并是指两个以上的法人或者其他组织依照法律规定，归并为一个法人或者其他组织的行为。

分立是指一个法人或者其他组织依照法律的规定，分成两个以上的法人或者其他组织的行为。

破产（bankruptcy/insolvency）是指债务人不能偿债或资不抵债时，由债权人或债务人诉请法院宣告破产并依破产程序偿还债务的一种法律制度。破产有广义和狭义之分，狭义的破产制度仅指破产清算制度；广义的破产制度不仅包括破产清算制度，还包括重整制度与和解制度❶。

其他的重大变化在工程项目上一般包括：投标人的重大财务变化、项目经理等主要人员的变化、被责令关闭、被吊销营业执照、一定期限内被禁止参加依法必须招标项目的投标等情形。

▶ 案例 3-7

项目经理发生变化需告知

某房建项目采用资格预审（合格审查制）方式审查签字投标人，甲公司经资格预审合格后，当初参加资格预审时委托的项目经理王某因在某工程上中标无法担任本工程的项目经理，经甲公司研究决定委托李某为公司项目经理继续参与投标。招标文件对此无约定，该投标是否有效？

分析

招标投标进行中，投标人因为自身经营原因会发生如合并、分立、破产、法定代表人变更等重大变化，大多为企业经营发展中的正常行为，发生此类重大变化本无可厚非。本案中，资格预审中的项目经理因在其他项目中标而不能在本项目任职属于重大变化。发生重大变化后，会对招标人的招标带来影响（如资质变化会导致投标人无法中标），因此投标人应及时通知招标人以进行应对。如果投标人在资格预审后发生重大变化且通知招标人的，招标人应当提交原资格审查委员会（如果有）对该文件进行审查。如果认为不合格的，投标无效；如果没有通知招标人的，视为在评标过程中发生的重大变化，由评标委员会进行审查认定，不符合招标文件规定资格条件的投标无效。

（2）告知的时间。由于投标人发生重大变化导致需要重新认定其投标资格的，本条要求投标人应及时通知招标人。所谓及时，是指本条规定的重大变化一旦发生，资格预审申请人和投标人应当在第一时间通知招标人，以便招标人可以采取相应措施。通过资格预审的申请人在提交投标文件前发生本条规定的重大变化的，招标人可以通过复核确认是否需要邀请其他参与资格预审的潜在投标人投标，以保证竞争的充分性。在评标阶段投标人发生本条规定的重大变化的，招标人可以及时告知评标委员会，由评标委员会依据资格预审文件或者招标文件对投标人的资格条件进行复核，并对是否影响招标的公正性进行评估；评标结束后投标人发生本条规定的重大变化的，招标人可以根据《条例》第 56 条规定，尽快组织原评标委员会根据资格预审文件或者招标文件，对中标候选人的履约能力进行审查，依法维持原评标结果或者重新确定中标候选人❷。

（3）告知的形式。本条规定："投标人发生合并、分立、破产等重大变化的，应当及时书面告知招标人。"由于重大变化会涉及招标人与投标人的利益，因此采用书面形式告

---

❶ 施天涛. 商法学（第四版）[M]. 北京：法律出版社，2010：689.
❷ 国家发展和改革委员会法规司等. 中华人民共和国招标投标法实施条例释义 [M]. 北京：中国计划出版社，2012：100.

知的重要性不言而喻。书面形式，是指以文字或者数据电文等表现当事人所订合同的形式❶。《合同法》第十一条规定："书面形式是指合同书、信件和数据电文（包括电报、电传、传真、电子数据交换和电子邮件）等可以有形地表现所载内容的形式。"合同书、信件和数据电文是"可以有形地表现所载内容的形式"，但也不限于明确规定的这几类。凡是"可以有形地表现所载内容的形式"都可以作为合同的书面形式。联合国国际贸易法委员会的电子商业示范法对数据电文的规定就是"包括但不限于"电报、电传、传真、EDI 和电子邮件。表明数据电文尚可以有其他形式。本条亦不排斥其他形式的数据电文。所以，合同的书面形式包括一切可以有形地表现所载内容的形式。

案例 3-8

中标后授权书被收回是否为虚假投标

2012 年 1 月，某商贸学校为其新校区扩建一期音响设备及视频会议系统采购安装工程对外进行招标，发布的招标文件约定"中标人提供虚假材料谋取中标的，招标人有权取消其中标资格，并有权收取其全额保证金作为违约金。"澳邦公司在获知招标信息后，向商贸学校投标并提供了雅马哈音响的原厂项目授权函和原厂质保函（由南京声途视听科技有限公司提供）。2012 年 1 月 28 日澳邦公司交纳了 5 万元投标保证金，并至商贸学校的投标现场签到。同日，商贸学校对 5 家投标单位的投标进行了评标，经评标澳邦公司得分最高，被确定为中标单位。中标后商贸学校未向澳邦公司发放中标通知书。2012 年 2 月 25 日，南京声途视听科技有限公司收回对澳邦公司的授权书。

在中标人确定后，招标人未向中标人澳邦公司发出中标通知书，也未退还其投标保证金，经澳邦公司多次催要仍没有进行支付，最后澳邦公司向法院起诉，请求判令商贸学校退还投标保证金 5 万元及利息并承担诉讼费用。

商贸学校一审辩称，澳邦公司是在没有合法品牌授权的情况下向商贸学校进行投标。根据法律的规定，澳邦公司的行为符合招标投标规定中不予返还投标保证金的情形，因此商贸学校不予返还的行为合理、合法。在开标当日，开标结果是澳邦公司得分最高，为中标单位，并于当时公开公布，当时澳邦公司的授权人员在场，基于商贸学校项目的紧迫性，第二日商贸学校就安排澳邦公司进行项目的现场考察并准备进入实质性谈判。商贸学校在接到举报后才知道，澳邦公司没有得到授权，澳邦公司的行为严重违反《招标投标法》和招标文件的规定，对商贸学校的工作造成了干扰。

一审法院认为，澳邦公司与商贸学校间的招标投标关系依法成立。澳邦公司持有南京声途视听科技有限公司的雅马哈音响原厂项目授权函和原厂质保函向商贸学校投标，虽然之后南京声途视听科技有限公司收回了对澳邦公司的授权，商贸学校认为澳邦公司不具有合法的品牌授权，但未能提供有效证据证明澳邦公司提供的授权材料是虚假的，经向雅马哈乐器音响（中国）投资有限公司了解到南京声途视听科技有限公司和南京祥旭科技有限公司均是江苏经销商，此种情形并不属于招标文件约定的提供虚假材料谋取

---

❶ 崔建远. 合同法（第二版）[M]. 北京：北京大学出版社，2013：75.

中标。同时，商贸学校在经内部评审确定澳邦公司中标，依据法律规定还应当向澳邦公司发出对双方均具有法律约束力的中标通知书。但商贸学校尚未向澳邦公司发出中标通知书，事后也未依招标文件与澳邦公司签订书面合同，仅仅对外公示并不能对澳邦公司产生约束力，商贸学校的行为存在瑕疵，应视澳邦公司未中标。综上，商贸学校应将投标保证金5万元退还给澳邦公司。当然，澳邦公司未能中标与其授权被收回也存在关联性，澳邦公司自身存在过错，给商贸学校的工作带来了不必要的麻烦和一定的经济损失，商贸学校若要主张可另行起诉，对于澳邦公司要求商贸学校承担利息的主张，因其自身存在过错故不予支持。

商贸学校不服一审判决，向上级法院提起上诉称，一审关于澳邦公司获取招标信息的途径没有查清，澳邦公司参与投标，显然对招标信息的内容是清楚的。现场公布中标单位等同于发放中标通知，对双方有约束力。南京声途视听科技有限公司的授权范围已超出其只能经营卡拉OK系统音响的经销资格，此后也收回了授权，说明澳邦公司弄虚作假的事实成立。请求撤销一审判决，改判驳回澳邦公司的诉讼请求或发回重审。

二审法院认为，澳邦公司参加了投标，因未被确定为中标单位，主张退还已交保证金5万元。商贸学校认为，澳邦公司弄虚作假谋取中标，因而不予退还保证金。商贸学校应当提供不予退还的事实和法律依据。首先，从商贸学校所举证据来看，虽然在招标文件中记载"中标人提供虚假材料谋取中标的，招标人有权取消其中标资格，并有权收取其全额保证金作为违约金"，但商贸学校没有证据证明这一内容为澳邦公司所认可，因而该条款对澳邦公司没有约束力；其次，澳邦公司投标过程中所出具的南京声途视听科技有限公司的雅马哈音响原厂项目授权函和原厂质保函，虽然之后授权书被收回，但两份函件是真实的，并不属于虚假材料。商贸学校上诉还认为，澳邦公司虽享有第三方的授权，但资质也仅局限于卡拉OK系统音响的经销资格，案涉招标业务是会议系统音响，故认为澳邦公司存在弄虚作假行为。对此上诉理由，二审法院认为商贸学校如果认为澳邦公司资质存在问题，应在投标报名阶段加强对相关资质证书的审查，对不符合条件的单位不应允许其参加招投标活动，而不是在明知澳邦公司不符合条件的情况下仍然收取保证金并准许澳邦公司参加投标。第三，商贸学校虽经内部评审确定澳邦公司中标，但依据相关法律规定应向澳邦公司发出中标通知书，中标通知书发出后才能对当事人双方产生法律效力。商贸学校最终并未向澳邦公司发出中标通知书，因而不能认定澳邦公司已经中标。最终，二审法院维持了原判。

分析

本案中，法院审判也已经确认，澳邦公司在投标时所获得的授权是真实、有效的，其在投标过程中并未弄虚作假。招标人在确定中标人后，以"已经宣布"为由不发出中标通知书的说法是错误的。

其实，本案当中，澳邦公司在投标后授权失效应属重大变化。招标投标进行中，投标人因为自身经营原因会发生如合并、分立、破产、法定代表人变更等重大变化，大多为企业经营发展中的正常行为，发生此类重大变化本无可厚非。但由于此类变化可能会对招标人有重大影响，因此《条例》第三十八条明确规定："投标人发生合并、分立、破产等重大变化的，应当及时书面告知招标人。"澳邦公司持有南京声途视听科技有限公司的雅马哈音响原厂项目授权函和原厂质保函向商贸学校投标，之后南京声途视听科技有限公司收回了对澳邦公司的授权，其属于投标人的重大变化，澳邦公司应及时通知招标人商贸学校。澳邦公司未及时通知招标人商贸学校，应有过错，商贸学校可以另行起诉要求赔偿。

对于案例中的情形，双方其实均有过错。澳邦公司错在未及时通知招标人商贸学校。而商贸学校的规范做法应是：在得知澳邦公司的授权书被收回之后，应依法认定澳邦公司不再具备招标文件规定的资格条件或者其投标影响招标公正性的，判令其投标无效。

3.6 投标中的不正当竞争行为

1. 串通投标的概念、类型和表现形式

《招标投标法》第三十二条规定，投标人不得相互串通投标报价，不得排挤其他投标人的公平竞争，损害招标人或者其他投标人的合法权益。投标人不得与招标人串通投标，损害国家利益、社会公共利益或者他人的合法权益。禁止投标人以向招标人或者评标委员会成员行贿的手段谋取中标。这一条款从原则上对招标投标中的串通招标投标问题作出了规定。

串通招标投标，是指招标人与投标人之间或者投标人与投标人之间采用不正当手段，对招标投标事项进行串通，以排挤竞争对手或者损害招标人利益的行为。

从参与招标投标活动市场主体间的关系来看，串通投标可以分为具有竞争关系的投标人间的横向串通和具有交易关系的招标人（招标代理机构）与投标人间的纵向串通两类种型。这两种类型又各具有多种不同的表现形式。

2.《条例》加大对串通投标规范的背景

有关部门调研表明，《招标投标法》实施以来，在招标投标领域里的违法犯罪行为中，串通投标占了很大比重。

相关主体之所以无视相关法律规定进行串通投标行为，主要在于招标投标领域法律法规缺陷为串通投标提供了可乘之机。我国招标投标领域的立法从无到有，已逐步形成体系，这对规范招标投标活动起到了积极作用。但客观地说，由于起步较晚，而且缺乏长期实践检验和及时修订补充，这些法律法规中普遍存在着原则性规定多、具体细则少，禁止性规定多、配套法则少，部门性规定多、适用规范少等问题。首先，对于串通投标行为的认定，现有法律法规还无法提供有效的取证依据，认定方法仍停留在"口供认定"基础之上，而串通投标人所采用的手段都比较隐蔽，只要相互之间建立攻守同盟，通过目前的常规手段很难取证和认定，由此大大削弱了对串通投标的惩治力度。其次，对串通投标的处罚，虽然有关法律作出了明确规定，但主要是通过经济手段，对情节严重的，也只处三年以下有期徒刑或者拘役。目前，有些招标投标项目的投资额达数千万或数亿元，一旦串通投标成功，其获利金额与所承担的法律责任显然不成正比，违法者没有受到应有的惩罚。从这个角度上讲，现行的法律法规对串通投标行为难以起到应有的震慑作用。第三，现有法律中有关招标人自行招标或委托代理机构办理招

标事宜的条款，不得对投标人有歧视性待遇的条款，评标委员会对投标文件进行评审和比较的条款等，都留给招标人或代理机太多弹性空间；对招标信息的发布，评委的组成，资格预审等还存在许多不规范的地方；对投标报价低于成本的界定、招标项目化整为零的界定、以他人名义进行投标的界定等，都存在诸多不明之处。这些条款规定，从某种意义上说，对当事人的道德约束高于法律约束，亦无法起到有效的规范性作用。

此外，市场恶性竞争迫使串通投标者铤而走险。当前串通投标的多发区主要集中在工程建设领域，而这一行业"僧多粥少"，市场竞争相当激烈。为了能够中标，投标方往往不得不采用低价竞标，有时甚至低于成本报价，最后形成相互杀价的恶性竞争局面。同时，也可能走向另一个极端，使竞争双方和多方协商后结成一种价格同盟，通过串谋行为使一个竞争性市场变成一个垄断市场，即西方所谓的卡特尔模型。形成卡特尔至少需要满足三个条件：具有提高并维持行业价格的能力、被政府惩罚的预期较低以及设定和执行的组织成本较低。从上述的分析中不难看出，法律的不健全、监管的缺位以及行业和地方保护的盛行，加上经济利益的驱使，当前招标投标市场很容易产生类似于卡特尔的串标合谋行为。事实上，当投标人一旦发现破坏制度总是可以比遵守制度获得更大的收益而且得不到相应的惩罚，那么将会有越来越多的人自觉或不自觉地从遵守制度转向破坏制度。在这种闭合回路结构中的行为会在多次重复博弈中被逐步加强，使得投标人之间的串通行为不断发展，最后越演越烈，成为一种行业潜规则。

串通投标（包括围标、陪标）等现象的持续恶化，不仅扰乱了市场经济秩序，损害了国家利益、社会公共利益和招标投标当事人的利益，而且严重制约了招标投标事业的健康发展。因此，在《条例》的制定过程中，行业对国家如何规范串通投标行为寄予厚望。

3.6.1 禁止投标人相互串通投标

条文

第三十九条 禁止投标人相互串通投标。

有下列情形之一的，属于投标人相互串通投标：

（一）投标人之间协商投标报价等投标文件的实质性内容；

（二）投标人之间约定中标人；

（三）投标人之间约定部分投标人放弃投标或者中标；

（四）属于同一集团、协会、商会等组织成员的投标人按照该组织要求协同投标；

（五）投标人之间为谋取中标或者排斥特定投标人而采取的其他联合行动。

解读

1. 投标人之间协商投标报价等投标文件的实质性内容

相互串通投标报价，是指投标人彼此之间以口头或者书面的形式，就投标报价的形式互相通气，达到避免相互竞争，共同损害招标人利益的行为。原国家工商行政管理局

1998 年 1 月发布的《关于禁止串通招标投标行为的暂行规定》中规定,"相互串通投标报价"主要包括两种情况:一是投标者之间相互约定,一致抬高或者压低投标报价;二是投标者之间相互约定,在招标项目中轮流以高价位或者低价位中标。

2. 投标人之间约定中标人

投标人之间约定中标人就是指投标人约定"轮流坐庄",从而瓜分市场利益。这类行为多发生在某一领域一定期限内的多次招标投标活动中,它往往在串通投标人之间形成长期有组织的集团,通过事前达成协议,依据一定规则使参与者轮流以高价位中标并捞取高额利润,而招标人无法择优选择中标人,使竞争机制无法发挥作用。

案例 3-9

投标人之间约定中标人

2012 年 6 月,某市经济技术开发区滨海园区起步区市政工程第二标段向社会公开招标,并采用最低造价中标评标办法。经招标方的资格预审、实地考察及随机抽签等程序后,共有 7 家单位成为参加最后投标的单位。7 家建筑公司的代表在得知被确定为投标单位后,多次进行密谋串通投标,并起草签订了投标报价协议书,约定长沙市某工程公司在中标后,需支付给其他参加投标的公司各 100 万元人民币的"好处费"。正式开标前,由长沙市某工程公司出资 500 万元人民币,分两次将"好处费"支付给各投标单位。2012 年 8 月,长沙市某工程公司顺利中标,其他公司获得了约定的"好处费"。2003 年 7 月、8 月,该市××大道二期工程第二标段、第三标段向社会公开招标。这 7 家单位采用相同的方法进行串通投标,由中标单位给予其他单位总计约 716 万元"好处费"。

分析

招标投标活动的目的在于通过这种竞争性缔约方式使招标人更加有效地利用自身的财产资源。但是投标人可以通过串通投标的方式破坏竞争秩序,形成市场垄断。这种行为有违招标投标制度的设立宗旨。

投标人之间相互串通的违法行为表现多种多样。本案中,7 家单位在投标过程中相互协商确定中标人为长沙市某工程公司,通过协商投标报价的方式,为长沙市某工程公司中标创造条件,并约定该公司向其他几家给予协助的公司"好处费",从而帮助该公司顺利中标。之后,这几家公司又如法炮制,在该市其他的工程项目招标过程中,继续相互串通,"轮流坐庄"。这种行为属于"投标人之间约定中标人"的串通投标行为。

由于本案涉案金额较大,情节较为严重,因此本案的涉案人员已经构成了"串通投标罪",依法承担了相应的刑事责任。

3. 投标人之间约定部分投标人放弃投标或者中标

投标人之间约定部分投标人放弃投标或者中标,包括购买招标文件的潜在投标人根据约定不按招标文件要求准备和提交投标文件,提交了投标文件的投标人根据约定放弃

（撤销）投标，排名第一的中标候选人或者被宣布为中标的投标人按照约定放弃中标等。其实质是通过剥离陪标投标人的方式，凸显出目标投标人的优势，为其中标创造条件，和"约定中标人"是一个问题的两个方面。因此，与投标人之间约定中标人一样，该行为也应当被严格禁止。

4. 属于同一集团、协会、商会等组织成员的投标人按照该组织要求协同投标

构成本条规定，需要满足两条规定：一是同一招标项目的不同投标人属于同一组织成员。所谓属于同一集团、协会、商会等组织的成员是指属于同一协会或者商会的会员以及集团公司的子公司及其控股公司，这类投标人相互之间关系密切、易于沟通，往往是利益关联体；二是这些不同的投标人按照该组织要求在同一招标项目中采取了协同行动。所谓协同行动是指按照预先确定的策略投标，确保由该组织的成员或者特定成员中标。必须注意的是，同一组织的成员在同一招标项目中投标并不是必然属于串通投标。

5. 投标人之间为谋取中标或者排斥特定投标人而采取的其他联合行动

该项的立法目的在于防止法律的不周延和适应社会的情势变更。由于《条例》第三十九条无法列举所有投标人之间的串通投标行为，随着社会的发展有可能不断出现新的串通投标的表现形式，因此该项立法为应对实践过程中出现的新问题埋下了伏笔。

3.6.2 投标人相互串通投标的情形

▶ **条文**

第四十条 有下列情形之一的，视为投标人相互串通投标：
（一）不同投标人的投标文件由同一单位或者个人编制；
（二）不同投标人委托同一单位或者个人办理投标事宜；
（三）不同投标人的投标文件载明的项目管理成员为同一人；
（四）不同投标人的投标文件异常一致或者投标报价呈规律性差异；
（五）不同投标人的投标文件相互混装；
（六）不同投标人的投标保证金从同一单位或者个人的账户转出。

▶ **解读**

《条例》第三十九条详细规定了属于串通投标的行为，然而由于投标人之间存在利益关系，如果投标人之间不发生分歧，很难发现投标人之间是否存在串通投标的行为。串通投标存在隐蔽性强，存在认定难、查处难的问题。为了有效打击串通投标行为，本条采用了"视为"这一立法技术。对于符合某种客观外在表现形式的行为，评标委员会、行政监督部门、司法机关和仲裁机构可以直接认定投标人之间存在串通行为。投标人之间只要出现了本条规定的六种情形，损害了招标人的合法利益，无论投标人之间是否存在串通投标的故意，都应认定为构成了投标人之间的串通投标。

需要说明的是，"视为"是一种将具有不同客观外在表现的现象等同视之的立法技术，在理解本条立法时应当注意，本条规定是一种法律上的推定。适用本条时必须具备法定

的客观外在表现，不设立兜底条款。为了防止对串通投标行为的认定出现错误，评标过程中，评标委员会可以视情况给予投标人澄清、说明的机会；评标结束后，投标人也可以通过各种救济途径对其行为作出认定。

根据该条规定，视为串通投标的行为包括以下六种情形。

1. 不同投标人的投标文件由同一单位或者个人编制

此处的"不同投标人"是指两个或者两个以上的参加同一个标段、标包或者不划分标段、标包的招标项目投标的独立投标人；此处的"投标文件的编制"，不仅仅指全部投标文件的编制，还包括部分投标文件的编制，如投标报价文件的编制等；此处的"单位"，既包括投标人自身，也包括社会中介组织或者其他组织机构，没有组织形式或者所有制形式的限制；此处的"个人"，既包括投标人的工作人员，也包括其他人员，对其身份、单位等没有限制要求。

投标人应当根据在自身财务状况、资质、技术等实际情况编制投标文件。如果由同一单位或个人编制投标文件，可能导致不同投标人的投标文件各方面相似度较高，招标人无法通过招标选择到最大限度满足招标文件中规定的各种综合评价标准的投标人。此外，不同投标人相互了解投标信息后更加容易达成串通投标的共同故意。因此，该项条款将不同投标人的投标文件由同一单位或者个人编制视为串通投标。

▸ 案例 3-10

不同投标人的投标文件由同一人编制被举报

某市中学拟建一幢男生宿舍楼，项目对外公开招标。12 月 20 日，该市 A 建筑装潢公司、B 建筑安装工程总公司、C 建筑工程公司均将投标书送至招标人，开标后，三家投标单位的投标报价分别为 288.8 万元、276.8 万元和 277 万元，经评审后，B 建筑安装工程总公司得分最高而中标。评标结果公布后，A 建筑装潢公司举报 B 建筑安装工程总公司为 C 建筑工程公司编制投标文件，两家企业存在串标嫌疑。

经行政监督部门查实，B、C 两家企业的投标文件确由 B 建筑安装工程总公司编制，认定中标无效，责令重新招标。另对 B、C 两家企业处以不同处罚。

分析

本案的焦点问题在于 B 建筑安装工程总公司为 C 建筑工程公司编制投标文件是否属于串通投标行为。

B 建筑安装工程总公司与 C 建筑工程公司的投标报价只相差 2000 元人民币，投标文件在材料、工期、施工方案和报价上都非常相似。B 建筑安装工程公司为 C 建筑工程公司编制投标文件时，两投标人均已明知其行为会导致压低标价、排挤竞争对手的后果。

本例中，不同投标人的投标文件由同一单位或者个人编制，是投标人相互串通投标报价的极端表现，属于《条例》第四十条所列情形。

2. 不同投标人委托同一单位或者个人办理投标事宜

"办理投标事宜"包括的范围广泛，指参加投标的各种具体工作，包括购买资格预审文件或者招标文件、对资格预审文件或者招标文件提出异议、编制资格预审申请文件或者投标文件、参加踏勘项目现场和投标准备会、递交资格预审申请文件或者投标文件、提交投标保证金、参加开标会议、对开标活动提出异议、进行资格预审申请文件或者投标文件的澄清答复、对评标结果公示的异议、接收中标通知书等。不同投标人委托同一单位或者个人办理上述事宜的，视为串通投标行为。需要说明的是，不同投标人分别委托同一单位或者个人办理同一招标项目的不同投标事项的，也属于该种情形。另外，采用电子招标投标的，从同一个投标单位或者同一个自然人的 IP 地址下载招标文件或者上传投标文件也属于本项规定的情形。

根据民事代理制度，受托人不能从事双方或者多方代理。不同投标人委托同一单位或者个人办理投标事宜时，就出现了双方或者多方代理的情形。此外，由同一单位或个人代理不同委托人从事招标活动，就意味着不同投标人彼此间公开了投标内容，本来存在竞争关系的多方此时基于不正当的原因形成了某种合意，应当被视为串通投标。

案例 3-11

相同手机彩铃使围标露馅

在某建设工程项目招标过程中，招标文件发出后第十天，招标人发现招标文件中遗漏了工程量清单中某子项，从而需要对招标文件进行澄清。招标代理机构和招标人沟通后，决定立即将该澄清情况书面通知所有领取了招标文件的潜在投标人。

招标代理机构项目工作人员决定给所有领取了招标文件的潜在投标人逐一打电话。在电话通知的同时，还准备要求让各潜在投标人提供传真号码，然后通过书面形式再次通知。

打电话时，招标代理机构工作人员发现，领取招标文件的 7 家潜在投标人在登记时留的都是手机号码。在逐一拨通电话并打到第 4 个时，这位工作人员觉得问题严重，因为这 3 位潜在投标人代表的手机彩铃都是某集团公司的介绍。后面几家潜在投标人代表的手机彩铃也和前面 3 位一样。招标代理机构的工作人员通过分析认定，表面上看有 7 家投标人领取招标文件，但实际上只有两家投标人。除了彩铃不一样的那家外，另外 6 份招标文件肯定是 Q 公司以其他公司的名义领取的。

但由于领取了招标文件的潜在投标人最终不一定会参加投标，并且招标代理机构也没有更多的证据证明这 6 家潜在投标人将围标。于是招标代理机构负责人决定，让该招标项目负责人"守株待兔"，并将这一情况汇报给当地招标监管部门，请求开标当天监管部门安排工作人员到现场对此次招标活动进行监督。

提交投标文件截止之日，这 7 家潜在投标人都递交了投标文件。开标之前，招标代理机构项目负责人把有串通投标嫌疑的 6 家投标人的投标代表都叫到了有监管部门工作人员在场的一个房间里，并同时用 6 个电话拨响了这 6 位投标代表的手机。当相同的彩铃同时响起时，这 6 位投标代表都慌了神。

最后确认，这六位代表来自同一个单位。

分析

投标人提交投标文件是发出要约的行为，根据民事法律规定，投标人可以委托单位或者个人代为从事投标活动，包括领取或购买资格预审文件、招标文件，编制资格预审申请文件、招标文件，踏勘现场、出席投标预备会，提交资格预审文件、招标文件以及出席开标会等。投标是竞争性行为，各投标人应该独立行动，相互竞争。如果不同投标人委托同一单位或者个人办理上述投标事宜，可以推定这些投标人在投标过程中存在意思联络，构成串通投标。

本案中，虽然各投标人委托了不同的个人从事投标活动，但是各委托人均来自同一单位，在投标代表委任上存在明显的人事混同。由于各投标人选任的委托人来自同一单位，可以视为不同投标人向其他各方公开了自己的信息，存在意思上的联络，符合投标人之间相互串通投标的特征。

3. 不同投标人的投标文件载明的项目管理成员为同一人

"项目管理成员"既包括行使主要管理职能的人员，也包括仅执行辅助性管理工作的人员，只要不同的投标文件列出的项目管理成员为同一人，就视为串通投标的情形。"项目管理员为同一人"的表现形式主要包括：一是投标人的项目负责人、项目总监等人员在同一个单位缴纳社会保险的；二是不同投标人的投标文件中项目班子成员出现同一人的。但是，在确定是否为同一人时，还需核实个人身份信息，避免因重名造成误判。

不同投标人的项目管理人为同一人，存在着串通投标的可能性极大，除非投标人能够证明其不存在串通投标的行为。需要说明的是，串通投标与弄虚作假竞合时，行政监督部门应当依照有关规定从重处罚。

4. 不同投标人的投标文件异常一致或者投标报价呈规律性差异

所谓的"异常一致"是指在相互隔离的情况下根本不会产生或者产生的可能性极小的内容上的一致性。主要表现在：投标文件错误表述、错误计算或者笔误的雷同，投标人自行编制文件格式的一致性，属于投标人特有的标准、编号、标识等出现在其他投标人的投标文件中等。

"投标报价呈规律性差异"则是指不同投标人的单项投标报价的报价规律呈现出一致性。例如，不同投标人的投标报价呈等差数列、不同投标人的投标报价的差额本身呈等差数列或者规律性的百分比。在实行市场竞争形成工程造价的计价体系下，投标人竞争性的投标报价难以形成规律性差异，据此可以推定投标人存在串通投标的可能性极大。

需要说明的是，实践中确有投标人之间曾就类似招标项目组成联合体投标，本次招标项目又分别以自己的名义参加投标，导致所递交的投标文件存在异常一致的情况。对此，评标委员会应当要求投标人进行澄清、说明，以确认是否属于串通投标的情形。

5. 不同投标人的投标文件相互混装

实践中可能由以下两种原因导致投标文件混装：一是不同投标人的投标文件由同一个单位或者个人编制，在打印装订时出现相互混装的情况，属于本条第一项所规定情形的一个具体表现，构成串通投标；二是不同投标人先分别编制投标文件，再按照预先协商的原则集中统一，装订时出现相互混装的情况，构成串通投标。

在认定时需要注意，一份投标文件中夹带了其他投标人的投标文件，其他投标人的文件中不存在夹带混装的情况时不能认定为串通投标。本项规定指的是不同投标人的投标文件相互混装，彼此夹带，你中有我，我中有你，方可认定为串通投标。

6. 不同投标人的投标保证金从同一单位或者个人的账户转出

《条例》第二十六条规定，必须招标的项目中，投标人递交的现金或者支票形式的投标保证金应当从其基本账户转出，该项规定的主要目的就是为了遏制串通投标行为。此处，串通投标的情形是与之相对应的规定。

▲ 案例 3-12

不同投标人的投标保证金从同一个人账户转出

2010 年 9 月 1 日，重庆某旅游开发有限公司（以下简称招标人）在重庆市建设项目及招标网发布了龙水湖景区步游道及生态景观工程（一期）的招标公告，重庆某景观绿化工程有限公司（以下简称绿化公司）决定对该项目投标。2010 年 9 月 25 日，绿化公司以中标后将建工险交给太平洋保险公司某分公司工作人员欧某某做为名，向欧某某借款 40 万元，用于缴纳龙水湖景区步游道及生态景观工程（一期）的投标保证金，并于 2010 年 9 月 26 日向招标人提交该 40 万元投标保证金。招标人认为，绿化公司和广州某投标人的保证金均通过一个名为欧某某的账户打入，绿化公司和广州某投标人涉嫌串标，故取消了绿化公司的投标资格，另择日对该招标项目进行了招标，并拒绝退还绿化公司的 40 万元投标保证金。

分析

本案中，经过招标人审查核实，认定投标人绿化公司与广州某投标人的投标保证金是从同一个名为欧某某个人账户打入的，符合《条例》第四十条第六项规定的"不同投标人的投标保证金从同一单位或者个人的账户转出"的情形。故招标人重庆某旅游开发有限公司以绿化公司和广州某投标人串通投标为由取消其投标资格是符合法律规定的。

本案的另一个争议焦点则是招标人是否有权不退还串通投标投标人的投标保证金。

招标人不退还投标人的投标保证金的法律依据有两个方面：一是当事人之间的约定，即投标人投标文件和投标保证金相关的承诺和声明；二是当事人未明确约定投标保证金担保的事项时，根据《条例》的相关规定，投标人在投标截止后撤销投标文件的，中标人无正当理由不与招标人订立合同，在签订合同时向招标人提出附加条件，或者不按照招标文件要求提交履约保证金的，招标人有权不予退还投标保证金。虽然投标人串通投标属于性质恶劣的违法行为，依法应承担相应的法律责任，但是，在招标人能够不退还投标保证金的法律依据中，未当然地包括投标人串通投标。本案中，招标投标文件中没有对投标保证金对串通投标行为进行担保做出约定，因此，招标人应当返还投标保证金。

需要说明的是，绿化公司作为串通投标的投标人，依法应承担相关法律责任，包括赔偿招标人因其违法行为给招标人造成的损失。因此，招标人应当退还其投标保证金，但串通投标人仍应依法向招标人承担损失赔偿责任。

3.6.3　禁止招标人与投标人串通投标

条文

第四十一条　禁止招标人与投标人串通投标。

有下列情形之一的，属于招标人与投标人串通投标：

（一）招标人在开标前开启投标文件并将有关信息泄露给其他投标人；

（二）招标人直接或者间接向投标人泄露标底、评标委员会成员等信息；

（三）招标人明示或者暗示投标人压低或者抬高投标报价；

（四）招标人授意投标人撤换、修改投标文件；

（五）招标人明示或者暗示投标人为特定投标人中标提供方便；

（六）招标人与投标人为谋求特定投标人中标而采取的其他串通行为。

解读

《条例》第四十一条将《招标投标法》第三十二条的招标人与投标人串通的情形进行了细化处理。

1. 招标人在开标前开启投标文件并将有关信息泄露给其他投标人

《招标投标法》第二十八条规定，招标人收到投标文件后，应当签收保存，不得开启。第二十二条规定，招标人不得向他人透露已获取招标文件的潜在投标人的名称、数量以及可能影响公平竞争的有关招标投标的其他情况。第三十六条规定，投标文件应当在开标时经过投标人、其推选的代表或者招标人委托的公证机构检查密封情况后当众拆封，以确保文件内容不被提前泄露，保证招标投标活动的公正和公平。招标人在开标前开启投标文件并将其中的相关信息泄露给其他投标人是违法的行为。这是因为招标人在开标前开启投标文件，将应当予以保密的信息泄露给其他投标人的，一方面将增加获得信息的投标人的竞争性，另一方面也侵害了被提前开启了投标文件的投标人的合法利益。

2. 招标人直接或者间接向投标人泄露标底、评标委员会成员等信息

《招标投标法》第二十二条规定，招标人设有标底的，标底必须保密。如果标底泄露，投标人获得标底信息后可以根据标底信息调整自己的投标报价，使自己的报价接近标底从而获得中标，但是这无疑会排斥了与他人之间的公平竞争，违反招标投标的基本原则。

招标人在中标结果确定前直接或者间接地向投标人泄露评标委员会成员信息的行为不仅违反了《招标投标法》第三十七条"评标委员会成员的名单在中标结果确定前应当保密"的规定，投标人还有可能根据掌握的信息干预和影响评标结果，损害其他投标人的合法权益。

需要注意的是，根据立法的规定，该种情形包括直接和间接两种主观形态，直接泄露比较直观，便于认定；间接泄露往往比较隐蔽，通常需要通过第三方转达。例如，招标工作人员先将信息泄露给配偶，再由其配偶泄露给投标人。实践中，投标人主动求证招标人默认或者招标人故意将有关信息放置在投标人能够看到的地方也属于间接泄露信息的行为。

3. 招标人明示或者暗示投标人压低或者抬高投标报价

投标报价是投标文件最重要的内容，无论何种领域的招标投标活动，无论采用哪种

评标方法，价格因素总是招标人确定中标人时重点考虑的因素。投标报价应当由投标人根据自身技术、经济实力和市场竞争状况自主报价，而招标人明示或者暗示投标人压低或者抬高投标报价，所形成的招标结果将背离市场竞争机制，有违项目招标投标的目的。中标结果确定后，往往给予投标人或者招标人以额外的补偿。

4. 招标人授意投标人撤换、修改投标文件

从合同订立的过程来看，潜在投标人按照招标文件的要求提交投标文件是发出要约的行为。要约在到达受要约人后对要约人产生约束力，不能随意撤销。因此，投标人在提交投标文件的截止时间之前，可以撤回或修改投标文件。但是投标人撤换投标文件或者修改投标文件必须是基于投标人自身考虑，招标人不能授意投标人撤换或修改投标文件。而提交投标文件截止时间后，投标人在自己承诺的投标有效期内不能随意撤销要约，也不能对要约内容进行更改。招标人更不能授意投标人或者协助投标人撤换、修改投标文件。

如果招标人授意投标人撤换或者修改投标文件，必然会导致对其他投标人的不公平。招标人可能利用自己掌握的信息，使特定投标人通过修改或撤换投标文件获得更高的中标机会，或者操纵各个投标人的投标以帮助某一投标人中标。这与招标投标制度的价值目标不相符合。

5. 招标人明示或者暗示投标人为特定投标人中标提供方便

此类情形是指招标人采用明示或者暗示的方式协调其他投标人，为预先确定的特定投标人的中标提供方便。例如，招标人授意其他投标人按照其拟定的价格编写投标报价，使特定投标人的投标报价最符合招标文件规定的评价标准。甚至，招标人会以自己的优势地位强迫评标委员会推荐的中标候选人放弃中标，从而为特定投标人中标提供便利。

3.6.4 禁止投标人弄虚作假投标

▶ 条文

第四十二条 使用通过受让或者租借等方式获取的资格、资质证书投标的，属于招标投标法第三十三条规定的以他人名义投标。

投标人有下列情形之一的，属于招标投标法第三十三条规定的以其他方式弄虚作假的行为：

（一）使用伪造、变造的许可证件；

（二）提供虚假的财务状况或者业绩；

（三）提供虚假的项目负责人或者主要技术人员简历、劳动关系证明；

（四）提供虚假的信用状况；

（五）其他弄虚作假的行为。

▶ 解读

1. 立法依据

我国的招标投标市场活动与西方发达国家相比，起步较晚、相关制度不健全，再加之政企不分的问题长期存在，导致招标投标程序极不规范、市场竞争毫无秩序可言，招

投标活动中乱象层出。除了招标人与投标人、投标人之间串通投标的行为外，投标人采用弄虚作假的方式骗取中标的问题也非常突出。为此，《招标投标法》第三十三条规定："投标人不得以低于成本的报价竞标，也不得以他人名义投标或者以其他方式弄虚作假，骗取中标。"

弄虚作假骗取中标产生的原因主要有：

（1）商业利益驱动。比如，弄虚作假中的主要表现为形式挂靠，挂靠人利用其他主体的资质参与市场活动，规避法律规定的强制性规定，无需按资质企业配备大量的工程技术人员，人工支出大幅减少。在挂靠过程中，挂靠人基于成本考虑往往不法经营，在施工建设过程中偷工减料，在经营中钻法律空子，大量偷税、漏税，大大降低了企业的经营成本。

（2）弄虚作假违法成本较低。现行法律法规缺少对弄虚作假行为的具体规定，面临着认定难的问题。一旦发生重大工程问题，弄虚作假者往往逃之夭夭，政府对弄虚作假的处罚难度大、力度小，即使处罚，处罚的金额也远远低于违法获得的利益。因此，弄虚作假者往往能够以最小的投入得到最大的回报，客观上助长了弄虚作假行为的发生。

（3）市场竞争不充分和过度竞争。选择项目中标单位、工程施工管理和工程结算等环节的最终决定权在一定程度上被招标人少数人垄断，当前权力寻租、行政干预、人为操作现象比较普遍。权钱交易导致不公平的市场竞争，使弄虚作假者往往能够击败资金、技术实力雄厚的有资质企业。这种不公平的市场竞争，最终将导致弄虚作假者通过不法手段获得中标，而守法经营的企业没法中标。此外，招标投标制度能够有效运行的基础条件之一是存在足够数量的潜在投标人，但僧多粥少、过度竞争又会导致甚至加剧投标人弄虚作假。

（4）社会诚信的缺失。我国的相关法律体系不完善，社会失信惩罚机制不健全，失信成本过低。同时，我国信用文化环境并未真正形成，整个社会没有真正树立起以讲信用为荣、不讲信用为耻的信用道德评价标准和约束机制。因此，弄虚作假者往往通过挂靠、行贿等方式，不择手段地达到目的。

弄虚作假骗取中标会产生严重的社会、经济问题：

（1）工程质量和安全难以保证。以他人名义投标者在技术、设备、施工经验、经济实力和组织能力方面难以满足工程的要求，施工条件简陋，管理水平落后，大量违规施工，带来诸多安全隐患。建设过程中没有按要求施工，工程质量必定难以保障，往往导致"豆腐渣"工程和"半拉子"工程的出现。

（2）扰乱正常的社会经济秩序。弄虚作假者依靠与工程甲方或者招标代理的关系，使招标文件设计有利于作假者，许多技术、资金实力雄厚的企业无法通过合法竞争中标，导致招标投标不公平竞争，从而打击了守法企业的投标积极性，严重扰乱了正常的社会经济秩序。

（3）项目监管难度加大。弄虚作假者往往处于幕后，各种违法行为更加隐蔽，监管的难度增大。

弄虚作假骗取中标的行为数量多且对正常的招标投标竞争秩序危害甚大，应当依法严惩、坚决遏制。但由于《招标投标法》第三十三条并没有说明何谓"以他人名义投标"，也没有界定哪些行为属于"弄虚作假"，导致在实践过程中给执法和司法者留下了过大的空间，因此《条例》在《招标投标法》第三十三条基础上，不仅对弄虚作假骗取中标行为的认定作出明确具体规定，还同时进一步充实细化了相关的法律责任——有此类行为的，中标无效，没收违法所得，处以罚款；对违法情节严重的投标人取消其一定期限内参加依法必须进行招标的项目的投标资格，直至吊销其营业执照；构成犯罪的，依法追究刑事责任。

2. 以他人名义投标

民法学者将"使用他人名义实施法律行为"大体上归纳为如下三种类型❶：其一，使用未特定化的他人名义实施法律行为。有时，"他人名义"是某个大众化的名字，如张华、王明，甚至是某个纯粹虚构出来的名字。行为实施者在使用该名字时无意于将其与某个特定的人联系起来，他只是不想显露自己的真实名字而已。其二，借用他人名义实施法律行为，可以简称为"借名行为"。这种情形在实践中更为常见。我国建筑业经常发生的借用他人名义承包建设工程案件就是如此。实际施工人甲没有建筑施工资质，借用有资质的乙建筑公司名义与丙公司订立建设工程施工合同，在合同履行过程中发生纠纷，涉及合同的效力问题。其三，冒用他人名义实施法律行为，可以简称为"冒名行为"。近年来，我国房地产业屡见不鲜的假按揭纠纷有不少就属于冒名行为。被冒用的名义一般是个人姓名或企业名称，但有时也可能是某种与姓名具有同等的身份识别能力的符号。

本条所指的"以他人名义投标"属于上述"使用他人名义实施法律行为"的第二种情况——借用他人名义实施法律行为的借名行为，即使用通过受让或者租借等方式获取的资格、资质证书以他人名义投标。在实践中，多表现为一些不具备法定的或者投标文件规定的资格条件的单位或者个人，采取"挂靠"甚至直接冒名顶替的方法，以其他具备资格条件的企业、事业单位的名义进行投标竞争，其目的在于突破我国现行法律对企业资质、资格的限制，属于典型的弄虚作假行为。

3. 其他弄虚作假行为

（1）使用伪造、变造的许可证件。根据《行政许可法》的规定，特定领域和行业等需要政府行政许可，某些投标人基于自身条件所限无法获得相应许可，采取假造实际从未获取过的许可证件或者篡改获取的许可证件的许可范围、等级或有效期限等以欺瞒招标人。在工程领域，我国实行严格的许可管理，涉及的许可证件种类繁多，如工商营业执照、建筑业企业资质、安全生产许可证、专业人员注册执业资格证书、工业产品生产或制造许可证、特种设备安全监察许可、3C 强制认证等。

▶ 案例 3-13

资质证书弄虚作假未能通过资格预审

某房建工程属于依法公开招标项目，招标人采用资格预审方式对潜在投标人的资格进行审查。在资格预审过程中，资格审查委员会发现有三家资格预审申请人的资质证书编号与住建部网站上公示的资质证书编号不一致，且两家申请人的名称经过了多次变更。

---

❶ 杨代雄. 使用他人名义实施法律行为的效果——法律行为主体的"名"与"实"[J]. 中国法学，2010（4）：90.

资格审查委员会根据资格预审文件中"如在资格预审阶段发现资格预审申请人弄虚作假，提供虚假材料，资格审查委员会将不予通过资格审查"的规定，认定三家申请人的资质证书无效，不能通过资格预审。

分析

我国工程行业实行严格的资质管理制度，住房和城乡建设部为建筑业企业资质的统一监督管理部门。住建部为规范建筑业企业资质，其颁布的资质证书均会在其网站上进行公示，具体在住建部网站"办事大厅"栏目下有专门企业资质查询页面。公众可以通过查询，来查看建筑业企业证书所属单位、编号以及级别等内容，并且其编号是唯一的。

基于建筑业企业资质在工程建设中的重要性，某些投标人由于自身条件所限无法获得相应许可，因此采取假造实际从未获取过的许可证件或者篡改获取的许可证件的许可范围、等级或有效期限等以欺瞒招标人。案例中资格审查委员会对事件的定性关键在于三家资格预审申请人的资质证书是否存在造假行为。

网站公示内容本身不能作为资格审查的依据，只能作为参考。三家申请人的资质证书编号与住建部网站上公示的资质证书编号不一致，涉嫌造假。为此，资格审查委员会应核对有关证件的原件，进一步核实申请人是否存在资质证书造假行为。只有在确认了资格预审申请人确实存在伪造或变造资质证书的情形时，才可以根据《条例》第四十二条规定否决其投标。

（2）提供虚假的财务状况或者业绩。招标人从考察投标人未来履行能力的角度，一般会在资格预审文件或招标文件中要求投标人提供其财务状况或之前的类似业绩，并在资格审查办法或评标办法中设立对应的评审因素和评标标准。财务状况不佳或无类似业绩会对投标人的中标带来实质影响，因此部分投标人会铤而走险，弄虚作假，所提交的财务状况与其实际情况不符，或者虚构了实际并不存在的业绩。

案例 3-14

虚假业绩被否决投标

宁波穿山泵站至春晓天然气项目供水管道工程（Ⅰ标段），工程造价 1820 万元，由市自来水总公司委托宁波国际投资咨询有限公司进行公开招标施工单位。根据规定，参与招标投标的建设单位必须有类似工程业绩证明，也就是说要有隧道工程建设经验。今年1 月 14 日，工程开标时，一家建筑安装公司以 92.56 分的最高得分中标。

在中标公示期间，市发改委接到群众举报，称这家建筑安装公司在竞标中有弄虚作假行为。据调查，该公司在竞标中提供的"江西铜业公司永平铜矿采矿隧道工程"业绩证明，纯系伪造。该建筑安装公司真正参与建设的是江西永平铜矿坝体工程，而不是隧道工程。市发改委详细调查取证后确认，该建筑公司弄虚作假，提供虚假业绩，骗取中标行为属实，因此立即作出了处罚，取消该公司的中标资格，中标无效并处以罚款。

分析

招标人为了确保投标人的履约能力，往往要对投标人的财务状况和业绩情况进行审查。投标人应当本着诚实守信的原则，如实提供证明文件以及相关的材料，不得伪造财务状况的证明文件，也不得虚构自身业绩，骗取招标人的信任。

本案中，招标人宁波市自来水总公司委托宁波国际投资咨询有限公司对宁波穿山泵站至春晓天然气项目供水管道工程（Ⅰ标段）进行招标。该项工程专业性强，对施工单位的技术、设备、经验要求较高，而且关系着城市公用事业的建设，因此，招标人特别要求投标人必须具备"隧道工程建设经验"。本案涉案公司向招标人提供了自己参与"江西铜业公司永平铜矿采矿隧道工程"的业绩证明，然后其真正参与建设的是"江西永平铜矿坝体工程"，而非隧道工程。涉案公司为了达到招标项目对业绩的要求，虚构自身业绩、伪造了相关证明文件，属于"弄虚作假，骗取中标"的行为。涉案公司也因此受到了行政部门的处罚。

（3）提供虚假的项目负责人或者主要技术人员简历、劳动关系证明。是指投标人提供的虚假项目负责人或者主要技术人员简历、劳动关系证明等与事实不符，构成弄虚作假。比如，不能提供项目负责人为该企业正式在职员工的证明等。

（4）提供虚假的信用状况。在信用发达国家，信用报告已经成为企业和个人的"经济身份证"，"珍爱信用记录"已经成为"经济人"的一种习惯。而在我国，人们虽知道信用在经济生活中的重要性，但在在长期信用文化缺失的困境下，社会信用环境不容乐观，信用文化建设水平低下的问题亟待解决。在招标投标领域，信用状况已经成为考察投标人投标资格的重要指标。提供虚假的信用状况一般是指故意隐瞒投标人受到的行政处罚、违约，以及安全责任事故等情况。

（5）其他弄虚作假行为。本条第五项以"其他弄虚作假的行为"结尾，在于将实践中正在进行、没有明确列举而目前难以预测的弄虚作假行为包括在内，是基于投标人弄虚作假的情形难以一一列举而设立的兜底条款。在具体投标过程中，只要投标人有违背诚实信用基本原则、实施了弄虚作假的行为，均可以用该条款进行规范。

4. 弄虚作假的认定主体

《招标投标法》和《条例》并未对弄虚作假的认定主体进行明确规定，但结合《条例》第三十九条规定，认定的主体包括：一是资格审查委员会，如果采用资格预审且由资格审查委员会对资格预审进行评审，则认定主体应为资格审查委员会；二是评标委员会，评标委员会在评标时，如果发现本条所列情形，应当认定为弄虚作假并否决投标；三是行政监督部门，行政监督部门负有监督检查招投标活动和处理投诉举报的职责，除了收到评标委员会的报告外，在日常监督检查和处理投诉举报工作中发现本条所列的情形，应当依法作出处理；四是司法机关和仲裁机构，《条例》作为行政法规，是司法机关和仲裁机构审理案件的依据之一。因此，人民法院或者仲裁机构在审理诉讼和仲裁案件时，发现本条所列情形的，应当依法认定为弄虚作假行为。

▶ 案例 3-15

信用状况真实性存疑被投诉

2012 年 12 月底，某市政项目实施公开招标，招标文件中要求"投标文件中，需附上项目主要参与人员的无犯罪、处罚的相关证明材料"。投标人之一甲公司特提请其上级主管部门某党委出具了其法定代表人张某的政审证明，审核意见为"该同志经审核，无违法违纪行为，无刑嫌、政嫌、治安嫌疑人，无内部纠纷、无上访意向"。

经过评标委员会对各家投标文件进行评审，综合实力较强的甲公司被评为排名第一的中标候选人。2013年1月，项目建设单位在当地建筑工程市场信息网上，对评标结果进行了公示。

中标结果公示后，同时参与投标的乙公司、丙公司同时提起了投诉，称甲公司法定代表人张某曾有多次行贿行为，多人因接受其行贿而被判刑入狱，而甲公司在投标时所提供的政审证明却称张某"无违法违纪行为，无刑嫌、政嫌、治安嫌疑人，无内部纠纷、无上访意向"，严重违背事实；甲公司的这一行为，属于《招标投标法》所明确禁止的"提供虚假材料，骗取中标"的行为，中标无效。

为了支持其投诉，乙公司同时提供了以下证据材料：①《某某人民法院刑事判决书（2008）某刑初字第某号》；②《某某人民法院刑事判决书（2009）某刑初字第某号》；③《某省某公安局在押人员当前信息表》。

当地投诉处理机构受理该投诉后，确认在投诉人提供的判决书中，确有甲公司法定代表人张某曾于2008到2009年间给某某感谢费若干，某某因此被判受贿罪并处以三年有期徒刑的记录。

为慎重考虑，随后投诉处理部门又依照《最高人民检察院关于受理行贿犯罪档案查询的暂行规定》、《最高人民检察院、建设部、交通部、水利部关于在工程建设领域开展行贿犯罪档案查询试点工作的通知》的规定，向两份判决书所在地的检察机构发函，申请对甲公司法定代表人张某进行"行贿犯罪档案查询"。

不久，当地检察机构发回《某省某市人民检察院关于行贿犯罪档案查询结果告知函》（某检预审（2013）002号），其中明确说明"张某在2008年1月14日至2009年1月14日期间，未发现行贿犯罪记录"。

投诉处理机构认定投诉人提供的两份刑事判决书所述之张某行为与当地检察部门所提供之查询结果之间不存在矛盾，并在与甲公司及其上级主管部门就政审证明之相关情况进行调查、核实后，依法驳回了投诉人乙公司、丙公司的投诉。

分析

从经济角度看，信用是现代市场经济的生命，是市场经济正常运行的基本保证。从某种意义上说，市场经济就是信用经济。在招标投标领域，投标人的信用状况越来越受到招标人的关注并成为考察投标人投标资格的重要指标。提供虚假的信用状况一般是指故意隐瞒投标人受到的行政处罚、违约行为，以及安全责任事故等情况。而本案当中，张某的行为是否属于虚构虚假的信用状况呢？

首先，需要明确"检察院犯罪档案查询函"中所涉及的行贿犯罪档案录入的范围是什么。《最高人民检察院关于受理行贿犯罪档案查询的暂行规定》第二条规定，行贿犯罪档案目前录入的内容包括1997年刑法修订实施以来，由检察机关立案侦查、并经人民法院裁判的发生在建设、金融、医药卫生、教育和政府采购领域的个人行贿、单位行贿、对单位行贿、介绍贿赂犯罪案件的档案。《最高人民检察院、建设部、交通部、水利部关于在工程建设领域开展行贿犯罪档案查询试点工作的通知》规定，行贿犯罪档案查询系统录入的行贿犯罪案件，只限于法院依法作出生效判决、裁定，认定构成犯罪的行贿案件。

《刑事诉讼法》第十二条明确规定："未经人民法院依法判决，对任何人都不得确定有罪。"作为《刑事诉讼法》的基本原则，该条明确了在刑事诉讼中，确定被告人有罪的权力由人民法院统一行使，其他任何机关、团体和个人都无权行使。因此，即便是有关刑事判决书中"经审理查明"部分认定：张某给付他人"感谢费"的事实，但是只要其没有被法院追究刑事责任，其在法律上就是无罪的。据此，《某省某市人民检察院关于行贿犯罪档案查询结果告知函》中出现："张某……未发现在行贿犯罪记录"的表述并无问题。在无其他直接证据证明张某已经受到党纪、国法追究、处理或者处罚之前，仅凭两份判决书，无法直接以此认定张某存在违纪、违法行为，否则存在较大的法律风险。

此外，在无确凿证据证明张某存在违法、违纪的前提下，甲公司上级主管部门党委所开具证明张某"无违法违纪行为，无刑嫌、政嫌、治安嫌疑人，无内部纠纷、无上访意向"的政审证明，是可以直接证明项目主要参与人员无犯罪、处罚记录的。

由此，因投诉人提供的两份判决书并未认定张某的行为系行贿行为，且无其他党纪处分、行政处分等相关文件证明张某因此而受到党纪、国法追究、处理或者处罚，故现有相关证据无法证明张某存在违法、违纪行为，也就是无法证明政审证明中所述的"无违法违纪行为，无刑嫌、政嫌、治安嫌疑人，无内部纠纷、无上访意向"内容失实，无证据证明甲公司在此次投标中存在提供虚假资料、骗取中标的情形。

3.7 资格预审申请人应遵守投标人的规定

▶ 条文

第四十三条 提交资格预审申请文件的申请人应当遵守招标投标法和本条例有关投标人的规定。

▶ 解读

1. 本条立法目的

资格预审（Pre-qualification）一般适用于潜在投标人较多或者大型、技术复杂的项目。由于目前承包商众多导致竞争激烈，招标人往往会采用资格预审方式对申请参加投标的潜在投标人的资质条件、业绩、信誉、技术、资金等多方面的情况进行资格审查。只有资格预审合格的潜在投标人才可以参加投标。

因此，一般的国家和国际组织都对招标项目的资格预审有一定要求。如世界银行《货物、工程和非咨询服务采购指南》（2012 版）"2.9"规定：对于大型或复杂的工程，或准备详细投标文件的成本过高可能会妨碍竞争的情况下，诸如为用户专门设计的设备、工业成套设备、专业化服务、某些复杂的计算机信息和技术以及单一责任合同（包括交钥匙合同）、设计加施工合同，或总包管理合同等，资格预审通常是必要的。资格预审还保证了招标邀请只发给那些有足够能力和资源的投标人。资格预审应完全以潜在的合格投标人具有令人满意地履行合同所需要的能力和资源为基础，应考虑客观的和可衡量的因素，包括：（a）相关的一般经验和专业经验，在给定时间段内令人满意地履行并成功完成类似的合同；（b）财务状况；及在适用情况下（c）施工和/或生产能力。联合国《贸易法委员会货物、工程和服务采购示范法立法指南》对资格预审作了如下说明：资格预审是为了在采购过程的早期阶段剔除资格条件不适合履行合同的供应商和承包商。这种程序可能对于购买复杂或者高价值货物或者工程特别有用，甚至对于价值较低但却涉及高度专业化货物或工程的采购事宜，也可能是有帮助的。

资格预审虽然已经成为国际采购的通行规则，但我国《招标投标法》仅在第十八条规定了资格审查的最一般的要求。随着我国招标投标事业的发展和建筑市场的变化，资格预审愈发显示出其重要性。尽管相关部门规章制定时加大对资格预审的规范，但上位法的缺失却导致实践中的诸多问题难以给出较好回答，特别是在对使用国有资金依法必须招标项目的资格审查有相对严格规定的今天，有必要对资格预审申请文件的申请人进行规范。

2. "资格预审申请文件的申请人"的界定

资格预审过程中，对资格预审申请文件的申请人的法律地位争议最大。资格预审申请文件的申请人是明确表达投标意愿并申请投标的潜在投标人，能否参加投标还取决于能否通过资格预审，以及通过资格预审后是否按招标文件的规定提交投标文件。资格预审申请人在资格预审过程中如有违法违规行为应如何处理、特别是能否适用招标人的规定，争议颇大。比如，资格预审申请人在业绩、资质、信誉等方面弄虚作假，以及招标人利用资格预审排斥特定潜在投标人等行为，必须从法定角度给出规范的依据。

完整的资格预审程序一般都需经历发布资格预审公告、编制发售资格预审文件、对资格预审文件进行澄清或修改、编制并提交资格预审申请文件、组建资格审查委员会（国有资金占控股或主导地位的依法必须进行招标的项目）、进行资格审查、通知资格预审结果等。该程序与从招标公告发布到中标通知书发出这一招标程序类似。在此过程中，资格预审申请人与投标人所处地位类似，对其规范也具有相似性。为避免重复，有必要在立法技术上进行处理，故本条规定提交资格预审申请文件的申请人应当遵守《招标投标法》和《条例》有关投标人的规定[1]。

需要说明的是，本条所谓提交资格预审申请文件的申请人应当包括那些最终没有提交资格预审申请文件但已经购买资格预审文件，并编制了部分或者全部资格预审申请文件的潜在投标人，其在编制资格预审申请文件过程中也应当遵守《招标投标法》和《条例》有关投标人的规定[2]。

---

[1] 国家发展和改革委员会法规司等. 中华人民共和国招标投标法实施条例释义［M］. 北京：中国计划出版社，2012：113.

[2] 国家发展和改革委员会法规司等. 中华人民共和国招标投标法实施条例释义［M］. 北京：中国计划出版社，2012：113.

3. 资格预审申请文件的申请人享有《招标投标法》和《条例》规定的投标人权利

既然资格预审申请人遵守《招标投标法》和《条例》有关投标人的规定，即资格预审申请人应享有《招标投标法》和《条例》规定的投标人的权利。这些权利主要包括：

（1）获取资格预审过程中真实信息的权利。包括有权知道招标人是否履行招标的前期手续和已落实资金或资金来源，招标人负如实告知的义务；有权要求招标人书面澄清资格预审文件中词义表达不清、遗漏的内容或对比较复杂的事项进行说明；招标人对资格预审文件澄清或修改的，资格预审申请人有权及时获知；此外，对于资格预审结果，所有资格预审申请人都有及时获知的权利等。

（2）参加资格预审的权利。资格预审申请人只要符合资格预审公告要求的条件，即可参加资格预审；招标人不得非法限制资格预审申请人参与资格预审的权利。该权利主要包括是否参加资格预审，如何参加资格预审，根据自身条件编制资格预审文件的决定权等。

（3）享有合理时间、规定地点获取资格预审文件的权利。根据《条例》第十六条："招标人应当按照资格预审公告、招标公告或者投标邀请书规定的时间、地点发售资格预审文件或者招标文件。资格预审文件或者招标文件的发售期不得少于 5 日。招标人发售资格预审文件、招标文件收取的费用应当限于补偿印刷、邮寄的成本支出，不得以营利为目的。"

（4）享有合理时间准备资格预审申请文件的权利。根据《条例》第十七条："依法必须进行招标的项目提交资格预审申请文件的时间，自资格预审文件停止发售之日起不得少于 5 日。"

（5）对资格预审文件的异议权。根据《条例》第二十二条规定，潜在投标人或者其他利害关系人对资格预审文件有异议的，应当在提交资格预审申请文件截止时间 2 日前提出；对招标文件有异议的，应当在投标截止时间 10 日前提出。招标人应当自收到异议之日起 3 日内作出答复；作出答复前，应当暂停招标投标活动。

（6）组成联合体提交资格预审申请文件的权利。根据《招标投标法》第三十一条和《条例》第三十七条规定，资格预审申请人有组成联合体提交资格预审申请文件的权利。

（7）知识产权。知识产权是指民事主体对其创造的智力劳动成果依法享有的专有权利。建设工程资格预审申请人的知识产权主要是指资格预审中对其资格预审申请文件享有的著作权和商业秘密。

4. 资格预审申请文件的申请人负有《招标投标法》和《条例》规定的投标人义务

（1）遵守法律、法规、规章和方针、政策。工程建设项目的资格预审申请活动必须依法进行，违法或违规、违章的行为，不仅不受法律保护，而且还要承担相应的责任。遵纪守法是工程建设项目资格预审申请文件申请人的首要义务。

（2）承担招标项目所需的资格和能力。根据《招标投标法》第二十六条规定，资格预审申请人应当具备承担招标项目所需的资格和能力。该资格和能力具体分为法定资格和能力、招标人规定的资格和能力。

（3）不得实施不正当竞争行为。资格预审申请文件的申请人应遵守《招标投标法》

第三十二条和《条例》第三十九条、第四十条和第四十一条规定，资格预审申请人不得与其他资格预审申请人和招标人串通投标；根据《招标投标法》第三十三条和《条例》第四十二条规定，资格预审申请人不得以他人名义或者以其他弄虚作假方式编制提交资格预审申请文件。

（4）澄清和说明义务。根据《招标投标法》第三十九条和《条例》第五十二条规定，资格预审申请文件的申请人有根据资格审查委员会的要求对资格预审申请文件中含义不明确的内容或者明显的文字错误进行必要澄清和说明的义务。

（5）重大情况变化的告知义务。根据《条例》第三十八条规定，资格预审申请人发生合并、分立、破产等重大变化的，有书面告知招标人的义务。

（6）接受招标投标管理机构的监督管理。为了保证工程建设项目招标投标活动的公开、公正、平等竞争，工程建设项目资格预审申请活动必须在招标投标管理机构的监督管理下进行。接受招标投标管理机构的监督管理，是工程建设项目资格预审申请文件的申请人必须履行的义务。

◤ 案例 3-16

资格预审申请文件的接收与拒收

某公开招标施工项目实行资格预审，招标人在资格预审文件中规定的申请现场门口安排专人接收资格预审文件，填写《资格预审文件接收登记表》。资格预审文件规定"资格预审申请文件正本、副本分开包装，并在封套上标记'正本'或'副本'字样。同时在开口处加贴封条，在封套的封口处加盖投标人法人章。否则不予受理"。资格预审申请人 A 的正本与副本封装在了一个文件箱内；资格预审申请人 B 采用档案袋封装的投标文件，一共有 5 个档案袋，上面没有标记正本、副本字样；资格预审申请人 C 在资格预审文件规定的提交资格预审申请文件截止时间后 1 分钟送到；其他资格预审申请文件均符合要求。

分析

本案涉及资格预审申请人在资格预审申请截止时间前受理资格预审申请文件的判别问题。首先，《招标投标法》及《条例》并未对资格预审申请文件的接收与拒收进行明确规定，那么实践中如何处理资格预审申请文件的接收和拒收呢？根据《条例》第四十三条"提交资格预审申请文件的申请人应当遵守招标投标法和本条例有关投标人的规定"，对资格预审申请人权利义务的处理可以按照投标人的规范要求进行，即资格预审申请文件的拒收，可以按照《条例》第三十五条"未通过资格预审的申请人提交的投标文件，以及逾期送达或者不按照招标文件要求密封的投标文件，招标人应当拒收"的规定进行处理。

综上，本案中，资格预审申请人 A、B 的资格预审申请文件封装和标识不满足资格预审文件的要求，C 的资格预审申请文件超过了投标截止时间 1 分钟，如果接收则直接违反了《条例》第三十五条的规定。

第4章

开标、评标和中标

开标、评标是选择中标人，保证招标成功的两个关键环节。《招标投标法》《条例》及相关法律法规对开标、评标活动的相关规定充分体现了招标投标活动公开、公正的基本原则。

开标、评标、中标是紧密相连的三个步骤。所谓开标，是指招标人依据招标文件载明的时间和地点，在投标人提交投标文件截止时间的同一时间，开启投标人提交的投标文件，并公开宣布投标人名称、投标价格及其他主要内容的活动；所谓评标，是指招标人依据招标文件的规定和标准，依法组建评标委员会对投标文件进行评审和比较，并出具评标报告的活动；所谓中标，是指招标人依据评标报告，从中标候选人中确定中标人并签订合同的活动。

4.1 开标程序和要求

▶ 条文

第四十四条 招标人应当按照招标文件规定的时间、地点开标。

投标人少于3个的，不得开标；招标人应当重新招标。

投标人对开标有异议的，应当在开标现场提出，招标人应当当场作出答复，并制作记录。

▶ 解读

《招标投标法》用三十四、三十五、三十六共三条分别对开标的时间和地点、开标的主持人和参与人、开标的基本程序和主要内容进行了规定。其中，第三十四条规定，开标应当在招标文件确定的提交投标文件截止时间的同一时间公开进行；开标地点应当为招标文件中预先确定的地点。第三十五条规定，开标由招标人主持，邀请所有投标人参加。第三十六条规定，开标时，由投标人或者其推选的代表检查投标文件的密封情况，也可以由招标人委托的公证机构检查并公证；经确认无误后，由工作人员当众拆封，宣读投标人名称、投标价格和投标文件的其他主要内容。招标人在招标文件要求提交投标文件的截止时间前收到的所有投标文件，开标时都应当众予以拆封、宣读。开标过程应记录，并存档备查。

在《招标投标法》的基础上，《条例》第四十四条针对开标环节常碰到的问题做了进一步的补充和细化。包括以下几点：

1. 招标人应当按照招标文件规定的时间、地点开标

本款再次重申和强调了开标的时间和地点要求。结合《招标投标法》，对于开标时间和地点应注意以下几方面：

（1）开标时间与提交投标文件截止时间应保持一致。招标文件规定的时间包括两方面的含义：一个是开标时间；一个是提交投标文件的截止时间。按照《招标投标法》第三十四条第一款，开标应当在招标文件确定的提交投标文件截止时间的同一时间公开进行。因此，开标的时间是由招标人在招标文件中确定的，各个投标人必须在这个时间前提交投标文件。

投标的截止时间即是开标时间。对此，有种观点认为，从方便实际操作来看，应在投标截止时间后另外设定一个开标时间，这样会在投标截止时间与开标时间之间形成时间差，方便开标人员准备开标的相关工作。然而，也正是这种时间差的存在，也使一些不端行为有了可乘之机。例如，在开标前投标人与招标代理机构串通，泄漏投标文件内容，使不法投标人有机会修改投标文件，令投标过程丧失公正性。因此，为保证开标过程的公平、公正，法律要求开标时间必须与提交投标文件的截止时间保持一致。

（2）开标具体时间的确定应合理。关于开标的具体时间，《招标投标法》第二十四条规定："招标人应当确定投标人编制投标文件所需要的合理时间；但是，依法必须进行招标的项目，自招标文件开始发出之日起至投标人提交投标文件截止之日止，最短不得少于二十日。"因此，在确定投标截止时间或者开标时间的时候，要考虑投标人编制投标文件需要的时间，对于依法必须进行招标的项目，特别规定了最短期限，即从发出招标文件之日起开始计算。至少20天后，才可以作为提交投标文件的截止时间。世行指南中就投标截止时间规定，确定投标书的准备和提交时间应充分考虑项目的具体情况和合同的规模及复杂程度。一般而言，国际竞争性招标（ICB）应给出自投标邀请之日或开始发售招标文件之日（以晚者为准）起不少于6周的时间。在涉及大型工程或复杂设备品目的的情况下，该时间一般应不少于12周，以使潜在的投标人能够在提交其投标书之前进行调查。WTO《政府采购协议》规定，期限的确定应保证国内供应商和其他缔约方供应商在投标截止日前，有充分时间准备和提交投标文件。采购机构在确定期限时，应考虑其本身的合理要求以及采购项目的复杂性、预期合同分包程度以及投标供应商从国内外邮寄投标文件需要的正常时间等因素。各缔约方应保证其采购机构在确定投标和接受邀请投标申请书截止期时，适用考虑延误因素。这样规定主要是为了使每个潜在投标人有足够的时间编制投标文件，体现投标的公平原则。

在确定投标截止时间时应当具体到时间点，如某年某月某日某时某分，晚于这个时间点递交的投标文件均为无效，开标程序也应在这个时间点开始。在招标投标实践过程中，关于如何将投标截止时间或开标时间在各个投标人与招标人之间进行统一，存在着一些争议。是否应该按照某个标准时间设定，在《招标投标法》或《条例》中都没有明确的规定，但在实践中这一点非常重要。《美国联邦采购条例》"14.304"中，关于投标文件的递交修改和撤回条款中使用当地时间（原文为"local time"）作为标准时间，要求投标人按照投标邀请规定的时间前递交投标文件，如果投标文件中没有明确具体时间，则

应不晚于投标截止日期当天招标政府部门所在地当地时间下午 4 点半递交。因此，为了使各个投标人以及招标人按照统一的时间进行开标、提交投标文件，开标时间可考虑使用北京时间，凡是晚于按照北京时间确定的开标时点，视为废标。

（3）开标时间、地点的更改应按对招标文件澄清和修改的相关条款执行。由于开标时间与提交投标文件的截止时间一致，因此必然要求开标的地点与递交投标文件的地点应一致，即递交投标文件的地点必须是开标的地点，并按照《招标投标法》第三十四条第二款在招标文件中预先确定。这样做防止了因递交投标文件与开标地点不一致时招标文件在两个地点之间的搬运所产生的时间间隔，造成开标时间与递交投标文件截止时间的偏差。我国关于开标时间、地点的规定与国际通行做法基本一致，如《国际复兴开发银行和国际开发协会信贷采购指南》（以下简称《指南》）规定开标时间应与接受投标书的截止时间相同或紧随其后，并在投标邀请中与开标地点一起公布。联合国示范法规定应在招标文件中规定作为投标截止日期的时间，或在任何截止日期展期通知中规定的截止日期，在招标文件中规定的地点，按该文件规定的程序开标。

《条例》规定招标人应当按照招标文件规定的时间、地点开标，《招标投标法》第三十四条第二款规定开标地点应与招标文件中规定的地点相一致。这样规定主要是为了防止投标人因不知地点变更而不能按要求准时提交投标文件，这也是为了维护投标人的利益而作出的规定。如果确实需要变更开标的时间或地点，则应该按照招标文件更改的程序进行，即按照《条例》第二十一条进行招标文件澄清与修改（即：招标人可以对已发出的资格预审文件或者招标文件进行必要的澄清或者修改。澄清或者修改的内容可能影响资格预审申请文件或者投标文件编制的，招标人应当在提交资格预审申请文件截止时间至少 3 日前，或者投标截止时间至少 15 日前，以书面形式通知所有获取资格预审文件或者招标文件的潜在投标人；不足 3 日或者 15 日的，招标人应当顺延提交资格预审申请文件或者投标文件的截止时间）。

案例 4-1

某房屋建筑工程，招标文件载明的递交投标文件截止时间为 2013 年 5 月 25 日上午 9 点 30 分；开标时间为 2013 年 5 月 25 日上午 10 点整；递交投标文件地点和开标地点均为该市工程交易中心 201 会议室。某通过资格审查的投标单位于 2013 年 5 月 25 日上午 9 点 15 分持投标文件到达招标文件指定的开标地点，然后发现在原定的开标地点门口贴出告示，告知投标企业开标地点调整到业主所在地的 5 楼会议室。

分析

该项目的开标环节设置主要存在以下几个问题：一是招标文件载明的递交投标文件截止时间与开标时间不一致；二是开标地点与招标文件载明的地点不一致；三是开标地点的变更和调整不符合《招标投标法》的规定，应按对招标文件的澄清和修改条款，在投标截止时间至少 15 日前以书面方式通知所有潜在投标人。

2. 投标人少于 3 个的，不得开标；招标人应当重新招标

《招标投标法》第二十八条规定，投标人少于 3 个的，招标人应当重新招标。为了保

证重新招标的竞争性，保护投标人的权益，本条进一步规定，投标人少于 3 个的，招标人不得开标，以免泄露投标人的投标信息。

在《条例》的基础上，《关于废止和修改部分招标投标规章和规范性文件的决定》（国家发改委等九部委令〔2013〕第 23 号）（以下简称"23 号令"）对国家发展改革委牵头制定的规章和规范性文件进行了一次全面清理，其中《评标委员会和评标方法暂行规定》第二十七条和《工程建设项目施工招标投标办法》第三十八条第三款中均将"招标人应当依法重新招标"修改为"招标人在分析招标失败的原因并采取相应措施后，应当依法重新招标"。因此，当投标人少于 3 个或者所有投标被否决时，招标人应当分析导致这种结果的原因并采取相应措施予以纠正。

（1）投标人少于 3 个的原因。当投标人数量不足时，直接影响了投标竞争力。造成投标竞争力不足的主要原因包括：一是项目的特殊性导致潜在投标人不足，如具有特定技术要求（参考邀请招标的有关条款）；二是招标人违反了《条例》第二十三条、三十二条，招标文件不合法合规，以不合理的条件限制了潜在投标人或量身定做等，从而导致竞争力不足，如要求特定的业绩或奖项等；三是项目本身缺乏吸引力，如投资额不大且施工条件恶劣等。

（2）重新招标时的调整对策。若是由于项目专业特殊性等原因导致只有少数潜在投标人的项目，可以考虑采取邀请招标的方式；若招标人设置了不合理条件排斥或限制了潜在投标人的，应予以纠正和修改资格审查文件或招标文件后重新招标；若由于项目自身条件导致缺乏吸引力的，在保证"值得"的情况下，可以考虑适当增加优惠条件（如付款条件等），提高项目的吸引力。

（3）重新招标带来的不利影响。一旦需要启动重新招标程序，无论对招标人或是投标人，都会带来一定的损失或不利影响，包括降低了招投标效率、增加了招标投标成本等。因此招标人在拟定招标方案时，应结合项目的实际情况，对资格审查条件、评标办法等内容，从市场竞争力等方面进行充分的研究和论证，尽可能降低重新招标的风险。

案例 4-2

某市政道路招标工程，采取资格后审。招标人在资格审查条件中，要求投标企业具有承接过一项与拟建工程规模相当的水运工程的施工业绩。至递交投标文件截止时间，只有一家企业提交了投标文件。本次招标失败。

分析

从案例来看，由于该工程是市政道路工程，招标人在资格审查条件中要求投标人提交一项水运工程业绩，该条件与拟建的工程项目的具体特点不相符，属于《条例》第三十二条限制或排斥潜在投标人的条款。因此监管部门要求招标人修改资格审查条件重新组织招标。

3. 投标人对开标的异议应当现场提出

本款规范了投标人对异议的提出和处理要求。

（1）异议的内容。开标期间，投标人可以对现场投标文件的提交、开标的时间、程序、投标文件密封检查和开封、唱标内容以及投标人和招标人或者投标人相互之间是否存在《条例》第三十四条规定的利益冲突等情形提出异议。例如，对招标人宣读自己的报价出错提出异议，对公布的招标控制价与唱标时宣读的不一致提出异议等。

（2）异议的提出和处理。由于开标现场提出的异议内容及处理结果，将直接影响招标投标的有效性或后续的评标工作，具有很强的时效性，若采取事后处理的方式，会带来连锁反应，甚至无法纠正，直接导致招标失败，影响招标投标的效率。因此，本款规定，投标人对开标过程中的异议，必须在现场提出。异议成立的，招标人应立即采取措施予以纠正，并做好相应记录。若投标人提出的异议涉及投标文件实质内容，超出招标人答复或纠正权限的，招标人应将异议记录在案并移交评标委员会评审判断。对于所有异议的提出和答复，招标人均应如实记录以备查。

对于异议成立而招标人不及时纠正的，投标人可根据《条例》第六十条向有关行政监督部门提出投诉。若投标人不按招标文件要求委托代表人参与开标，视为投标人放弃参与开标会的权利。这种情况下，投标人在开标之后就开标内容提出异议或投诉的，根据《条例》第六十条的规定，有关行政监督部门应不予受理。

案例 4-3

某监理招标项目，有10家单位在截止时间前递交了投标文件。进入开标程序后，一家单位才进入开标现场并向招标人提出继续提交投标文件的申请。招标人经商量后认为多一家企业可提升竞争力，因此接纳了其投标文件。对此，有投标人提出质疑，认为招标人违反了有关规定。招标人当场纠正了其做法，拒绝了迟到单位的投标文件。在开标过程中，又有一家企业提出，有两家投标人的法定代表人是同一个人，应当否决这两家的单位的投标。招标人经核实，发现情况属实，当场否决了两家单位的投标。最终只有8家单位的投标文件进入了评审阶段。

分析

该案例是有关开标现场的异议处理，第一，关于拒绝迟到投标人的投标文件，招标人当场予以纠正其行为是正确的；第二，关于两家投标人的法定代表人为同一人的异议，招标人现场否决了两家单位投标，并且两份投标文件未提交评标委员会评审的做法是不妥的。正确做法应该是，招标人在现场将有关异议内容予以记录，并提交评标委员会评审判断。

4.2 评标委员会的组建

评标委员会是被《招标投标法》赋予的唯一法定对投标文件进行评审和比较，并作出推荐意见的组织。由于评标委员会的特殊地位和作用，虽然《招标投标法》只用了一条即第三十七条对评标委员会及其成员的组成做了规定，但鉴于其在评标过程中的决定性作用，结合近年来在实际工作出现的种种不规范行为，《条例》利用三条的篇幅有针对性地对《招标投标法》第三十七条中的有关评标委员会的组建方面的内容进行了补充和明确。

根据《招标投标法》第三十七条，"评标由招标人依法组建的评标委员会负责。依法必须进行招标的项目，其评标委员会由招标人的代表和有关技术、经济等方面的专家组成，成员人数为五人以上单数，其中技术、经济等方面的专家不得少于成员总数的三分之二。""前款专家应当从事相关领域工作满八年并具有高级职称或者具有同等专业水平，由招标人从国务院有关部门或者省、自治区、直辖市人民政府有关部门提供的专家名册或者招标代理机构的专家库内的相关专业的专家名单中确定；一般招标项目可以采取随机抽取方式，特殊招标项目可以由招标人直接确定。""与投标人有利害关系的人不得进入相关项目的评标委员会；已经进入的应当更换。""评标委员会成员的名单在中标结果确定前应当保密。"

上述条款中规定了评委会组建的几项基本原则：一是组建主体是招标人；二是评标委员会人数是五人以上单数，并且技术、经济等方面专家人数应不少于三分之二；三是专家资格条件应满足具备在本领域工作满八年并具有高级职称或同等水平；四是专家的主要来源有各级政府提供或招标代理机构提供两种；五是确定方式包括随机抽取和直接确定两种；六是专家名单的保密性要求。

《条例》补充的相关条款，具有很强的现实指导意义。

▶ 条文

第四十五条　国家实行统一的评标专家专业分类标准和管理办法。具体标准和办法由国务院发展改革部门会同国务院有关部门制定。

省级人民政府和国务院有关部门应当组建综合评标专家库。

▶ 解读

1. 国家统一评标专家专业分类标准的必要性

在《招标投标法》第三十七条中，规定了组成评标委员会的评标专家来源，一是从国务院有关部门或者省、自治区、直辖市人民政府有关部门提供的专家名册中确定；另一来源是从招标代理机构的专家库内的相关专业的专家中确定。但对于评标专家的专业分类标准、管理办法和细则长久以来却未能统一，使得专家库的构建在全国各地出现了百花齐放的局面。

评标专家专业分类标准的不合理，势必造成评标专家库构建的不合理，而专家库构建的不合理，则直接影响到了评标委员会组建的合理性。在实际工作中，由于招标人组建的评标委员会中部分评标专家的不能胜任，导致评标出现争议甚至直接导致招标失败的案例不在少数。

2010年，国家发改委等十部委根据《国务院办公厅关于进一步规范招投标活动的若干意见》（国办发〔2004〕56号）有关精神，按照中央《关于开展工程建设领域突出问题专项治理工作的意见》（中办发〔2009〕27号）的部署和要求，制定颁布了《评标专家专业分类标准（试行）》（发改法规〔2010〕1538号）。该标准依据专业人员及其技术资格类别，同时结合评标特点来设置专业分类，规范和统一了评标专家的专业分类标准，初步建立了规范化、科学化的评标专家专业分类体系。根据该办法，评标专家专业分类按纵向和横向设置，纵向按照工程、货物、服务三大类别体系设置，横向按照招标项目技术、经济特点划分为一级、二级、三级三类级别，实行全国统一编码。但各省市建库时，在保证分类体系和专业代码统一的前提下，可以根据需要做进一步补充和细化。

在本《条例》中，进一步明确了国家实行统一的评标专家专业分类标准，这将有效解决以下几方面的实际问题：

一是解决因专业分类不合理导致被抽取的专家与项目实际不匹配的问题。

二是解决因专业分类标准不科学导致出现不合理的冷门专业或稀缺专家，造成可供选择的专家数量偏少的问题，对遏制"评标常委"现象的产生，防止权钱交易、暗箱操作起到很明显的作用。

三是解决评标专家库相对封闭，资源较为分散的问题，为实现评标专家最广泛的资源共享、互联互通互建，推动建立健全统一规范的工程建设有形市场，切实提高评标工作的公正性奠定了基础。

2. 国家统一专家管理办法的必要性

评标专家及专家库的日常管理工作主要包括：一是对评标专家资格条件的认定，如工作年限的认定，不具备高级职称的，其同等专业水平等；二是专家入库申请及审查，包括申请流程、入库前的培训、考核及认证；三是评标专家的抽取和使用，包括使用范围、抽取方式、抽取时间和回避制度设定等；四是对专家的考评和动态管理，根据对专家的业务能力、信用、职业道德等考评情况，对专家进行更换、补充或清出；五是明晰专家的责任制度，包括对专家评标行为的要求和规范，以及专家违规应承担的责任等。

与评标专家专业分类的标准情况类似，至今为止，全国尚未建立起强制统一的评标专家管理办法。各部门、各地区按照各自的特点和需要制定了自己的管理办法，虽然在《招标投标法》实施的初期，对规范评标专家评标行为，促进行业的发展起到了一定的积极作用。然而，随着我国市场的不断开放，地区和行业的封锁和垄断逐步在打破，工程技术和工艺的发展也日新月异，评标专家管理各自为政的局面已难以适应市场经济发展的需要。评标专家管理办法不统一带来的弊端越来越明显。由于管理办法的不统一，准入条件、管理规则、运行规范、处罚标准等都存在一定的差异甚至相互冲突，直接影响了评标专家的客观独立评标，对招标投标的公开、公平和公正运行带来了很不利的影响。

此外，根据《招标投标法》的规定，招标代理机构应设立专家库，这是招标代理机构取得资格的必要条件之一。然而，在实际工作中，招标代理机构的专家及专家库却存在诸多问题：一是专家数量严重不足，甚至出现相当一部分代理机构为取得资格在专家数量和名单上弄虚作假的情况，严重影响了招标投标活动的形象；二是对专家的管理形同虚设，缺乏管理，缺乏监督。由于招标代理机构的专家库是由代理机构自建自管自用的，缺乏严格的准入认定、考核和责任追究制度，因此评标专家容易被操控，导致其评标的公正性受到质疑。由于这些弊端的出现，目前，招标代理机构的专家库在各地实际招标投标活动中，其地位和作用正逐步淡化或被取代。

3. 省级人民政府和国务院有关部门应当组建综合评标专家库

在本条中，特别指出省级人民政府和国务院有关部门应当组建综合评标专家库，这项规定有助于解决现阶段地方专家库在管理上出现的各种缺陷和不足，如入库专家数量偏少，专业划分不合理、配备不齐全，专家能力良莠不齐等，这样将有效提高评标工作的质量和公正性。

（1）组建综合评标专家库，有助于提升评标活动的公平、公正性。由省级人民政府和国务院有关部门组建统一的综合评标专家库，可以有效整合省一级或全国范围的评标专家资源，最大限度地实现资源共享。同时，在管理办法上，采用统一的随机抽取方式，因地域或专业限制造成的"评标常委"现象将得到解决，评标过程中的熟面孔将会大大减少，有助于减少或避免人为因素对评标专家的影响。制度和环境的变化，会促使专家重新站在一个比较客观公正的角度来评价招标项目的投标文件，从而使得评标活动能够健康运行，进一步提高评审结果的客观公正性。

（2）组建综合评标专家库，有助于打破招标投标行业垄断和地域封锁。就目前而言，全国各地的评标专家及专家库管理长期处于各自为政、百花齐放的局面下，在对专家的入库标准、培训考核、使用方式方法等方面不尽相同，并且由于专家数量不足、质量不高等情况，严重影响了评标专家的公信力。有些地方政府也有意无意地利用这种制度上、管理上的缺陷，长期保持着与一批"评标常委"的默契，以达到在评标过程中有所影响或控制评标结果走向的目的。此外，在各行业领域，也存在各行业搭建自己的招标投标平台、自行组建本行业的评标专家库的现实情况，如建筑领域、政府采购领域、交通领域、水利领域等。以省一级或国务院有关部门组建统一的综合评标专家库，其目的就在于打破地域、部门界限，为各领域、各行业特别是为政府投融资项目提供质量较高、数量充足、客观公正的评标专家资源，从源头上打破招标投标的行业垄断和地域封锁。

（3）组建综合评标专家库，有助于电子招标投标的推行实施。2013年2月，国家八部委发布了《电子招标投标办法》（国家发改委等八部委令〔2013〕第20号）及其技术规范。根据该办法，所谓电子招标投标活动，是指以数据电文形式，依托电子招标投标系统完成的全部或者部分招标投标交易、公共服务和行政监督活动。该办法要求于2013年5月开始实施。从特点上来看，由于电子招标投标以网络信息技术为支撑，网络的实时性和开放性特点有助于打破传统招标投标操作的地域差别和空间限制，增强相关信息的透明度。作为投标人，可以通过网络获取招标信息，并且通过网络参与投标，大大提高了工作效率，有效降低时间和经济成本。同时，由于电子招标投标方式可以通过建立统一的信息系统将招标投标流程标准化、模块化，有助于进一步规范操作程序、降低执行偏差。此外，电子招标投标能够充分体现公平、公开、公正的竞争原则，在一定程度上遏制各地方、各部门的地方保护主义、行业垄断和行政干预行为的发生。随着科学技术的日趋成熟和网络安全的进一步提升，电子招标投标将逐渐取代传统招标投标模式，成为今后发展的主流。作为招标投标过程中不可或缺的评标环节及其唯一法定的评审主体，组建省一级或全国统一的综合评标专家库，是实现全国范围电子辅助评标和异地远程评标的基础，也是全国推行电子招标投标的重要前提。

（4）组建综合评标专家库，应体现其"综合"的核心定位。综合评标专家库，其核心和基本定位就是其综合性。只有综合才能保证专家专业门类齐全，技术权威、数量充足，从而使得在组建评标委员会时，才能随机选取到满足项目实际需要的专家，否则，专家不专、评标不公等现象就得不到根本性的解决。当前，各地的普遍情况是，由于受到区域和人才数量的限制，专家库中始终缺少一些专业领域的专家或高精尖专家，难以满足全部项目的评标需要。这样，就迫切需要省一级或国家组建一个高精尖专家服务平台，为地方抽取评标专家提供保障和支撑，为跨行业的工程建设项目提供公正权威的服务。除了跨地域外，综合专家库还应当整合各行业的专家库，选择一批在行业和国内比较权威的专家组成国家级专家及专家库，为国家有关部门的一些重大、复杂、关键的工程建设项目提供评标服务，为跨行业的其他专业领域服务。

▶ 案例4-4

某县级市地域面积约一千平方千米，人口约二百万。该地区每年由政府投资的建设工程约 500 项，投资额约 120 亿元。该地区成立了自己的有形建筑市场，并要求达到依法必须招标的项目应全部进入该交易中心招标，并配备建设了相应的专家库。由于地域较小，人才相对匮乏，地方建设行政主管部门为了增加专家数量、扩充专家规模，防止"评标常委"的出现，在专家准入条件上做了调整，允许获得中级职称的专业技术人员进入专家库。经过调整后，专家数量从原来的几十人增加到约两百人。但运作一段时间后，工作人员发现，经常来评标的专家仍然只是有限的几十人，并且由于人数少，专家类别不够完整，导致抽取工作经常需要在专家的专业类别上进行临时混搭，导致招标投标市场主体各方对评标结果争议不断。

分析

该案例是反映了当前我国在专家及专家库管理中普遍存在的现象：一是专家管理办法的不统一，各地各自为政，如自行降低专家的准入门槛和条件；二是缺乏共建共享的理念和机制，如地域相对较小的县级市的成立行业内的专家库，而且是自建自用的封闭式管理和应用，未能与省一级或周边地市一级专家库进行共建共享，带来专家数量和质量方面的问题，对评标的公正性产生了极大的影响；三是评标专家的专业类别划分不统一，专家应用较为混乱，如案例中的抽取应用时，本专业专家数量不足时，采用临时与其他专业专家混搭抽取的方式，导致出现组建的评标委员会与实际项目不匹配，造成评标结果争议不断的情况。该案例说明了由"国家实行统一的评标专家专业分类标准和管理办法"和"省级人民政府和国务院有关部门应当组建综合评标专家库"的重要性和必要性。

▶ 条文

第四十六条 除招标投标法第三十七条第三款规定的特殊招标项目外，依法必须进行招标的项目，其评标委员会的专家成员应当从评标专家库内相关专业的专家名单中以随机抽取方式确定。任何单位和个人不得以明示、暗示等任何方式指定或者变相指定参加评标委员会的专家成员。

依法必须进行招标的项目的招标人非因招标投标法和本条例规定的事由，不得更换依法确定的评标委员会成员。更换评标委员会的专家成员应当依照前款规定进行。

评标委员会成员与投标人有利害关系的，应当主动回避。

有关行政监督部门应当按照规定的职责分工，对评标委员会成员的确定方式、评标专家的抽取和评标活动进行监督。行政监督部门的工作人员不得担任本部门负责监督项目的评标委员会成员。

▶ 解读

本条针对评标委员会的组建，即根据评标专家在实际工作中的抽取应用的一些不规范行为作了进一步的明确规定，该条款本身也是国家统一评标专家管理办法的重要原则性内容。

根据《招标投标法》第三十七条，明确规定了评标委员会由招标人依法组建，并且对评标委员会的组成做了相应的一些规定，包括评委会的数量、专家的基本资格、专家的来源、选取方式以及有关保密要求等。但在具体理解实施和执行过程中，各地却出现了一些偏差。

1. 本条主要规范的对象，是依法必须招标的项目

《招标投标法》第三条对我国依法必须招标的项目做出了规定，明确了在中华人民共和国境内进行的大型基础设施、公用事业等关系公共利益、公众安全的工程建设项目，全部或者部分使用国有资金投资或者国家融资的工程建设项目，以及使用国际组织或者外国政府贷款、援助资金的工程建设项目，包括项目的勘察、设计、施工、监理以及重要设备和材料等的采购，在国家规定的限额标准以上的，依法必须进行招标采购。

《条例》之所以对依法必须招标项目提出专门的要求，其主要原因是依法必须招标的项目，对国家、对社会有着十分重要的意义，突出表现在以下几个方面：一是规范依法必须招标的项目，有利于保护国家利益、社会公共利益和当事人的合法权益，我国的经济体制以公有制为主体，投资主要来源于国有资金，加强对依法必须招标项目的监管和规范，无疑是提高国有投资收益，保证项目质量，进而保护国家利益、社会公共利益和当事人的合法权益的一种重要举措；二是规范依法必须招标的项目，有利于完善社会主义市场经济体制，维护市场的平等竞争秩序；三是对依法必须招标的项目进行严格的监管和约束，有利于预防和惩治腐败交易。招标采购制度具有公开、公平和公正的特点，同时还具有严格的交易程序。这样一种交易制度，只要科学合理地制订依法必须招标项目范围和规模标准，就在一定程度上培养了当事人依法交易的意识和自觉性，进而预防腐败交易；同时，由于整个招标采购活动置于市场透明的环境下，有利于交易过程监督，及时发现违法违规行为，进而对此类行为加以惩治。

2. 依法必须招标的项目，评标专家应采取随机抽取的方式确定

如何保证评标专家或者整个评标委员会评审工作的客观公正，一直是专家管理的难点。除了依赖评标专家自身的职业素养和道德外，制度上的保障也尤为重要。由于评标委员会由招标人依法组建，为了防止招标人在组建过程中的随意性和倾向性，避免人为因素干扰，本条规定，依法必须招标的项目，其评标委员会的专家成员应当采取随机抽取方式确定，以确保专家的独立产生和公正评标。同时，为了保证专家与项目的匹配性，确保评标委员会能够胜任评审工作，招标人应当在专家库中相关专业的专家名单中抽取评标专家。各地的专家专业分类标准应按国家统一标准划分，以保证评标质量。招标人在抽取之前，应对其招标项目有充分的了解，结合工程的实际情况与国家的划分标

准进行合理的匹配。专家库的管理部门，应制定清晰的抽取指引和说明，便于招标人做出合理合适的决策。

3. 不得干涉专家的抽取活动

随机选取专家的根本目的，就是减少人为干扰因素，保证评标活动的客观公正性。因此，招标人依法抽取的过程，不受任何个人或单位的影响和干涉。同理，任何单位或个人，也不得以明示或暗示等方式指定或变相指定参与评标委员会的专家成员。

4. 不得随意更换评标委员会成员

评标委员会的组建应当是严肃严谨的过程，为了保证评标委员会的稳定性，维护评标专家的合法权利，依法必须招标的项目，非因《招标投标法》或本《条例》的事由，招标人不得随意更换评标委员会成员，以切实保障评标专家客观独立地履行评标的职责。对于实际工作中确实需要更换的，《条例》第四十八条做出了相应的规定，包括"评标过程中，评标委员会成员有回避事由、擅离职守或者因健康等原因不能继续评标的，应当及时更换"。

5. 与投标人有利害关系的评标委员会成员应主动回避

《招标投标法》第三十七条明确了评标委员会成员的回避和更换制度，即要求与投标人有利害关系的人应当回避，不得进入评标委员会；已经进入的，应予以更换。七部委《评标委员会和评标方法暂行规定》第十二条中，更进一步提出了评委成员应"主动"回避的概念，即有下列情形之一的，不得担任评标委员会成员，应当主动提出回避：① 投标人或者投标人主要负责人的近亲属；② 项目主管部门或者行政监督部门的人员；③ 与投标人有经济利益关系，可能影响对投标公正评审的；④ 曾因在招标、评标以及其他与招标投标有关活动中从事违法行为而受过行政处罚或刑事处罚的。对此，《条例》再次对就评标委员会成员的"主动"回避问题进行了强调。但在实际操作中，主动回避仍然缺乏制度的约束和保障，建立完善的主动申报制度并与准入和清出的专家动态管理相结合，将是今后专家及专家库管理的主要方向之一。

6. 评标专家的抽取及应用应依法接受行政监督

行政监督的主要内容，包括评标委员会成员的确定方式、专家的抽取和评标活动等。行政监督的主要目的，是为了解决实践工作中招标单位负责人或有关领导干部滥用权利影响或干预评标委员会成员的选取确定，影响或干涉评标委员会独立客观的评审工作，或通过各种手段影响或直接确定评标结果等问题。为了保证行政监督的力度，避免监管部分从而影响监督效果，《条例》明确规定，行政监督部门人员，包括招投标行政主管部门、项目审批审核部门、项目主管部门和审计部门等工作人员不得担任本部门负责监督项目的评标委员会成员。

▶ 案例 4-5

某市一市政道路工程，工程估价约 3000 万元，由政府财政资金投资，采取公开招标方式在当地有形建筑市场进行交易，评标办法采取综合评估法。根据分工，该市招标投标监管部门为当地建设行政主管部门。收开标后，招标人依据当地规定，在市交易中心采取随机选取的方式在专家库中抽取专家组建评标委员会。由于涉及一座小桥，招标人拟组建七人的评标委员会。原计划招标人拟派一名具有道路工程施工高级职称的负责人参与评标，但由于该负责人有临时会议安排不能参加，因此最终选派了一名无工程背景的办公室主任参加。在抽取过程中，建设行政主管部门提出，由于桥梁涉及重大的安全性，因此根据领导指示，派遣了工程科科长参加本次评标。最终，招标人采取随机抽取的方式确定了其他5名专家共同组建了该项目评标委员会。在专家签到时，其中一名专家发现，有一家其担任法律顾问的公司也参与了投标，因此主动提出退出本次评标。经请示监管部门，准许其回避退出。但由于时间关系，招标人申请直接确定一名相熟的专家进入评标委员会，主管部门经研究同意其申请。该评标委员会最终完成了该项目的评审工作。

分析

从该项目的性质来看，政府投资的市政道路工程，并且投资额达到3000万，属于国家规定的依法必须招标的项目，因此，该项目评标委员会的组建必须依照《招标投标法》及《条例》的有关规定执行。在本案中，其评标委员会的组建存在以下几点问题：

（1）建设行政主管部门作为本项目的行政监督部门，其直接派员参加评标委员会违反了"行政监督部门的工作人员不得担任本部门负责监督项目的评标委员会成员"的规定。

（2）关于招标人选派参与评标委员会的代表，由于不具备工程背景和经验，不具备《招标投标法》中对评标专家的条件要求，根据住建部2005年《关于加强房屋建筑和市政基础设施工程项目施工招标投标行政监督工作的若干意见》中有关"评标委员会中招标人的代表应当具备评标专家的相应条件"的规定，该人员应当予以依法进行更换。

（3）随机抽取的一名专家因与其中一家投标人存在利害关系，根据规定应当主动回避，因此监管部门同意其退出符合规定。但在更换时，未按《条例》的规定在评标专家库相关专业的专家名单中随机抽取产生，而是由招标人直接确定，该程序违法。

条文

第四十七条　招标投标法第三十七条第三款所称特殊招标项目，是指技术复杂、专业性强或者国家有特殊要求，采取随机抽取方式确定的专家难以保证胜任评标工作的项目。

解读

九部委联合发布的《关于废止和修改部分招标投标规章和规范性文件的决定》对《评标委员会和评标方法暂行规定》第十条第二款中的"技术特别复杂、专业性要求特别高"修改为"技术复杂、专业性强"，"难以胜任"修改为"难以保证胜任"。《招标投标法》第三十七条第三款中的规定："一般招标项目可以采取随机抽取方式，特殊招标项目可以由招标人直接确定。"《条例》第四十七条对《招标投标法》中的特殊招标项目进行了进一步的解释。

1. 招标人直接确定评标专家的前提是招标项目特殊

根据《条例》的条文来看，对于可以由招标人直接确定评标专家的特殊项目界定标准，必须是同时具备两个条件：一是项目自身具有的特点，既项目本身技术复杂、专业性强或者国家有特殊要求，对此，国家暂时未就此给出统一的标准或要求，但各地结合本地区的特点，出台了一系列的文件加以规范，如广东省发展改革委 2014 年发布了《广东省建设工程招标项目特殊性工程划分标准目录》，根据工程的类型类别就特殊性进行了定性或定量的界定划分，用以指导招标投标各具体程序和环节的设定；二是采用随机抽取的方式确定的专家不能满足项目评标的需要。不能满足的具体情形主要有：专家库中没有相应专业的专家；专家库中有相应专业的专家，但不能满足招标项目的实际需要；专家库中有相应专业的专家，但专家数量不能满足招标项目的要求；专家库的专业分类不能满足招标项目的专业要求。当招标项目满足上述两个条件时，招标人可以直接确定评标专家。在具体实践中，招标人会根据实际情况向监督管理部门申请直接确定评标专家，监督管理部门会根据交易中心出具的专家库专家是否能满足评标需要的意见，进行批示。

2. 直接确定的专家应当符合法律的规定

首先，无论是随机抽取还是直接确定，组成评标委员会的专家都必须满足《招标投标法》第三十七条对专家的资格条件，即从事相关领域工作满八年，并具有高级职称或者同等专业水平；其次，选取的专家应严格遵守《招标投标法》和《条例》的有关规定，包括不得与投标人有利害关系、行政监督部门人员不得担任等；第三，评标委员会的专家数量构成应符合法律的规定，既由五人以上的单数构成。

3. 直接确定的专家应当保密

在实际工作中，针对特殊项目由招标人直接确定专家的，在管理上往往会被忽视，尤其是对专家的保密工作。为了减少人为因素干扰，保证专家能客观公正地进行评审，相关部门应当强化保密意识，在中标结果确定前做好专家的保密工作。在具体操作中，为做好该项工作，部分地区做了有益的尝试如要求招标人采取类似邀请招标的方式，按一定比例向这方面权威专家发出邀请，然后再回应的专家名单中，在交易中心采用随机选取的方式确定最终参与评标的专家名单。

▶ 案例 4-6

某古建文物修缮工程，由政府出资约 800 万，文物所属单位出资约 200 万元进行修缮。由于技术比较复杂，专业性强，本市专家库内具有相应资历和经验的专家只有一人。为保证该项目的顺利推进，招标人向主管部门申请直接确定评标委员会专家。行政监管部门经核实，本市及周边地区专家库在该专业方面的专家确实有所缺失，因此同意其申请。为了广泛收集适合的专家信息，招标人向其中一家投标单位进行了咨询。该单位由于在该领域具有一定的权威性，因此向招标人推荐了 3 名具有高级工程师职称，具有文物修缮丰富经验的专家。经招标人筛选，决定选用该单位推荐的其中两名专家，从有关高校邀请了两名具有丰富经验的相关专业教授，招标人自己选派了一名在单位从事文物管理的专业技术人员共同组成 5 人评标委员会负责该项目的评审工作。在评标工作开始前，招标人为消除投标单位疑虑，向所有投标单位公布了 5 名专家的姓名及有关资历。评标结束后，招标投标监管部门收到其中一家投标单位的投诉，对评标委员会的组成提出了质疑。

分析

从本案来看，该项目基本符合《条例》第四十七条对特殊项目的界定标准，同时具备专业技术复杂、专业性强的特点，以及本市及周边专家库相关专业专家资源匮乏，采用随机抽取的专家难以保证胜任评标工作的实际。但在招标人组建评标委员会的过程中，出现了以下两方面的问题，从而引起了异议：

第一，招标人在直接确定评标专家时，未严格遵守《条例》对专家的基本要求，即与投标人有利害关系的应当予以回避。招标人在选取专家过程中，向投标单位咨询，并直接选定了两名由该投标人提供的专家，不符合回避的原则。

第二，招标人在评标前将评标委员会成员名单及相关信息向所有投标单位披露公示，其虽然有向投标单位公开专家资历以显示评标委员会在专业上具有权威性的良好意愿，但其行为仍然违反了《招标投标法》第三十七条"评标委员会成员的名单在中标结果确定前应当保密"的规定，公示专家名单后，可能会给投标单位违法提前接触评标专家提供便利条件，影响评标活动的客观公正性。

4.3　评标程序与要求

▶ 条文

第四十八条　招标人应当向评标委员会提供评标所必需的信息，但不得明示或者暗示其倾向或者排斥特定投标人。

招标人应当根据项目规模和技术复杂程度等因素合理确定评标时间。超过三分之一的评标委员会成员认为评标时间不够的，招标人应当适当延长。

评标过程中，评标委员会成员有回避事由、擅离职守或者因健康等原因不能继续评标的，应当及时更换。被更换的评标委员会成员作出的评审结论无效，由更换后的评标委员会成员重新进行评审。

▶ 解读

1. 招标人不得向评标委员会明示或暗示倾向性的意见

评标委员会进行评标时，应当严格按照招标文件提供的信息对投标文件进行响应性审核，并按照招标文件规定的方法对商务标、技术标进行打分。除了评标的主要依据招标文件外，为了使评标委员会能更准确、更快地把握招标文件中的内容和一些招标文件中未载明的内容，招标人应向评标委员会提供包括招标项目的详细情况（包括范围、质量、价格、进度需求、技术标准和要求、评标方法和标准等）、开标记录以及投标文件等评标所必需的客观真实信息。但招标人或其招标代理机构在提供上述信息时，不得以明示或暗示方式倾向或排斥特定投标人。然而，在实际工作中，由于评标委员会成员的评审费往往是由招标代理机构代替招标人承担，有的甚至由招标人直接支付，这样造成了评标专家与招标代理机构、招标人之间的一种潜在的经济利益牵连关系。当招标人或招标代理机构对评标过程提出一些"建议"时，评标专家往往会基于经济利益的牵连关系，接受有碍评标公正性的建议，使得评审工作丧失了原则性和公正性。

因此，建立独立的评标制度，保障评标委员会评标过程的独立性，对保证招标投标的公平公正至关重要。《招标投标法》第三十八条规定任何单位和个人不得非法干预、影响评标的过程和结果，《条例》第四十八条也重申了除了招标人向评标委员会提供评标所必需的信息外，不得明示或者暗示其倾向或者排斥特定投标人。

▶ 案例 4-7

某国有集团企业厂房的改造工程，在招标时，根据立项批文核准的方式，招标人委托了一家招标代理公司协助招标工作。评标过程中，参与投标的 A 公司在第一轮报价和有关技术评审结束后得分暂时排名第一，并且领先第二名超过 10 分。进入第二轮评审后，根据招标文件，评分内容包括资信、获奖等其他商务评审项目。经过评标委员会评审，原本排名第二的 B 公司在该轮获得满分，而原本排名第一的 A 公司却在该轮多个评审项中被评为 0 分。经最后汇总，B 公司最终以不到 1 分的优势击败 A 公司，最终成为中标人。由于"工程内定"太过明显，引起其他投标公司的不满。经调查，在评标过程中，由招标人派出的评标专家代表担任评委会组长，并在评审过程中多次采取建议和暗示的方式，引导其余评标专家作出了倾向性的评审结果。同时，经调查还发现，招标代理公司在协助评审过程中，也利用关系向熟悉的几名评标专家特别介绍了 B 公司的情况，并暗示评标结束后 B 公司将给予额外的好处费。

分析

该案例为典型的招标人在招标投标过程中影响或支配评标过程和评标结果的违规违法模式。由于评标委员会由招标人组建，评审报酬一般由招标人直接或招标代理人间接支付给评标专家，因此，评标专家习惯以"为招标人服务"的角度来对待自己的评审工作，所以，在客观上来说，招标人对评标专家的意志具有极大的支配力。在本案中，一方面，招标人代表在评审过程中，借用评标委员会组长的身份，发表具有倾向性的意见和建议，影响了评标专家客观公正的评审；另一方面，其余评标专家未能很好地履行其权利和义务，被招标人的不当言论所左右，被招标代理公司提出的不当利益所收买，最终评审结果被招标人所左右，违背了招标投标公平公正的基本初衷。

2. 评标时间设置应合理

由于每个项目大小、繁简不同，参与评标的评标专家水平有所区别，招标投标相关法律法规很难对评标时间做出硬性的规定。招标文件也仅能对评标的开始时间、评标程序、评标标准等进行规定，对于评标到底需要耗时多少，一般完全由评标委员会自己进行把控。在招标投标实践中，开标时间即投标截止时间，一般安排在上午 9 点 30 分至 10 点左右。在开标之前 1 个小时或开标之后，招标人会在交易中心随机抽取评标专家组建评标委员会，11 点左右专家到齐即可开展评标活动，到下午 18 点左右，评标活动即可结束。据了解，在绝大多数地区，考虑到保密和场地的使用等原因，评标时间的安排都控制在半天左右。从评标实际工作来看，要在半天时间内详细评审七八份甚至十七八份投标文件是不现实的。由于在被选中为评标委员会成员之前，评标专家对招标的情况并不了解。当开始评标时，评标专家首先要仔细阅读招标文件，熟悉工程概况、项目技术特征，尤其要详细了解评标程序、评标标准和评标方法的要求，继而对每份投标文件进行查阅、对比、分析、鉴别和评分，由低到高，评定出各投标的排列次序，汇总评标情况并起草书面评标报告。可想而知，在如此短的时间内，评标专家们往往很难按照招标文件的要求准确地判断每一份投标文件是否能够满足招标文件的要求。而从招标人的角度，又想尽快完成评标工作，进行中标候选人公示，最终确定中标人，以免影响工期。在这种情况下，评标专家的判断难免出现误差。有时对于还没来得及看的资料，只能参照其他评委的评分进行打分，使评标结果受到影响。

招标投标的评标工作，想要保证评标过程的严谨、公正，充裕的时间是必不可少的条件。例如，在香港，一般的建设工程的评标工作至少需要一周或一周以上时间，比较复杂、重要的大型项目需要 1~2 个月评标时间的情况也极为常见。在此期间，评标委员们要详细评审投标文件的所有内容，并就存在疑问的内容向投标人进行质询，必要时甚至要当面询问投标者。而且，评审专家还可以将评标文件带回家中，以保证能有充足的时间更仔细地进行评审。跟目前大陆的评标过程相比，他们的评标周期长得简直不可思议，但实际上，多花 1~2 周的时间，可能会让他们省却往后数个月的工期延误甚至数年后可能发生的法律诉讼。

因此，在强调评标程序的同时，为保证评标质量，《条例》第四十八条首次提出要保证评委有足够的评标时间，使招标不仅仅是流于形式。根据《条例》，由招标人负责根据项目规模、技术复杂程度、招标方式和招标要求、投标人数量和评标委员会成员数量，确定项目合理的评标时间，以保证评标委员有足够的时间完成标书的评审和比较，确保评标打分更接近标书的内容，保证竞争的合理性和公平性。当超过三分之一的评标委员会成员认为招标人确定的评标时间仍不够时，招标人应当适当延长。这项规定避免了招标人根据自身经验确定的评标时间不足，或者招标人为了赶工期、和投标人串通等原因缩短评标时间，造成评标委员们不得不走马观花、潦草交差的问题，体现了评标专家的自由裁量权。

另外，《评标委员会和评标方法暂行规定》第四十条规定"评标和定标应当在投标有效期内完成"，"不能在投标有效期结束日 30 个工作日前完成评标和定标的，招标人应当通知所有投标人延长投标有效期。"因此，招标人在确定投标有效期时应当充分考虑评标的时间长短，确定评标时间后，向后顺延超过 30 个工作日作为投标有效期的结束日。如果需要延长评标时间，招标人应当考虑此举是否会对投标有效期有所影响，有影响的需要通知所有投标人延长投标有效期，否则直接延长评标时间即可。

▶ 案例 4-8

某学校体育馆工程，项目建筑面积 5000 平方米，为两层钢结构建筑，最大跨度约 40 米，总投资约 1500 万元。该项目采用公开招标形式，经报名并进行资格审查，共有 18 家企业通过资格审查。到收标截止时间，共有 15 家单位提交了投标文件。由于该项目较为复杂，因此招标人采用了综合评分法评标，投标文件由技术标和商务标组成。招标人通过随机抽取的方式，依法组建了 7 人的评标委员会，其中业主代表一位，其余 4 位技术专家和两位经济专家由专家库中抽取。该项目从上午 10 点开始评审。到下午 5 点钟，业主代表提出，因时间关系，建议集中审查其中报价较低的几家单位投标文件即可，其余投标文件大致看看给出基本分就行了，并建议在 6 点下班前结束评审。该建议遭到 4 名专家的反对。评审工作得以继续。但招标人提出，希望尽量在今天结束评审，避免过夜。因此评标委员会不得不采取加班评审的方式继续。到晚上 9 点，有专家提出希望尽快结束，方便回家。该建议得到其余专家的响应。经整理后，评标在 10 点左右结束。

分析

该案例是目前我国各地都存在的较为典型的评标时间安排和评审状况，暴露出了我国在评标管理过程中的一些通病：

一是专家在主观意识上不重视评审工作。对于评标时间的安排，不是按照评审项目的规模和复杂程度等工程实际因素来决定的，而是根据上班时间来决定的。比如，部分专家认为下班时间到了，我的评审时间也就到了；或者说，我要回家了，那么我的评审就该结束了。

二是客观条件的不完备影响了评审安排。有形建筑市场的硬件配置普遍达不到评标所需的客观要求。由于《招标投标法》要求评标过程是保密的，因此各地有形建筑市场基本配备了相对独立且封闭的评标室，以达到硬件配备上的保密。但这种硬件设施往往不能满足专家的过夜评审需求，因此，从客观上来说，各地交易中心和监管部门都希望评标工作能在一天的时间内结束，以防止夜长梦多。这种所谓的客观要求，也影响了评标委员会的详细评审欲望，久而久之，走过场成为评审中的一种主流形式。

3. 评标专家更换应及时

当评标专家因回避事由、擅离职守或者因健康等原因不能继续评标时，招标人应当及时更换，被更换的评标专家的评审结论无效，以新抽取的评标专家评审结论为准。在重新抽取评标专家时，也应严格按照《条例》第四十六条规定从专家库进行抽取。

根据《招标投标法》及《条例》，结合招标投标实践，需要更换评标专家的情形主要有：

一是存在应当回避事由的。包括：① 与投标人有利害关系（例如，是投标人或者投标人主要负责人的近亲属；与投标人有经济利益关系，是投标人的股东，可能影响对投标的公正评审等）；② 项目主管部门或者行政监督部门的人员；③ 曾因在招标、评标以及其他与招标投标有关活动中从事违法行为而受过行政处罚或刑事处罚的。

二是擅离职守、工作不认真、不能胜任评标工作或违规违纪，被招标人取消评标资格的。例如，评标专家违反工作纪律，私下接触投标人，收受他人的财物或者其他好处，透露对投标文件的评审和比较、中标候选人的推荐情况以及与评标有关的其他情况。

三是评标专家因生病或其他个人原因（如家庭或单位有重要事情必须亲自处理），不能继续评标的。

招标人发现评标委员会成员存在上述情形的，应当及时予以更换。在更换专家的实际操作过程中，招标人一般应将发现的问题向招标投标监管部门报告并经同意后，方可进入更换程序。更换的原因应当是客观存在，并且会或已经严重影响评标工作的正常进行的事由。如果是评标专家在评审过程中坚持其正确的意见，但不符合或不执行招标人错误或不正当要求的，不得更换。

案例4-9

某政府投资项目评标时，招标人依法组建了5人的评标委员会。上午十点整，所有专家到齐并开始正式评审。刚开始不久，一名专家提出，由于待评审的投标文件过多，预计下午两点前不能完成评审工作。而其本人在原单位已经安排了一次重要会议，必须亲自参加并主持，此次评审时间将超出其设定的时间计划安排。因此，该专家向招标人提出，到下午两点，无论评审是否结束，其都必须离开。招标人经商量，并报经招标投标监管部门批准同意后，认为该专家的实际情况可能对评标工作带来不利的影响，为避免在评审后段其执意离开所带来的更严重的后果，决定对该专家及时予以更换。随后，招标人通过随机抽取的方式，更换了一名符合项目要求的专家。由于在更换前，被更换的那名专家已经对其中两份投标文件进行了评审，并出具了评审意见，招标人为节省时间，认可了其评审意见，新抽选的专家只对剩余的投标文件进行了评审，最终在此基础上，该评标委员会出具了最终评审意见。

分析

该案例是目前各地评标过程中经常出现的一种典型。在本案中，评标专家的更换是没有问题的，当招标人已能确定那名专家由于客观原因会在后期不能继续评标时，为了避免更不利的影响，更换专家是必要和及时的。但在本案中，也暴露出了一些工作中的通病：

一是招标人为了节省时间，认可了被更换专家对两份投标文件的评审意见和结论，违背了《条例》中"被更换的评标委员会成员做出的评审结论无效，由更换后的评标委员会成员重新进行评审"的规定。

二是被更换专家的意识和态度在目前招标投标工作中具有一定的普遍性。由于部分专家始终把评标工作当作是"走过场"的程序，没有真正理解和履行到评标专家的责任和义务。当接到通知并同意参与评标工作的那一刻，就应该充分意识到一名评标委员会成员的该有的权利与义务，并对评审工作应留有充足的时间作保障。例如，本案中由于时间问题退出评审或马虎评审的案例在全国屡见不鲜。对此，需从制度上加以强化和规范，同时从各方面努力提升专家的职业素养和意识。

条文

第四十九条　评标委员会成员应当依照招标投标法和本条例的规定，按照招标文件规定的评标标准和方法，客观、公正地对投标文件提出评审意见。招标文件没有规定的评标标准和方法不得作为评标的依据。

评标委员会成员不得私下接触投标人，不得收受投标人给予的财物或者其他好处，不得向招标人征询确定中标人的意向，不得接受任何单位或者个人明示或者暗示提出的倾向或者排斥特定投标人的要求，不得有其他不客观、不公正履行职务的行为。

解读

针对有的评标委员会成员不依法客观公正履行职务，甚至徇私舞弊的问题，为了严格规范评标委员会成员的评标行为，保障评标的公平公正，《条例》第四十九条规定了评标委员会成员应当按照招标文件规定的评标标准和方法，客观公正地对投标文件提出评审意见。同时规定了评标委员会成员的 5 项禁止行为。另外，《条例》第五十二条也规定了，评标委员会不得暗示或者诱导投标人作出澄清、说明，不得接受投标人主动提出的澄清、说明的禁止行为。《招标投标法》第四十四条在规定评标委员会的职业道德和纪律要求的同时，第三款规定评标委员会成员不得透露对投标文件的评审和比较、中标候选人的推荐情况以及与评标有关的其他情况。《条例》第七十一、七十二条进一步明确了评标委员会成员不依法客观公正履行职务的法律责任。

1. 评标依据

评标是评标委员会按照招标文件规定的评标标准和方法，对各投标人的投标文件进行评价比较和分析，从中选出最佳投标人的过程。为了保证评标的公正，招标人应在招标文件中明确列出评标的标准和方法，其目的就是让各潜在投标人知晓评标委员会如何对投标人的投标文件进行评标，以便潜在投标人考虑如何设定投标文件的相关响应性内容才能达到中标目的。因此，世界各国都明确规定评标必须按照招标文件规定的评标标准和方法，不得采用招标文件未列明的任何标准和方法，也不得改变招标确定的评标标准和方法。《招标投标法》第四十条规定："评标委员会应当按照招标文件确定的评标标准和方法，对投标文件进行评审和比较；设有标底的，应当参考标底。"《评标委员会和评标方法暂行规定》第十七条规定："评标委员会应当根据招标文件规定的评标标准和方法，对投标文件进行系统的评审和比较。招标文件中没有规定的标准和方法不得作为评标的依据。"除了以招标文件明确规定的评标标准和方法作为评标依据外，评标委员会在评标时也应当依照《招标投标法》和《条例》的规定进行评标。

2. 评标原则

《条例》第四十九条要求评标委员会"客观、公正地对投标文件提出评审意见"，"客观、公正"是评标委员会进行评标的基本原则。《招标投标法》第五条规定："招标投标活动应当遵循公开、公平、公正和诚实信用的原则。"《评标委员会和评标方法暂行规定》第三条规定："评标活动遵循公平、公正、科学、择优的原则。"第十七条规定："招标文件中规定的评标标准和评标方法应当合理，不得含有倾向或者排斥潜在投标人的内容，不得妨碍或者限制投标人之间的竞争。"为了体现"公平"和"公正"的原则，招标人和招标代理机构在制作招标文件时，应依法选择科学的评标方法和标准；招标人应依法组建合格的评标委员会；评标委员会应依法按照统一的评标标准评审所有投标文件，择优推荐中标候选人。

3. 保密要求

由于建筑市场竞争激烈，对于大部分投标项目，每个投标人的各方面情况相差甚微，评标过程稍有不公，将会影响最终的评标结果，从而损害其他投标人的利益。因此，《条例》第四十九条对评标委员会规定了 5 项禁止行为，为了避免禁止行为的发生，评标过程的严格保密措施至关重要。招标投标过程需要保密的内容涉及多方面,包括:评标地点保密;评标委员会成员的名单在中标结果确定之前保密;评标委员会成员在封闭状态下开展评标工作,评标期间不得与外界有任何接触,对评标情况承担保密义务;招标人、招标代理机构或相关主管部门等参与评标现场工作的人员,均应承担保密义务。

尽管《招标投标法》第三十七条第五款和《评标委员会和评标方法暂行规定》第八条第二款都有"评标委员会成员的名单在中标结果确定前应当保密"的规定,但在实际招标投标过程中,由于招标组织者考虑不周,评标地点、评标委员会名单等需要保密的内容往往在评标前被泄露。例如,某些建设工程交易中心未设置开标前的评审专家休息室,评标专家与投标人在同一个场所等待开标和评标,造成评标专家在开标前便处于泄密状态,使投标人有机会向评标专家传递投标信息。为了防止评标专家受到招标人和投标人的干扰,各地方政府从自己的情况出发,采取了不同的保密措施。例如,要求建设工程交易中心时应当将评标地点确定在开标地点之外的其他地方,切断开标后招标人、投标人与评标专家见面的路径;有的在开标后立即抽取评标专家,并且要求评标专家一小时内必须到评标现场。有些地方同时抽取多个需要项目的评标专家,评标专家到交易中心后才能知道被分配到哪个项目进行评标。对于一些复杂项目,耗时较长,为了保密需要,评标专家必须在封闭状态下评标,等到评标结束后才能离开。这些保密措施都有效地保证了评标专家不受来自投标人和招标人的恶意干扰,保证了评标的公正性。

此外,对评标过程实施保密措施是为了保证评标的公正性,而在评标结束继续实施相关保密措施的目的就是为了保护参与投标人的商业秘密不被泄露。《招标投标法》第四十四条在规定评标委员会的职业道德和纪律要求的同时,第三款规定评标委员会成员不得透露对投标文件的评审和比较、中标候选人的推荐情况以及与评标有关的其他情况。因此,即使在招标结束后,评标专家也不能将评标有关的情况透露给招标人以外的其他人。而招标人、招标代理机构以及相关的主管部门等参与评标现场管理的工作人员,也应当对评标过程相关情况承担保密义务。

4. 禁止行为

评标专家在被选定为评标委员会成员后,应即刻开始封闭评标工作。在投标文件需要澄清时,应在评标委员会全体成员在场的情况下进行澄清。评标委员会成员不得私自接触投标人,也不得收受投标人给予的财物或者其他好处。为了保证评标的公正性,《条例》第四十八条第一款明确规定了招标人在评标过程的禁止行为,即"不得明示或者暗示其倾向或者排斥的特定投标人"。但在实践中,由于招标人与评标专家的潜在利益牵连关系,或者评标时间有限,评标专家会向招标人征询确定中标人的意向。对于这种损害投标人利益的行为,《条例》第四十九条从评标专家角度给予禁止。因此,基于《条例》第四十八条、第四十九条,无论是招标人或者其他单位或个人明示或暗示,还是评标专家主动征询中标人意向,都是法律所禁止的行为。总之,评标专家应当遵循客观、公正的原则,认真履行评标义务。

▶ **案例4-10**

某市政跨河大桥设计招标，河面最大宽度为150米。至收标截止时间，共有9家单位递交了投标文件。招标人依法在交易中心专家库随机抽取了5名专家，与招标人派出的两名代表组成了7人的评标委员会。在评审初期，评标委员会对评标办法进行了详细的了解和分析。经讨论，专家提出，该项目的评标办法存在很不合理的地方，商务报价的得分占据了70%，而设计方案仅占10%，其余商务业绩获奖等占据了20%。专家认为，该评分办法不适合该设计招标的实际，不利于选择好的优秀的设计方案。因此，经商量，提出调整评分权重的方案。招标人认为，专家提出的意见符合项目的实际，因此，接纳了对评标办法的调整。在评审过程中，两名招标人代表在有意无意地讨论时，强调其单位内部比较喜欢斜拉桥的设计，并得到了领导的认可，认为比较符合该市的形象。最终，在招标人代表的引导下，采用斜拉桥设计的一家投标单位方案几乎获得满分，并最终在总得分中以绝对优势获得第一中标候选人资格。

分析

该案例存在两处明显违法违规的情形：

第一，评标委员会未按招标文件规定的评标标准和方法进行评审。根据《招标投标法》及《条例》的规定，评标委员会应当按照招标文件确定的评标标准和方法，对投标文件进行评审和比较，并向招标人提出书面评标报告和推荐合格的中标候选人，招标文件没有规定的评标标准和方法不得作为评标的依据。显而易见，评标委员会是无权对招标文件进行修改的。即使评标委员会认为招标人编制的招标文件存在不合理的地方，只要是未违反法律法规的，其招标文件就有效。若招标人需要对评标办法进行修改或调整，必须严格按招标文件的修改或澄清的程序，在规定的时间向所有的潜在投标人以书面的方式发出通知。因此，在本案例中，评标委员会对评标方法的修改是违法的。

第二，作为招标人代表进入评标委员会的两名成员，无论其是作为招标人，或者是作为专家的身份，其在评标现场的言论均是不当的。整个评标委员会受到两名代表的影响做出的评审结论，也违反了评标专家应当遵循客观、公正的评审原则的规定，违反了认真履行评标职责的义务。

▶ **条文**

第五十条 招标项目设有标底的，招标人应当在开标时公布。标底只能作为评标的参考，不得以投标报价是否接近标底作为中标条件，也不得以投标报价超过标底上下浮动范围作为否决投标的条件。

▶ **解读**

标底是我国招标采购中一个特有的概念。它是由招标人组织的，由造价人员编制的招标项目的一个合理的基本价格。它不是合同价格，而是作为招标人选择中标单位的一个参考。为了遏制承包发包中的非法交易行为，以往招标投标项目常常以标底为基础授予合同，即越接近标底，评分越高。如果投标报价在标底上下浮动范围外，评标委员会将否决投标。因此，标底是招标单位的绝密资料，不能向任何无关人员泄露。随着我国建筑行业与国际接轨进程的不断推进，2000 年《招标投标法》采取了一种淡化标底的态度，规定"设有标底的，应当参考标底"，废除了以标底为基础的合同授予机制，使标底只能作为评标参考，明确应以评标最低价或者综合最优作为授予合同的基础，规范了建筑市场，以减少交易成本。

《条例》在遵守《招标投标法》的基础上，对标底的编制和使用作了明确规定。《条例》第二十七条"招标人不得规定最低投标限价"，第五十条"标底只能作为评标的参考，不得以投标报价是否接近标底作为中标条件，也不得以投标报价超过标底上下浮动范围作为否决投标的条件"。可以看出，最低投标限价是《条例》所禁止的。而招标人有决定是否编制标底的权力，为了加大对围标、串标的打击力度，标底只能作为参考。这一规定使招标投标由走程序逐渐回归到"揭示信息，降低造价"的本质。同时，将判断投标报价是否低于成本的权力交给评标委员会，在降低造价的同时，也保障了招标采购实体的质量。

1. 标底只能作为评标的参考

最初设置标底的原因是为了防止恶性压价和串通抬标，但以标底价格为基准，设定一个价格上限和下限范围作为判定投标报价是否入围、有效和合理的直接标准，这一做法并不利于引导投标人公平竞争。

首先，标底的编制是依据定额和费用标准，在设计图纸的基础上计算出来的；而定额反映的是编制时期的社会或行业平均生产力水平。在招标项目实施期间，相应的生产力水平一般都会有相应的变化，而且不同的投标人由于技术、管理水平和工程经验都有所不同，编制的投标文件成本也会有很大差异。因此，如果以标底作为授予合同的基础，既不利于工程造价的降低，也不利于投标人实力水平的比较，最终使业主投资不能产生最大的收益。

其次，为了防止投标人基于标底进行围标、串标，标底的保密非常重要。但在标底编制过程中，或者由招标代理机构协助编制，或者由招标人内部具有编制标底能力的造价人员编制，涉及的部门和参与人员较多，并不利于标底保密。同时，由于不同公司技术水平、经验水平都有所不同，因此编制出的标底只能反映编制人员或公司的技术水平，并不能保证标底依据的技术经济方案的可行、先进和合理。以这样的标底作为授予合同的基础，很难达到招标择优选择中标人的目的。

再次，如果将标底作为合同授予的基础，会使某些投标人的注意力不是放在如何做出最优的技术经济方案上，而是想方设法与招标人或招标代理机构串通得到标底信息，编制与标底无限接近的投标报价从而获得中标，使标底成为某些招标参与人员获取不当收益的根源，从而引发违法违规行为。

最后，某些地方政府出于保护本地企业的目的，在许多项目的招标采购中，标底的编制和使用方面仍存在许多不规范之处，使之成为保护落后、排斥竞争的手段。

因此，《条例》第五十条和第二十七条的规定，从法律层面规范了标底的使用，使标底仅能作为评标的参考，同时也规定了招标人不以最低投标限价来限定投标报价的范围。《条例》将判断投标报价是否合理的权力交给了评标委员会，由评标委员会通过参考标底和其他投标人报价进行比较以及由投标人提供证明材料等方式分析判断投标报价的竞争性、可靠性、平衡性、合理性，以及投标报价是否低于成本价或者是否存在差错、疏漏、串标等行为。

2. 招标人有是否编制标底的选择权

随着我国建筑行业与国际接轨的步伐不断迈进，无论是《招标投标法》还是《条例》都采取淡化标底的态度，将标底作为评价分析投标报价竞争性、合理性的参考依据，逐渐全面推行无标底招标。这样，在避免围绕标底的围标、串标等违法违规行为的同时，还可以避免发生因为标底编制工作失误而导致难以挽回的招标失败或争议。

就目前而言，招标人可以根据项目的特点自行决定是否编制标底。一般简单的项目，由于潜在投标人人数众多，竞争充分，往往不需要编制标底。又如，一些货物招标项目，其价格变动区间不大，也不需要编制标底。如果招标人决定编制标底作为评标参考，就必须保证标底在开标前应当保密，防止因标底泄露而影响和误导投标人的公平竞争。如果委托中介机构编制标底，为了防止标底的泄露，《条例》第二十七条规定："接受招标人委托编制标底的中介机构不得参加该项目的投标，也不得为该项目的投标人编制投标文件或者提供咨询。"从而减少了编制标底的中介机构协助潜在投标人投标，取得不正当的竞争优势，通过泄露标底进行串通投标等暗箱操作行为的机会。

▶ **案例 4-11**

某房屋建筑招标项目，招标人委托咨询公司编制的标底为 600 万元。在收标截止前三天，招标人感觉标底的保密压力太大，因此在网上公开了标底价。在该项目的评标办法中，对投标单位的报价提出了几项规定：一是如果投标单位的报价低于标底的 80%的，其投标将被否决；二是设定了本项目的评标基准价的计算规则，即以标底为基础，然后在 8%~15%之间随机抽取一个下浮系数，以选中的下浮系数乘以标底作为定标标准值，投标报价最接近标准值的投标人即为第一中标候选人。

分析

与该案例类似的做法目前在很多地区比较通行。但这种做法在对标底的使用上是明显不当的，其违背了《招标投标法》以及《条例》的有关规定，具体有：

（1）招标人设有标底的，标底应当保密，并且只能在开标时公布标底。该项目编制了标底，但在收标截止前三天就公布了标底，违反了《招标投标法》二十二条的规定。

（2）招标人将标底下浮 20%后的价格，作为否决投标的条件，明显违反了本条的规定。

（3）招标人以标底为基础，设定定标标准值的做法也是不妥的。根据本条的规定，标底只能作为评标的参考。但在案例中，招标人虽然随机选取一个下浮系数，但起决定作用的仍然是标底，这种评标办法的设置是违背本条款的本意的。

▶ **条文**

第五十一条　有下列情形之一的，评标委员会应当否决其投标：

（一）投标文件未经投标单位盖章和单位负责人签字；

（二）投标联合体没有提交共同投标协议；

（三）投标人不符合国家或者招标文件规定的资格条件；

（四）同一投标人提交两个以上不同的投标文件或者投标报价，但招标文件要求提交备选投标的除外；

（五）投标报价低于成本或者高于招标文件设定的最高投标限价；

（六）投标文件没有对招标文件的实质性要求和条件作出响应；

（七）投标人有串通投标、弄虚作假、行贿等违法行为。

▶ 解读

否决投标是指在评标过程中，评标委员会做出的对投标人投标文件不再予以进一步评审，投标人失去中标资格的决定。《条例》第五十一条对评标委员会应当否决投标的情况进行了列举，包括投标文件未按规定签字盖章、未提交共同投标协议、低于成本限价等七项。

1. 应明晰否决投标与废标的区别

《招标投标法》中并无"废标"一词，只是在部分条款中出现了"否决投标"之类的用语。因此，《条例》使用"否决投标"而非"废标"主要是考虑与《招标投标法》一致，并避免与《政府采购法》"废标"的概念相混淆。否决投标主要是指投标人的投标，经过评标委员会评审，不符合招标文件要求或出现了《条例》第五十一条所规定的情形而丧失了继续参加评审程序的资格。而废标只是在政府采购活动中，由于响应的供应商不足规定的数量，当事人有违法违规行为或其他可能影响政府采购结果或公平竞争等情况，由有关当事人提出，经政府采购监督管理部门批准后对已进行的政府采购活动予以终止，废除已中标人的行为。可以看出，否决投标是对投标人投标的否决，是使投标人丧失投标资格。而《政府采购法》中废标的情形是指整个项目废标，整个招标活动由于违法、不够竞争或全部超预算等原因导致项目无效，在采取相应措施后才能重新组织招标。

同时，《关于废止和修改部分招标投标规章和规范性文件的决定》（国家发改委等九部委令〔2013〕第23号）对《评标委员会和评标方法暂行规定》、《工程建设项目施工招标投标办法》、《工程建设项目勘察设计招标投标办法》等予以全面修改，将其中的"废标"统一修改为"否决投标"，使之与《招标投标法》和《条例》的规定保持一致。因此，综合上述法律、法规的规定，在工程招标投标领域仅有"否决投标"，而无"废标"一说。

2. 投标文件未经投标单位盖章和单位负责人签字

（1）投标文件未经投标单位盖章。投标文件未经投标单位盖章是指，投标文件没有按照招标文件的规定在必须加盖公章的内容页（通常是投标函）上加盖公章。公章在所有印章中具有最高的效力，是法人权利的象征。加盖公章是为了保证投标文件的法律效力。投标文件实际属于合同要约行为。在投标文件中包含了希望按照投标文件的内容和招标人订立合同的意思。这种要约在投标截止时间开始生效，直至投标有效期期满后结束。在这段存续期间，投标文件对投标人具有法律约束力，而这种约束力必须以加盖公章为前提，表明投标人意思表示的真实性。所谓的公章是指国家机关、社会团体、企事业单位用自己法定主体名称制作的签名印章。我国对公章的管理有健全的司法管理体系，任何私刻都是违法犯罪的。投标文件按要求加盖公章后，表明在投标文件内容范围内具有法律约束力。具体需要在投标文件哪些位置加盖公章，就要严格按照招标文件的规定，一般如封皮、法定代表人授权委托书、投标书、承诺、清单封皮等部分需要盖章。评标委员会在评标时，会将是否按照招标文件规定加盖公章作为是否对招标文件实质性响应的判断标准，未按要求盖章的，将被否决投标。

（2）投标文件未经单位负责人签字。投标文件未经单位负责人签字是指，投标文件没有按照招标文件的规定在必须由单位负责人签字的内容页（通常为投标函）上亲笔签字或者加盖姓名印章。此处的"单位负责人"是指单位的法定代表人或者法律、行政法规规定代表单位行使职权的主要负责人。投标文件中单位负责人签字的文件范围，同样要严格根据招标文件要求进行确定。投标文件未按要求进行签字的，也将视为未对招标文件进行实质性响应而被否决投标。

（3）条款适用。通常情况下，为了保证投标人的数量，法律层面并不严格要求投标文件上必须同时有投标单位盖章和单位负责人的签字。但各地方会根据不同实际情况，在招标文件上做出不同的要求。例如，为了减少行政投诉，某些地方政府会要求投标文件上缺少公章或负责人签字之一的，将被否决投标。招标文件的规定可以严于法律的规定，关于盖章和签字问题，应严格按照招标文件要求，若招标文件对盖章问题另有规定的，应当按照招标文件的规定执行。

3. 投标联合体没有提交共同投标协议

《招标投标法》第三十一条规定，两个以上法人或者其他组织可以组成一个联合体，以一个投标人的身份共同投标。以联合体投标的，应将共同投标协议连同投标文件一并提交招标人。联合体投标主要针对项目要求较高，技术较复杂，符合要求的投标人较少的情况，为了达到充分竞争、分散投标风险的目的，允许投标人与其他单位联合，承揽不适于自己单独承包的工程项目，从而取长补短，优化资源配置，增强投标竞争实力。以联合体投标的，联合体各方参与人之间的共同投标协议非常重要。对内，该协议明确了联合体内部之间的权利义务的承担方式，对联合体组成成员具有法律约束力；对外，联合体共同投标协议向投标人表明了参与联合体投标的组成成员，并由联合体所有组成成员向招标人承担无限连带责任。联合体内任何组成成员行为的法律后果，将由联合体全体成员共同承担。权利人可以要求联合体成员中的一人、多人或全部承担法律责任，其中一人或多人承担责任后，可以向其他成员追偿。因此，共同投标协议是联合体成立的法律基础，没有共同投标协议，联合体就失去了存在的法律基础，不能成为合格的投标人。

4. 投标人不符合国家或者招标文件规定的资格条件

投标人是响应招标、参加投标竞争的法人或者其他组织。投标人应当具备承担招标项目的能力，《招标投标法》明确，国家有关规定对投标人资格条件或招标文件对投标人资格条件有规定的，投标人应当具备规定的资格条件。

首先，投标人应当具备承担招标项目的能力。例如，对于建设工程施工企业，投标人应当具备法律法规规定的资质等级。依据《建筑业企业资格管理规定》，建筑业企业资质分为施工总承包、专业承包和劳务分包三个序列，每个序列各有其相应的等级规定。

又如，对于建设工程勘察设计企业来讲，依据《建设工程勘察设计企业资质管理规定》，工程勘察资质分为工程勘察综合资质、工程勘察专业资质、工程勘察劳务资质；工程设计资质分为工程设计综合资质、工程设计行业资质、工程设计专项资质。各资质等级具有不同的承担工程项目的能力，各企业应当在其资质等级范围内承担工程。另外，根据《建筑业企业资质管理规定》和《建筑工程勘察设计企业资质管理规定》的有关规定，新设立的建筑业企业或建设工程勘察设计企业，到工商行政管理部门办理登记注册手续并取得企业法人营业执照后，方可到建设行政主管部门办理资质申请手续。因此，建设工程施工和勘察、设计投标人的资格必须为企业法人。

此外，根据《国家基本建设大中型项目实行招标投标的暂行规定》中规定的条件，参加建设项目主体工程的设计、建筑安装和监理以及主要设备、材料供应等投标单位，必须具备下列条件：① 具有招标条件要求的资质证书，并为独立的法人实体；② 承担过类似建设项目的相关工作，并有良好的工作业绩和履约记录；③ 财产状况良好，没有财产被接管、破产或者其他关、停、并、转状态；④ 在最近三年没有参与骗取合同以及其他经济方面的严重违法行为；⑤ 近几年有较好的安全记录，投标当年内没有发生重大质量、特大安全事故。

各个地方政府对于政府采购招标项目也有相应的强制性规定，投标人在响应招标文件各项要求的同时，必须首先满足相关规定。

其次，投标人应符合的其他条件，包括对招标文件上规定的资格条件的满足。资格证明文件是招标人和评标委员会评价投标人是否为合格投标人的重要依据。资格证明文件主要是指诸如企业营业执照、专业资质证明和业绩证明、企业法人证明、银行资信证明等文件。对于不同的招标项目，招标人对投标人提交资格证明文件细目的要求可能不完全一样。投标人必须按照招标文件的要求提供所有的资格证明文件，不能有漏项。另外，对于技术、商务等方面的重要条款在招标文件中加注"*"号的，若其中一条不满足，将导致投标被否决。因此，投标人在投标时，需详细、认真按照招标文件、招标公告以及法律对相应资质的要求，审核确定自己是否具有相应资格条件，否则将会导致投标被否决。

5. 同一投标人提交两个以上不同的投标文件或者投标报价

根据《招标投标法》第二十七条的规定，招标人应当按照招标文件的要求编制投标文件，并对招标文件的实质性要求和条件作出响应。因此，投标人递交的投标文件应当一致，不能出现两个以上不同的投标文件或投标报价，使评标委员会不能确定以哪份为准，导致无法进行评标。如果投标人多次报价，将严重违背招标投标的核心要素，并严重违反招标投标相关法律、法规等规定，不合理，也不合法。对于此种情况，评标委员会将对投标文件做出否决投标处理。但如果招标文件明确要求投标人提交备选投标方案的，投标人可以按照招标文件的要求编制和提交备选投标方案，并标明主方案与备选方案。

招标投标相关法律法规赋予了招标人有要求投标人提交两份不同报价（即其中一份为备选）的投标文件的权利。例如，《房屋建筑和市政基础设施工程施工招标投标管理办法》第二十五条规定："投标人应当按照招标文件的要求编制投标文件，对招标文件提出的实质性要求和条件做出响应。招标文件允许投标人提供备选标的，投标人可以按照招标文件的要求提交替代方案，并做出相应报价作备选标。"《工程建设项目施工招标投标办法》第二十五条规定："招标人可以要求投标人在提交符合招标文件规定要求的投标文件外，提交备选投标方案，但应当在招标文件中做出说明，并提出相应的评审和比较办法。"《工程建设项目勘察设计招标投标办法》第三十五条规定："根据招标文件的规定，允许投标人投备选标的，评标委员会可以对中标人所提交的备选标进行评审，以决定是否采纳备选标。不符合中标条件的投标人的备选标不予考虑。"《工程建设项目货物招标投标办法》第二十四条规定："招标人可以要求投标人在提交符合招标文件规定要求的投标文件外，提交备选投标方案，但应当在招标文件中做出说明。不符合中标条件的投标人的备选投标方案不予考虑。"第四十五条规定："符合招标文件要求且评标价最低或综合评分最高而被推荐为中标候选人的投标人，其所提交的备选投标方案方可予以考虑。"

也就是说，如果招标文件中明确投标人可以提交备选方案的，投标人可以根据招标文件要求提交备选方案。但如果招标文件没有相关要求的，投标人不得提供。备选方案是为了使招标项目的实施方案更加科学合理，充分调动投标人的内在潜力。备选方案和主方案属于一次投标，不能将其看作一次独立投标。只有当投标人中标，其提供的主方案被接受后，才可以将备选投标方案与主方案进行对比，并予以考虑。

案例 4-12

某市政府投资的综合演艺中心工程，投资额约 3 亿元，结构以大跨度的钢结构为主。招标人委托该市一甲级招标代理机构负责本项目的招标事宜。本项目采用资格后审，要求投标人必须具备房屋建筑总承包一级资质和钢结构专业承包一级资质，并在近三年有过一项类似工程业绩。本工程允许联合体投标，不接受备选方案。到收标截止时间，共有 9 家单位按招标文件规定的时间和地点递交了投标文件。招标人在交易中心专家库中采用随机抽取的方式组建了 5 人的评标委员会。在评审过程中，发现部分投标单位出现了以下状况：

投标人 A 采用了联合投标方式，并在投标文件中提交了共同投标协议。但在联合体协议中，只加盖了牵头单位公章，联合体另一方并未签字和加盖公章。

投标人 B 公司在投标文件中，订有两份完整的完全不同的报价文件，针对不同的施工工艺，所报价格相差 600 万元。

投标人 C 公司，提交了两项业绩材料：一份是投资额度与招标项目相当的普通商住楼工程；另一份是市政广场工程。

在评审过程中，评标委员会认为：投标人 A 的投标文件中，虽然提供了联合投标协议，但协议中的另一方并未按要求签字和盖章，因此该联合体协议无效，因此否决了 A 的投标；对于 B 公司的投标，评标委员会要求投标人 B 就两份报价进行澄清，要求其确认选用哪一份报价为最终的投标报价，B 公司答复以报价较低的为该公司的最终报价。评标委员会接纳了该公司的选择和解释；对于 C 公司，经评标委员会讨论，认为该公司提供的两项业绩，与拟建工程的类型和性质有较大差距，因此判定该公司不符合该项目的资格审查条件，否决了其投标。

分析

该案中，评标委员会对投标人 A 和 C 的评审争议不大，其中，投标人 A 由于联合体协议缺失一方单位的签字印章，其协议并无效力，因此评标委员会否决其投标符合规定；对于投标人 C 公司，其提交的普通商住楼和市政广场工程业绩材料，与招标项目即演艺中心在施工方法、施工工艺、施工内容等有着明显的区别，评标委员会根据其专业素质认定其未按要求提供类似业绩材料，不能通过资格审查，从而否决其投标，符合相关规定。实际工作中，为了提高评标的可操作性，减少争议，在类似业绩的设置方面，招标人可以在招标文件中加以细化和明确，对一些技术指标也可以适当予以量化。

该案引起最大争议的，是对 B 公司的评审意见。根据招标文件的要求，本工程是不接受备选方案投标的。根据《条例》中本条款的规定，同一投标人提交两个以上不同的投标文件或者投标报价，不利于评标委员会进行评审，评标委员会应当直接否决该投标。而在本案中的评标委员会，却将该内容视为可澄清内容，严重违背了相关法律法规。根据《招标投标法》第三十九条规定，评标委员会可以要求投标人对投标文件中含义不明确的内容作必要的澄清或者说明，但是澄清或者说明不得超出投标文件的范围或者改变投标文件的实质性内容。七部委《评标委员会和评标方法暂行规定》第十九条规定了评标委员会要求投标人进行澄清或说明的范畴，即："评标委员会可以书面方式要求投标人对投标文件中含义不明确、对同类问题表述不一致或者有明显文字和计算错误的内容作必要的澄清、说明或者补正。澄清、说明或者补正应以书面方式进行并不得超出投标文件的范围或者改变投标文件的实质性内容。投标文件中的大写金额和小写金额不一致的，以大写金额为准；总价金额与单价金额不一致的，以单价金额为准，但单价金额小数点有明显错误的除外；对不同文字文本投标文件的解释发生异议的，以中文文本为准。"由此可见，对于同一投标递交两份不同的投标报价文件的情形，不属于上述规定的澄清范围，评标委员会应根据《条例》直接否决该投标，而不应要求投标人对两份不同报价文件做出澄清和确认，该做法实质上是允许投标人二次报价，严重违背了招标投标的相关法律规定。

6. 投标报价低于成本或者高于招标文件设定的最高投标限价

（1）低于成本。《招标投标法》第三十三条规定"投标人不得以低于成本的报价竞标……"，也就是说只要投标人进行投标，其投标报价就不能低于成本。这是法律规定的投标人必须履行的义务。第四十一条原则性地提出两个中标条件："（一）能够最大限度地满足招标文件中规定的各项综合评价标准；（二）能够满足招标文件的实质性要求，并且经评审的投标价格最低；但是投标价格低于成本的除外。"这里关于低于成本的界定，一般认为是低于企业自身的成本。但在现实的招标投标活动中，一个企业的投标报价是否低于其生产建造过程中所消耗的人材机成本，外界很难界定。为了防止恶性竞争，保证工程质量，促进建筑业健康有序发展，《条例》第五十一条第五款规定：是否低于成本由评标委员会判定。这样，将判断投标人投标报价是否低于其成本的责任交给了评标委员会。但评标委员会不是投标人，很难判断若该投标人完成项目到底需要投入多少成本。《评标委员会和评标方法暂行规定》第二十一条规定给出了可依据的判定办法："在评标过程中，评标委员会发现投标人的报价明显低于其他投标报价或者在设有标底时明显低于标底，使得其投标报价可能低于其个别成本的，应当要求该投标人作出书面说明并提供相关证明材料。投标人不能合理说明或者不能提供相关证明材料的，由评标委员会认定该投标人以低于成本报价竞标，应当否决其投标。"据此，评标委员会在评标时，一项非常重要的任务就是评审和比较，既要分析投标报价的合理性，也要与其他投标文件或者标底进行对比，从而判断投标报价是否明显低于其他投标文件或者标底。如果评标委员会认为投标报价有可能低于投标人成本的，投标人可以进行举证，通过书面说明和相关证明材料来证明其未违反《招标投标法》第三十三条关于"投标人不得以低于成本的报价竞标"的禁止性规定。投标人无法举证或举证的材料无法说明其投标报价不低于其个别成本的，评标委员会将否决其投标。

（2）最高投标限价。最高投标限价是招标人设定的招标项目投标的上限价格。《条例》规定：投标报价高于招标文件设定的最高投标限价（即招标控制价）应当否决，招标人应当在招标文件中明确最高投标限价或者最高投标限价的计算方法。与最低投标限价不同，最高投标限价与标底是法律所允许设立的。标底是招标人可以接受的预期市场价格，一般与中标价比较接近，但仅可以作为评标的参考。而最高投标限价是招标人对投标价格的最高容忍限度。投标价格如果超过了最高投标限价，招标人将不予接受，该投标将被否决。因此，为了防止投标人为了接近标底而不按自己实际水平进行投标报价，标底必须保密，《条例》也规定了不能以投标报价是否接近标底作为中标条件，其对投标报价没有强制约束力。而由于最高投标限价是招标人对价格的最高容忍限度，所有潜在投标人都应当了解这一价格，以便做出是否参与竞标的决定。因此，最高投标限价对投标报价具有强制性，必须在招标文件中公布，投标人必须响应，否则评标委员会将否决其投标。在招标投标实践中，一般标底和最高投标限价很少共同存在。

7. 投标文件没有对招标文件的实质性要求和条件作出响应

《招标投标法》规定，"投标文件应当对招标文件提出的实质性要求和条件作出响应"。《评标委员会和评标方法暂行规定》第二十三条规定："如果投标文件未能在实质上响应招标文件提出的所有实质性要求和条件，应当予以否决。"这里所谓的"实质性要求和条件"，是指投标文件所提供的有关资格证明文件、提交的投标保证金、技术规范、合同条款等要与招标文件要求的条款、条件和规格相符，并且没有重大偏差。根据《评标委员会和评标方法暂行规定》第二十五条规定："下列情况属于重大偏差：（一）没有按照招标文件要求提供投标担保或者所提供的投标担保有瑕疵；（二）投标文件没有投标人授权代表签字和加盖公章；(三)投标文件载明的招标项目完成期限超过招标文件规定的期限；（四）明显不符合技术规格、技术标准的要求；（五）投标文件载明的货物包装方式、检验标准和方法等不符合招标文件的要求；(六)投标文件附有招标人不能接受的条件；(七)不符合招标文件中规定的其他实质性要求。投标文件有上述情形之一的，为未能对招标文件作出实质性响应，并按《评标委员会和评标方法暂行规定》第二十三条规定作否决投标处理。招标文件对重大偏差另有规定的，从其规定。"因此投标企业在编制投标文件时，应先明确招标文件提出的所有实质性要求和条件以及加注"*"号的技术、商务等方面的重要条款，并在投标文件中一一作出响应，若其中一条不满足将导致投标被否决。

例如，某招标文件确定投标有效期为 90 天，而投标企业投标文件中明确自己的投标有效期为 60 天的，未按要求的金额或形式提交投标保证金的，投标报价超过最高投标限价的，等等，均视为未对招标文件的实质性要求和条件作出响应，在评标开始前的符合性检查中就会被淘汰出局，无法进入评审阶段。

案例 4-13

某市医院综合楼施工项目组织公开招标，最高投标限价为 1030 万元，工期为 280 日历天，采取资格后审方式。投标截止时间前，共有甲、乙、丙三家公司递交了投标文件。招标人委托招标代理机构依法组织了开标，并在交易中心采取抽取方式组建了评标委员会负责评审。该项目的有关开标记录见表 4-1。

表 4-1   项目开标记录

序号	投标人	投标报价（万元）	承诺工期（日历天）	备注	签字确认
1	甲公司	980	280		
2	乙公司	910			
3	丙公司	930	280		

经评标委员会初步评审，甲、乙、丙三家公司都通过了资格审查，但在对投标文件的初步审查中，只有丙公司通过了审查，甲、乙公司的投标文件都出现了一些问题，产生了不同的意见。其中：

甲公司提交一正四副的投标文件中，均没有按照招标文件要求编制目录。

乙公司在开标记录中没有做出工期承诺。

对于甲、乙公司出现的上述问题，评标委员会内部持有不同的意见。对于甲公司的问题，部分评委认为投标文件的目录并非实质性内容，缺少目录并不影响其保质、保量完成该项目，其他评委则认为目录属于投标文件格式中必不可少的一部分，缺少目录属于不响应招标文件的实质性要求；对于乙公司的问题，有的评委认为乙公司没有做出工期承诺，属于不响应招标文件的实质性要求，不能通过投标文件的符合性审查，有的评委则认为，开标记录中投标人虽然没有做出工期承诺，但在投标文件中施工方案中有响应工期要求的内容。开标记录中的缺失，是属于投标人疏忽大意，是明显的遗漏，应该可以允许投标人进行澄清。由于评标委员会成员意见不一致，最后按照少数服从多数的原则，认定甲、乙两公司均不能通过投标文件的符合性审查，即初审不合格。最终，只剩下了一名合格的投标人，评标委员会以经初步评审合格的投标人不足三家，使得投标明显缺乏竞争性为由否决了所有投标。

分析

上述案例中，争议的关键就是投标人所犯的错误是否属于未对招标文件的实质性要求和条件作出响应。依据《条例》第五十一条规定："有下列情形之一的，应当否决其投标：……投标文件没有对招标文件的实质性要求和条件作出响应；……。"如果属于实质性响应的内容，那么否决两家单位的投标就没有问题。在案例中，甲公司的投标文件缺少目录,乙公司在开标记录中未承诺工期。对于是否为实质性要求和条件的判断,《条例》将权力交给了评标委员会。从法律条文上,工期承诺无疑属于实质性要求,而投标文件的"目录缺失"是否为"未能在实质上响应的投标"则比较难以判定,但从评标原则来看,是否是实质性响应,关键看招标文件是否有详细的规定。如果招标文件明确规定投标文件必须包括目录,那么,应将目录缺失视为未对招标文件进行实质性响应。

进一步来看,在发现甲、乙公司的问题后,评标委员会是否可以让两公司进行澄清呢?依据《条例》第五十二条规定:"投标文件中有含义不明确的内容、明显文字或者计算错误,评标委员会认为需要投标人作出必要澄清、说明的,应当书面通知该投标人。投标人的澄清、说明应当采用书面形式,并不得超出投标文件的范围或者改变投标文件的实质性内容。评标委员会不得暗示或者诱导投标人作出澄清、说明,不得接受投标人主动提出的澄清、说明。"依据《评标委员会和评标方法暂行规定》第二十四条规定:"评标委员会应当根据招标文件,审查并逐项列出投标文件的全部投标偏差。投标偏差分为重大偏差和细微偏差。"第二十五条规定属于重大偏差的情形,投标文件有所列情形之一的,为未能对招标文件作出实质性响应,并按第二十三条规定作否决投标处理。招标文件对重大偏差另有规定的,从其规定。对于细微偏差,《评标委员会和评标方法暂行规定》第二十六条规定:"细微偏差是指投标文件在实质上响应招标文件要求,但在个别地方存在漏项或者提供了不完整的技术信息和数据等情况,并且补正这些遗漏或者不完整不会对其他投标人造成不公平。细微偏差不影响投标文件的有效性。评标委员会应当书面要求存在细微偏差的投标人在评标结束前予以补正。拒不补正的,在详细评审时可以对细微偏差作不利于该投标人的量化,量化标准应当在招标文件中规定。"

从上述规定可以看出,甲公司目录的缺失,乙公司工期承诺的缺失,均不属于"含义不明确、明显的文字或计算错误",也不属于细微偏差的范围,因此,不能要求投标单位对投标文件进行澄清、说明和补正。评标委员会根据上述原则进行判断,并最终做出了否决投标的评审意见。

当然,《条例》赋予了评标委员会否决投标的权力,除评标委员会外其他相关主体均无权干涉。但否决投标应符合法定条件,评标委员会应当慎用,只有当法律法规有明文规定或招标文件中有明确约定时,才予以使用。

8. 投标人有串通投标、弄虚作假、行贿等违法行为

(1)串通投标行为。1998年国家工商行政管理局第82号令《关于禁止串通招标投标行为的暂行规定》中对建设工程承包、成套设备或者其他商品的购买、企业承包经营和租赁经营、土地使用权出让、经营场出租等领域进行招标投标中的串通招标投标行为进行了定义。串通招标投标,是指招标者与投标者之间或者投标者与投标者之间采用不正当手段,对招标投标事项进行串通,以排挤竞争对手或者损害招标者利益的行为。《条例》第三十九条至四十一条对投标人相互串通投标、被视为投标人相互串通投标、招标人与投标人串通投标的情形进行了列举。

进行串通招标投标的,其中标无效。工商行政管理机关可以依照《反不正当竞争法》第二十七条的规定,根据情节处以一万元以上二十万元以下的罚款。构成犯罪的,移交

司法机关依法追究刑事责任。

（2）弄虚作假行为。主要有几种情形，例如，资质较低的小企业，通过伪造企业的发展状况、经营时间和资历、企业实力等数据，提高自己中标的概率，骗取招标方的信任；或者采用挂靠、借用资质等方式以他人名义参与投标；甚至有些企业先以极低的报价保证自己中标，然后在施工的过程中不断增加隐性资金，使招标方蒙受不必要的损失。

为了加强建筑市场的准入清出管理，严肃查处建设工程企业资质申报中的弄虚作假行为，住房城乡建设部2011年出台了《建设工程企业资质申报弄虚作假行为处理办法》，该办法第三条规定："企业申报资质，必须按照规定如实提供有关申报材料，凡与实际情况不符，有伪造、虚报相关数据或证明材料行为的，可以认定为弄虚作假。《条例》第四十二条对《招标投标法》第三十三条对以他人名义投标或者以其他方式弄虚作假、骗取中标进行了进一步的解释。

（3）行贿行为。例如，投标单位采取不正当的手段获取评标专家的信息，进而采取行贿的手段，影响专家在评审过程中客观公正的评审。这种情形，在有技术标评审的项目中较为突出，因为技术评审往往缺乏量化标准，在评审过程中主管人为因素较大，容易发生评标专家因受贿出现徇私舞弊的情形。

▶ **案例 4-14**

某市依法必须招标的市政项目，在评标阶段，评标委员会发现几处异常情况：有两家单位，在投标文件中的技术标部分，出现了大量的施工组织图表雷同的情况，包括拟投入的设备数量和型号；另外有一家单位提交的电子文档中，同时出现了两份电子报价文书，其中一份与该单位报价一致，另一份报价则与参与投标的另一家公司的报价是一致的。经评标委员会研究讨论，最终以两组单位存在串通投标行为，否决了四个单位的投标。

分析

根据《条例》第四十条，案例中的四家单位，分别出现了"不同单位投标人的投标文件异常一致"以及"不同投标人的投标文件相互混装"的情形，因此，评标委员会裁定四家单位分两组存在串通投标的行为符合法律的规定。同时，根据本条款的规定，评标委员会否决四家单位的投标，也是符合法律法规的。

▶ **条文**

第五十二条 投标文件中有含义不明确的内容、明显文字或者计算错误，评标委员会认为需要投标人作出必要澄清、说明的，应当书面通知该投标人。投标人的澄清、说明应当采用书面形式，并不得超出投标文件的范围或者改变投标文件的实质性内容。

评标委员会不得暗示或者诱导投标人作出澄清、说明，不得接受投标人主动提出的澄清、说明。

▶ **解读**

《招标投标法》第三十九条规定："评标委员会可以要求投标人对投标文件中含义不

明确的内容作必要的澄清或者说明。"《评标委员会和评标方法暂行规定》第十九条规定："评标委员会可以书面方式要求投标人对投标文件中含义不明确、对同类问题表述不一致或者有明显文字和计算错误的内容作必要的澄清、说明或者补正。"其第二十二条规定："投标人拒不按照要求对投标文件进行澄清、说明或者补正的，评标委员会可以否决其投标。"《工程建设项目施工招标投标办法》第五十一条规定："评标委员会可以书面方式要求投标人对投标文件中含义不明确、对同类问题表述不一致或者有明显文字和计算错误的内容作必要的澄清、说明或补正。评标委员会不得向投标人提出带有暗示性或诱导性的问题，或向其明确投标文件中的遗漏和错误。"

可见问题澄清不但是评标工作中承上启下的重要程序，而且澄清的质量将直接影响"比较与评价"阶段的工作。但实际情况是，在投标文件的评审实务中，由于受多种主、客观因素的影响，尽管在专家评审的过程中发现了投标人报价的错误或偏差（明显过高或过低）、某些措施项目报价与施工组织设计不相符等情况，对于"是否澄清、什么时候启动澄清程序、澄清的内容是什么、由谁提出澄清"等问题，存在着很多不规范的做法。例如，一些评委面对投标文件中出现的差错或模糊采取忽略的做法，不加纠正和澄清；或虽然进行了澄清程序，但因不得法，问题没有实际解决，最后仍带着问题进行评审；有些澄清工作启动时间不规范，不将澄清工作放在资格性审查和符合性审查之后，比较评审之前，提前滞后的现象都有存在，更有甚者边澄清边评审；在澄清时，有些投标人主动对投标文件中的缺省、含糊问题提出澄清，澄清提出主体易位。在此情况下得到的评标结果无疑是有失公允的。因此，在招标文件的编制中应当在招标投标相关法律法规范围内将项目澄清的情况进行事先约定，明确澄清程序的启动条件，并明确投标人需要配合的工作以及处理方式等，使澄清的启动在法律的依据下进行。

1. 澄清内容、程序

从澄清的内容看，"不得超出投标文件的范围或者改变投标文件的实质性内容"是投标人作出澄清时首先必须坚持的原则。在招标投标过程中，相当一部分投标人在对有关问题进行澄清时或超范围答复或改变实质性内容，故意搅乱专家们的评标思路，而这些自认为聪明的做法无异于画蛇添足。问题澄清只限于"投标文件中含义不明确、同类问题表述不一致或者有明显文字和计算错误"的内容，任何超范围澄清，尤其是改变投标文件实质性内容的澄清，其本身就是一种违法违规行为。另外，《评标委员会和评标方法暂行规定》第二十六条规定了评标过程中细微偏差的范围，也属于可澄清的内容之一。

对于低于成本报价的情况，尽管《条例》第五十一条第五款规定是否低于成本由评标委员会判定。但《评标委员会和评标方法暂行规定》第二十一条也指出："在评标过程中，评标委员会发现投标人的报价明显低于其他投标报价或者在设有标底时明显低于标底，使得其投标报价可能低于其个别成本的，应当要求该投标人作出书面说明并提供相关证明材料。投标人不能合理说明或者不能提供相关证明材料的，由评标委员会认定该投标人以低于成本报价竞标，应当否决其投标。"也就是说，对于低于成本报价问题，也属于由评标委员会认定可以澄清的范围。例如，某装饰装修工程采用公开招标方式，通过评标分析，各投标单位对招标文件的响应均无重大偏差，但在材料报价方面存在较大差异，不仅在主要材料方面，在次要材料方面的市场偏离也相当大，如最低报价供应商的报价均明显低于平均报价，且与市场价格有较大偏离。对此情况是否应进行澄清程序呢？依据《评标委员会和评标方法暂行规定》第二十一条，为了维护招标人与投标人的共同利益，评标委员会还是应该启动澄清程序，要求投标人进行澄清。

在投标人对评标委员会提出的问题进行必要的澄清、说明或补正后，如果该投标人中标，其澄清、说明或补正的内容可能构成合同文件，评标委员会在编制评标报告时应告知招标人列入合同文件的澄清内容。对于不列入合同文件的澄清内容，评标委员会也应在评标报告中明示。在实践工作中，对于在将来合同的履行过程中可能有影响的澄清说明内容，通常在中标通知书中以附件的形式发给中标人，与中标通知书一同构成合同文件。

问题澄清作为招标投标过程的一个法定程序，是绝对不允许随意省略的，也绝不能马虎从事。评委必须认识到问题澄清的重要性，只有把投标文件中的存在问题澄清了，才能进入下一个评审程序。包括评审专家、招标人代表在内的任何一个评委都要善用手中的评审权，既对投标人负责，也对自己负责。

2. 澄清、说明应当采用书面形式

《条例》第五十二条着重强调澄清必须要采用"书面"形式。也就是说，评标委员会对于需要澄清的问题以书面形式向投标人提出，投标人也同样以书面形式回复。这一要求主要出于几个目的：① 保证需要澄清的问题及时准确地传达给投标人，使投标人准确地了解评标委员会的要求；② 投标人答复采取书面形式，答复的内容对投标人具有约束力；③ 符合《招标投标法》第三十七、三十八条关于"保证评标在严格保密的情况下进行"、"评标委员会成员的名单在中标结果确定前应当保密"的规定，有效地隔离了评标专家与投标人，保证评标过程的保密性。

但在工程项目施工、监理或者设计招标实践中，为了方便，有些澄清往往使用口头的询问和答复的形式。为了避免这种形式引起的诸多问题，实践中有的工程交易中心会在专家隔离会议室旁边设置澄清室，当有问题需要澄清时，通过具有变音功能的麦克风进行问答，阻隔了评标专家与投标人的联系。这样口头的直接沟通方式能够准确反映投标人对招标文件的理解与响应程度，唯一需要注意的问题就是对口头澄清的记录，做到所有澄清问题的询问与答复都有书面记录可查。因此，在实践中，为了遵守法律关于澄清问题采取书面形式的规定，各地方在招标过程中采用了不同的技术手段。例如，对澄清现场进行录像或录音；对投标人口头澄清记录在案，并由投标人进行签字确认；或者要求投标人在进行口头澄清后再提交书面形式的答复。

3. 澄清过程的禁止行为

从澄清的主体看，提问人应是评审专家，答复人应是投标人。而在有些项目在澄清过程中，出现了评标专家和投标人面对面进行澄清的情况，而且有些投标人未待评审专家发问，即主动要求将投标文件中缺省的、含糊的问题进行交待。另外，评委借澄清之机，暗自串通投标人，暗示投标人对投标文件的实质性内容进行修改或弥补，从而达到中标的目的。例如，在某装修工程的招标项目中，招标文件要求空调设备必须是变频的。某一投标人在投标文件中的设备表中明确载明为"定频空调"。在评审过程中，某评标委员会成员与该投标人关系甚密，在澄清时，该专家故意询问该投标人投标文件中的"定频空调"是不是打字错误，该投标人则心领神会，马上纠正说是打字错误。像这种诱导式的提问，把投标文件澄清工作变质为磋商行为，以澄清为名而将投标文件的实质性内容进行改变，使不符合要求的投标变成符合要求的投标，严重损害了其他投标人的利益。

因此，《条例》明确了澄清过程的禁止行为，即澄清的主体是评标委员会，投标人只能对评标委员会提出的问题进行澄清，不能主动进行澄清说明，也不能超范围进行澄清。评标委员会的澄清内容仅限于投标文件的内容含义不明确、不一致或明显打字（书写）错误或纯属计算错误的情形，不能超出投标文件的范围，也不能改变投标文件中的实质性内容，而使不符合要求的投标成为符合要求的投标，或者使竞争力较差的投标变成竞争力较强的投标。

案例 4-15

某房屋建筑工程，总投资约 600 万元，采用公开招标形式，共 13 家单位参与投标。本工程采用工程量清单招标。在评审投标报价时，评委发现其中一家投标人的所有涉及钢筋制安子目的单价相比其他单位的报价明显偏低。经进一步分析其综合单价的构成，发现报价低主要是由主材数量不足引起的，即钢筋的用量不仅没有预留损耗，就连正常按图纸计算出的实体需要的钢筋量都严重不足。对此，评标委员会决定启动澄清程序，要求投标单位就其报价做出解释和说明。澄清是采用书面的形式进行的。对于提出的问题，投标单位给予了解释，承认其工程量计算出现失误，少计了部分梁板的钢筋。少计部分涉及的造价超过 30 万元。根据投标单位的澄清说明，评标委员会综合该单位的报价情况，最终认定该单位报价低于其企业成本，否决了其投标。

分析

关于投标单位报价的合理性问题，根据《评标委员会和评标方法暂行规定》第二十一条，"在评标过程中，评标委员会发现投标人的报价明显低于其他投标报价或者在设有标底时明显低于标底，使得其投标报价可能低于其个别成本的，应当要求该投标人作出书面说明并提供相关证明材料。投标人不能合理说明或者不能提供相关证明材料的，由评标委员会认定该投标人以低于成本报价竞标，应当否决其投标。"该条款明确规定，当涉及企业报价低于成本的判断问题时，评标委员会应当启用澄清程序。但对于投标单位的澄清和说明，则仍然必须按照是否超出投标文件的范围或者改变投标文件的实质性内容来加以判断。对于本案来说，投标单位的报价出现了明显的错误，这种错误如果允许纠正，相当于给了该单位二次报价的机会，会对其他单位产生严重的不公平。因此，该澄清或解释的内容，只能作为评标委员会判断投标人是否低于成本的依据之一，而不能作为可以纠正的内容。最终，评标委员会根据投标单位的解释，结合该单位的总体报价情况，做出否决其投标的结论，并未违反有关规定。

条文

第五十三条 评标完成后，评标委员会应当向招标人提交书面评标报告和中标候选人名单。中标候选人应当不超过 3 个，并标明排序。

评标报告应当由评标委员会全体成员签字。对评标结果有不同意见的评标委员会成员应当以书面形式说明其不同意见和理由，评标报告应当注明该不同意见。评标委员会成员拒绝在评标报告上签字又不书面说明其不同意见和理由的，视为同意评标结果。

解读

本条是关于提交评标报告和推荐中标候选人的规定。

1. 提交书面评标报告

评标报告是评标委员会根据全体评标成员签字的原始评标记录和评标结果编写的全面反映评标情况的书面报告。《招标投标法》第四十条第二款规定："招标人根据评标委员会提出的书面评标报告和推荐的中标候选人确定中标人。"书面评标报告是招标人确定中标人的重要依据。招标人根据书面评标报告可以更加详细地了解评标过程，其目的是向招标采购单位提出授标建议，以利于招标采购单位决策。在书面评标报告中，评标委员会不仅要推荐中标候选人，而且要说明这种推荐的具体理由。此外，在投标人对评标环节提出质疑或投诉时，评标报告可以作为调查的重要依据。

通常评标报告应包括以下内容：项目的基本情况；评标委员会成员名单；开标记录；符合要求的投标一览表；否决投标的情况说明；评标标准、评标方法或评标因素一览表；经评审的价格或评分比较一览表；经评审的投标人排序；推荐的中标候选人名单与签订合同前要处理的事宜；澄清、说明、补正事项纪要。

评标委员会在编写完评标报告并由评标委员会全体成员签字后，应当及时送达招标人，以便招标人在收到评标报告之日起3日内公示中标候选人。虽然《招标投标法》和《条例》对评标报告的送达时间没有具体规定，但《政府采购货物和服务招标投标管理办法》第六十八条的规定："采购代理机构应当在评标结束后2个工作日内将评标报告送采购人。"显然，评标报告的送达是招标过程的重要程序，代表着评标工作的完成，招标投标程序性任务由评标委员会转向招标人。

2. 中标候选人的推荐

中标候选人名单是评标委员会评标工作的结果之一。为了防止评标委员会含糊其词，不提出具体的评审意见，使招标人无法确定中标人，《招标投标法》和《条例》规定评标委员会完成评标工作后应当推荐中标候选人。同时，为了防止中标候选人放弃中标、因不可抗力不能履行合同、不按照招标文件要求提交履约保证金，或者被查实存在影响中标结果的违法行为等，从而不能中标，实践中评标委员会通常会推荐1名以上的中标候选人，以使招标人有选择的余地，节约时间和提高效率。但如果评标委员会认为除了排名第一的中标候选人外，其他中标候选人的投标方案均不可接受，可以只推荐1名中标候选人。此外，如果推荐过多的中标候选人，则招标人可能无从选择，使招标失去意义。因此，《条例》在《招标投标法》第四十条的基础上，进一步规定了中标候选人应当不超过3个。

就评标委员会提供的中标候选人名单是否应当对中标候选人进行排序的问题，《招标投标法》并没有明确的规定，但《条例》第五十三条、建设部89号令《房屋建筑和市政基础设施工程施工招标投标管理办法》、国家七部委第30号令《工程建设项目施工招标投标办法》等都要求评标委员会对中标候选人按得分高低排列顺序。

3. 不同意见的处理

《招标投标法》第四十四条第一款规定，评标委员会成员应对其所提出的评审意见承担个人责任。因此，评标委员会成员应通过在评标报告上签字，证明其参与评标，并对评审意见承担责任。如果评标委员会成员对评标结果有不同意见，可以拒绝在评标报告上签字，但应当以书面形式对不同意见和理由进行说明，评标委员会应当在评标报告中注明该不同意见，并将该评标报告连同书面说明一并提交给招标人。如果评标委员会成员拒绝在评标报告上签字又不书面说明其不同意见和理由的，视为同意评标结果。

案例 4-16

某县一学校装修改造工程，投资额约 300 万元，采用公开招标的方式，在当地交易中心进行招标。到收标截止时间，有 7 家单位提交了投标文件。招标人采取随机抽取专家的方式组建了 5 人的评标委员会。在评审过程中，对其中两家投标单位的报价评审，评标专家的意见出现了分歧。这两家单位的报价明显低于其余 5 家单位的报价。经详细分析，发现是装修材料的报价不同使单位之间出现了较大的差别。评标委员会就此要求两家明显拍偏低的单位提供了装饰装修材料的报价说明和相关依据。投标单位按要求补充提供了相关证明材料和报价说明，解释其相关材料报价较低的原因，是由于之前承接一项工程因故做到一半被取消，类似材料已采购但剩余较多，可以转用到这项工程上，因此价格较低。对于投标人的解释是否应接纳，不同专家提出了不同意见。结果根据少数服从多数的原则，评标委员会以报价低于成本为由否决了两家单位的投标。在评标报告中，只有三名专家的签名。另两名持不同意见的专家拒绝在报告中签字，但又未阐述具体的理由和说明。最后，招标人提出，由于评标专家签名有缺漏，认为该评标报告无效，对评标结果不予认可。

分析

对于报价是否低于成本的评审，确实经常出现争议。仅从该案中，评标委员会在其职责范围内作出的判断和评审意见，应当是有效的。评标专家持有的不同意见也应当予以尊重。但对于评标报告，根据《条例》中本条的规定，评标专家拒绝签字又不书面说明其不同意见和理由的，视为同意评标结果。招标人以评标报告专家签名有缺漏为由，不予认可评标报告是不妥的。

4.4 评标结果公示与中标

条文

第五十四条 依法必须进行招标的项目，招标人应当自收到评标报告之日起 3 日内公示中标候选人，公示期不得少于 3 日。

投标人或者其他利害关系人对依法必须进行招标的项目的评标结果有异议的，应当在中标候选人公示期间提出。招标人应当自收到异议之日起 3 日内作出答复；作出答复前，应当暂停招标投标活动。

▶ 解读

对于中标候选人的公示时间长短，各地方的招标投标规则制度做法不一，争议和纠纷较多，公示时间过短，会造成有异议的投标人或其他利害关系人无法及时提出异议，违背招标、投标公开、公正、公平的原则，时间过长也会影响招标后期工作的进行。另外，在招标人收到异议后什么时间进行回复，也存在不同的做法，回复期过短不利于招标人对异议的深入调查，但回复期过长的话，也将影响招标工作的顺利进行。《条例》第五十四条新增了对中标候选人的公示制度和评标结果的异议的处理办法，规定了依法必须招标项目的招标人进行公示的义务以及投标人对评标结果提出异议的权力。

1. 中标候选人公示的项目范围

并不是所有招标项目都必须进行中标候选人的公示，本条规定只有依法必须进行招标的项目，需要进行中标候选人公示。所谓依法必须进行招标的项目主要是指因涉及公共利益、公共安全、使用公共基金或带有其他公共属性而被法律要求必须进行招标的项目。《招标投标法》第三条规定了依法必须进行招标投标的工程建设项目，包括工程以及与工程建设有关的货物、服务，主要涉及三大类：① 大型基础设施、公用事业等关系社会公共利益、公共安全的项目；② 全部或者部分使用国有资金投资或者国家融资的项目；③ 使用国际组织或者外国政府贷款、援助资金的项目，包括依法采用公开招标以及邀请招标的项目。

2. 公示的程序

《条例》对依法必须招标项目的中标候选人公示起始时间、公示期限作出了规定。首先，公示开始的时间必须是收到评标报告之日起 3 日内。按照《招标投标法》第四十五条和第四十六条的规定，中标人确定后，招标人应当向中标人发出中标通知书。中标通知书发出后，除非出现法定的中标无效情形，否则，招标人改变中标结果的，或者中标人放弃中标项目的，应当依法承担法律责任。而在确定中标人之前进行中标候选人的公示，其目的在于监督、规范招标过程，通过公示程序充分听取其他投标人和社会公众的异议，提高招标结果的有效性和公信力，防止招标过程中的不当行为。因此，中标候选人的公示必须在发出中标通知书之前进行，而不应在发出中标通知书，使其产生法律效力之后。中标候选人公示不是"中标公示"，也不是"中标结果公告"，只是"拟中标人公示"或"预中标公示"。其目的不是公布招标结果，而是报告招标活动的阶段性进展，并征询投标人及其他利害关系人对拟中标人选的意见。因此，最终的中标人必须是经过公示的中标候选人。

公示的期限不能少于 3 日。这里的时间按照自然日计算，而非工作日。因此，在具体实施的时候，应综合考虑节假日、休息日，避免一些招标人利用假期发布公示，使投标人错过公示内容，达不到公示的目的。

3. 公示的内容

由于可能存在第一中标候选人放弃中标或其他原因导致不能中标的情形，排在后面的中标候选人也可能成为中标人。为了提高效率，避免重复公示，在公示的时候，应对全部候选人进行公示。投标人或其他利害关系人可以对所有中标候选人提出异议，而不是仅限于第一中标候选人,但这样做可能也会引发一些问题。例如,在招标投标实践中,往往出现公布全部候选人的名单后,排在后面的中标候选人可能会恶意地以各种理由举报、扳倒排在其前的中标候选人而使自己能够中标,导致定标及项目进度的拖延。

4. 评标结果异议的处理

投标人及其他利害关系人都可以对评标结果提出异议,但提出异议的时间必须是中标候选人的公示期间。超过中标候选人的公示期,招标人可能已经向中标人发出中标通知书,招标人和中标人之间依据招标文件、投标文件以及中标通知书等产生法律效力。这时候如果再提出异议,只能向行政监督部门提出投诉,按照投诉程序进行处理。

招标人在收到异议后应在 3 日内予以答复,而答复的内容不一定是对异议处理的最终结果。在某些情况下,异议的处理可能需要更长的时间进行证据收集。但无论是否需要更长的时间,招标人必须在收到异议 3 日内进行回复,内容可以是对异议进行进一步调查的答复。在做出最终答复前,为了保护招标人和投标人的合法权益,保证公平、公正原则,招标人应当暂停后续的招标投标活动。因此,招标人在处理异议时应尽快进行答复,以免延误工期。

在中标候选人公示期间,投标人对评标结果提出异议,招标人经过调查认为异议成立时,招标人应当组织原评标委员会对有关问题进行纠正,纠正后的评标结果应再次按规定进行公示。招标人无法组织原评标委员会进行纠正或原评标委员会自己无法纠正的,招标人应当报告行政监督部门,由其依法进行处理。若异议提出人对招标人的答复不满,应向行政监督部门进行投诉,而不应就同一问题再次要求招标人进行异议处理。

▼ 案例 4-17

某政府投资公共建筑施工招标,采用公开招标方式。2012 年 6 月,评标结果在中国采购与招标网和该省招标投标网、公共资源交易中心网站进行公示,公示期为 3 日。评标结果中第一中标候选人为 A 公司,第二中标候选人为 B 公司。公示的第二天,招标人收到第二中标候选人针对第一中标候选人存在涉嫌在其他项目中串通投标违法行为记录的举报,并怀疑第一中标候选人没有按招标文件的要求如实填报,按照招标文件的规定,招标人应当取消其中标资格。

招标人在收到举报信的第二天先行向第二中标候选人告知将对举报事项进行调查处理的口头答复,并向第一中标候选人发出了质询函并进行了相关调查。调查结果显示,第一中标候选人曾因涉嫌串通投标而被废标。就此,第一中标候选人予以了书面回复,不承认其存在串通投标的行为,认为此次工程招标文件要求"投标人对近 3 年来的包括受到省级以上建设行政监督部门通报等的履约情况进行填报",但第一候选人当初并没有因涉嫌串通投标而受到行政监督部门的行政处罚,仅是在项目公示中以此作为废标理由,那么也就无须填报了。

招标人经过讨论,基本认可了第一中标候选人的回复意见,作出了第二中标候选人异议不成立、维持第一中标候选人为中标人的定标结果。会议当天,招标人向第二中标候选人予以了回复,第二中标候选人没有就此进一步向招标人和行政监督部门提出举报,在召开招标领导小组会议的第四天,招标人向第一中标候选人发出了中标通知书。

分析

根据《条例》第五十四条，第二中标候选人在评标结果公示的第二天以实名方式提出举报，第二中标候选人属于投标人，其提出举报的对象是针对评标结果，提出举报的时间是公示期内（公示的第二天），符合提出异议的全部条件。招标人也是按照异议处理的要求进行了受理，在收到异议的第二天，对异议人进行了答复，在调查清楚并处理前，暂时没有向第一中标候选人发放中标通知书，属于暂停招标投标活动，符合异议受理和答复的流程。需要注意的是，招标人对第二中标候选人的答复采用了口头答复的形式，这种做法在实践中很普遍。《条例》确实规定了招标人在收到异议后3日内应当答复，但并没有规定答复应采用何种形式，如何进行答复，于是，招标人往往会将"口头告知将予以调查"作为一种答复。对此，有关法律法规也有必要对异议的受理进行细化，这样会更有利于保障异议提出人的权益和实现异议的作用。

▶ 条文

第五十五条 国有资金占控股或者主导地位的依法必须进行招标的项目，招标人应当确定排名第一的中标候选人为中标人。排名第一的中标候选人放弃中标、因不可抗力不能履行合同、不按照招标文件要求提交履约保证金，或者被查实存在影响中标结果的违法行为等情形，不符合中标条件的，招标人可以按照评标委员会提出的中标候选人名单排序依次确定其他中标候选人为中标人，也可以重新招标。

▶ 解读

本条对如何选定中标人进行了规定。《招标投标法》第四十条第二款规定："招标人根据评标委员会提出的书面评标报告和推荐的中标候选人确定中标人，也可以授权评标委员会直接确定中标人。"按照这一规定，在确定中标人时可能受到招标人或评标委员会喜好的影响，出现第二或第三中标候选人成为最终中标人的情况，对其他中标候选人有失公正。因此，《条例》对中标人的确定进行了进一步的规范，明确了国有资金占控股或者主导地位的项目确定中标人的方法。

1. 选择排名第一的中标候选人为中标人的项目范围

根据《招标投标法》，招标项目可以分为自行决定招标的项目、依法必须招标的项目以及国有资金占控股或者主导地位的依法必须进行招标的项目三类，其招标规则逐层递进、越来越严格。《条例》第五十五条规定："国有资金占控股或者主导地位的依法必须进行招标的项目，招标人应当确定排名第一的中标候选人为中标人。"九部委联合发布的《关于废止和修改部分招标投标规章和规范性文件的决定》中也将《评标委员会和评标办法暂行规定》第四十八条关于"使用国有资金投资或者国家融资的项目，招标人应当确定排名第一的中标候选人为中标人"改为"国有资金占控股或者主导地位的项目，招标人应当确定排名第一的中标候选人为中标人"，与《条例》达成一致。这样压缩了"第一名中标"的适用范围，由要求只要有国有资金投资或者国家融资的项目，都应该确定排名第一的中标候选人为中标人，更改为不但要求有国有投资，而且国有投资必须占控股或主导地位，才需要确定排名第一的中标候选人为中标人。这样规定也意味着其他国有资金没有占控股或主导地位的招标项目可以在中标候选人（1~3 人）推荐名单范围内任意选择。

实则，根据《评标委员会和评标方法暂行规定》第四十六条对中标人的条件进行的规定，即如果采用"综合评估法"评标的，中标人应是中标候选人中能够最大限度满足招标文件中规定的各项综合评价标准的，或者如果采用"经评审的最低投标价法"评标的，中标人除了能够满足招标文件的实质性要求外，经评审的投标价格应该是最低的（投标价格低于成本的除外）。从这项规定来看，无论招标项目资金来源如何，原则上应该按照评标委员会推荐的中标候选人顺序，排名第一的中标候选人为中标人。

2. 中标人的更换

对国有资金占控股或主导地位的项目，《条例》第五十五条规定了招标人可以按照评标委员会提出的中标候选人名单排序依次确定除第一中标候选人外的其他中标候选人为中标人或重新招标的情形。

第一种情形是排名第一的中标候选人放弃中标。按照《招标投标法》第四十五条和第四十六条的规定，招标人在经过中标候选人公示后，应当确定中标人，并向其发出中标通知书，同时将中标结果通知所有未中标的投标人。招标人和中标人应当在中标通知书发出之日起 30 日内订立书面合同。如果中标人明确表示不接受合同，或故意拖延时间，在签订合同期间附加条件，改变中标标的的实质性内容，如要求增加工期、提高价格、变更质量标准等，应视为其放弃中标，应选定排名第二的中标候选人为中标人。根据《招标投标法》，由于中标通知书对招标人和中标人都具有法律效力，因此中标通知书发出后，中标人放弃中标的，应当依法承担法律责任。

第二种情形是中标人因不可抗力不能履行合同。不可抗力可以理解为因突发事件或自然灾害等客观原因而造成排名第一的中标候选人不能履行合同而放弃中标。

第三种情形是不按招标文件要求提交履约保证金。招标人为了防止承包人在合同执行过程中违反合同规定或违约，会在招标文件中要求中标人提交履约保证金。当违约情况发生后，招标人可以没收履约保证金以弥补违约给发包人造成的经济损失。要求中标人提交履约保证金是招标人的一项权利，并不是每个项目的招标人都会要求中标人提交履约保证金。如果招标文件没有明确规定，为了维护投标人的利益，中标后不得追加。因为投标人可以根据招标文件的具体要求，结合自身条件，选择是否投标。如果招标文件没有要求，中标后招标人才要求提供履约保证金，可能会打乱投标人的资金使用计划，使其不能顺利履约。但如果招标文件要求提交，而中标人不提交，或者没有按招标文件要求的金额、形式或担保条件提交的，则将被视为放弃中标。一般履约保证金应当在发出中标通知书之后，签订合同之前按要求提交。

第四种情况是被查实存在影响中标结果的违法行为。这些违法行为包括《招标投标法》和《条例》中规定的在招标中弄虚作假、串通投标、行贿等行为，或者被查实不符合招标文件实质性要求和条件的其他违法行为，如未按招标文件要求如实填写过去受处罚情况的。

此外，招标人也应当严格按照法律法规合理确定中标人，不能按照自己的意愿提出不合理的条件或带有倾向性地确定中标人。例如，提出一些违反法律法规或招标文件的条款让中标候选人接受；不按照招标文件要求支付工程预付款；要求中标候选人垫付大量工程款；变更招标文件中的工期、质量、造价等实质性内容；制定不平等合同条款让中标候选人签订；故意刁难、排挤中标人，让其不得不放弃中标等。相关主管部门也应做好监督管理工作，加大对此类违法违纪行为的查处力度。

第一名中标候选人不合格的，是按照评标委员会提出的中标候选人名单依次确定其他中标候选人为中标人还是重新招标，应根据项目的实际情况判断。如没有中标候选人可选，或者按照《评标委员会和评标办法暂行规定》第四十八条依次确定的其他中标候选人与招标人的预期差距较大，或者对招标人明显不利的，招标人可以重新招标，选择权在招标人。不存在前述情况的，以直接选定后续中标候选人中标为宜。这样考虑一是可以减少重新招标增加的费用支出和时间成本，提高采购效率；二是由于经过本次招标的中标候选人公示，参与投标的各个中标候选人的相关信息已经公开，重新招标会影响投标人原有的竞争地位，对参与本次竞标的投标人不公平。

案例 4-18

某高速公路施工招标中，评标委员会评标结束后，招标人将经过评审的中标候选人名单进行公示。公示期间，第二中标候选人向作为招标行政监督机构的当地交通厅举报第一中标候选人串标并提供录音证据。交通厅调查后认定第一中标候选人涉嫌串标、围标，取消其投标资格，要求招标人作出重新推荐中标候选人或重新招标的处理。招标人认为第一中标候选人涉嫌串标导致中标无效，在有效投标的投标人至少有3家的情况下，招标人申请重新招标，得到交通厅批准。第二中标候选人向法院提起行政诉讼，要求判决撤销交通厅批准的重新招标行政行为，且拒绝参加工程重新招标。

分析

首先，第二中标候选人在公示期间对评标结果有疑问，应当向招标人提出异议，按照异议处理程序进行处理，而不应当直接向招标行政监督机构进行投诉。招标行政监督机构就本项投诉，应当不予受理。

此外，《招标投标法》第二十八条规定"投标人少于三个的，招标人应当依照本法重新招标"，第四十二条规定"依法必须进行招标的项目的所有投标被否决的，招标人应当依照本法重新招标"，第六十四条规定"依法必须进行招标的项目违反本法规定，中标无效的，应当依照本法规定的中标条件从其余投标人中重新确定中标人或者依照本法重新进行招标"。《条例》第五十五条规定："对于国有资金占控股或主导地位的项目，第一中标候选人被查实存在影响中标结果的违法行为的，招标人可以按照评标委员会提出的中标候选人名单排序依次确定其他中标候选人为中标人，也可以重新招标。"

从本案例看，在去除第一中标候选人后，有效投标的投标人至少有3家，不符合《招标投标法》第二十八条和第四十三条的规定，不是必须重新进行招标。按照《招标投标法》第六十四条和《条例》第五十五条，即使对于依法必须招标的项目和国有资金占控股或主导地位的项目，招标人都可自行决定是按照评标委员会提出的中标候选人名单排序依次确定其他中标候选人为中标人，或者重新招标。因此，本案例中招标人可以自由选择是否重新招标。

条文

第五十六条　中标候选人的经营、财务状况发生较大变化或者存在违法行为，招标人认为可能影响其履约能力的，应当在发出中标通知书前由原评标委员会按照招标文件规定的标准和方法审查确认。

解读

尽管招标投标活动的顺利进行可以保证招标人找到资质和实力较符合的承包商，但由于招标活动历时较长，因此在某些情况下，中标候选人的经营和财务状况可能发生较大变化，或在期间发生了违法行为。为了保证中标人顺利完成招标项目，业主在合同签订前应对其履约能力进行充分的审查，否则将可能造成工期延误和质量缺陷。《条例》第五十六条规定了对中标人履约能力的审查事宜。

1. 履约能力审查主体

评标委员会作为招标的临时机构，在评标开始前组建，在发出中标通知书之时解散。发出中标通知书后，中标人与招标人之间产生了法律约束力，这时候招标人改变中标结果或者中标人放弃中标，都将依法承担法律责任，从而进入司法程序。因此，在发出中标通知书之前，评标委员会仍然需要按照《条例》第五十四条和第五十六条的规定参与中标候选人公示期间异议的处理，以及当招标人对中标候选人的履约能力有所质疑时对其履约能力的审查。

2. 履约能力审查的内容

履约能力审查的启动必须符合两个条件：首先是中标候选人的经营、财务状况发生较大变化或者存在违约行为，其次是招标人认为可能影响其履约能力。审查的内容有两类：一是对投标人的法律地位、经营范围（即企业营业执照有效性、营业范围或资格证书等）以及经营能力（包括经济与技术实力、施工经验、以往业绩、在建项目等）进行审查，从企业经营分析中可以看出企业发展所处的阶段，销售能力以及资金的周转，企业资产的利用程度等，预测其运作势头；二是对投标人的财务状况进行评估，包括偿债能力和盈利能力的分析。从偿债能力可以分析企业清偿到期债务的短期和长期承受能力；从盈利能力可以分析企业赚取利润的能力，对上市公司还可以分析其社会依赖度、投资的风险等。通过招标项目中对投标人财务能力的评审，可以杜绝少数投标人的"投机"行为，将招标项目交给真正有实力的中标人，避免"豆腐渣工程"和"马拉松工程"的出现，既体现了招标活动"公开、公平、公正、择优"的原则，又达到了节省投资的目的，保证招标项目能按时、保质、保量地完成。除了对中标候选人经营和财务状况的审查外，还应对其经营过程中受到的处罚进行调查，如果其因违法而受到停业停产整顿、吊销营业执照等处罚，或被采取查封冻结财产和账户的强制措施，该中标候选人的履约能力就值得商榷了。

3. 履约能力审查的依据

评标委员会具体在审查中标候选人的履约能力时，应依据招标文件规定的标准和方法进行审查。

▶ **案例 4-19**

　　某公路及隧道工程建设项目，投资规模约 5500 万元；建设工期 15 个月。为了防止中标候选人投标期间经营和财务状况发生变化，招标人在招标文件中要求在发出中标通知书前进行财务能力评审：① 要求投标人提供 2002、2003、2004 年经独立的审计机构审计的会计报表，包括损益表、资产负债表及其他财务资料复印件，并提供有关的证明文件或资料；② 投标人在 2002、2003、2004 三年中，年平均营业额（按现值计）不应少于 5000 万元人民币。

　　分析

　　评审过程及结果：根据投标人提供的有关财务资料，评标委员会从年度营业额（必备条件）、流动比率、资产负债率、流动资产周转率、销售（营业）增长率、净资产收益率等几个方面对投标人财务能力进行评审。

　　评审结果：根据以上情况进行综合评审，A 公司、E 公司、F 公司均具备了较强的履约能力；B 公司的财务能力评审指标值偏低，但其企业规模大，年营业总额、利润总额均较高，该公司也具备了履约能力；而 G 公司的履约能力则相对较差。

4.5　合同的签订

▶ **条文**

　　第五十七条　招标人和中标人应当依照招标投标法和本条例的规定签订书面合同，合同的标的、价款、质量、履行期限等主要条款应当与招标文件和中标人的投标文件的内容一致。招标人和中标人不得再行订立背离合同实质性内容的其他协议。

　　招标人最迟应当在书面合同签订后 5 日内向中标人和未中标的投标人退还投标保证金及银行同期存款利息。

▶ **解读**

　　招标人向中标人发出的中标通知书作为招标人对投标人要约的承诺，其发出后即对招标人和中标人双方产生法律约束力，以招标文件和投标文件为基础的合同成立。但为了更加明确地规范合同当事人的权利义务，保证合同的顺利履行，《招标投标法》第四十六条强制性规定招标人应当自中标通知书发出之日起三十日内，按照招标文件和中标人的投标文件订立书面合同。中标人在符合其投标的书面合同上签字时合同生效。在此基础上，《条例》进一步明确了书面合同中不得改变的实质性内容的范围以及投标保证金的退还事宜。

　　1. 签订书面合同

　　《条例》第五十七条所指的书面合同，是将招标投标文件中的规定、条件和条款以书面合同的形式固定下来，招标投标文件是订立该合同的依据。《招标投标法》第四十六条规定"招标人和中标人不得再行订立背离合同实质性内容的其他协议"，否则将被有关行政监督部门责令改正，处以中标金额 5‰以上 10‰以下的罚款。书面合同是以招标文件和中标人的投标文件为基础，其具体细节需要招标人和中标人进行进一步的明确。在此过程中，有些内容可能与招标文件或中标人投标文件的内容不一致。如何界定此类不一致是否属于背离合同实质性内容的情形，或者换句话说，什么属于实质性内容的范畴，《条例》给予了明确的规定，即合同中关于标的、价款、质量、履行期限等主要条款属于实质性内容，必须与招标文件、中标人的投标文件内容一致。

但在招标投标实践中，招标投标双方往往为了各自的利益，在中标之后另行协商，就同一建设工程签订两份或两份以上与实质性内容相异的合同，其中一份合同与招标投标文件内容一致，并在建设工程管理部门备案，形式合法。而另一份与招标投标文件内容相悖，主要特点为在建设工程管理部门未进行备案或变更登记。在具体实施中，招标投标双方按照背离中标通知书与招标投标文件记载的实质性内容的合同行事。这种现象严重扰乱了招标投标活动的公平、有序进行，损害了相关当事人的合法权益。

2005 年 1 月 1 日实施的最高人民法院《关于审理建设工程施工合同纠纷案件适用法律问题的解释》第二十一条明确规定"当事人就同一建设工程另行订立的建设工程施工合同与经过备案的中标合同实质性内容不一致的，应当以备案的中标合同作为结算工程价款的根据"，这为司法实践中处理此类纠纷统一了法律尺度。《招标投标法》和《条例》第五十七条要求确定中标人后，订立书面合同时不应订立与招标文件、投标文件以及中标通知书实质性内容相悖的协议，但在具体合同履行时并未排除和限制《合同法》赋予当事人依法变更合同的权力。因此，对于在合同履行过程中某些客观情况变化不可避免地引起对合同约定的价款、质量和工期等内容的变更，《条例》第五十七条不具约束力。也就是说，合同履行过程中的合同变更是法律允许的，而合同签订时内容与招标文件、中标人投标文件的背离是法律所禁止的。对于这两种情形，应当加以区分，区别对待。但经过招标程序签订的合同，在其履行过程中需要变更的，应当进行更严格的监督。如果由于履约过程客观情况的变化，确实需要变更合同，否则将使合同一方当事人造成损失，导致利益失衡的，应当予以变更。如果招标人与投标人事先串通，约定先按照法律法规、招标文件、中标人投标文件要求签订合同，在合同履行过程中通过变更，到达违法的目的。这实质属于虚假招标行为，应当禁止。

2018 年 5 月 18 日，国务院办公厅正式公布《国务院办公厅关于开展工程建设项目审批制度改革试点的通知》（国办发〔2018〕33 号），要求取消施工合同备案。2019 年 3 月 18 日，住房和城乡建设部发布《关于修改有关文件的通知》，修改《住房城乡建设部关于进一步加强建筑市场监管工作的意见》（建市〔2011〕86 号）删除推行合同备案制度的规定。因此，施工合同备案制度已经取消，因此，司法解释也不再使用备案合同的提法。2019 年 2 月 1 日起施行《最高人民法院关于审理建设工程施工合同纠纷案件适用法律问题的解释（二）》第十条规定，"当事人签订的建设工程施工合同与招标文件、投标文件、中标通知书载明的工程范围、建设工期、工程质量、工程价款不一致，一方当事人请求将招标文件、投标文件、中标通知书作为结算工程价款的依据的，人民法院应予支持。"

另外，按照规定，订立合同的时间必须在中标通知书发出后 30 日内。这样规定是为了防止订立合同的过程被故意拖延，给招标投标参与者造成损失。同时订立合同的时间应保证在投标有效期内。如果在投标有效期内无法完成合同签订的，招标人可以要求投标人适当延长投标有效期，同时延长投标保证金的有效期。如果投标人拒绝的，招标人应当退还投标保证金。

2. 关于通过招标投标订立合同的成立时间

通过招标投标订立合同成立的时间，长期存在争议。主要有两种观点：观点一，认为中标通知书发出或者到达中标人后，合同即告成立，因此，中标后拒签合同的，应当承担违约责任；观点二，认为中标通知书发出后，合同尚未成立，此时仍处于合同订立阶段，中标后拒签合同的，违反诚实信用义务，应承担缔约过失责任。2019 年 12 月发改委公布的《中华人民共和国招标投标法（修订草案公开征求意见稿）》将第 45 条第 2 款修改为第 52 条第 2 款："中标通知书对招标人和中标人具有法律效力。中标通知书到达中标人后，招标人改变中标结果的，或者中标人放弃中标项目的，应当依法承担违约法律责任。"修改有两处：一是把中标通知书生效的时间由原来的"发出"改为"到达中标人"；二是中标通知书生效后，招标人改变中标结果的，或者中标人放弃中标项目的，由原来笼统地说应当承担法律责任，明确为"应当依法承担违约法律责任"。这一修改，将结束长期存在的中标通知书法律效力定性之争，也将明确通过招标投标订立的合同成立的时间，应当是中标通知书到达中标人之时。因此，中标通知书到达中标人后，对招标人和中标人均有约束力。

3. 退还投标保证金及银行同期利息

《招标投标法》中没有对投标保证金的规定。在以往实践中，对于投标人提交的投标保证金，招标人退还时基本上是不计利息的。为了减少企业投标占用过多的资金成本，杜绝投标保证金被滥用和误用的现象，《条例》借鉴联合国、世行、亚行等国际组织的采购指南，在第五十七条中明确规定，要求招标人在签订书面合同 5 日内退还投标保证金及银行同期存款利息，不退还的，将可能按照《条例》第六十六条被行政监督部门处以 5 万元以下的罚款，造成投标人损失的（例如，因资金不足丧失其他投标机会等），还应承担赔偿责任。另外，按照《条例》第三十一条、第三十五条的规定，在招标投标期间，招标人终止招标的，应退还投标保证金及银行同期存款利息。投标人在投标截止时间前撤回投标的，招标人已收取投标保证金的，应当在收到投标人书面撤回通知之日起 5 日内退还，但不需退还银行同期存款利息。投标人在投标截止时间后要求撤回投标的，招标人可以不退还投标保证金。当招标人发出中标通知书后，中标人出现拒绝按照招标文件、投标文件和中标通知书的内容与招标人签订书面合同，或者对投标文件、招标文件和中标通知书的实质性内容进行修改，以及没有按照招标文件规定的时间、金额、形式提交履约保证金等情形的，招标人不退还投标保证金，给招标人造成的损失超过投标保证金金额的，招标人可以要求中标人就超过部分进行赔偿。

《条例》第五十七条对投标保证金利息的规定，其目的是防止招标人挪用投标保证金，将投标保证金转移到其他账户后通过投资受益。因此，投标保证金的利息在具体计算时，应按银行同期活期存款利率计算。而投标保证金利息的起止时间应起始于投标截止时间，终止于合同签订后 5 日内实际退还投标保证金的时间。由于所有投标人的投标保证金利息计算的起止时间一致，投标保证金数额也相同，因此，招标人退还给每个投标人的投标保证金利息也都是相同的。这种做法避免了不同投标人计算时间不同造成的混乱，更易于操作，对投标人而言也更为公平。

如果投标保证金采用的是银行担保函或者第三方信用担保的形式，由于不产生银行存款利息，也无需退还利息。对于某些规模小、招标时间短、整体造价不高的项目，由于投标保证金的金额不大，产生的利息会非常少，招标人可以事先声明不退还利息。

案例 4-20

北京城建四公司诉北京浩鸿房地产开发有限责任公司建筑工程合同纠纷案。在此案中，施工单位北京城建四公司诉称：2000年3月和8月，他们和浩鸿公司签订了两个工程的施工合同，价款共计2.3亿余元，诉请法院以该两份合同为据判令浩鸿公司支付尚欠工程款。浩鸿公司则辩称：2000年3月，四建公司为了拿到工程项目，向浩鸿公司作出垫资地上8层、让利7.2%、对浩鸿公司分包项目不收费等极为优惠的许诺，在此情况下浩鸿公司决定将工程发包给四建公司。双方据此签订了书面协议。招标投标完全是四建公司一手策划的，甚至连标书都是四建公司制作的，当时参加投标的企业也都是四建公司为保证自己"中标"而组织起来"投标"的该公司下属单位。对此，双方已通过承诺书明确：进行招标投标并签订"中标合同"用以备案仅是为了办理开工证，施工价格由双方商定，中标价对双方无约束力。双方签订的涉及垫资、让利、工程款与中标价无关等内容的补充协议，才是双方真实意思的表示，应以该协议作为结算工程款依据。

分析

北京市第二中级人民法院经审理认为，双方签订的补充协议违背了《招标投标法》第四十六条关于"招标人和中标人应当自中标通知书发出之日起三十日内，按照招标文件和中标人的投标文件订立书面合同。招标人和中标人不得再行订立背离合同实质性内容的其他协议"的规定。依据《关于审理建设工程施工合同纠纷案件适用法律问题的解释》第二十一条规定，要求双方以备案合同，即与补充协议相对的两份合同作为结算工程款的依据，判令浩鸿公司支付尚欠四建公司的工程款。

条文

第五十八条 招标文件要求中标人提交履约保证金的，中标人应当按照招标文件的要求提交。履约保证金不得超过中标合同金额的10%。

解读

考虑国内工程建设的实际情况，为了避免过高的履约保证金增加中标人的负担，本条对履约保证金的上限进行了限制。《条例》颁布之前，《招标投标法》对履约保证金的性质、支付方式、缴纳标准、结算办法等都没有限制性规定，司法实践中大多比照定金原则处理，即不得超过合同标的额的20%。考虑到招标投标活动所涉及的标的往往数额巨大，如果履约保证金数额太大，将造成不必要的资金闲置，给施工企业带来较大压力。因此，对履约保证金的比例进行适当限制是必要的。

1. 履约保证金的性质

履约保证金作为履约担保的形式之一，是工程发包人为了防止承包人在合同执行过程中违反合同约定，给发包人造成损失，要求承包人在订立书面合同前提交的一定金额的保证。根据《招标投标法》第四十六条，招标文件要求中标人提交履约保证金的，中标人应当提交。如果中标人未按招标文件要求提交履约保证金，则按照《条例》第五十五条规定视为中标人放弃中标，应承担违约责任。

要求中标人提交一定金额的履约保证金是招标人的一项权利。招标人可以选择是否行使这项权利，并在招标文件中明确要求中标单位提交履约保证金时，此项条款方为有效。如果在招标书中没有明确规定，在中标后不得追加。因此，履约保证金具有选择性。作为对招标文件的实质性响应，中标人应按招标文件规定的方式和金额提供履约保证金。《招标投标法》第六十条规定："中标人不履行与招标人订立的合同的，履约保证金不予退还，给招标人造成的损失超过履约保证金数额的，还应当对超过部分予以赔偿；没有提交履约保证金的，应当对招标人的损失承担赔偿责任。"

从履约保证金的目的来看，它体现了发包人对承包人的一种约束。当承包人不按约定履行义务时，发包人有权没收履约保证金。《招标投标法》及《条例》并没有规定当发包人违约时，承包人采取何种方式弥补损失。不过国家发展改革委等七部委联合发出的《工程建设项目施工招标投标管理办法》第八十五条和《工程建设项目货物招标投标管理办法》第五十九条关于履约保证金的规定："招标人不履行与中标人订立的合同的，应当双倍返还中标人的履约保证金；给中标人造成的损失超过返还的履约保证金的，还应当对超过部分予以赔偿；没有提交履约保证金的，应当对中标人的损失承担赔偿责任。因不可抗力不能履行合同的，不适用前款规定。"因此，关于履约保证金的提交和中标人违约没收履约保证金的情形，招标文件中一般都会有明确的规定，保证了招标人的权益不被损害。但对招标人不履行与中标人签订合同的，往往要依据法律对招标人提出赔偿要求。在工程实践中，为了保证合同双方当事人的对等地位和合同的公平性，中标人和招标人也可以约定由招标人向中标人提供支付担保，以保证在中标人履约后招标人及时支付合同价款。

2. 履约保证金的形式

履约保证金的形式可以为中标人出具的银行汇票、支票、现钞等，以及由银行或第三方担保机构出具的履约担保函。例如，《世行采购指南》2.38 规定："工程的招标文件要求一定金额的保证金，其金额足以抵偿借款人（招标人）在承包商违约时所遭受的损失。该保证金应当按照借款人在招标文件中的规定以适当的格式和金额采用履约担保书或者银行保函的形式提供。担保书或银行保函的金额将根据提供保证金的类型和工程的性质和规模有所不同。"FIDIC《土木工程施工合同条件》10.1 规定："如果合同要求承包人为其正确履行合同取得担保时，承包人应在收到中标函之后 28 天内，按投标书附件中注明的金额取得担保，并将此保函提交给发包人。"这里的履约担保是承包人从担保机构取得相应保函或担保书后再交给发包人，是从承包人开户账户中冻结的一笔款项。当承包人没有履行合同应尽义务时，发包人有权从担保机构获得赔偿。在工程验收移交之前，任何人不得动用履约保证金用于其他用途，这也是履约保证金与预付款的区别。虽然《条例》没有明确规定银行汇票、支票、现钞等形式的履约保证金应该交付给谁，但由于建设工程项目的履约保证金往往是一笔可观的资金，为了防止将履约保证金充作工程款或挪作他用，应该由信誉好、与招标投标方没有利害关系的金融机构进行管理，绝不能由建设单位或总承包商直接进行管理，也不能由他们的上级进行管理，以提升承建商对履约保证金管理的安全感。

按照《条例》第五十五条规定，排名第一的中标候选人不按招标文件要求提交履约保证金的，招标人可以按照评标委员会提出的中标候选人名单排序依次确定其他中标候选人为中标人。因此，履约保证金作为合同订立的条件，其提交时间应在发出中标通知书之后，签订书面合同之前。履约保证金的有效期，起始于合同生效之日，终止于中标人完成合同约定的主要义务时。对于如何界定中标人完成合同约定的主要义务的准确时间，《条例》没有明确规定。目前，退还条件一般根据承发包合同中的规定，通常为履约完成，通过验收合格后，一次性全额退还。采用履约保函形式的，履约保函将自行失效。采用现金形式的，应当如数退还。另外，相对于投标保证金及相应利息退还的规定，无论是《招标投标法》还是《条例》，对金额更大的履约保证金利息都没有明确规定是否应当一并退还承包人。对于这点，中标人可以根据需要在合同订立时约定利息的计取办法，以保护自己的合法利益。

案例 4-21

2004 年 1 月，实验中学 A 就新校区图书馆、实验楼工程项目举行招标，建筑公司 B 按招标文件要求参加了该工程项目投标，经法定程序，建筑公司 B 中标。2004 年 2 月 18 日，实验中学 A 向建筑公司 B 下达了中标通知书和交纳工程履约保证金及工程周转金的通知。建筑公司 B 按时向实验中学 A 支付了履约保证金及工程周转金。2004 年 3 月 2 日，实验中学 A 和建筑公司 B 正式签订了该工程的建筑工程施工合同。

合同签订后，建筑公司 B 当即依施工组织设计的要求组织了工人、材料、施工设备及施工必需的条件，但实验中学 A 迟迟没有通知建筑公司 B 进场。2005 年 5 月 25 日，实验中学 A 正式告知建筑公司 B 终止双方合作关系，解除合同。建筑公司 B 向法院起诉，要求实验中学 A 双倍返还履约保证金。

上述案情中，争议的焦点为履约保证金是否具有定金的性质并适用双倍返还罚则。

分析

是否双倍返还应视合同而定。履约保证金并不是简单地属于定金，其性质和效力应视合同中有关履约保证金条款的具体约定而定。对履约保证金条款的约定不同，将产生截然不同的法律后果。

定金是一种双向担保，而非仅仅担保债权人一方，即任何一方不履行合同，均要招致相应的定金处罚。《担保法》第八十九条规定："当事人可以约定一方向对方给付定金作为债权的担保。债务人履行债务后，定金应当抵作价款或者收回。给付定金的一方不履行约定的债务的，无权要求返还定金；收受定金的一方不履行约定的债务的，应当双倍返还定金。"

因此，如果合同约定了履约保证金给付方不履行合同无权要求返还履约保证金，以及收受方不履行合同应按提交的履约保证金金额双倍返还，则符合定金罚则，这个履约保证金属于定金性质的担保方式；如果合同没有明确约定适用定金罚则性质的条款，那么履约保证金就不是定金，而是其他金钱质物。正如《担保法解释》第一百一十八条所规定："当事人交付留置金、担保金、保证金、定约金、押金或定金等，但没有约定定金性质，当事人主张定金权利的，人民法院不予支持。"这时，应当依据国家发展改革委等七部委联合发出的《工程建设项目施工招标投标管理办法》第八十五条和《工程建设项目货物招标投标管理办法》第五十九条关于履约保证金的规定："招标人不履行与中标人订立的合同的，应当双倍返还中标人的履约保证金。"依据对等原则，收受方如果不履行合同应双倍返还中标人的履约保证金。

3. 履约保证金的金额限制

对于履约保证金的收取额度，在《条例》出台前存在很多争议，按照惯例收取中标金额的10%并没有相应的法律依据。这样导致了招标人经常以履约保证金的名义，要求中标人垫资施工或借以排斥投标人。为了减轻中标人的负担，《条例》第五十八条明确设定了履约保证金金额的上限，即以中标合同金额为基础，最高不得超过中标合同金额的10%。具体执行比例由招标方根据中标合同金额情况确定，一般情况是金额越高比例越低。招标人设置履约保证金时必须符合法律的规定，不能漫天要价。另外，除了工程质量保证金和履约保证金外，招标人不得再违规设置其他各种名目的保证金。

案例 4-22

某市为了解决本地中小学教师住宿难问题，采用公开招标方式建设一片住宅区。经过评标委员会评审确定甲单位为排名第一的中标候选人。乙单位排名第二，丙单位排名第三。其中，甲单位的中标价格低于有效投标报价平均值的20%，招标人怀疑其价格低于成本。为保证合同履行，招标人提出甲单位需要在招标文件规定的中标价5%的履约保证金的基础上，增加中标价10%的履约保证金，即按中标价的15%提供履约担保，否则不与其签订合同协议书。

但是甲单位按照招标文件规定，只愿意提供中标价5%的履约保证金。为此，招标人以甲单位未按照招标人要求提交履约担保为由，取消了其中标资格，直接与排名第二的乙单位签订了合同。

分析

这个案例中，如果在评标结果确定前，招标人有充分的证据表明甲单位的中标价低于其成本价，应该将证据提交评标委员会，由评标委员会按照《条例》第五十一条第五款否决其投标，使该投标人不在中标候选人名单之内。如果评标委员会并没有判定甲单位低于成本报价，而招标人在发出中标通知书后有充分证据表明中标人的报价低于其个别成本，此时从处理程序上，不能直接取消其中标资格。由于中标通知书发出之后，从形式上表明招标人已经接受了其投标，合同关系已经存在，中标通知书对招标人和中标人都具有法律约束力。招标人需要根据《合同法》第五十四条规定，请求人民法院或者仲裁机构变更或者撤销，即解除双方的合同关系，进而取消其中标资格并收回中标通书，在投标有效期内方可向排名第二的中标候选人发放中标通知书，并与其签订合同协议，或者作出重新招标的选择。招标人不应以提高履约保证金额度的方法逼迫该投标人就范。这样做一方面有违法律规定，另一方面也无法规避可能发生的风险。

《工程建设项目施工招标投标办法》（国家计委等七部委令〔2003〕第30号）第六十二条明确规定，招标人不得擅自提高履约保证金。履约保证金是合同签订的先决条件和招标文件的实质性要求，在招标人发出中标通知书后，实际上已经表明招标人接受中标人以招标文件和投标文件为基础的合同条款。此时招标人在招标文件规定数额的基础上，提高履约担保的金额，实则属于违约行为。

▶ 条文

第五十九条 中标人应当按照合同约定履行义务，完成中标项目。中标人不得向他人转让中标项目，也不得将中标项目肢解后分别向他人转让。

中标人按照合同约定或者经招标人同意，可以将中标项目的部分非主体、非关键工作分包给他人完成。接受分包的人应当具备相应的资格条件，并不得再次分包。

中标人应当就分包项目向招标人负责，接受分包的人就分包项目承担连带责任。

▶ 解读

《条例》第五十九条与《招标投标法》第四十八条完全相同，重申了中标人应按照合同约定履行义务，以及对转包行为的禁止、合法分包的界定以及分包责任的承担方式。

1. 全面履行合同

在招标人和中标人签订书面合同后，双方当事人应当严格按照合同约定行使权利和履行义务。《招标投标法》和《条例》主要是对招标投标过程进行规范。在合同履行过程中，招标人和中标人应依据《合同法》，按照合同约定的有关招标项目的标的、价款、质量、履行期限等全面履行合同。根据《合同法》的规定，合同履行过程中，中标人有以下行为均属违约：① 不履行，中标人能够实际履行而不履行或合同履行期届满中标人未能实际履行两种情况；② 不完全履行，包括给付有缺陷或加害履行；③ 迟延履行，即中标人不能按期完成招标项目。

若中标人不能履行合同，则已提交的履约保证金将不予退还。给发包人造成的损失超过履约保证金数额的，中标人应当就超过履约保证金部分予以赔偿。中标人赔偿的范围包括招标人所遭受的直接损失和间接损失，但不应当超过当事人订立合同时预见到或应当预见到因违反合同可能造成的损失。

2. 禁止转包

在司法实践中，建设工程转包合同大量存在，严重破坏了我国建筑行业的法律秩序，催生工程项目质量、安全隐患，也增加工程管理难度，损害了建设工程各方当事人的合法权益，使招标失去实质意义。我国目前相关法律法规和司法解释对此作出了具体规定。按照《合同法》第七十九条，债权人可以将合同的权利全部或者部分转让给第三人，但有下列情形之一的除外：根据合同性质不得转让；按照当事人约定不得转让；依照法律规定不得转让。《条例》和《招标投标法》规定"中标人不得向他人转让中标项目，也不得将中标项目肢解后分别向他人转让"。由此，招标合同属于《合同法》中依照法律规定不得转让的合同。所有的建设工程转包行为都是被禁止的，即都是违法和不受法律保护的。

《合同法》第二百七十二条对建设工程合同进一步规定"……发包人不得将应当由一个承包人完成的建设工程肢解成若干部分发包给几个承包人。总承包人或者勘察、设计、施工承包人经发包人同意，可以将自己承包的部分工作交由第三人完成……承包人不得将其承包的全部建设工程转包给第三人或者将其承包的全部建设工程肢解以后以分包的名义分别转包给第三人。"可以看出，承包人在将自己承接到的工程对外进行发包时，可以将部分工作交由第三人完成，但不得转包全部，即承包单位承包建设工程后，不履行合同约定的责任和义务，将其承包的全部建设工程转给他人；或变相转包：即将承包的全部建设工程项目肢解后以分包的名义分别转给其他单位承包。如果承包人将工程转给分公司或其内部机构，则属于承包人内部承包经营责任制，法律并不禁止。因此，在界定是否是转包时，应当明确两个法律要件：一是承包人必须是将自己承包的全部建设工程转给第三人；二是这个第三人是与承包人没有隶属关系的独立法人、其他组织或个人。

3. 肢解发包的界定方法

《建设工程质量管理条例》第七十八条对肢解发包进行了定义："本条例所称肢解发包，是指建设单位将应当由一个承包单位完成的建设工程分解成若干部分发包给不同的承包单位的行为。"《建筑法》第二十四条、《建设工程质量管理条例》第七条中都规定"建设单位不得将建设工程肢解发包"，《建筑市场管理条例（征求意见稿）》也规定，建设单位不得将工程肢解发包，不得要求承包单位将已经承包的部分建设工程分包给指定单位，实行总承包的建设工程，建设单位不得发包给两个以上的单位。从上述法律法规中可以看出，肢解发包属于违法行为。但具体什么样的工程规模才是"应当由一个承包单位完成的建筑工程"，怎样划分标段不算肢解发包，法律法规并未有更加明确的解释和界定。在实际操作中，各地有着不同的理解和界定方法。

例如，《上海市建筑市场管理条例》中规定了"建设单位或者总承包单位发包施工项目的，以建设工程中的单项工程为最小标的"和"施工总包单位可以单位工程为最小标的，分包给其他施工单位"。《云南省建筑市场管理条例》规定"发包方或其代理人可以将一个建设工程发包给一个总承包单位，也可以将其中的单位工程分别发包，但不得将一个单位工程肢解发包"。北京和新疆等地的建筑市场管理条例中也明确规定，发包单位不得将单体工程的设计、施工分解发包给不同的承包单位。从以上各地方法规的规定中可以总结出，将单项工程、单位工程、单体工程等视为建设工程或建筑工程发包的最小标的（段），否则，就视为肢解发包。

4. 限制分包

分包行为的出现，往往是由于总承包企业在工程某些部分施工时，缺乏相应的专业施工能力或者专业施工能力不够强，如工程含有专业性较强的项目（如有特殊声响要求的演播大厅装修、钢网架的制作安装、现浇混凝土后张法预应力钢绞线的施工）、直接影响建筑物风格的项目（如外墙玻璃幕墙）、设备采购项目（如电梯的设计、安装）等。

根据《条例》第五十九条，分包和转包的区别在于是否把承接的全部工程项目转让给第三人，而合法分包与违法分包的区别在于是否按照合同约定或者经招标人同意，分包的部分工程是否为非主体、非关键工作，接受分包的单位是否具备相应资质条件，以及接受分包的单位是否将其承包的工程再次分包。《合同法》第二百七十二条规定："总承包人或者勘察、设计、施工承包人经发包人同意，可以将自己承包的部分工作交由第三人完成"。《建筑法》第二十九条规定："建筑工程总承包单位可以将承包工程中的部分工程发包给具有相应资质条件的分包单位，但是，除总承包合同中约定的分包外，必须经建设单位认可。施工总承包的，建筑工程主体结构的施工必须由总承包单位自行完成。禁止总承包单位将工程分包给不具备相应资质条件的单位。禁止分包单位将其承包的工程再分包。"因此，中标人无论在何种情况下进行分包，都只能仅将非主体、非关键性工作分包给他人完成，项目的整体合同或关键性工作必须由中标人亲自完成。投标人在投标时对于非主体、非关键性工作的分包，必须在投标文件中载明。在签订合同之前，中标人应当与分包人签订分包合同，并报招标人备案，否则不得分包。承包人在分包部分工程时，要保证分包人具备相应资格条件，并禁止其再次分包。招标人对此有权监督。发现中标人转包或违法分包时，可要求其改正；拒不改正的，可终止合同，并报请有关行政监督部门查处。

5. 分包商的确定

在分包商的确定问题上，按照及《建筑法》第二十九条规定："建筑工程总承包单位可以将承包工程中的部分工程发包给具有相应资质条件的分包单位；但是，除总承包合同中约定的分包外，必须经建设单位认可。"《条例》第五十九条也规定主承包商应当按照合同约定或者经招标人同意进行分包。据此可以看出，主承包商选定分包商的选择权是受到了一定限制的。在分包过程中，如果招标人不接受拟定的分包商承包分包工程，则主承包商不得分包。

此外，在工程实践中，招标人常常通过指定分包商的方式将某些专业工程承包给那些自己熟悉和信赖的、具备良好履约记录的专业公司，以确保质量以及发包方的其他特殊要求。尽管在国际工程招标投标中经常出现业主指定分包商的情况，但在我国指定分包的定义、范围并不清晰，立法态度不一，实务操作中也比较模糊。

例如，《建筑法》第二十五条规定："按照合同约定，建筑材料、建筑构配件和设备由工程承包单位采购的，发包单位不得指定承包单位购入用于工程的建筑材料、建筑构配件和设备或者指定生产厂、供应商。"《招标投标法》第二十条规定："招标文件不得要求或者标明特定的生产供应者以及含有倾向或者排斥潜在投标人的其他内容。"《条例》第三十二条规定："招标人不得以不合理的条件限制、排斥潜在投标人或者投标人。招标人有下列行为之一的，属于以不合理条件限制、排斥潜在投标人或者投标人：……（五）限定或者指定特定的专利、商标、品牌、原产地或者供应商。"《工程建设项目施工招标投标办法》第六十六条规定："招标人不得直接指定分包人。"2004年2月3日原建设部发布的《房屋建筑和市政基础设施工程施工分包管理办法》第七条规定："建设单位不得直接指定分包工程承包人。任何单位和个人不得对依法实施的分包活动进行干预。"2004年10月25日，最高人民法院颁布的《关于审理建设工程施工合同纠纷案件适用法律问题的解释》第十二条规定："发包人具有下列情形之一，造成建设工程质量缺陷，应当承担过错责任：……（三）直接指定分包人分包专业工程。承包人有过错的，也应当承担相应的过错责任。"依照上述法律法规，非主体工程或非关键项目的分包人，应由承包人自行选择。与《建筑法》第二十九条以及《条例》第五十九条的规定有冲突。

针对这个问题，在具体实施时，招标人最好在招标文件中明确中标人应将哪部分工作分包给哪个指定分包商，将此作为中标的实质性响应性条件，以免签订书面合同以及后期分包过程中产生争议。

6. 责任承担

中标人应当就分包项目向招标人负责，分包人就分包项目承担连带责任。《招标投标法》和《条例》对招标人、中标人和分包人之间的关系作出了特别规定，尤其是强化了分包人对招标人的责任。依据《合同法》的合同相对性原则，存在主承包合同与分包合同的情况下，招标人只与主承包商存在着合同关系，并不与分包人存在直接的合同关系，分包人就分包合同的履行仅向主承包商负责，并不直接向招标人承担责任。《招标投标法》和《条例》突破了合同的相对性原理，要求分包人就分包项目的履行直接向招标人承担责任，而且主承包商与分包人承担连带责任，更加有利于保障招标人的利益。

案例 4-23

2006年12月份，由浙江 A 公司（系总承包方）、沈阳 B 公司（系指定分包单位，持有机电设备安装工程三级资质）与业主签订《空调工程分包协议》，分包协议约定：① 属于总包范围内的空调工程由业主指定分包给沈阳 B 公司；② 指定分包工期应按总承包方浙江 A 公司的进度安排完成，指定分包工程不得使总承包方的施工进度受到影响；③ 分包工程价款为3200万元，总价包干，除工程变更等因素外，不做调整；④ 分包工程价款在得到总承包方确认后，由业主直接支付给指定分包单位，付款前指定分包单位应向业主开出付款通知书及合法发票，由业主直接向分包单位付款，仅为付款方式上的便利安排，并不改变分包合同的性质，如业主未付款的，则分包单位应向总承包方提出权利主张，而不得强行要求业主付款；⑤ 指定分包单位应向总承包方支付2%的协调配合费。分包协议附属于2006年1月份浙江 A 公司与业主签订的《总包合同》。

浙江 A 公司与业主签订的《总包合同》约定：总包工程价款为2.7亿元，其中指定分包工程暂定价为8000万元；总价包干，除工程变更等因素外，不做调整；工期为400天，实际竣工日期以四方签署的《工程竣工验收报告》为准；工期违约金为10万元/天，不设上限。

在整个工程竣工且交付业主使用后，总承包方和指定分包单位分别向业主提交了竣工结算资料，但业主迟迟不予办理工程竣工结算。正在总承包方想方设法与业主沟通推进工程结算时，突然收到了两张法院的传票：指定分包单位向管辖法院起诉，要求业主和总承包方支付拖欠的分包工程款900万元及利息50万元；业主向管辖法院起诉，要求总承包方、指定分包单位承担工期延误违约金300万元和工程质量缺陷整改费用400万元。

分析

本案中，指定分包单位为机电设备安装工程三级资质，依照规定只能承接投资额在

800万元以下的工程，但该分包单位超越资质等级承接了金额高达3000余万元的工程，显然属于"超越资质等级"的情形，根据最高院的解释应当认定该《空调分包协议》为无效合同。但若只是单纯的指定分包，目前的司法实践中并不认定其为无效合同。

按照相关规定，除非总承包方明确拒绝，否则在业主指定分包时，一旦总承包方与指定分包单位签订分包协议，或者由业主、总承包方和指定分包单位签订三方协议，则就视同总承包方自行选定的分包单位一样。本案中的指定分包单位应遵循合同相对性和总承包方结算工程价款；但鉴于该分包单位因超越资质而导致合同无效，该分包单位实为实际施工人，根据最高院的司法解释，业主也应在欠付工程款的范围内向其承担付款责任。

关于质量缺陷和工期延误责任的承担，我们认为，针对指定分包下的工期延误责任承担，应当参照司法解释关于质量缺陷的规定，即业主应当承担过错责任，总承包方在有过错的情况下也应承担相应的过错责任。

对于总承包方来说，风险防范的最佳良策莫过于坚决拒绝指定分包，但这显然是不现实的。那么，总承包方就必须自始就有风险防范的意识，开展精细化项目管理，从细处着手应对指定分包下的法律风险。我们在此提出以下几点建议，以期能为总承包方防范指定分包的法律风险有所裨益。

（1）积极参与指定分包单位的选择及善于行使对指定分包的反对权。总承包方应加强与业主的沟通，参与到指定分包单位的选择中来，为业主选择指定分包单位提供建议，并在指定分包单位拒绝承诺诸如"使总承包方免于承担任何由于分包单位未能履行合同义务或未恪守其职责而造成的与之有关的索赔、起诉及包括诉讼费等在内的一切损失"等时，总承包方有权拒绝指定分包模式或者该指定分包单位。

（2）尽量要求业主参与到分包协议的签订中。争取由业主与分包单位直接签订协议，并将指定分包工程约定为总包范围外工程。

（3）切实加强项目施工的过程管理。总承包方应充分利用自己的专业能力，加强与业主的沟通并赢取业主的信任；同时，在施工过程中也要充分行使合同权利，加强对施工过程的管理，包括对进度、质量、安全等的管理，并妥善保管好书面往来文件。

（4）善于运用"背靠背"条款。即总承包方在分包协议中明确约定，总承包方向分包单位付款的前提是其已获得业主的支付，否则总承包方有权拒绝付款。

（5）提高证据保存意识。鉴于指定分包的高风险特性，总承包方在项目管理过程的每一个步骤所涉及的文件，包括与业主和指定分包人之间的往来函件、签证单、会议纪要等原件，都应该妥善保管，这些都极有可能成为日后涉诉的关键证据。

第5章

投诉与处理

《条例》重点强化了政府监督检查职责和法律责任条款，加大了制裁打击招标投标违法行为的力度，加强和改进了招标投标行政监督。

对比《招标投标法》，《条例》吸收了《工程建设项目招标投标活动投诉处理办法》（国家发改委等七部委令〔2004〕第 11 号）（下称《投诉处理办法》）的主要内容，新增了投诉与处理制度，从投诉时间、投诉处理方式、行政监督措施等三方面提出要求，赋予了投标人或其他利害关系人向行政监督部门投诉的权利，并禁止恶意投诉行为。建立招标投诉制度是为了保护国家利益、社会公共利益和招标投标当事人的合法权益，是公平、公正处理招标投诉的基本要求。

5.1　异议与投诉制度

▶ 条文

第六十条　投标人或者其他利害关系人认为招标投标活动不符合法律、行政法规规定的，可以自知道或者应当知道之日起 10 日内向有关行政监督部门投诉。投诉应当有明确的请求和必要的证明材料。

就本条例第二十二条、第四十四条、第五十四条规定事项投诉的，应当先向招标人提出异议，异议答复期间不计算在前款规定的期限内。

▶ 解读

1. 异议对投诉制度的意义

异议制度在招标投标实践中对投标人或者其他利害关系人来说是一种主张权利、表达争议的救济方式，是当投标人或其他利害关系人认为资格预审文件或招标文件、开标过程和评标结果违反法律规定或使自己的权益受到损害时，向招标人提出疑问和主张权利的行为。异议制度作为招标投标过程处理投诉的手段之一，使整个招标投标活动在所有投标人以及其他利害关系人的监督下，有利于规范招投标各方参与人在招标投标活动中的行为，维护和保障投标人及其他利害关系人的合法权益，防止招标投标过程违法行为的出现，避免因这些违法行为给招标人、投标人及其他利害关系人造成无法弥补的损失，保证了招标投标过程的公平公正原则。

《招标投标法》第六十五条规定了投标人和其他利害关系人向招标人提出异议的权力，

增加了异议制度作为投诉处理的手段。但对如何具体实施，并没有明确。在招标投标实践中，由于异议制度具体实施办法的缺乏，当事人在认为自身权益可能受到损害时，还是按照以往的认知方式，直接向行政监督管理部门进行投诉，并不与招标人进行沟通。这样导致一些本能够由招标人进行解释说明、即可解决的问题，要通过行政监督管理机构经过调查、取证、分析、处理等法定环节调查，降低了解决问题的效率。其他的情况，诸如有些当事人出于恶意阻碍招标投标程序正常进行的目的，反复多次提出异议；当事人按照规定向招标人提出异议，招标人不予答复，造成问题久拖不决；提出异议的问题，招标人并无权限进行解决等。因此，为了进一步的规范异议制度的实施，促进招标投标当事人之间的直接沟通与协商，《条例》对异议的事项、提出异议的时间、受理异议的主体、异议的处理以及法律后果进行了具体规定，对当事人之间协商解决纠纷的方式进行了引导。

2. 相关条文

《招标投标法》第六十五条规定："投标人和其他利害关系人认为招标投标活动不符合本法有关规定的，有权向招标人提出异议或者依法向有关行政监督部门投诉。"该条赋予了投标人和其他利害关系人提出异议的权力，但并没有具体规定异议处理的程序、权限和要求。《条例》在此条的基础上对异议事项、提出异议的时间、受理异议的主体、异议的处理程序及法律后果进行了明确：

（1）《条例》第二十二条规定："潜在投标人或者其他利害关系人对资格预审文件有异议的，应当在提交资格预审申请文件截止时间 2 日前提出；对招标文件有异议的，应当在投标截止时间 10 日前提出。招标人应当自收到异议之日起 3 日内作出答复；作出答复前，应当暂停招标投标活动。"第四十四条第三款规定："投标人对开标有异议的，应当在开标现场提出，招标人应当当场作出答复，并制作记录。"第五十四条第二款规定："投标人或者其他利害关系人对依法必须进行招标的项目的评标结果有异议的，应当在中标候选人公示期间提出。招标人应当自收到异议之日起 3 日内作出答复；作出答复前，应当暂停招标投标活动。"

（2）《条例》第六十条第二款规定："就本条例第二十二条、第四十四条、第五十四条规定事项投诉的，应当先向招标人提出异议，异议答复期间不计算在前款规定的期限内。"明确了投诉与异议这两种救济途径的关系，即对资格预审文件或招标文件、开标、评标结果提出异议是对其提出投诉的前置程序。经过异议程序后，问题没有解决，才能进一步地进行投诉。

（3）《条例》第七十七条第二款"招标人不按照规定对异议作出答复，继续进行招标投标活动的，由有关行政监督部门责令改正，拒不改正或者不能改正并影响中标结果的，依照本条例第八十二条的规定处理"，明确了招标人不按上述条款对异议作出答复的法律后果。

（4）《条例》第八十二条规定："依法必须进行招标的项目的招标投标活动违反招标投标法和本条例的规定，对中标结果造成实质性影响，且不能采取补救措施予以纠正的，招标、投标、中标无效，应当依法重新招标或者评标。"

3. 异议处理

（1）提出主体。提出异议的权利主体为与招标投标活动有直接利害关系的人，包括投标人和其他利害关系人。投标人是响应招标、参加投标竞争的法人或者其他组织或者个人。其他利害关系人是指除投标人以外的，与招标项目或者招标活动有直接或者间接利益关系的自然人、法人或者其他组织。例如，有意参加投标竞争，但因招标人或招标代理机构的违法违规行为而不能参加投标竞争或明显具有不利竞争地位，最终丧失可能取得中标利益的潜在投标人；与投标人绑定投标的分包商、供应商；投标单位项目负责人等与招标投标活动息息相关的利害关系人。因此，提出异议的主体范围不仅限于实际参加投标活动的投标人，还包括了其他可能参加招标投标活动的潜在投标人和其他有直接利害关系的相关人。需要注意的是，不同阶段提出异议的主体是不同的：对资格预审文件或招标文件有异议的，有权提出异议的主体为潜在投标人或其他利害关系人；开标阶段有权提出异议的主体仅为投标人；对于评标结果有异议的，有权提出异议的主体为投标人或其他利害关系人。

（2）受理主体。《条例》规定异议应向招标人提出，而招标人也是作出答复的主体。招标代理机构作为招标人的代理人，虽然在招标人赋予的权限内协助招标人进行资格预审、招标文件的编制以及主持开标等活动，但招标代理机构在其权限范围内进行的招标活动均应由招标人承担后果。同样，评标委员会是由招标人组建的，按照招标人提供的招标文件要求进行评标，并将评标结果提交招标人，由招标人确定中标人。在招标投标过程中，评标委员会并不是一个能够独立承担责任的法定主体，招标人对评标委员会作出的评标结果有最终的决定权，并对该结果承担责任。当评标结果损害了投标人或其他利害关系人合法权益的，应由招标人进行改正。因此，在提出异议时，投标人或其他利害关系人应当向招标人提出，而非招标代理机构或评标委员会。❶

（3）异议事项。《条例》对异议事项有严格的限制，按照规定，只有就《条例》第二十二条、第四十四条、第五十四条规定事项投诉的，才可以向招标人提出异议，即异议对象仅限于四项：资格预审文件、招标文件、开标活动、依法必须进行招标的项目的评标结果。除此之外，投标人或者其他利害关系人无权就其他事项向招标人提出异议。对于其他事项有异议的，均应向行政监督管理部门进行投诉。在就《条例》规定的事项提出异议后，招标人在规定的答复期内没有答复，或者投标人或其他利害关系人对答复仍有异议的，方可向行政监督管理部门进行投诉。如果投标人或其他利害关系人在对上述事项进行投诉前没有对上述事项向招标人提出过异议，行政监督管理部门对该投诉将不予受理。因此，在处理《条例》第二十二条、第四十四条、第五十四条规定事项时，异议是投诉的前置程序。

▲ 案例 5-1

2013 年 3 月 1 日，2013 年 3 月 1 日，W 市卫生局对"W 市卫生业务综合楼项目"土建部分进行公开招标。该项目评标时，在五位评标委员会成员当中，有一位评委一直未能到达

---

❶ 耿春. 关于招标投标法实施条例中异议制度的思考 [J]. 建设监理，2013（11）：26.

现场，经过到场的四位评委的初步审查意见认为实质性响应招标文件要求的投标人不足三家，则评标委员会依据《招标投标法》第二十八条的规定"投标人少于三个的，招标人应当依照本法重新招标"，以及《条例》第四十四条的规定"投标人少于3个的，不得开标；招标人应当重新招标"否决本次投标。公示后，投标人A公司对该项目评标结果提出异议。2013年3月25日，W市卫生局就异议内容进行了书面答复，并送达A公司，但该答复并未送达本项目的其他有关供应商。A公司因对异议回复不满，于2013年4月1日向W市发改委提出投诉，投诉内容包括该项目评标委员会的组成、招标文件、评标结果等三个问题。

W市发改委在调查后对A公司提出的评标委员会的组成和评标结果两个问题进行了处理。但认为A公司提出的"招标文件"问题没有经过异议，属于无效投诉。

分析

本案例涉及招标投标过程可以提出异议的事项以及异议处理的程序。首先，A公司就评标结果向W市卫生局提出异议，属于《条例》规定的提出异议事项，受理人为招标人。当A公司对异议回复不满时，可以进一步向行政监督部门进行投诉。但A公司投诉的事项除了对评标结果的异议外，还包括了评标委员会的组成问题、招标文件问题。由于评标委员会问题不在《条例》规定的异议事项范围内，行政监督部门可以直接进行调查处理。对于评标结果问题，由于A公司已经向招标人提出过异议，并得到了答复，视为经过异议程序，对其答复不满而进行投诉的，行政监督部门可以受理其投诉。而由于招标文件问题在《条例》规定的异议事项范围内，因此进行投诉前必须经过异议程序，因此，行政监督部门对该投诉不予受理。又由于对招标文件的异议应当在投标截止时间前10日内提出，因此A公司不得再对招标文件问题向招标人提出异议。

通过本案例，可以看出，投标人或其他利害关系人投诉事项如果在《条例》规定的异议事项范围内，必须先经过异议程序后才能进行投诉。

（4）异议时间。为了督促异议权利人及时行使权力，避免招标投标过程出现的问题长时间得不到澄清和解决，《条例》第二十二条、第四十四条、第五十四条明确规定了投标人或其他利害关系人提出异议的时间以及招标人进行答复的时限。如果投标人或其他利害关系人超过规定的时间提出异议，则异议无效，招标人将不予受理。如果投标人或其他利害关系人在规定的时间内提出异议，招标人不在规定的时限内答复的，将按照《条例》第七十七条规定予以处理。因此，可以看出异议具有很强的时效性，异议人应当严格按照规定的时效提出异议，否则将很难维护自己的合法权益。

根据异议事项的不同，异议的限定时间主要包括：

1）潜在投标人或其他利害关系人对资格预审文件有异议的，应当在提交资格预审申请文件截止时间2日前提出；对招标文件有异议的，应当在投标截止时间10日前提出。对于上述两个事项的异议，招标人应当自收到异议之日起3日内作出答复；同时作出答复前应当暂停招标投标活动。

2）投标人对开标有异议的，应当在开标现场提出，招标人应当当场作出答复。

3）投标人或其他利害关系人对依法必须招标的项目的评标结果有异议的，应当在中标候选人公示期间提出。招标人应当自收到异议之日起3日内作出答复；作出答复前，应当暂停招标投标活动。

按照规定，只有对开标有异议的情形需要当场提出异议并由招标人当场答复，对资格预审文件、招标文件以及依法必须招标的项目的评标结果有异议的，都有相对宽松的时间考虑是否提出异议，招标人的答复时限均为自收到异议之日起 3 日内。同时，对资格预审文件、招标文件以及依法必须招标的项目的评标结果提出异议的，招标人在作出答复前，应当暂停招标投标活动。最后，应当注意的是异议时限通常为自然日而非工作日，因此，在提出异议和进行异议处理时，应当考虑节假日或公共假期的影响。

▶ 案例 5-2

某热泵热水系统及安装工程的招标投标过程中，A 公司在投标截止时间及开标时间前 2 日向招标人发出异议函，认为招标文件中设置的"投标人提供的设备制造商必须具备机电或制冷设备 3 年以上的经验"的商务要求，对包括自己在内的新成立不足 3 年的企业不公平，属于排斥潜在投标人。招标人认为，A 公司提出异议的时间不符合《条例》第二十二条的规定，拒绝答复。A 公司随即向行政监督部门投诉，行政监督部门以未按《条例》规定提起异议为由，拒绝受理投诉。最终该招标投标活动正常进行。

（5）对招投标活动的影响。投标人或者其他利害关系人提出异议后，将会对招标投标活动产生不同程度的影响。例如，无论异议是否成立，招标人均负有在规定的时间内答复的义务。为了保证在合同签订之前纠正违法行为，除了对开标的异议外，招标活动均暂停进行，直至招标人对异议作出答复。此时，招标投标活动将因异议的提出而相应延期。如果招标人不按照规定对异议作出答复而继续进行招标投标活动，将面临不利后果：被有关行政监督部门责令改正；拒不改正或者不能并影响中标的，依法重新招标或评标。另外，在提出异议后，无论招标人是否答复，投标人或者其他利害关系人均获得了对异议事项向有关行政监督部门投诉权利。在异议答复期满后，投标人或者其他利害关系人可以向行政监督部门提出投诉。

4. 应注意的问题

《条例》虽然对异议的事项、提出主体、受理主体以及时限进行了规定，但对提出异议和进行答复的形式、答复的质量等并未做出具体规定。由于推出异议制度的目的就是为了促进异议人与招标人的沟通，提高效率，减少行政监督部门受理和处理投诉的工作量。因此，为了及时快捷地消除异议人的疑惑，《条例》并未对异议的形式进行限定。如果简单的沟通能将问题解决，就没有必要采用很正式的形式来延迟异议人提出异议和招标人进行回复的时间。而且按照《条例》第六十条，异议并不是争议解决的最终方式，如果异议人对招标人的答复不能接受，还可以通过对形式有更加严格要求的投诉方式寻求法律救济。

（1）异议必须采用书面形式，并提出事实、理由和明确要求。提出异议是一项非常严肃和谨慎的法律行为。异议应采用书面形式向招标人提出，并由投标人或其他利害关系人的法定代表人或授权代表，在书面函上签字并加盖投标人单位公章，明确提出异议的事项、理由及对招标人和招标代理机构的要求。提出异议的权利人应对异议事项的真实性负责；提出的要求应有法律依据。

（2）异议人不需要自身权益受到异议事由的损害。《条例》第二十二条、第四十四条、第五十四条规定，投标人对资格预审文件、招标文件、开标以及评标结果有异议的，应当提出异议。提出异议的事由不再严格限定于可能损害自己权益的事由。只要是不符合法律、行政法规规定的事由，都可以提出异议。这样一方面会增加投标人或利害关系人提起异议的机会，使投标人或利害关系人更好地保障自己的权益；另一方面，也会鼓励投标人或利害关系人对缔约阶段的合法性进行监督。

然而，在实践当中，如果投标人之间或投标人与招标人之间相互串通，为了不正当的目的，对一个没有对自己权益造成损害的事项提出异议，则有可能对其他投标人或者招标人的合法利益造成损害。

（3）答复异议的内容应具体明确。提出异议是投标人和其他利害关系人的权利。不论提出的异议是否成立，招标人均应在规定的时间内作出答复。这是招标人的义务。但是，《条例》没有明确规定答复异议的内容。在实务操作中，招标人往往为了规避自身责任，敷衍提出异议的权利人，作出的答复仅仅是在什么时间收到了异议，并没有对异议的内容作出实质性的明确的答复，从而产生纠纷。

从《条例》的立法本意看，这显然不构成有效的答复。有效的答复必须是对异议内容的实质性回应和解释，并明确给出异议是否成立的结论；否则，异议就变得毫无意义了。

（4）异议自动暂停招标投标活动。《条例》创设了异议暂停制度。只要投标人或者其他利害关系人提出异议，在招标人作出答复前，招标投标活动必须暂停。异议自动暂停制度有利于在合同签订之前纠正违法行为；否则，等到合同签订甚至已经开始履行之后，再试图纠正违法之处，就可能会否定整个合同的效力，造成难以弥补的损害。

但是，异议自动暂停制度在实践当中也存在着扰乱招标程序的风险。一项普通的招标投标活动，都有可能频繁地被不可预知的"自动暂停"打断，而且过多地倾向于因保障结果的公正而忽视了过高的制度成本。如果一个潜在投标人对于资格预审文件提出异议，招标人在作出答复之前应暂停招标活动，提交资格预审申请文件的期间应中止计算。即便其他的投标人的申请文件已经提交并开始审查，也不得不因为他人提出异议而暂停审查。如果招标人在 3 日之内给出答复，则招标投标活动至多暂停 3 日。然而如果招标人没有在 3 日之内作出答复或者不予答复，招标活动会一直暂停；还是不论答复与否，只要超过 3 日期限招标活动就继续进行呢？《条例》对上述问题并未明确。不过，根据该条款保障投标人权利得到救济的目的来看，招标投标活动应该仍然暂停，直到招标人给出答复为止。

5.2 投诉及其处理制度

本条对投诉的主体、投诉的时效以及投诉的形式进行了规定。行业主管部门在招标投标投诉案件中，要准确判定投诉主体、时效、形式等要件的合法性。凡不符合规定要件的投诉行为一律不受到法律的保护。

（1）投诉主体。与异议的提出主体和受理主体不同，投诉的提出主体除了投标人或者其他利害关系人外，还应包括招标人。例如，在投标人对评标结果提出异议后，经查确实存在问题，应采取措施予以纠正，并答复投标人；如经核实上述问题损害了投标人的利益、并违反了法律法规或招标文件的规定，但招标人已经无法纠正的，招标人应主动向行政监督部门报告情况。

（2）投诉时效。《条例》对投诉人提交投诉书有严格的时限要求。投诉应当在投诉人知道或者应当知道之日起 10 日内提出。按照《投诉处理办法》第十二条第三款，投诉超过投诉时效的，行政监督部门将不予受理。但对于投标人何时为知道，何时为应当知道，法律法规并没有明确的标准。实践中，有些行政监督部门以中标结果公示之日为准。中标结果公示之日即为应当知道权利受到侵害之日。

另外，由于《条例》第六十条第二款规定了对特定事项的投诉必须经过异议程序，按照异议制度的规定，招标人需在收到异议后 3 日内进行答复。因此，投诉人在知道或者应当知道异议事项后，先需要提出异议，再等待招标人答复，对答复不接受的，才可以提出投诉。为了避免招标人故意拖延异议的回复而导致异议人丧失投诉权，《条例》第六十条第二款规定，从提出异议到得到答复这段时间，即异议答复期间不应计算在 10 日内。

（3）投诉形式。与异议制度不同，《条例》对投诉的形式有严格的要求。投诉应当有明确的请求和必要的证明材料。投诉是一项非常严肃和谨慎的法律行为，应采用书面形式向行政监督部门提出，明确提出投诉事项、理由及请求，并附上必要的证明材料。投诉人是法人的，应由投标人或其他利害关系人的法定代表人或授权代表，在投诉书上签字并盖章。《投诉处理办法》第七条规定了投诉人提交投诉书的内容，包括投诉人及被投诉人的名称、地址、有效联系方式，投诉事项的基本事实，相关请求及主张，以及有效线索和相关证明材料等。由于投诉需要由行政监督部门通过法定调查处理程序完成，因此提出投诉的权利人应对投诉事项的真实性负责，提出的要求应有法律依据，出具的相关证据应有利于行政监督部门调查取证，提高投诉处理效率，严格制止无理取闹行为。

▶ 条文

第六十一条　投诉人就同一事项向两个以上有权受理的行政监督部门投诉的，由最先收到投诉的行政监督部门负责处理。

行政监督部门应当自收到投诉之日起 3 个工作日内决定是否受理投诉，并自受理投诉之日起 30 个工作日内作出书面处理决定；需要检验、检测、鉴定、专家评审的，所需时间不计算在内。

投诉人捏造事实、伪造材料或者以非法手段取得证明材料进行投诉的，行政监督部门应当予以驳回。

▶ 解读

1. 投诉受理

受理投诉的主体应当是有管辖权的行政监督部门。投诉人应当根据《国务院办公厅关于印发国务院有关部门实施招标投标活动行政监督的职责分工的意见的通知》（国办发

〔2004〕34 号）以及地方政府的文件规定的职责分工确定有管辖权的行政监督部门。对国家重大建设项目（含工业项目）招标投标活动的投诉，由国家发展改革委受理并依法作出处理决定。对国家重大建设项目招标投标活动的投诉，有关行业行政监督部门已经受理的，应当通报国家发展改革委，国家发展改革委不再受理。针对投诉人对机关内设机构职责分工和办事程序不了解、不熟悉的实际问题，《条例》规定投诉的受理主体按照首问责任制，即当投诉人就同一事项向两个以上有权受理的行政监督部门投诉的，由最先收到投诉的行政监督部门负责处理。

行政监督管理部门收到投诉后，并不代表其受理了该项投诉。行政监督部门只对符合法定受理条件的投诉进行立案调查，并启动投诉调查处理程序。《投诉处理办法》第十二条规定了不符合投诉处理条件的投诉范围：投诉人不是所投诉招标投标活动的参与者，或者与投诉项目无任何利害关系；投诉事项不具体，且未提供有效线索，难以查证的；投诉书未署具投诉人真实姓名、签字和有效联系方式的；以法人名义投诉的，投诉书未经法定代表人签字并加盖公章的；超过投诉时效的；已经作出处理决定，并且投诉人没有提出新的证据的；投诉事项应先提出异议没有提出异议、已进入行政复议或行政诉讼程序的。另外，对符合投诉处理条件，但不属于本部门受理的投诉，书面告知投诉人向其他行政监督部门提出投诉。行政监督部门无论是决定受理还是不予受理，都应在收到投诉之日起 3 个工作日内以书面形式答复投诉人。对于决定受理的投诉，投诉之日即为受理之日。

2. 投诉处理

行政监督部门在决定受理投诉后，即启动投诉调查处理程序。为了保证招标项目的实施进度，提高行政监督部门的工作效率，《条例》规定了投诉处理的时限，即自受理投诉之日起 30 个工作日内。对于情况比较复杂的投诉，需要检验、检测、鉴定、专家评审的，其所需时间不计算在内。

投诉是投标人和其他利害关系人的权利。不论提出的投诉是否成立，行政监督部门均应在规定的时间内作出答复。对于投诉的答复，应当以书面处理决定的形式通知投诉人、被投诉人和其他与投诉处理结果有关的当事人，内容应具体明确，对投诉的内容进行实质性回应和解释，并明确给出投诉是否成立的结论。按照《投诉处理办法》的规定，投诉处理决定的内容包括投诉人和被投诉人的名称、住址；投诉人的投诉事项及主张；被投诉人的答辩及请求；调查认定的基本事实；行政监督部门的处理意见及依据。

3. 投诉驳回

最终投诉的处理决定有两种结果：投诉缺乏事实根据或者法律依据的，或者投诉人捏造事实、伪造材料或者以非法手段取得证明材料进行投诉的，驳回投诉；投诉情况属实，招标投标活动确实存在违法行为的，依据《招标投标法》、《条例》及其他有关法规、规章做出处罚。如当事人对投诉处理决定不服或者行政监督部门逾期未做出处理的，可依法申请行政复议或向人民法院提起行政诉讼。

《条例》规定"投诉应当有明确的请求和必要的证明材料"，但实践中相当数量的案件中，投诉人取得的证明材料可能涉及招标人或投标人的商业秘密或者属于评标过程的保密信息。按照规定，这些不能说明合法来源的证据和线索不能作为证明材料。行政监督部门可以以此为由，驳回投诉。

案例 5-3

该项目经卫生部批准立项，是湖南省重点工程，共分 3 个标段，投诉发生在第 3 标段施工投标中，该标段于 2004 年 8 月 18 日在长沙市建设工程交易中心开标，评标委员会当日即向招标人提交了书面评标报告，依次推荐了第一、第二中标候选人，并在湖南省招标投标监管网和中国采购与招标网进行了公示。第二中标候选人于公示期内向湖南省纪委、省招标投标管理机构举报第一中标候选人的资格问题，递交了《关于申请对开标结果进行复议的报告》，并对此次开标和评标提出质疑。申请调查并复议第一中标候选人的下列问题：技术标书漏放扉页和尾页倒放；市场行为不良记录的原件不符合要求；履约情况等证明材料无效；项目经理部五大人员的证件不齐全。❶

分析

首先，该案例是投标人对评标结果的投诉。根据《条例》第六十条规定，第二中标候选人应当先向招标人提出异议，按照异议制度进行处理。若第二中标候选人对招标人回复不满意或招标人未在规定的时间做出答复，第二中标候选人可以向行政监督部门提出投诉。在投诉时，第二中标候选人提交了书面投诉请求，但该请求显示出第二中标候选人对第一中标候选人投标文件中的问题了解得一清二楚。这说明必定有评标专家或在评标现场的工作人员泄露了相关秘密。收到投诉后，省招标投标管理机构就第二中标候选人提出的投诉请求，要求其必须提供必要的证明材料，另根据《招标投标法》第四十四条第三款规定"评标委员会成员和参与评标的有关工作人员不得透露对投标文件的评审和比较、中标候选人的推荐情况以及与评标有关的其他情况"，因此投诉人的投诉依据是不合法的，招标管理部门据此驳回了其投诉请求。

条文

第六十二条　行政监督部门处理投诉，有权查阅、复制有关文件、资料，调查有关情况，相关单位和人员应当予以配合。必要时，行政监督部门可以责令暂停招标投标活动。

行政监督部门的工作人员对监督检查过程中知悉的国家秘密、商业秘密，应当依法予以保密。

解读

《条例》在明确各行政部门执法权力的同时规定了相应的责任，从而有效防止了在监督执法中滥用职权和不作为的行为。《条例》严格规定执法分工，进一步明确了行政监督部门的职责分工，规定了发展改革部门总体指导协调，工业和信息化、住房城乡建设、交通运输、铁道、水利、商务等各有关行政监督部门分工协作的行政监督体制，强调了财政部门和监察机关的监督职责，解决了"同体监督"、行政监督缺位和越位的问题。

---

❶ 潘海平，徐顺永，吴雄伟. 对招标投标中投诉的探讨 [J]. 浙江水利科技，2006（2）：73.

1. 投诉处理措施

行政监督部门在对投诉进行调查取证时，应当查阅、复制有关文件、资料，调查有关情况。投诉人、被投诉人以及评标委员会成员等与投诉事项有关的当事人应当予以配合，如实提供有关资料和情况，不得拒绝、隐匿或伪报。除了查阅、复制有关文件、资料外，行政监督部门也可以对相关人员进行询问、听取被投诉人的陈述和申辩。

《条例》创设了招标暂停制度，分为两种情况：一种是异议暂停制度，即按照《条例》第二十二条和第五十四条规定对资格预审文件、招标文件以及依法必须招标的项目的评标结果提出异议的，招标人在答复前应当暂停招标投标活动；另一种情况是在投标人或其他利害关系人认为招标投标活动不符合法律、行政法规规定提出投诉，行政监督部门觉得有必要时，可以责令招标人暂停招标投标活动。可以看出，异议暂停制度针对《条例》第二十二条和五十四条规定事项提出的异议，招标人必须主动暂停招标投标活动，这是招标人的法定义务。如果招标人应当主动暂停而不暂停，异议人可以向行政监督部门投诉，行政监督部门应当在受理投诉后责令招标人立即暂停相关招标投标活动。而第二种情况，行政监督部门受理投诉后，招标投标活动不一定必须暂停。当行政监督部门觉得有必要时，暂停招标投标活动，决定是由行政监督部门作出的，强制招标人履行，招标人必须接受。暂停制度是为了在合同签订之前纠正违法行为。如果合同已经签订甚至开始履行，再试图纠正，就可能否定整个合同的效力，造成难以弥补的损害。另外，《招标投标法》第四十六条规定："招标人和中标人应当自中标通知书发出之日起三十日内，按照招标文件和中标人的投标文件订立书面合同。"而投标文件和投标保证金也有有效期，因此暂停招标投标活动将可能影响到投标有效期或签订合同的期限，招标人应当顺延投标有效期或者签订合同的期限。因暂停导致投标有效期过期的，由招标人承担相应的法律后果。

2. 保密义务

按照《条例》规定，行政监督部门负责处理投诉的工作人员应当严格遵守保密规定。在处理投诉过程中，对于接触到的国家秘密和招标人、投标人的商业秘密，行政监督部门工作人员负有保密义务。

▶ 案例 5-4

某市建设局（代理业主）于 2009 年 6 月 14 日举行招标，招标项目为学校教学楼，开标结束公示期满，业主确定了某公司为中标人，中标价 2100 万（暂定价）。中标人于 2009 年 7 月中旬进场施工。8 月中旬，某行业行政主管部门收到同级监察机关转来该工程中标人违规的举报。举报内容为：中标单位×××公司用于该工程项目管理人员弄虚作假，骗取中标。举报人李××系自然人。

行业主管部门执法机构根据举报信的内容开展调查。经查，该举报部分内容属实，投标文件中项目管理班子成员社保非本公司购买，均系其他单位或个人购买，但建筑行业执业资格（注册建造师、造价员、安全员等）均注册在该投标企业。执法部门向中标人发出行政处罚听证告知书，告知书认定该投标企业在此次投标活动中，部分项目管理成员社保关系弄虚作假，骗取中标，应取消中标资格，对企业和法定代表人并处罚金。

×××公司接到行政处罚听证告知书后，认为该行政处罚认定弄虚作假不实，投诉人非该工程项目投标利害关系人，要求取消行政处罚。❶

分析

行业行政主管调查认定该中标企业部分项目管理成员社保关系非本单位购买，没有按照招标文件的要求如实编制投标文件，应视为未响应招标文件。在此次投标活动中，违规实体是真实的。但是，是否对该企业实施行政处罚，值得探讨。办案人员在办理该投诉案件时，忽视了以下几个基本法律要件。

第一，投诉人的主体资格是否合法。《投诉处理办法》第三条规定："投标人和其他利害关系人认为招标投标活动不符合法律、法规和规章规定的，有权依法向有关行政监督部门投诉。前款所称其他利害关系人是指投标人以外的，与招标项目或者招标活动有直接和间接利害关系的法人、其他组织和个人。"该项目投诉调查表明，投诉人并不是该项目投标企业职工，也并非法定委托代理人，住所亦非本行政区域。综上，投诉人的主体资格不符合《投诉处理办法》的要件要求。

第二，投诉内容和相关格式是否合法。《条例》第六十条规定"投诉应当有明确的请求和必要的证明材料"。《投诉处理办法》第七条也规定："投诉人投诉时，应当提交投诉书，投诉书应当包括下列内容：投诉人的名称、地址及有效联系方式；被投诉人的名称、地址及有效联系方式，投诉人是法人的，投诉书必须由其法定代表人或者授权代表签字并盖章，其他组织或个人投诉的，投诉书必须由其主要负责人或者投诉人本人签字，并附有效身份证明。"调查表明，投诉人李某在投诉书中，不符合上述要件要求，无联系地址、无本人签字（打印件）和附有效身份证明，无任何证据表明该人系本招标投标项目利害关系人。因此，该投诉书完全不符合规定的法定格式及其要求。

第三，投诉时间是否符合法定要求。《条例》第六十条规定："投诉人或其他利害关系人认为招标投标活动不符合法律、行政法规规定的，可以自知道或者应当知道之时起10日内向有关行政监督部门投诉。"第十一条规定："行政部门接到投诉书后，应当在5日内进行审查，视情况作出处理决定。"从该项目投诉人投诉的时间看，中标人与招标人公示期满后即签订了书面施工合同，已进场施工约一月之久，其投诉时间早已超过了法定的投诉期限。

第四，该投诉行业主管部门是否受理，受理要件是否合法。七部委11号令第十二条规定："有下列情形之一的投诉，不予受理：投诉人不是所投诉招标投标活动的参与者，或者与投诉项目无任何利害关系；超过投诉时效的。"就该项目招标投标投诉是否受理，笔者认为，投诉人并非利害关系人，也不是该招标投标活动的参与者，投诉时间亦超过了法定时间，行政监督部门可以完全不予受理。

❶ 陈时荣. 招标投标投诉案件受理分析 [J]. 建筑，2011（9）：24.

第6章

法律责任

《条例》在法律责任部分设置了 20 个条文，对《招标投标法》法律责任条款的内容进行了解释和细化。根据《立法法》第五十六条规定，行政法规可以为执行法律规定的需要而制定，因此，相较法律的原则性，《条例》更突出了可操作性和可执行性的特点。

6.1 招标人违法发布公告的法律责任

▶ **条文**

第六十三条 招标人有下列限制或者排斥潜在投标人行为之一的，由有关行政监督部门依照招标投标法第五十一条的规定处罚：

（一）依法应当公开招标的项目不按照规定在指定媒介发布资格预审公告或者招标公告；

（二）在不同媒介发布的同一招标项目的资格预审公告或者招标公告的内容不一致，影响潜在投标人申请资格预审或者投标。

依法必须进行招标的项目的招标人不按照规定发布资格预审公告或者招标公告，构成规避招标的，依照招标投标法第四十九条的规定处罚。

▶ **解读**

本条细化了《招标投标法》第五十一条规定的"以不合理的条件限制或者排斥潜在投标人"的行为，特别是对在招标人发布资格预审公告或者招标公告的环节限制或排斥投标人的行为进行了约束。资格预审公告和招标公告是投标人参加招标投标活动的起点，如果招标人有意识地在发布公告时采取技术手段限制或者排斥潜在投标人，将会使投标人难以获得各种公告，或者获得的公告内容不同，从而导致投标人无法参加招标投标活动，或者即使参加了投标，也可能因信息不对称，而产生不利。因此，无论《招标投标法》还是《条例》，在"法律责任"一章中，均明确禁止限制或者排斥潜在投标人的行为。

1. 不按照规定发布公告

招标人不按照规定在指定媒体发布资格预审公告或者招标公告，将影响潜在投标人获取招标信息，阻碍其参加招标投标活动，属于违背《招标投标法》第五条规定的招标活动应当公开、公平、公正的原则。具体而言，招标人不按照规定发布公告的行为主要包括三个方面的情形：

（1）根据法律规定,应当发布公告但招标人没有发布。《招标投标法》第十六条规定："招标人采用公开招标方式的,应当发布招标公告。"《条例》第十五条规定："招标人采用资格预审办法对潜在投标人进行资格审查的,应当发布资格预审公告、编制资格预审文件。"可见,依法发布资格预审公告或者招标公告是招标人的法定义务,特别是在依法应当公开招标的项目中,招标人应当发布公告而不发布的,应当承担相应的法律责任。

（2）发布的公告内容不符合法律规定。《招标投标法》第十六条规定："招标公告应当载明招标人的名称和地址、招标项目的性质、数量、实施地点和时间以及获取招标文件的办法等事项。"招标人发布的公告内容必须符合法律要求。

（3）招标人未按照国家规定在指定的媒介发布公告。根据《国家发展计划委员会关于指定发布依法必须招标项目招标公告的媒介的通知》（计政策〔2000〕868号）,指定《中国日报》、《中国经济导报》、《中国建设报》和《中国采购与招标网》（http://www.chinabidding.com.cn）为发布依法必须招标项目招标公告的媒介。其中,国际招标项目的招标公告应在《中国日报》发布。自2000年7月1日起,依法必须招标项目的招标公告,应在上述指定媒介发布。没有按照规定在指定媒介上发布公告的,应当承担法律责任。

2. 同一招标项目发布的公告内容不一致

《招标公告发布暂行办法》第九条规定："招标人或其委托的招标代理机构应至少在一家指定的媒介发布招标公告。"该规定意味着,招标人发布公告将不限定在某一家媒介上,因此,实践中会出现招标人在不同的公告媒介就同一项目发布内容不同的公告的情形。投标人根据内容不同的公告所准备的投标活动,势必会有违招标投标公平、公正的基本原则,致使部分投标人处于不利地位,而部分投标人则会获得优势地位。因此,《招标公告发布暂行办法》第十条规定："招标人或其委托的招标代理机构在两个以上媒介发布的同一招标项目的招标公告的内容应当相同。"要求招标人就同一项目发布的公告内容必须相同。发布内容不同的公告属于违法行为。

需要注意的是,《条例》规定,不按照规定在指定媒介上发布公告的行为,仅限于"依法应当公开招标"的项目,而同一招标项目发布的公告内容不一致的,则没有该限定,无论何种项目的招标人违反这一规定,都应当依法承担相应的责任。

3. 违法发布公告构成规避招标的情形

从本条规定的内容来看,招标人违法发布公告可能会导致不同的法律后果：其一为限制或者排斥了潜在的投标人；其二则为规避招标。两者的区别在于,前者的目的是为了缩小投标人的范围,使得招标人中意的投标人可以轻易地获取中标,从而导致潜在投标人丧失投标机会或者竞争优势；后者的目的则是招标人无须再通过招标程序确定项目的合作相对方,为项目业主直接确定合作相对方提供条件。有观点认为❶,限制或者排斥潜在的投标人也是一种广义的规避招标行为。《条例》根据两者违法的程度不同,进行了区分。

---

❶ 汪才华. 招标投标中未批先招和规避招标行为的法律探析 [J] . 招标与投标,2014（8）：18.

关于两者的法律责任，《招标投标法》分别使用了两个条文进行规范，并对规避招标行为采取了重罚的方式。根据《招标投标法》第四十九条规定，规避招标的，"责令限期改正，可以处项目合同金额千分之五以上千分之十以下的罚款；对全部或者部分使用国有资金的项目，可以暂停项目执行或者暂停资金拨付；对单位直接负责的主管人员和其他直接责任人员依法给予处分"。而对于限制或者排斥潜在投标人的处罚，则见于《招标投标法》第五十一条，仅为"责令改正，可以处一万元以上五万元以下的罚款"。

案例 6-1

某市国有企业实施基础设施项目，该项目规模依法属于应当招标的项目。该企业将招标公告刊登在市《新闻晚报》的公告版内。其合作企业通过内部消息了解到该基础设施项目，参加了项目的投标，并且成功中标。中标候选人公告发布之后，某市另一家企业提出异议，认为该国有企业没有按照国家规定发布招标公告。

分析

《国家发展计划委员会关于指定发布依法必须招标项目招标公告的媒介的通知》指定了发布招标公告的媒介为四家，包括《中国日报》、《中国经济导报》、《中国建设报》和《中国采购与招标网》。某市国有企业在该市《新闻晚报》上发布招标公告，明显违反了国家规定，属于《条例》规定的"依法应当公开招标的项目不按照规定在指定媒介发布资格预审公告或者招标公告"的情形，应当根据《招标投标法》第五十一条规定，对该国有企业责令改正，并且可以处一万元以上五万元以下罚款。

6.2 招标人违反招标程序的责任

条文

第六十四条 招标人有下列情形之一的，由有关行政监督部门责令改正，可以处 10 万元以下的罚款：

（一）依法应当公开招标而采用邀请招标；

（二）招标文件、资格预审文件的发售、澄清、修改的时限，或者确定的提交资格预审申请文件、投标文件的时限不符合招标投标法和本条例规定；

（三）接受未通过资格预审的单位或者个人参加投标；

（四）接受应当拒收的投标文件。

招标人有前款第一项、第三项、第四项所列行为之一的，对单位直接负责的主管人员和其他直接责任人员依法给予处分。

解读

1. 依法应当公开招标而采用邀请招标

《招标投标法》虽然将招标的方式区分为公开招标和邀请招标两种，但从法律规定的整体内容来看，公开招标为原则，邀请招标为例外。因此，法律规定邀请招标的适用必须满足特定条件。可以采用邀请招标方式的项目主要包括以下两种：其一，技术复杂、有特殊要求或者受自然环境限制，只有少量潜在投标人可供选择；其二，采用公开招标方式的费用占项目合同金额的比例过大。前述第二种情形由项目审批、核准部门在审批、核准项目时作出认定，其他项目由招标人申请有关行政监督部门作出认定。招标人违反上述规定，不符合邀请招标条件而采用邀请招标方式，或者采用邀请招标方式时未经相关部门审批认定的，都属于依法应当公开招标而采用邀请招标的违法行为。

2. 招标人违反法定时限要求

招标投标的法定时限主要有：《招标投标法》第二十三条"招标人对已发出的招标文件进行必要的澄清或者修改的，应当在招标文件要求提交投标文件截止时间至少十五日前，以书面形式通知所有招标文件收受人"。第二十四条"依法必须进行招标的项目，自招标文件开始发出之日起至投标人提交投标文件截止之日止，最短不得少于二十日"。《条例》第十六条"资格预审文件或者招标文件的发售期不得少于 5 日"。第十七条"依法必须进行招标的项目提交资格预审申请文件的时间，自资格预审文件停止发售之日起不得少于 5 日"。第二十一条"澄清或者修改的内容可能影响资格预审申请文件或者投标文件编制的，招标人应当在提交资格预审申请文件截止时间至少 3 日前，或者投标截止时间至少 15 日前，以书面形式通知所有获取资格预审文件或者招标文件的潜在投标人"。

招标人违反法定时限要求的，会导致排斥或者限制潜在投标人的后果。实践中有相当部分招标人认为❶招标时限，特别是"不少于二十日"的规定过长，没有必要，并以抢进度、赶工期等无理要求为借口，压缩招标时限，违反招标时限的情况时有发生。《条例》对违反招标时限的行为予以严重处罚，意在维护招标时限的法定性、严肃性。

3. 接受未通过资格预审的单位或者个人参加投标

《条例》第十九条规定："未通过资格预审的申请人不具有投标资格。"第三十六条规定："未通过资格预审的申请人提交的投标文件，招标人应当拒收。"实行资格预审的目的，是为了筛选出满足招标项目所需资格、能力和有参与招标项目投标意愿的潜在投标人。未通过资格预审的申请人意味着其资格能力不能满足招标项目的需要，或者通过资格预审的申请人数量已经满足招标的竞争需要，因此未通过资格预审的申请人不得参加投标。如果招标人接受未通过资格预审的单位或者个人参加投标，将会使资格预审程序存在的意义丧失，并且允许未通过资格预审条件的申请人参加投标，也将使招标活动对投标人采取"双重标准"，导致对已经通过资格预审的投标人不公。

4. 接受应当拒收的投标文件

《招标投标法》第二十八条第二款规定："在招标文件要求提交投标文件的截止时间后送达的投标文件，招标人应当拒收。"依据该规定，招标人应当拒收的文件是逾期送达的投标文件。《条例》则对其进行了细化，包括四个方面的内容：其一，未通过资格预审的申请人提交的投标文件，申请人不符合投标人资格，其提交的投标文件当然应当拒收；其二，逾期送达的投标文件，提交投标文件截止时间的设置，意在给所有投标人公平竞

---

❶ 倪霞，赵红红. 对招标时限问题的思考 [A] //科学发展——七省市第九届建筑市场与招标投标优秀论文集 [C]. 天津：天津科技翻译出版公司，2009：121.

争的机会，如果接收，则意味着给投标人进行不正当竞争开启了一道大门；其三，未按招标文件要求密封的投标文件，密封文件对于保证开标前投标内容不被他人获悉、防止被人篡改具有一定的作用；其四，两阶段招标的项目，由于招标人只向第一阶段提供技术建议的投标人出具招标文件，因此，第二阶段不允许第一阶段未提供技术建议的投标人投标。

5. 法律责任

招标人违反本条规定的四种情形的，由有关行政监督部门责令改正，可以处 10 万元以下的罚款。招标人有第一、三、四项行为的，对单位直接负责的主管人员和其他直接责任人员依法给予处分。

案例 6-2

某市国有企业 3 月份计划实施某地下水管道铺设的工程建设项目，该项目属于依法应当招标的项目。6 月份，该国有企业决策采用邀请招标的方式进行本次工程建设项目的招标投标活动，并向五家意向单位发出了邀请招标文件。通过该程序，最终确定其中一家投标人为中标人，并准备与之签订合同。

分析

该国有企业实施项目的行为属于"依法应当公开招标而采用邀请招标"的行为。根据《条例》规定，可以采用邀请招标方式的项目包括两种：其一，技术复杂、有特殊要求或者受自然环境限制，只有少量潜在投标人可供选择；其二，采用公开招标方式的费用占项目合同金额的比例过大。并且是否可以采用邀请招标方式，还需要招标人向有关行政部门审批。而案例中，该国有企业的工程建设项目为地下水管道铺设，不符合邀请招标项目的实质性条件，且采用邀请招标也没有经过行政部门的审批，属于违法行为，根据《条例》规定，应当责令改正，并可以处 10 万元以下的罚款，对单位直接负责的主管人员和其他直接责任人员依法给予处分。

6.3　中介机构利害冲突责任

条文

第六十五条　招标代理机构在所代理的招标项目中投标、代理投标或者向该项目投标人提供咨询的，接受委托编制标底的中介机构参加受托编制标底项目的投标或者为该项目的投标人编制投标文件、提供咨询的，依照招标投标法第五十条的规定追究法律责任。

解读

1. 招标代理机构的利害冲突责任

《条例》第十三条规定："招标代理机构不得在所代理的招标项目中投标或者代理投标，也不得为所代理的招标项目的投标人提供咨询。"这是对招标投标活动中招标代理活动利害冲突行为的规定。招标代理机构在招标投标活动中的法律地位较为特殊，依据《招标投标法》第十三条规定："招标代理机构是依法设立、从事招标代理业务并提供相关服务的社会中介组织。"招标人和招标代理机构之间属于委托代理关系，其工作的内容与招标人的招标项目息息相关，较投标人而言，其更容易获得招标项目的信息以及掌握招标人对投标活动的期待。因此，一旦招标代理机构突破其代理人的身份，而成为投标人或者同时为投标人服务，则会使个别投标人在招标活动中处于优势地位，同时，这种情形的后果，也必然影响到招标投标活动的公正性，最终将损害招标人的合法利益。所以，法律势必会对招标代理机构的利害冲突行为进行必要的规范，以保证招标程序依法进行。

本条禁止招标代理机构的利害冲突行为是在所代理的招标项目中投标、代理投标或者向该项目投标人提供咨询。招标代理机构的行为类似于民法上的自己代理或者双方代理，招标代理机构既接受招标人的委托，从事项目的招标代理工作，并通过代理行为获得项目的有关信息，又可以利用获得的信息为自己投标或者为他人投标提供便利。无论何种情形，都必然损害招标人的利益和投标人的公平性。

2. **标底编制机构的回避义务**

《条例》第二十七条规定："接受委托编制标底的中介机构不得参加受托编制标底项目的投标，也不得为该项目的投标人编制投标文件或者提供咨询。"由于标底编制机构在编制标底时，熟悉招标项目价格组成等方面的重要信息，如果允许其以投标人的身份参加投标、为招标项目的投标人编制投标文件或为招标项目的投标人提供咨询，势必对其他投标人不公平，有违公平原则。

3. **法律责任**

招标代理机构实施利害冲突行为或者标底编制机构违反回避义务时，依据《招标投标法》第五十条规定："承担法律责任，处五万元以上二十五万元以下的罚款，对单位直接负责的主管人员和其他直接责任人员处单位罚款数额百分之五以上百分之十以下的罚款；有违法所得的，并处没收违法所得；情节严重的，暂停直至取消招标代理资格；构成犯罪的，依法追究刑事责任。给他人造成损失的，依法承担赔偿责任。"该行为影响中标结果时，中标无效。

案例6-3

某国有企业实施建设工程项目，委托招标代理机构甲从事本次项目招标代理服务工作。投标人乙通过各种关系找到甲负责本次招标代理项目的负责人，以提供咨询服务之名，通过该负责人了解到招标文件之外，足以影响到本次招标结果的重要信息。为此，乙当即向该负责人支付好处费1万元，并向甲支付了7万元咨询费。乙利用获取的信息编制相关投标文件，并最终中标。

分析

招标代理机构在从事招标代理活动中，接受招标人的委托应当履行保密义务，其对招标关键信息的泄露，足以导致投标人不能公平、公正地进行招标投标活动，使得个别投标人取得了非法的优势地位，不仅会损害招标人的权益，还会冲击招标投标法律制度。因此，甲作为某国有企业的招标代理机构，履行保密义务是其责任，其工作人员与投标人串通，为投标人提供咨询，泄露本应处于保密状态的相关信息，属于实施利害冲突行为，应当根据《招标投标法》第五十条规定承担相应的法律责任。由于甲的行为使得乙不正当地取得了中标，该中标无效。

6.4 招标人违反规定收取保证金的责任

条文

第六十六条 招标人超过本条例规定的比例收取投标保证金、履约保证金或者不按照规定退还投标保证金及银行同期存款利息的，由有关行政监督部门责令改正，可以处5万元以下的罚款；给他人造成损失的，依法承担赔偿责任。

解读

《招标投标法》没有对招标人违反规定收取保证金的行为列出专门条文规范法律责任，《条例》对此予以明确。《条例》第二十六条规定："投标保证金不得超过招标项目估算价的2%。"第五十八条规定："履约保证金不得超过中标合同金额的10%。"招标人随意超过法定限额要求投标人支付投标保证金和要求中标人支付履约保证金，均额外增加了投标人或者中标人的责任，特别是过高的投标保证金，在一定程度上可能排斥了部分投标人，起到了限制或者排斥潜在投标人的作用。因此，本条对此类行为进行了约束。

关于退还投标保证金的问题，《条例》第三十五条规定："投标人撤回已提交的投标文件，应当在投标截止时间前书面通知招标人。招标人已收取投标保证金的，应当自收到投标人书面撤回通知之日起5日内退还。"第五十七条规定："招标人最迟应当在书面合同签订后5日内向中标人和未中标的投标人退还投标保证金及银行同期存款利息。"招标人违反上述规定的，即属于不按规定退还投标保证金及银行同期存款利息的行为，应当承担相应的责任。

本条之所以没有就退还履约保证金进行规范，理由在于，履约保证金的退还属于合同履行阶段，主要由《合同法》调整。此外，履约保证金是招标人与中标人在合同中需要通过合同条款解决的事宜，该问题不涉及其他投标人，不具有普遍意义，法律并不必要将当事人可以通过合同解决的问题，上升到《招标投标法》或《条例》的角度来规范。因此，就履约保证金有关问题发生争议时，当事人可以依照合同约定进行协商或者通过司法途径解决。

招标人违反本条规定的法律责任是"由有关行政监督部门责令改正，可以处5万元以下的罚款；给他人造成损失的，依法承担赔偿责任"。

案例6-4

甲公司于2014年4月1日发出招标文件，乙公司于2014年4月20日进行投标，投标书载明投标有效期依照招标文件规定为90天，同时乙公司支付了投标保证金2万元。2014年4月25日，项目开标。2014年8月11日，甲公司公布中标结果，并同时向乙公司发出中标通知书，告知乙公司中标。2014 年 8 月 12 日，乙公司书面致函甲公司，提出由于甲公司中标通知书是在投标有效期届满之后发出的，投标文件已失效，要求甲公司返还投标保证金。双方为此发生纠纷。

分析

在招标投标活动中，发出招标文件为要约邀请，投标为要约，发出中标通知书为承诺。投标有效为招标文件中的实质内容，投标人需要在投标文件中对其响应，而依照招标文件响应的投标文件中规定的投标有效期，其法律性质为要约的有效期，即要约人接受承诺约束的期限，超过期限的承诺属于逾期承诺，不对要约产生拘束力。案例中，乙公司根据招标文件规定，设定投标有效期为 90 天，该投标文件合法有效，能够产生要约的法律效力。但甲公司是在超过投标有效期之后发出的中标通知书，因乙公司的投标文件不再受中标通知书的约束，故甲公司发出的中标通知书无论是否送达乙公司，均不再对乙公司产生中标的法律效力，即甲公司不能再要求乙公司按照招标文件的要求订立合同。据此，甲公司应当返还乙公司提交的投标保证金。

6.5　串通投标和以行贿手段谋取中标的责任

▶ 条文

第六十七条　投标人相互串通投标或者与招标人串通投标的，投标人向招标人或者评标委员会成员行贿谋取中标的，中标无效；构成犯罪的，依法追究刑事责任；尚不构成犯罪的，依照招标投标法第五十三条的规定处罚。投标人未中标的，对单位的罚款金额按照招标项目合同金额依照招标投标法规定的比例计算。

投标人有下列行为之一的，属于招标投标法第五十三条规定的情节严重行为，由有关行政监督部门取消其 1 年至 2 年内参加依法必须进行招标的项目的投标资格：

（一）以行贿谋取中标；

（二）3 年内 2 次以上串通投标；

（三）串通投标行为损害招标人、其他投标人或者国家、集体、公民的合法利益，造成直接经济损失 30 万元以上；

（四）其他串通投标情节严重的行为。

投标人自本条第二款规定的处罚执行期限届满之日起 3 年内又有该款所列违法行为之一的，或者串通投标、以行贿谋取中标情节特别严重的，由工商行政管理机关吊销营业执照。

法律、行政法规对串通投标报价行为的处罚另有规定的，从其规定。

▶ 解读

本条是对《招标投标法》第五十三条规定的细化和补充。

串通投标行为历来为招标投标活动中的主要违法行为，近年来，串通投标现象愈演愈烈，其所带来的后果是扰乱了正常的招标投标秩序，造成招标投标活动中不公平竞争❶，严重危害了招标投标活动的公平、公正，由于串标行为的主体多样，该行为直接危及了招标投标活动的价值，因此，法律和行政法规对串通投标行为的惩处力度也是较大的。

1. 串通投标的行为种类

招标投标活动中的各方主体都可以形成串通投标的行为，因此，串标行为具有多样性的特点，主要有三类行为：① 投标人相互串通投标行为，该行为直接危害了招标人的合法利益；② 投标人与招标人串通投标的行为，该行为危害了其他投标人的权益；③ 投标人向招标人或者评标委员会成员行贿谋取中标的行为，该行为不仅违背了招标投标活动的公正性，而且还可能触犯刑法。《条例》第三十九条至第四十一条通过列举方式明确规定了串标行为的具体表现形式。

2. 情节严重的串通投标行为

《招标投标法》第五十三条对串通投标行为法律责任依情节不同而有所区分，尤其对于情节严重的，规定了较一般情节更重的责任，但该条文并未对情节严重的具体情形进行规定。本条则通过列举的方式予以明晰。串通投标行为的严重情节有："（一）以行贿谋取中标；（二）3 年内 2 次以上串通投标；（三）串通投标行为损害招标人、其他投标人或者国家、集体、公民的合法利益，造成直接经济损失 30 万元以上；（四）其他串通投标情节严重的行为。"

3. 法律责任

串通投标行为的法律责任是多层次的：

（1）就招标投标行为本身而言，因串通投标行为而使违法行为人中标的，该中标无效，且行为人还应承担缔约过失责任❷。

（2）在行政责任方面，串通投标行为人应处中标项目金额千分之五以上千分之十以下的罚款，对单位直接负责的主管人员以及其他直接责任人员处单位罚款数额百分之五以上百分之十以下的罚款；有违法所得的，并处没收违法所得。串通投标行为情节严重的，还可以取消其 1 年至 2 年内参加依法必须进行招标的项目的投标资格并予以公告。投标人因串通投标行为情节严重的而被处罚后，执行期限届满之日起 3 年内又实施情节严重的串通投标行为或者串通投标、以行贿谋取中标情节特别严重的，由工商行政管理机关吊销营业执照。

（3）串通投标行为构成犯罪的，应追究其刑事责任。《刑法》第二百二十三条规定了串通投标罪，具体为："投标人相互串通投标报价，损害招标人或者其他投标人利益，情节严重的，处三年以下有期徒刑或者拘役，并处或者单处罚金。投标人与招标人串通投标，损害国家、集体、公民的合法利益的，依照前款的规定处罚。"另外，投标人以行贿方法谋取中标的，还可能构成行贿罪。

（4）投标人未中标的，对单位的罚款金额按照招标项目合同金额依照《招标投标法》规定的比例计算。

---

❶ 刘良琪. 建筑工程串通投标现象分析［J］. 建筑，2009（3）：55.

❷ 何红锋. 缺陷招标中的责任界定［J］. 中国招标，2007（23）：28.

案例 6-5

某企业需要对办公大楼外墙进行修缮工程，并通过招标投标程序寻找合作对象。甲公司希望能够获得该工程中标，担心因招标投标竞争激烈而无利可图。于是，甲公司联合几家关系较好的企业一同投标，并与其他投标人一道形成围标抬价。最终，甲公司如愿获得中标，且对中标价格十分满意。

分析

《关于禁止串通招标投标行为的暂行规定》（国家工商行政管理局令第 82 号）第二条规定："串通招标投标，是指招标者与投标者之间或者投标者与投标者之间采用不正当手段，对招标投标事项进行串通，以排挤竞争对手或者损害招标者利益的行为。"第三条第一项规定"投标者之间相互约定，一致抬高或者压低投标报价"属于《反不正当竞争法》第十五条第一款规定的串通投标行为。本案中，甲公司为了使其中标价格较为理想，而与关系企业和其他投标人联合围标抬价，使招标投标活动的竞争性丧失，严重危害了招标人的合法利益，属于串通投标行为。根据相关规定，甲公司的中标无效，且应当依照《招标投标法》第五十三条规定承担法律责任。

6.6　投标人虚假投标的责任

条文

第六十八条　投标人以他人名义投标或者以其他方式弄虚作假骗取中标的，中标无效；构成犯罪的，依法追究刑事责任；尚不构成犯罪的，依照招标投标法第五十四条的规定处罚。依法必须进行招标的项目的投标人未中标的，对单位的罚款金额按照招标项目合同金额依照招标投标法规定的比例计算。

投标人有下列行为之一的，属于招标投标法第五十四条规定的情节严重行为，由有关行政监督部门取消其 1 年至 3 年内参加依法必须进行招标的项目的投标资格：

（一）伪造、变造资格、资质证书或者其他许可证件骗取中标；

（二）3 年内 2 次以上使用他人名义投标；

（三）弄虚作假骗取中标给招标人造成直接经济损失 30 万元以上；

（四）其他弄虚作假骗取中标情节严重的行为。

投标人自本条第二款规定的处罚执行期限届满之日起 3 年内又有该款所列违法行为之一的，或者弄虚作假骗取中标情节特别严重的，由工商行政管理机关吊销营业执照。

解读

本条是对《招标投标法》第五十四条规定的细化和补充。

1. 虚假投标行为的界定

根据《招标投标法》的规定，虚假投标行为表现为投标人以他人名义投标和以其他方式弄虚作假骗取中标两种方式。投标人以他人名义投标通常表现为投标人不符合招标文件对潜在投标人资格要求，而采取挂靠或者冒用他人名义参与投标的情形。另外，《条例》第四十二条第一款，明确将"使用通过受让或者租借等方式获取的资格、资质证书投标的"确定为以他人名义投标。

投标人以其他方式虚假投标主要是指《条例》第四十二条第二款所列五种情形："（一）使用伪造、变造的许可证件；（二）提供虚假的财务状况或者业绩；（三）提供虚假的项目负责人或者主要技术人员简历、劳动关系证明；（四）提供虚假的信用状况；（五）其他弄虚作假的行为。"

2. 情节严重的虚假投标行为

本条对情节严重的虚假投标行为采用列举方式进行了明确，在具体适用法律方面提供了比较直观的判断标准，包括以下四种行为："（一）伪造、变造资格、资质证书或者其他许可证件骗取中标；（二）3 年内 2 次以上使用他人名义投标；（三）弄虚作假骗取中标给招标人造成直接经济损失 30 万元以上；（四）其他弄虚作假骗取中标情节严重的行为。"

3. 法律责任

与串通投标行为的法律责任规定相同，虚假投标行为的法律责任也具有多层次性。

（1）就招标投标行为本身而言，以虚假投标行为骗取中标的，中标无效，给招标人造成损失的，依法承担赔偿责任。

（2）在行政责任方面，依法必须进行招标的项目的投标人有虚假投标行为的，处中标项目金额千分之五以上千分之十以下的罚款，对单位直接负责的主管人员和其他直接责任人员处单位罚款数额百分之五以上百分之十以下的罚款；有违法所得的，并处没收违法所得；情节严重的，取消其 1 年至 3 年内参加依法必须进行招标的项目的投标资格并予以公告。投标人因虚假投标行为情节严重而被处罚后，执行期限届满之日起 3 年内又有虚假投标行为情节严重的，或者弄虚作假骗取中标情节特别严重的，由工商行政管理机关吊销营业执照。

（3）虚假投标行为构成犯罪的，应追究刑事责任。投标人虚假投标行为可能会构成《刑法》第二百二十四条规定的合同诈骗罪，该条规定："以非法占有为目的，在签订、履行合同过程中，骗取对方当事人财物，数额较大的，处三年以下有期徒刑或者拘役，并处或者单处罚金；数额巨大或者有其他严重情节的，处三年以上十年以下有期徒刑，并处罚金；数额特别巨大或者有其他特别严重情节的，处十年以上有期徒刑或者无期徒刑，并处罚金或者没收财产。"

（4）依法必须进行招标的项目的投标人未中标的，对单位的罚款金额按照招标项目合同金额依照《招标投标法》规定的比例计算。

▶ 案例 6-6

某城市轨道交通公司作为该市地铁 1 号线建设方，将整个线路分为五个标段，并明确规定一个施工单位最多只能中两个标段。甲建设施工企业为了能够获取更多标段的施工建设，与其他两家施工企业商定，以其他两家施工企业的名义投标不同标段，另外两家企业表示同意。甲企业则派员协助另两家企业编制各种投标文件，顺利通过资格预审，并最终使另外两家企业中标三个标段，加之甲中标的一个标段，甲企业共获得了四个标段的施工合同。

分析

甲企业为了获得更多标段的施工合同，而以其他两家公司的名义参与投标，虽然名义上其他两家公司作为中标企业与建设单位签订施工合同，但实际履行合同的施工单位仍为甲，这就突破了建设单位招标文件中所规定的一个施工单位最多只能中标两个标段的规定。建设单位之所以区分标段，并明确规定投标人中标数量限制，是基于建设单位对同一中标人在施工组织管理方面的考虑，如果将全部标段都交由一个企业或者少数几个企业施工建设，可能导致人员、管理及工期、质量等无法保证。因此，甲企业以他人名义投标的行为，侵害了招标人的合法利益，属于虚假投标行为，中标无效。

6.7　出让出租证书的责任

条文

第六十九条　出让或者出租资格、资质证书供他人投标的，依照法律、行政法规的规定给予行政处罚；构成犯罪的，依法追究刑事责任。

解读

《招标投标法》第十八条规定："招标人可以根据招标项目本身的要求，在招标公告或者投标邀请书中，要求潜在投标人提供有关资质证明文件和业绩情况，并对潜在投标人进行资格审查；国家对投标人的资格条件有规定的，依照其规定。"潜在投标人是否具有相关资格、资质证书是其能否参加招标投标活动的前提条件。尤其是在建设施工领域，资格、资质证书是施工单位能否承揽工程的必备条件。根据《建筑法》第二十六条规定："承包建筑工程的单位应当持有依法取得的资质证书，并在其资质等级许可的业务范围内承揽工程。禁止建筑施工企业超越本企业资质等级许可的业务范围或者以任何形式用其他建筑施工企业的名义承揽工程。禁止建筑施工企业以任何形式允许其他单位或者个人使用本企业的资质证书、营业执照，以本企业的名义承揽工程。"可见，在招标投标活动中，存在两种资格、资质限制，一种来自法律的直接规定，如《建筑法》；一种则来自招标人在招标文件中对潜在投标人的限定，这种限定并非法定，虽为招标人的权利，但亦不能形成限制或者排斥潜在投标人的后果。

1. 行为主体

本条承担法律责任的主体为出让、出借资格、资质证书的行为人，投标人使用出让、出借而来的资格、资质证书的行为属于虚假投标行为，依据《招标投标法》第五十四条规定承担法律责任。

2. 法律责任

关于出让、出借资格、资质证书的行为人应承担何种法律责任，本条并未明确，而是规定"依照法律、行政法规的规定给予行政处罚"。这是由于在相关资格、资质规范中对非法出让、出借行为已有规定，直接适用即可。比如，《建筑法》第六十六条规定："建筑施工企业转让、出借资质证书或者以其他方式允许他人以本企业的名义承揽工程的，责令改正，没收违法所得，并处罚款，可以责令停业整顿，降低资质等级；情节严重的，吊销资质证书。对因该项承揽工程不符合规定的质量标准造成的损失，建筑施工企业与使用本企业名义的单位或者个人承担连带赔偿责任。"《安全生产许可证条例》第二十一条规定："违反本条例规定，转让安全生产许可证的，没收违法所得，处 10 万元以上 50 万元以下的罚款，并吊销其安全生产许可证；构成犯罪的，依法追究刑事责任；接受转让的，依照本条例第十九条的规定处罚。"

6.8　违法组建评标委员会的责任

▶ 条文

第七十条　依法必须进行招标的项目的招标人不按照规定组建评标委员会，或者确定、更换评标委员会成员违反招标投标法和本条例规定的，由有关行政监督部门责令改正，可以处 10 万元以下的罚款，对单位直接负责的主管人员和其他直接责任人员依法给予处分；违法确定或者更换的评标委员会成员作出的评审结论无效，依法重新进行评审。

国家工作人员以任何方式非法干涉选取评标委员会成员的，依照本条例第八十一条的规定追究法律责任。

▶ 解读

1. 违法组建评标委员会的行为

《招标投标法》第三十七条和《条例》第四十六条对组建评标委员会的法定要求进行了详细规定。主要内容有包括：① 依法必须进行招标的项目，其评标委员会由招标人的代表和有关技术、经济等方面的专家组成，成员人数为五人以上单数，其中技术、经济等方面的专家不得少于成员总数的三分之二；② 专家应当从事相关领域工作满八年并具有高级职称或者具有同等专业水平，由招标人从国务院有关部门或者省、自治区、直辖市人民政府有关部门提供的专家名册或者招标代理机构的专家库内的相关专业的专家名单中确定；③ 一般招标项目的评标委员会的专家成员应当从评标专家库内相关专业的专家名单中以随机抽取方式确定，特殊招标项目可以由招标人直接确定；④ 与投标人有利害关系的人不得进入相关项目的评标委员会，已经进入的应当更换，任何单位和个人不得以明示、暗示等任何方式指定或者变相指定参加评标委员会的专家成员；⑤ 评标委员会成员的名单在中标结果确定前应当保密；⑥ 依法必须进行招标的项目的招标人非因法定事由，不得更换依法确定的评标委员会成员；⑦ 评标委员会成员与投标人有利害关系的，应当主动回避；⑧ 有关行政监督部门应当按照规定的职责分工，对评标委员会成员的确定方式、评标专家的抽取和评标活动进行监督，行政监督部门的工作人员不得担任本部门负责监督项目的评标委员会成员。

违反上述法律规定的情形组建评标委员会即属于违法组建评标委员会的行为。

2. 法律责任

《招标投标法》第三十七条规定:"评标由招标人依法组建的评标委员会负责。"可见,招标人是组建评标委员会的主体,因此,本条违法组建评标委员会的法律责任主体是招标人。招标人存在违法组建评标委员会行为的,由有关行政监督部门责令改正,可以处10万元以下的罚款,对单位直接负责的主管人员和其他直接责任人员依法给予处分;违法确定或者更换的评标委员会成员作出的评审结论无效,依法重新进行评审。其中,国家工作人员以任何方式非法干涉选取评标委员会成员的,依照《条例》第八十一条的规定追究法律责任。

案例 6-7

甲企业为私人投资的有限公司,其委托招标代理机构负责花卉租赁摆放的招标工作。在招标投标活动中,甲企业与招标代理机构一同确定了由 7 人组成的评标委员会,其中甲企业指派的代表 4 人,从招标代理机构的专家库中随机抽取了另外 3 名专家。评标委员会经过评审,推荐乙企业为中标候选人并最终中标。投标人丙企业认为评标委员会的组成违法,应当重新依法组建评标委员会进行评审。

分析

《条例》第七十条违法组建评标委员会的行为只针对依法必须进行招标的项目,且《招标投标法》第三十七条和《条例》第四十六条也均针对依法必须进行招标的项目,对于非必须招标项目中的组建评标委员会并无法律上的限制。甲企业作为私人投资的有限公司,其资金来源非国有,且招标的项目是物业管理,也不属于工程建设项目,该项目属于非必须招标项目,招标人有权自行组建评标委员会,并不受《条例》第七十条的约束。

6.9 评标委员会成员违规的责任

条文

第七十一条 评标委员会成员有下列行为之一的,由有关行政监督部门责令改正;情节严重的,禁止其在一定期限内参加依法必须进行招标的项目的评标;情节特别严重的,取消其担任评标委员会成员的资格:

(一)应当回避而不回避;

(二)擅离职守;

(三)不按照招标文件规定的评标标准和方法评标;

(四)私下接触投标人;

(五)向招标人征询确定中标人的意向或者接受任何单位或者个人明示或者暗示提出的倾向或者排斥特定投标人的要求;

(六)对依法应当否决的投标不提出否决意见;

(七)暗示或者诱导投标人作出澄清、说明或者接受投标人主动提出的澄清、说明;

(八)其他不客观、不公正履行职务的行为。

▶ **解读**

1. 评标委员会成员违规行为的具体表现

（1）应当回避而不回避。《招标投标法》第三十七条规定："与投标人有利害关系的人不得进入相关项目的评标委员会；已经进入的应当更换。"《条例》第四十六条规定："评标委员会成员与投标人有利害关系的，应当主动回避。"这是保证评标委员会成员公正性、独立性的必然要求。

（2）擅离职守。评标委员会成员的组建和履行职责虽然是发生在经济行为活动中，但招标投标活动的严肃性决定了评标委员会成员必须依法履行职责，否则将会对招标投标活动的秩序造成影响。评标委员会成员的评审工作对于招标人能否实现招标预期目标至关重要，严禁评标委员会成员擅离职守。

（3）不按照招标文件规定的评标标准和方法评标。《招标投标法》第四十条规定："评标委员会应当按照招标文件确定的评标标准和方法，对投标文件进行评审和比较。"《条例》第二十条规定："招标人采用资格后审办法对投标人进行资格审查的，应当在开标后由评标委员会按照招标文件规定的标准和方法对投标人的资格进行审查。"评标委员会成员必须按照已向投标人公示的评标标准和方法评标，禁止评标委员会成员超出评标标准和方法评标。

（4）私下接触投标人。《招标投标法》第四十四条规定："评标委员会成员不得私下接触投标人。"这是保证评标委员会成员公正性、独立性的要求。评标委员会私下接触投标人将会滋生腐败，影响中标结果。

（5）向招标人征询确定中标人的意向或者接受任何单位或者个人明示或者暗示提出的倾向或者排斥特定投标人的要求。之所以法律规定招标投标活动，在一定程度上是为了保证招标人的利益，在依法必须招标的项目中，更重要的则是保证国家利益和公共利益的实现，因此，招标投标程序上的设计意在排除经济体，特别是招标人的主观意志，中标候选人由评标委员会评审选出，而非由招标人自定的程序充分体现出了立法目的。因此，如果允许评标委员会受外界干扰，依据评标委员会之外的因素影响，则将置评标委员会的中立性于不顾，也将导致整个招标投标活动失去意义。

（6）对依法应当否决的投标不提出否决意见。否决投标的条件分为招标投标相关法律规定的条件和招标文件中确定的条件，但无论何种条件，如果投标满足否决投标的条件，就应当坚决否决投标。否则，若不提出否决意见，将导致本应否决的投标有可能中标，对其他投标人极为不公。

（7）暗示或者诱导投标人作出澄清、说明或者接受投标人主动提出的澄清、说明。《条例》第五十二条规定："评标委员会不得暗示或者诱导投标人作出澄清、说明，不得接受投标人主动提出的澄清、说明。"评标委员会成员的这种暗示或者诱导，在主观上有提高或者降低该投标人中标的可能性，属于侵害投标人利益的行为。

（8）其他不客观、不公正履行职务的行为。

2. 责任主体

根据《条例》规定，评标委员会成员的违规行为并不意味着评标委员会作为整体对外承担相应法律责任，而应由评标委员会成员个人承担。拥有权利的同时，本应当具有承担相应法律责任的可能，但实际上，中标裁决权在握的评标委员会并不具备法律主体资格，当然也不可能承担法律责任。这也是《招标投标法》涉及评标法律责任的规定都是针对评标委员会成员的原因所在。但目前，除法律法规规定的情形，评标委员会成员可能被追究法律责任外，如果由于评标委员会成员水平低下，是无法追究其法律责任的。❶

3. 法律责任

评标委员会成员有上述八种违规行为的，由有关行政监督部门责令改正；情节严重的，禁止其在一定期限内参加依法必须进行招标的项目的评标；情节特别严重的，取消其担任评标委员会成员的资格。值得注意的是，情节特别严重的，取消担任评标委员会成员的资格，既包括依法必须招标的项目，也包括非必须招标项目的评标委员会成员的资格。

案例 6-8

甲企业投资能源项目，其通过招标投标程序选择施工单位。甲企业依法在招标代理机构的专家库中选择了 5 位专家组成评标委员会。评标委员会经评审推荐乙企业为中标候选人并最终中标。后投标人丙企业发现评标委员会成员中有一人曾因"私下接触投标人"而被有关行政监督部门禁止其参加项目评标，且本次评标仍在其禁止评标期内。丙企业认为，该评标委员会成员不具有评标资格，应当另行选定评标委员会成员，并重新评审。

分析

本工程建设项目属于依法必须招标的项目，根据《条例》第七十一条规定，属于因"私下接触投标人"而被禁止评标的招标投标活动的范围。因此，该评标委员会成员参加本次项目的评标因违反法律规定而无效。

6.10　评标委员会成员受贿的责任

条文

第七十二条　评标委员会成员收受投标人的财物或者其他好处的，没收收受的财物，处 3000 元以上 5 万元以下的罚款，取消担任评标委员会成员的资格，不得再参加依法必须进行招标的项目的评标；构成犯罪的，依法追究刑事责任。

解读

《招标投标法》第四十四条规定："评标委员会成员……不得收受投标人的财物或者其他好处。"评标委员会成员收受投标人的财物或者其他好处，则意味着评标委员会成员将可能做出有利于该投标人的评审意见，严重违背招标投标活动的公正性。而且从违法

---

❶ 何红锋. 评标委员会权利责任不对等［N］. 中国政府采购报，2012-05-11（008）.

性上看，评标委员会成员受贿行为将从根本上否定招标投标活动的公正性，因此，法律对该行为的处罚力度较大。只要有受贿行为，且无论受贿数额大小，均需承担罚款及取消评标委员会成员资格的处罚。构成犯罪的，依法追究刑事责任。

6.11 招标人违法行为的责任

条文

第七十三条 依法必须进行招标的项目的招标人有下列情形之一的，由有关行政监督部门责令改正，可以处中标项目金额10‰以下的罚款；给他人造成损失的，依法承担赔偿责任；对单位直接负责的主管人员和其他直接责任人员依法给予处分：

（一）无正当理由不发出中标通知书；

（二）不按照规定确定中标人；

（三）中标通知书发出后无正当理由改变中标结果；

（四）无正当理由不与中标人订立合同；

（五）在订立合同时向中标人提出附加条件。

解读

1. 招标人违法行为的具体情形

（1）无正当理由不发出中标通知书。《招标投标法》第四十五条规定："中标人确定后，招标人应当向中标人发出中标通知书，并同时将中标结果通知所有未中标的投标人。"但是，《招标投标法》并未在"法律责任"章节中与之相对应地规定招标人违反该行为承担何种责任，《条例》对此予以明确。而《条例》对何为"正当理由"并未细化，实际上，如果发现投标人违法行为、评标委员会违法行为等都可以作为"正当理由"对待。

（2）不按照规定确定中标人。《招标投标法》第四十条规定："招标人根据评标委员会提出的书面评标报告和推荐的中标候选人确定中标人。招标人也可以授权评标委员会直接确定中标人。"《条例》第五十五条规定："国有资金占控股或者主导地位的依法必须进行招标的项目，招标人应当确定排名第一的中标候选人为中标人。排名第一的中标候选人放弃中标、因不可抗力不能履行合同、不按照招标文件要求提交履约保证金，或者被查实存在影响中标结果的违法行为等情形，不符合中标条件的，招标人可以按照评标委员会提出的中标候选人名单排序依次确定其他中标候选人为中标人，也可以重新招标。"招标人必须按照上述规则确定中标人。

（3）中标通知书发出后无正当理由改变中标结果。《招标投标法》第四十五条规定："中标通知书对招标人和中标人具有法律效力。中标通知书发出后，招标人改变中标结果的，或者中标人放弃中标项目的，应当依法承担法律责任。"

（4）无正当理由不与中标人订立合同。《招标投标法》第四十六条规定："招标人和中标人应当自中标通知书发出之日起三十日内，按照招标文件和中标人的投标文件订立书面合同。"与中标人订立合同是招标人的法定义务,投标人无正当理由不订立合同,将严重侵害中标人的合法利益。这里的无正当理由应当为法定理由,可以是因发生不可抗力而导致无法订立合同,也可以是因中标无效而不订立合同。

(5)在订立合同时向中标人提出附加条件。《招标投标法》第四十六条规定:"招标人和中标人不得再行订立背离合同实质性内容的其他协议。"《条例》第五十七条规定:"合同的标的、价款、质量、履行期限等主要条款应当与招标文件和中标人的投标文件的内容一致。招标人和中标人不得再行订立背离合同实质性内容的其他协议。"招标人订立合同时提出附加条件,严重违背了招标投标活动的公正性。

2. 法律责任

招标人在依法必须招标的项目中有上述违法行为的,应当承担本条规定的行政责任,包括责令改正,可以处中标项目金额10‰以下的罚款,对单位直接负责的主管人员和其他直接责任人员依法给予处分。在任何招标项目中,如果因招标人的违法行为给他人造成损失的,招标人均应当依法承担赔偿责任。

案例 6-9

甲企业为国有企业,其通过招标投标活动选择某省内高速公路的施工单位。有九家施工单位入围投标,评标委员会根据招标文件的评标标准和方法,确定了三家施工单位作为中标候选人,且依次排序,提交给甲企业。甲企业在收到中标候选人名单后,确定排名第一的中标候选人中标,并直接向其发送了中标通知书。

分析

甲企业发出中标通知书的行为违反了法律规定,属于"不按照规定确定中标人"的违法行为。根据《条例》第五十四条规定:"依法必须进行招标的项目,招标人应当自收到评标报告之日起 3 日内公示中标候选人,公示期不得少于 3 日。"甲企业实施的项目为依法必须进行招标的项目,应当在确定中标候选人后予以公示,而不应当未经公示直接确定中标人,甲企业应当按照《条例》第七十三条承担相应责任。

6.12　中标人违法订立合同的责任

条文

第七十四条　中标人无正当理由不与招标人订立合同,在签订合同时向招标人提出附加条件,或者不按照招标文件要求提交履约保证金的,取消其中标资格,投标保证金不予退还。对依法必须进行招标的项目的中标人,由有关行政监督部门责令改正,可以处中标项目金额10‰以下的罚款。

解读

1. 中标人违法订立合同的情形

在招标投标活动中,存在招标人违法订立合同的情形,《条例》第七十三条对该种行为的法律责任予以了明确规定。同时，也存在中标人违法订立合同的情形，表现为中标人无正当理由不与招标人订立合同，在签订合同时向招标人提出附加条件，或者不按照招标文件要求提交履约保证金等行为。根据合同权利义务相对等的原则，本条对中标人违法订立合同的行为亦规定了相应的法律责任。

法律、法规对招标投标活动中订立合同的环节之所以会有相应法律责任的规定，是国家保障招标投标活动公平性、公正性的需要。如果任由招标人或者投标人不订立合同或者违背招标文件内容订立合同，那么，招标投标活动的价值将不复存在。因此，法律、法规必须对此类行为加以规范。

2. 法律责任

根据本条规定，中标人违法订立合同的，取消其中标资格，投标保证金不予退还。对依法必须进行招标的项目的中标人，由有关行政监督部门责令改正，可以处中标项目金额 10‰以下的罚款。

6.13 违法签约的责任

条文

第七十五条 招标人和中标人不按照招标文件和中标人的投标文件订立合同，合同的主要条款与招标文件、中标人的投标文件的内容不一致，或者招标人、中标人订立背离合同实质性内容的协议的，由有关行政监督部门责令改正，可以处中标项目金额 5‰以上 10‰以下的罚款。

解读

《条例》第七十三条和第七十四条分别就招标人、中标人存在中标后违法行为规定了法律责任，旨在惩罚招标人或者中标人单方违法的行为。本条则是招标人与中标人合意违反招标投标制度的行为。尽管意思自治是合同法的基本原则，但招标投标制度的法定性决定了当事人必须受《招标投标法》有关规定的约束。

《招标投标法》第五十九条规定："招标人与中标人不按照招标文件和中标人的投标文件订立合同的，或者招标人、中标人订立背离合同实质性内容的协议的，责令改正；可以处中标项目金额千分之五以上千分之十以下的罚款。"本条是对上述条款的细化，特别强调所谓不按照招标文件和投标文件订立合同，是指合同的主要条款与招标文件和中标文件不一致，对于非主要条款的不一致，则不受约束。本条解决了实践中非主要条款不一致时是否适用承担相应法律责任的不同认识问题。根据《条例》第五十七条的规定，所谓"主要条款"是指合同的标的、价款、质量、履行期限等条款。

案例 6-10

某供电公司建设 220kV 架空输电线路，某送变电工程公司是该供电公司的长期合作伙伴，曾经承接过多个架空输电线路项目，于是两家公司商议，无论送变电工程公司中标价格是多少，双方均按照协商确定的 1.2 亿元固定价款结算。后经过招标投标程序，送变电工程公司以 1.6 亿元的固定价款中标，双方按照招标文件提供的合同文本签订了合同，并办理了备案手续。同时，双方另行签订补充协议，将合同价款变更为 1.2 亿元。在架空输电线路竣工验收之后，双方就合同价款问题产生了争议。

分析

本案在实践中属于"黑白合同"问题。根据《最高人民法院关于审理建设工程施工合同纠纷案件适用法律问题的解释》第二十一条规定："当事人就同一建设工程另行订立的建设工程施工合同与经过备案的中标合同实质性内容不一致的，应当以备案的中标合同作为结算工程价款的根据。"该司法解释对"黑白合同"问题已有明确规定。在招标投标活动中，"黑白合同"性质上属于"招标人、中标人订立背离合同实质性内容的协议"的行为。因此，根据司法解释的规定，两公司结算价款应当依据已经备案的合同约定，而根据《条例》第七十五条规定，两公司订立背离合同实质性内容的协议的行为，应当处以中标项目金额 5‰以上 10‰以下的罚款。

6.14　中标人违法分包转包的责任

条文

第七十六条　中标人将中标项目转让给他人的，将中标项目肢解后分别转让给他人的，违反招标投标法和本条例规定将中标项目的部分主体、关键性工作分包给他人的，或者分包人再次分包的，转让、分包无效，处转让、分包项目金额 5‰以上 10‰以下的罚款；有违法所得的，并处没收违法所得；可以责令停业整顿；情节严重的，由工商行政管理机关吊销营业执照。

解读

1. 中标人违法分包转包的行为方式

《合同法》第七十九条规定："债权人可以将合同的权利全部或者部分转让给第三人，但有下列情形之一的除外……（三）依照法律规定不得转让。"《招标投标法》第四十八条规定："中标人不得向他人转让中标项目，也不得将中标项目肢解后分别向他人转让。"可见，招标投标活动形成的合同属于"依照法律规定不得转让"的合同，中标人不得违法分包转包。

《招标投标法》所规定的依法必须招标的项目为工程建设项目，《合同法》第二百七十二条、《建筑法》第二十八条、第二十九条对工程建设项目中违法分包、转包的问题已有明确规定。

首先，禁止承包单位将其承包的全部建筑工程转包给他人，禁止承包单位将其承包的全部建筑工程肢解以后以分包的名义分别转包给他人；其次，除了总承包合同中约定的分包外，经建设单位认可，允许建筑工程总承包单位将承包工程中的部分工程发包给具有相应资质条件的分包单位，而建筑工程主体结构的施工必须由总承包单位自行完成；

再次，禁止分包单位再次分包。

与此相对应，本条违法分包转包的行为也分为三种表现形式：其一，中标人转包或者肢解后转包；其二，中标人将项目的部分主体、关键性工作分包；其三，分包人再次分包。

关于违法分包转包的认定标准，住房和城乡建设部 2014 年 8 月 4 日出台的《建筑工程施工转包违法分包等违法行为认定查处管理办法（试行）》（建市〔2014〕118 号）以列举方式规定了七种可以被认定为转包的情形和八种违法分包的情形。

2. 法律责任

违法分包转包的，转让、分包无效，处转让、分包项目金额 5‰以上 10‰以下的罚款；有违法所得的，并处没收违法所得；可以责令停业整顿；情节严重的，由工商行政管理机关吊销营业执照。

需要注意的是，本条并没有区分中标项目是否属于依法必须招标的项目，因此，非依法必须招标的项目中，中标人违法分包转包的，亦应按照本条承担法律责任。

▶ 案例 6-11

甲企业通过招标程序中标幸福家园小区 1 号至 7 号楼建设施工项目总承包，并与建设单位签订了总承包合同。此后，甲企业与其长期合作的乙企业商议，由乙企业以甲企业的名义进场施工，项目管理机构及现场各方面负责人由乙企业自行组建，为此，乙企业需要向甲企业缴纳项目管理咨询费。

分析

《建筑工程施工转包违法分包等违法行为认定查处管理办法（试行）》第七条第三项、第四项规定，"施工总承包单位或专业承包单位未在施工现场设立项目管理机构或未派驻项目负责人、技术负责人、质量管理负责人、安全管理负责人等主要管理人员，不履行管理义务，未对该工程的施工活动进行组织管理的"或者"不履行管理义务，只向实际施工单位收取费用，主要建筑材料、构配件及工程设备的采购由其他单位或个人实施的"属于转包。甲企业没有主持组建施工项目管理机构及其他各方面的负责人，且向乙企业收取管理咨询费，虽然乙企业以甲企业的名义施工，但甲企业的行为仍符合转包的构成要件，属于转包行为，因此该转包行为无效，并应当承担相应的法律责任。

6.15 恶意投诉和违规答复的责任

▶ 条文

第七十七条 投标人或者其他利害关系人捏造事实、伪造材料或者以非法手段取得证明材料进行投诉，给他人造成损失的，依法承担赔偿责任。

招标人不按照规定对异议作出答复，继续进行招标投标活动的，由有关行政监督部门责令改正，拒不改正或者不能改正并影响中标结果的，依照本条例第八十二条的规定处理。

解读

1. 恶意投诉

《招标投标法》第六十五条规定："投标人和其他利害关系人认为招标投标活动不符合本法有关规定的，有权向招标人提出异议或者依法向有关行政监督部门投诉。"对招标投标活动进行监督，是投标人和其他利害关系人实现招标投标活动正当利益的有效手段，也是维护招标投标活动正当性的保障。作为招标投标活动的当事人或者参与人，投标人和其他利害关系人对招标投标活动中发生的违法情况可以及时发现，并能够取得具有证明效力的资料和文件，对纠正招标投标活动中的违法行为有重要作用。

但是，实践中并不能排除投标人或者其他利害关系人为实现非法的利益而恶意投诉的情形。本条则对这种恶意投诉进行规范。恶意投诉的行为方式为捏造事实、伪造材料或者以非法手段取得证明材料进行投诉。恶意投诉的行为人意图通过这种非法的投诉行为达到阻止他人招标活动、阻止其他投标人中标或者以使自己处于较为有利的优势地位等目的，但无论何种目的，都是对其他当事人利益的侵害，也对法律所规范的招标投标活动的秩序构成损害。

根据本条规定，恶意投诉行为造成他人损失的，依法承担赔偿责任。这里的"他人损失"既包括可能在拖延招标活动时造成招标人的损失，也包括可能在排挤其他投标人时造成其他投标人的损失等。

2. 违规答复

根据《条例》第二十二条、第四十四条、第五十四条规定，对资格预审文件、招标文件、开标以及评标结果有异议的，相应的当事人有权提出异议，招标人应当按照规定的时限作出答复。据此，招标人违规答复的行为方式主要有三类：其一，拒绝答复或者不答复；其二，超期答复；其三，不依法暂停招标投标活动。

对于招标人违规答复行为，由有关行政监督部门责令改正，拒不改正或者不能改正并影响中标结果的，依照《条例》第八十二条的规定，招标、投标、中标无效，依法必须招标的项目应当重新招标或者评标。

6.16 招标投标信用制度

条文

第七十八条 国家建立招标投标信用制度。有关行政监督部门应当依法公告对招标人、招标代理机构、投标人、评标委员会成员等当事人违法行为的行政处理决定。

解读

《国务院办公厅关于进一步规范招投标活动的若干意见》（国办发〔2004〕56号）即提出"及时公告对违规招标投标行为的处理结果、招标投标活动当事人不良行为记录等相关信息，以利于社会监督"。2008 年 6 月 18 日出台《招标投标违法行为记录公告暂行办法》（发改法规〔2008〕1531 号）开宗明义，该办法是为了"促进招标投标信用体系建设，健全招标投标失信惩戒机制，规范招标投标当事人行为"，并对违法记录公告平台建设的主管部门予以明确，进一步规范了违法记录的内容、公告程序、更正申请、查询功能等，还明确了"应逐步实现互联互通、互认共用，条件成熟时建立统一的招标投标违法行为记录公告平台"。2014 年 6 月 14 日国务院发布的《社会信用体系建设规划纲要（2014—2020 年）》专题对招标投标信用建设提出了目标和要求。

《中国物流与采购联合会 2012 年报告》显示，2012 年，使用招标投标模式的企业中，有 84%的国有企业，81%的民营企业和 77%的外资或合资企业。招标投标领域不仅是市场主体信用集中体现的环节，也是征集、整合市场信用信息有效的切入点。❶

然而，我国招标投标领域仍然存在较大问题，规避招标、虚假招标、围标、违法签约以及中标后的违法分包转包现象仍广泛存在，不仅招标人和投标人存在违法情节，招标代理机构、评标委员会成员等弄虚作假、违法评审的行为也屡禁不止。在招标投标活动的任一环节，招标投标当事人都可能发生与招标投标活动基本原则相悖的情况。因此，有必要建立相应的信用制度，以维护招标投标活动的客观性、公正性。

从早年的规范性文件开始，到《条例》的颁布，招标投标信用制度建立的规范性文件的效力等级在不断提高，足见国家意图遏制招标投标活动中不诚信行为的力度在不断加强。近年来，各地有关部门不断重视招标投标违法行为记录公告平台的建设。中国招标投标协会网站上开通了"招标投标违法行为记录信息平台"，汇总了全国 8 个有关部门和 38 个省（市）自治区各有关部门记录公告平台的信息。招标投标信用制度初见规模。

6.17 行政部门违法行为的责任

▶ 条文

第七十九条 项目审批、核准部门不依法审批、核准项目招标范围、招标方式、招标组织形式的，对单位直接负责的主管人员和其他直接责任人员依法给予处分。

有关行政监督部门不依法履行职责，对违反招标投标法和本条例规定的行为不依法查处，或者不按照规定处理投诉、不依法公告对招标投标当事人违法行为的行政处理决定的，对直接负责的主管人员和其他直接责任人员依法给予处分。

项目审批、核准部门和有关行政监督部门的工作人员徇私舞弊、滥用职权、玩忽职守，构成犯罪的，依法追究刑事责任。

---

❶ 薛方. 浅谈招标投标信用体系建设的定位和重点［J］. 招标采购管理，2014（9）：27.

解读

1. 项目审批、核准部门的责任

根据《招标投标法》和《条例》的规定，项目审批、核准部门不依法审批、核准项目招标范围、招标方式、招标组织形式的具体行为包括：应当依法必须招标的项目而不予招标，应当依法采用公开招标的方式而核准采用邀请招标，依法应当不予招标的项目批准采用招标，应当由其他部门审批、核准的项目由无权部门予以审批，无正当理由拒绝或者迟延审批、核准等。

对此，本条规定，对存在上述违法审批、核准行为的单位直接负责的主管人员和其他直接责任人员依法给予处分。

2. 行政监督部门的责任

（1）对违法行为不依法查处。《招标投标法》第七条规定："有关行政监督部门依法对招标投标活动实施监督，依法查处招标投标活动中的违法行为。"对招标投标活动的违法行为进行查处，是法律授予行政监督部门的法定职责，也是维系招标投标活动正常法律秩序的保障。如果行政监督部门对招标投标活动中发现的违法行为不履行依法查处的职责，将会破坏招标投标活动的秩序。《招标投标法》和《条例》中对各种招标投标活动中的违法行为的查处责任进行了明确规定，行政监督部门不履行查处职责，属于行政不作为的违法行为。

（2）不按照规定处理投诉。《招标投标法》第六十五条规定："投标人和其他利害关系人认为招标投标活动不符合本法有关规定的，有权向招标人提出异议或者依法向有关行政监督部门投诉。"《条例》第五章还专门就"投诉与处理"问题进行规范，为招标投标活动的当事人投诉和行政监督部门处理投诉都作了较为原则性的程序规定，并为投诉和处理的有关部门规章提供了上位法依据。不按照规定处理投诉的行为方式主要有：应当受理投诉而未受理，应当在受理投诉后采取必要措施而未采取，不按照规定的程序和时限受理和处理投诉等情形。

（3）不依法公告对招标投标当事人违法行为的行政处理决定的。《条例》第七十九条规定："有关行政监督部门应当依法公告对招标人、招标代理机构、投标人、评标委员会成员等当事人违法行为的行政处理决定。"对招标投标活动中的违法行为进行公告，是国家建立招标投标信用制度的重要一环，是有效保障招标投标活动正常发展的制度保障。行政监督部门对行政处理决定有公告的义务，如果对行政处理决定有选择性的公告，则势必将导致因信息不畅，使得信用缺失的当事人有可能继续违法从事招标投标活动，损害招标投标秩序和其他当事人的合法权益。

行政监督部门有上述违法行为的，对直接负责的主管人员和其他直接责任人员依法给予处分。

3. 刑事责任

本条前两款就明确了行政监督部门直接负责的主管人员和其他直接责任人员承担法律责任的方式为行政处分。第三款规定，在上述人员因徇私舞弊、滥用职权、玩忽职守，构成犯罪的，则依法追究刑事责任。

6.18 国家工作人员干涉招标投标行为的责任

条文

第八十条 国家工作人员利用职务便利，以直接或者间接、明示或者暗示等任何方式非法干涉招标投标活动，有下列情形之一的，依法给予记过或者记大过处分；情节严重的，依法给予降级或者撤职处分；情节特别严重的，依法给予开除处分；构成犯罪的，依法追究刑事责任：

（一）要求对依法必须进行招标的项目不招标，或者要求对依法应当公开招标的项目不公开招标；

（二）要求评标委员会成员或者招标人以其指定的投标人作为中标候选人或者中标人，或者以其他方式非法干涉评标活动，影响中标结果；

（三）以其他方式非法干涉招标投标活动。

解读

1. 国家工作人员的界定

国家工作人员的范围可以参照《刑法》第九十三条的规定："本法所称国家工作人员，是指国家机关中从事公务的人员。国有公司、企业、事业单位、人民团体中从事公务的人员和国家机关、国有公司、企业、事业单位委派到非国有公司、企业、事业单位、社会团体从事公务的人员，以及其他依照法律从事公务的人员，以国家工作人员论。"

2. 干涉招标投标的行为

《招标投标法》第六条规定："依法必须进行招标的项目，其招标投标活动不受地区或者部门的限制。任何单位和个人不得违法限制或者排斥本地区、本系统以外的法人或者其他组织参加投标，不得以任何方式非法干涉招标投标活动。"《条例》第六条也规定："禁止国家工作人员以任何方式非法干涉招标投标活动。"本条则具体规定了三种国家工作人员干涉招标投标活动的行为。

（1）要求对依法必须进行招标的项目不招标，或者要求对依法应当公开招标的项目不公开招标。对工程建设项目可以不招标的条件以及可以采取邀请招标的情形，《招标投标法》和《条例》均有明确规定，依法必须进行招标的项目不招标和对应当公开招标的项目不公开招标，属于严重违反招标投标法律、行政法规规定的行为。国家工作人员基于其特殊身份，有上述行为的，不仅知法犯法，而且利用一定的职权或者利害关系而作出违法指示，既破坏了招标投标活动的合法秩序，又损害了国家工作人员依法履行职责的国家制度。

（2）要求评标委员会成员或者招标人以其指定的投标人作为中标候选人或者中标人，或者以其他方式非法干涉评标活动，影响中标结果。招标投标活动的公正性、公平性体现在对于中标人的评判和中标候选人的选择并不直接体现招标人的意志，而是通过程序和制度上的保障，使招标人的意志仅仅体现在招标文件的有关内容上，至于对投标人是否符合招标文件标准的判断，则交给客观公正的评标委员会来完成。如果直接指示某个投标人中标或者成为中标候选人，或者通过干涉评标活动影响最终结果，那么，招标投标活动的公正性、公平性都将不复存在，该制度的建立基础将受到损害。而国家工作人员从事损害招标投标活动，直接影响中标结构的行为，不仅损害了招标人对招标结果的合理期待，也损害了其他投标人的平等利益，更直接破坏了招标投标活动的秩序。

（3）其他方式非法干涉招标投标活动。实践中非法干涉招标投标活动的行为较为复杂，并且随着招标活动的发展，还会产生在法律制定之时无法预见到的非法干涉招标投标活动的情形，因此，《条例》采用列举加兜底条款的方式对此进行规范，为解决实践中出现的其他非法干涉行为提供法律依据。

3. 法律责任

国家工作人员以直接或者间接、明示或者暗示等任何方式非法干涉招标投标活动的，依法给予记过或者记大过处分；情节严重的，依法给予降级或者撤职处分；情节特别严重的，依法给予开除处分；构成犯罪的，依法追究刑事责任。

6.19　招标、投标、中标无效的处理

▶ 条文

第八十一条　依法必须进行招标的项目的招标投标活动违反招标投标法和本条例的规定，对中标结果造成实质性影响，且不能采取补救措施予以纠正的，招标、投标、中标无效，应当依法重新招标或者评标。

▶ 解读

1. 招标、投标、中标无效的条件

（1）违反《招标投标法》和《条例》的规定。招标投标活动归根结底属于当事人订立合同的过程。《合同法》第五十二条规定，违反法律、行政法规的强制性规定的合同无效。《最高人民法院关于适用〈中华人民共和国合同法〉若干问题的解释（二）》规定，"强制性规定"应当为"效力性强制性规定"。因此，在招标投标活动中，因违反《招标投标法》和《条例》以及其他有关的法律、行政法规的效力性强制性规定的情形时，招标、投标、中标无效。

其中，《招标投标法》明确规定的无效情形有：第五十条招标代理机构违法行为导致中标无效，第五十二条招标人泄露信息导致中标无效，第五十三条招标投标活动的当事人串通投标导致中标无效，第五十四条投标人弄虚作假投标而中标无效，第五十五条招标人与投标人违法谈判导致中标无效，第五十七条招标人违法确定中标人致中标无效。

《条例》明确规定的无效情形有：第四十八条被更换的评标委员会成员作出的评审结论无效，第六十七条招标投标活动的当事人串通投标导致中标无效，第六十八条投标人弄虚作假投标而中标无效，第七十条违法确定或者更换的评标委员会成员作出的评审结论无效。

除了上述明确规定的无效情形外，在"法律责任"章节中存在一些违法行为需要"责令改正"的情形，如果招标投标活动当事人拒不改正的，则亦可能因违法法律规定而导致招标投标无效。例如，《招标投标法》第五十一条，招标人以不合理的条件限制或者排斥潜在投标人的，责令改正，如果招标人未改正的，则因招标行为违法而导致无效。类似的条文还有《条例》第六十四条、第七十条、第七十一条等。

（2）对中标结果造成实质性影响。如果任由招标投标活动的当事人违反《招标投标法》和《条例》的行为发生而不予以纠正，由此进行的招标投标活动将直接导致中标结果的得出过程和中标人的确定违反法律、行政法规的规定，侵害招标投标活动中其他合法当事人对公平、公正的程序所期待的利益。这种影响并非以实际发生为标准，而是包括实际发生实质影响和足以引起实质影响两种情形。例如，投标人相互串通投标的行为，该行为必然将对中标结果造成实质性影响，损害招标人的合法利益，对于该行为应当在其产生或者被发现之时予以禁止，以阻止实质性影响的发生。

（3）不能采取补救措施予以纠正。《条例》中明确规定了在有违反法律、行政法规的行为时采取补救措施的规范，这类补救措施中最为典型的就是"法律责任"一章中关于违法行为"责令改正"的条款。在其他条款中，也有起到补救措施作用的规定，如《条例》第二十二条、第五十四条、第六十二条规定了"暂停招标投标活动"，以此来纠正可能存在的违法行为。当然，这些补救措施并非一定会发生积极作用，毕竟招标投标活动是一个程序性的过程，在这个过程中会分为不同的阶段，每个阶段经过之后，产生在该阶段的违法行为，将会由于阶段的经过而导致相应的补救措施错失时机，《条例》第二十二条规定"潜在投标人或者其他利害关系人对资格预审文件有异议的，应当在提交资格预审申请文件截止时间 2 日前提出"，显然，在提交资格预审申请文件截止时间之后，就无法再依据该条规定提出异议，而未提出异议，并不意味着资格预审文件没有违反法律、行政法规的内容。因此，本条规定，将不能采取补救措施予以纠正作为招标、投标、中标无效判断的一个条件：一方面，可以由法律、行政法规规定的补救措施积极发挥作用；另一方面，在前述补救措施无法作用时，从根本上否定招标活动的合法性。

2. 招标、投标、中标无效的法律后果

招标、投标、中标无效后，应当依法重新招标或者评标。需要注意的是，本条对招标投标活动无效处理的情形只适用于依法必须进行招标的项目，非必须招标项目未在规定范围之内。

第7章

附 则

7.1 行 业 自 律

▶ 条文

第八十二条 招标投标协会按照依法制定的章程开展活动，加强行业自律和服务。

▶ 解读

7.1.1 行业协会

1. 行业协会的定义与分类

（1）不同的国家对于行业协会有着不同的定义。美国的《经济学百科全书》中说，行业协会"是一些为达到共同目标而自愿组织起来的同行或商人的团体"。日本经济界人士认为，行业协会是"以增进共同利益为目的而组织起来的事业者的联合体"。英国权威人士指出：行业协会是"由独立的经营单位所组成，是为保护和增进全体成员的合理合法利益的组织"。而在法国，行业协会是"介于政府和企业之间，协调、促进经济发展的中介组织，在法律授权下，它们具有政府的某些行政职能，同时又是工商企业利益的代表"。❶

（2）我国关于行业协会的定义也因侧重点的不同而有诸多不同的理解。我国行业协会包含于社会团体的范畴之中，受社会团体管理体制的约束，根据民政部颁布的《社会团体登记管理条例》规定，"社会团体，是指中国公民自愿组成，为实现会员共同意愿，按照其章程开展活动的非营利性社会组织"。《上海市促进行业协会发展规定》第二条"本规定所称行业协会，是指由同业企业以及其他经济组织自愿组成的、实行行业服务和自律管理的非营利性社会团体"。《深圳经济特区行业协会条例》第二条规定，"行业协会，是指依法由同行业的经济组织和个体工商户自愿组成的、非营利性的自律性的具有产业性质的经济类社团法人"。❷《天津市行业协会管理办法》（市政府令〔2005〕第 90 号）第二条规定，"行业协会，是指经依法批准成立、由同一行业经济组织及相关单位和个人自愿组成、自律管理的行业性社会团体，包括协会、商会、同业公会等"。本书将行业协会定义为：经民政部门依法批准成立的、由同一行业经济组织及相关单位和个人自愿组

---

❶ 姚旭，车流畅. 论行业协会组织的法律性质——从制度动力学视角［J］. 法学杂志，2011（5）：34.

❷ 赵延聪. 行业协会相关概念辨析［J］. 法制与社会，2010（10）：279.

成的、自律管理的、具有行业性的、名称中带有"行业协会"字样的社会团体。

（3）按照不同的衡量标准，我国行业协会可分为以下几种：① 按照资金来源方式划分为官办协会与民间协会；② 按照活动范围划分为全国性、区域性、地方性协会；③ 按照组织功能划分为政策性协会、市场性协会和专业性协会；④ 按照经济关联性划分为业缘性组织、地缘性组织和身缘性组织；⑤ 按照受益者划分为公益协会与互益协会。

2. 行业协会的发展及其法律规定

（1）由于我国明显有别于西方的政治体制，我国行业组织的发展也经历了完全不同的模式。伴随着我国的政治经济体制改革，行业协会主要存在以下几类：① 具有特殊的职能并具有一定官方性质的行业协会商会；② 建立社会主义市场经济体系的过程中，随着我国经济体制改革的深入和国家政府行政机构的职能转变自上而下建立起来的具有半官方性质的行业协会商会；③ 自下而上、由自然人或法人发起成立的有关协会和商会组织。

（2）我国《宪法》第三十五条规定："中华人民共和国公民有言论、出版、集会、结社、游行、示威的自由。"该条中的"结社自由"，可以在一定程度上认为是我国行业协会法律的宪法渊源。《民法通则》关于法人资格的有关规定进一步确认了"结社"的权利。

（3）行业协会法律体系中的行政法规、规章等的主要特征是对不同的行业协会通过"双重管理体系"，严格控制行业协会的成立并加强对其日常活动的管理，主要包括《社会团体登记管理条例》、《民政部关于推进民间组织评估工作的指导意见》、《国资委规范行业协会运作暂行办法》、《国务院国有资产监督管理委员会行业协会工作暂行办法》、《国资委行业协会工作暂行办法》、《台湾同胞投资企业协会管理暂行办法》、《社会团体分支机构、代表机构登记办法》等。

3. 招标投标协会的章程

章程是机构治理的主要内部依据，是行业协会自律的主要依据。以中国招标投标协会的章程为例，其内容涵盖了协会名称，协会性质，协会宗旨，业务主管部门，会址，主要业务范围，会员条件、权利义务及入会程序，组织机构和负责人的产生、罢免，资产管理、使用原则，章程的修改程序、终止程序及终止后的财产处理等内容。

7.1.2 行业自主与自律

行业协会的自治包括自主性和自律性两个方面。

1. 行业自主性

自主性通常相对外部而言，是指行业协会根据有关法律开展各种与其宗旨相符的活动，自主地享有相应权利，履行相应义务，并独立承担相应责任。自主性主要体现在行业协会的法律地位独立，在组织体系上不隶属于任何行政机关，也不隶属于任何其他的行业协会。由于我国行业协会大多采用自上而下的建立方式，自主性仍然存在较大问题。关于行业协会与行政机关限期实现真正脱钩的方案，已由民政部和国家发展改革委员会组建的联合工作组完成，并上报国务院。该方案是民政部在党的十八大后落实《国务院机构改革和职能转变方案》的重要举措之一。2014 年 1 月底，已有 100 个左右的全国性行业协会、商会被确定为脱钩试点单位。试点之后，各层次行业协会商会，不管是全国性的还是地方的，都力争在 2015 年年底前实现与行政机关脱钩。目前已经形成了贵州人、财、机构分开模式，广东民间办会模式以及河北政府购买服务模式等几种典型的脱钩模式。

2. 行业自律性

行业协会商会的自律性，是指其通过内部组织机制的运行，规范其成员的行为，实现其团体内的秩序，并使其团体内的秩序与法律秩序相协调、相补充。行业自律是行业发展的内在要求，其重要体现是行业自律公约，通过制定行业自律公约，对基础技术、市场价格、产品质量、制作工序、检验标准等行为进行规定，可以建立起行业自律管理体制，有效遏制行业的不正当竞争行为，进一步规范市场秩序。行业协会商会构成了介于政府的法律管理与企业的自主管理之间的一种群体的自律管理。行业协会商会的自律性主要表现在：① 自我约束，行业协会商会通过其组织机制，约束其成员的行为，使之符合法律规定和社会其他方面的合理要求；② 自我规范，行业协会商会通过制定和实施其自律规则，规范其成员的业务活动，提高效率，规范交易秩序；③ 自我管理，行业协会商会对其组织事务和成员间的公共事务进行自我管理，提高管理效果，促进组织及其成员的发展；④ 自我控制。

▶ 案例 7-1

2011 年 1 月 20 日上午，某市安监局执法人员到某公司仓库进行安全生产检查时发现，该仓库存放有生物质液体燃料 150 桶（每桶 140 公斤）、过氧化氢 2 箱（每箱 20 瓶，每瓶 500 毫升）、火锅专用燃料 39 箱（每箱 4 桶，每桶 4 公斤）及搅拌设备 1 台。经立案、现场抽样取证、送检，并组织听证后，2011 年 6 月 30 日安监局作出行政处罚决定，认定公司未经依法批准，擅自生产危险物品的行为，违反了《安全生产法》（以下简称《安全生产法》）第三十二条第一款的规定，依据《安全生产法》第八十四条的规定，决定责令公司停止违法行为，没收违法所得，并处罚款。公司不服该行政处罚决定，诉至法院，请求撤销该行政处罚决定。

公司为支持其诉请提供了一组核心证据，用于证明公司经营的生物质液体燃料及其衍生产品不属于需要安全生产许可证管理的产品。该证据为：2011 年 8 月 17 日中国农村能源行业协会出具的证明、中国农村能源行业协会简介、中华人民共和国农业行业标准（二甲醚民用燃料）、中国农村能源行业协会团体会员证、上海市社会团体单位会员证书、中国农业部官方网站农业部主管社团资料，证明中国农村能源行业协会是跨部门、全国性组织，其主管单位是农业部，具有行业管理的职能，是中国农业行业标准的起草单位之一，而公司是该协会的会员。

分析

公司提供的核心证据是中国农村能源行业协会的证明，其内容是公司经营的上述产品不属于需要安全生产许可证管理的范围。由于中国农村能源行业协会属于行业自律性组织，并非生产许可证管理机关，不具有行政监督管理职能，因而该协会出具的证明不具有行政监管方面的效力，无法证明公司经营的上述产品不属于需要安全生产许可证管理的范围。

7.2 适用例外

条文

第八十三条 政府采购的法律、行政法规对政府采购货物、服务的招标投标另有规定的，从其规定。

解读

1.《招标投标法》与《政府采购法》的关系

我国于 1999 年颁布了《招标投标法》，2002 年颁布了《政府采购法》。根据《招标投标法》第二条的规定："在中华人民共和国境内进行招标投标活动，适用本法。"根据《政府采购法》第二条的规定："在中华人民共和国境内进行的政府采购适用本法……本法所称采购，是指以合同方式有偿取得货物、工程和服务的行为……本法所称工程，是指建设工程，包括建筑物和构筑物的新建、改建、扩建、装修、拆除、修缮等。"该法第四条规定："政府采购工程进行招标投标的，适用招标投标法。"

两法并存给我国的招标投标和政府采购的操作带来了很多问题，如法律的适用问题、监督部门的分工问题等。这种立法的冲突不解决，招标投标、政府采购的操作问题便不可能得到解决。

（1）招标投标立法模式。世界各国招标投标法的立法模式有两种：一种是单独立法，即颁布独立的招标投标法；另一种则是在政府采购法中规定招标投标制度。采用单独立法的国家很少，主要是埃及和科威特，颁布的法律有《公共招标法》，都是只规范政府的招标项目。大多数国家在招标投标法的立法上不是采取独立立法的模式，而是在政府采购法中规定招标投标制度。采用这一立法模式的有美国《联邦采购法》、瑞士《联邦国家购买法》、韩国《政府作为采购合同一方当事人的法令》等，我国的台湾地区也立有《政府采购法》，这些国家和地区的政府采购法都详细规定了招标的程序。有些国际组织，如世界银行和亚洲开发银行，也是在它们编制的采购指南中规定了严格的招标程序。世界贸易组织的《政府采购协议》要求一般情况下应当通过招标进行政府采购。联合国《贸易法委员会货物、工程和服务采购示范法立法指南》要求在一般情况下以招标方式进行采购。

（2）我国两法并存不妥。我国目前主流的观点认为，招标投标能够保证招标项目的质量。在这种思想指导下，《招标投标法》规定必须招标的项目远远超出了政府采购的项目范围，但在逻辑上和理论上存在诸多问题：① 有些项目的采购当事人可以选择不招标，一旦选择招标，则产生了必然适用《招标投标法》的悖论；② 更为严重的问题是，招标投标能否保证项目质量，技术强、信誉好、质量保障体系可靠，这应当是投标人的基本要求，应当是在资格预审中就解决的问题；③ 一旦通过招标投标签订合同后，项目质量应当通过合同履行来确保，与招标投标无关。

（3）我国两法发展趋势。笔者认为两法发展趋势应当为：方案一，废除《招标投标法》，将《招标投标法》的主要内容作为《政府采购法》的组成部分；方案二，将《招标投标法》作为《政府采购法》的特别法处理，但《招标投标法》的调整范围仅限于财政性投资项目的招标投标。迫在眉睫地加入 WTO《政府采购协议》的谈判，也是推动我国财政性建设项目纳入政府采购的重要因素。

2.《政府采购法实施条例》的主要内容

2014 年 12 月 31 日，国务院召开常务会议，审议通过《政府采购法实施条例（草案）》。《政府采购法实施条例》的主要内容是：① 强化政府采购的政策功能，要求突出节能环保、扶持不发达地区和少数民族地区、促进小微企业发展等取向；② 强化政府采购的源头和结果管理，明确了从提出需求、确定标准到招标采购、履约验收的全过程管理措施，要求公平、公正、科学地遴选和组成评审委员会；③ 强化信息公开，提高透明度，政府采购合同应当在指定媒体上公告，中标、成交结果必须公开；④ 强化对政府采购行为的监管和社会监督，加大问责处罚力度，严防暗箱操作、寻租腐败，遏制"天价采购""黑心采购""虚假采购"等违法违规现象。让阳光、高效的政府采购助力经济发展和民生改善。

案例 7-2

某政府机关办公楼工程，拟单独对中央空调及通风设施进行招标采购。招标人向项目所在地的建设工程招标监督站与政府采购中心分别咨询，应当向哪个部门报请监督。招标人得到的答复是，建设工程招标监督站与政府采购中心均坚持本单位是该次招标采购的监管部门。该招标人的负责人难以决策，因此招标活动处于暂停阶段。

分析

根据《招标投标法》第二条规定："在中华人民共和国境内进行招标投标活动，适用本法。"根据《政府采购法》第四条规定："政府采购工程进行招标投标的，适用招标投标法。"按照前述两条规定，本项目对中央空调及通风设施进行招标采购，则应当适用《招标投标法》。根据《国务院办公厅印发国务院有关部门实施招标投标活动行政监督的职责分工意见的通知》（国办发〔2000〕34 号），各类房屋建筑及其附属设施的建造和与其配套的线路、管道、设备的安装项目和市政工程项目的招标投标活动的监督执法，由建设行政主管部门负责。因此，严格两法及国务院的有关规定，建设行政主管部门（通常由建设工程招标监督站具体实施）应当是本项目中央空调及通风设施招标监管部门。

财政部于 2012 年 5 月出台了《政府采购品目分类目录》（试用），并于 2013 年 10 月 29 日修改。《政府采购品目分类目录》按货物、工程、服务三大类划分为 54 个二级分类，各二级分类下的明细品目级次则主要根据目前政府采购管理的实际情况确定。《政府采购品目分类目录》包括空调、通风和空调设备安装，主要是指住宅、计算机中心、办公室和商店用通风、制冷或空调设备的建筑服务。因此，在各地招标实务及其监管实践中，关于该类招标的监管部门，存在普遍争议。

在两法关系尚未完全理顺时，理论上和实践中可行的做法是：① 按照《条例》第二条的规定，判定该项目中央空调及通风设施是否为构成工程不可分割的组成部分，且为实现工程基本功能所必需的设备，若是，则适用《招标投标法》及《条例》，由建设工程招标监督站作为该次招标采购的监管部门;② 尊重项目所在地政府关于招标事权的划分管理;③ 遵循项目所在地的行政监管惯例或部门实力对比状况,以缺乏哪个机构的监管则无法继续实施招标工作为衡量标准,确定本次招标的监管部门。

7.3 施 行 时 间

条文

第八十四条 本条例自 2012 年 2 月 1 日起施行。

解读

法律的生效时间对于已经发生且已处理完毕的行为、已发生但尚未处理完毕的行为、未发生的行为具有重要影响。一般而言,应当遵循 "法不溯及既往" 的基本原则。"法不溯及既往" 的规定历史较为悠久,在多国法律中都有所体现。例如,美国 1787 年宪法则规定:"追溯既往的法律不得通过。"法国民法典规定:"法律仅仅适用于将来,没有溯及力。"在我国,"法无溯及力" 也作为一项立法基本原则得到遵守,体现于《刑法》、《民法通则》、《行政法》等各部门法,具体规定有:

(1)《立法法》第八十四条规定:"法律、行政法规、地方性法规、自治条例和单行条例、规章不溯及既往,但为了更好地保护公民、法人和其他组织的权利和利益而作的特别规定除外。"该条规定明确了从旧兼从轻的原则。

(2)《刑法》第十二条规定:"中华人民共和国成立以后本法施行以前的行为,如果当时的法律不认为是犯罪的,适用当时的法律;如果当时的法律认为是犯罪的,依照本法总则第四章第八节的规定应当追诉的,按照当时的法律追究刑事责任,但是如果本法不认为是犯罪或者处刑较轻的,适用本法。本法施行以前,依照当时的法律已经作出的生效判决,继续有效。"

(3)《最高人民法院关于贯彻执行〈中华人民共和国民法通则〉若干问题的意见》则规定:"1987 年 1 月 1 日以后受理的案件,如果民事行为发生在 1987 年以前,适用民事行为发生时的法律、政策,当时的法律、政策没有具体规定的,可以比照民法通则处理。"

(4)《最高人民法院关于适用〈中华人民共和国合同法〉若干问题的解释(一)》规定:"合同法实施以后成立的合同发生纠纷起诉到人民法院的,适用合同法的规定;合同法实施以前成立的合同发生纠纷起诉到人民法院的,除本解释另有规定的以外,适用当时的法律规定,当时没有法律规定的,可以适用合同法的有关规定。"

案例 7-3

2011 年 12 月初,某依法必须进行招标的施工项目开始招标。由于时间紧、任务急,招标文件编制得较为粗糙。各投标人领取招标文件后,未认真阅读招标文件;招标文件的澄清与修改也流于形式。2012 年 1 月 10 日,中标结果公示。公示期间,排名第二的中标候选人认为招标文件中关于投标人主体资格的内容存在排斥竞争的问题,遂向投诉处理部门投诉。投诉处理部门认为，鉴于《条例》已经于 2011 年 11 月 30 日由国务院第 183 次常务会议通过，并向社会公布，因此排名第二的中标候选人应当按照《条例》第六十条的规定，在投诉之前向招标人提出异议；未经异议的，不受理其投诉。

分析

已施行的招标投标有关法律规定具有法的指引作用，即通过规定法律主体在法律上的权利、义务以及相应的责任，进而对于法律主体的行为产生的调整、指导和引领的作用。指引作用依赖于法律主体对法知晓。尚未生效的法律并无法律约束力，也无要求法律主体知晓并遵守的可能性。因此，不应对法律主体产生强制力。

《条例》第六十条设立的投诉异议前置程序，能够督促当事人及时行使自己的权利，并体现了尽量采用民事手段解决招标投标争议的趋势，实际上是限制了权利人的权利或利益，不属于"为了更好地保护公民、法人和其他组织的权利和利益而作的特别规定"，不能适用该除外情形。因此，《条例》作为行政法规，应当遵守《立法法》关于法不溯及既往的基本规定。